中国资产证券化系列

REITs
颠覆传统地产的金融模式

[第二版]

高旭华　修逸群　高仪◎著

中信出版集团 | 北京

图书在版编目（CIP）数据

REITs：颠覆传统地产的金融模式 / 高旭华，修逸群，高仪著 . —2 版 . —北京：中信出版社，2021.9（2022. 6重印）
ISBN 978-7-5217-3384-6

I. ① R⋯ II. ①高⋯ ②修⋯ ③高⋯ III. ①房地产金融—研究—中国 IV. ① F832.45

中国版本图书馆 CIP 数据核字（2021）第 146417 号

REITs：颠覆传统地产的金融模式（第二版）

著者： 高旭华 修逸群 高仪
出版发行：中信出版集团股份有限公司
（北京市朝阳区惠新东街甲 4 号富盛大厦 2 座 邮编 100029）
承印者： 北京诚信伟业印刷有限公司

开本：787mm×1092mm 1/16 印张：27.75 字数：360 千字
版次：2021 年 9 月第 2 版 印次：2022 年 6 月第 2 次印刷
书号：ISBN 978–7–5217–3384–6
定价：89.00 元

特别说明：

本书所有版税等相关收益，将全部捐入慈善教育基金。

孟晓苏 教授、博士生导师、中国企业联合会执行副会长、中国房地产开发集团公司理事长

《REITs：颠覆传统地产的金融模式》是一本探索房地产业金融创新的力作。作者从自己长期参与房地产投融资实务出发，积极探寻房地产投资信托基金的运营之道，写出了这样一本时代急需的著作。

聂梅生 教授、博士生导师、全联房地产商会创会会长、清华大学校友会房地产协会会长

随着中国金融体制改革的步伐大大加快，房地产市场进入减速周期，存量资产的证券化问题已提上议事日程，REITs 的推出正当其时！希望这本书的出版能促进 REITs 在中国的顺利发行，并对中国的房地产市场和资本市场起到积极重要的推动作用。

贾　康 教授、博士生导师、全国政协委员、政协经济委员会委员、中国财政学会 PPP 研究专业委员会主任、财政部财政科学研究所前所长

作者回应时代需求，比较全面、深入地整理了当前中国有关

REITs 的信息，这对在中国推进 REITs 的发展颇有现实意义。这本书适合作为房地产或金融行业规模型企业的董事长、总经理等高级管理人员，以及高等院校房地产或金融专业研究生的参考书。

刘晓光 教授、高级经济师、中国房地产学会前副会长、北京首都创业集团有限公司前董事长

《REITs：颠覆传统地产的金融模式》是一本具有理论和实践双重意义的著作。新时代、新十年的中国房地产在转型中需要有更多的新的金融工具。整个社会更要支持和促进千千万万个中国房地产企业去运用这些工具，这样才能在新的时代背景下，帮助房地产业打开一片新的天地。

宋广菊 中国保利集团有限公司前董事副总经理、保利发展控股集团前董事长

《REITs：颠覆传统地产的金融模式》是时代需要的作品，同时又超越了时代的局限性，相关方面的理论研究在未来很长的一段时间内都具有指导意义。这本书是地产金融领域的一本力作，内容涉及 REITs 的最新研究和相关实务，非常适合作为大型地产行业公司董事长、总经理等高级管理人员进行 REITs 研究和项目操作的参考书。

何小锋 教授、博士生导师、北京大学经济学院金融学系主任、北京大学经济学院顾问委员会主席、中国股权投资协会副会长

REITs 在中国有着广阔的发展前景，但在实践中举步维艰，香

港首只 REITs——领汇基金经历了两次发行始获成功；对此的研究文献也乏善可陈，而高旭华、修逸群、高仪的著作提供了研究和拓展 REITs 的指导教材。

李善民 教授、博士生导师、中山大学党委常委、中山大学副校长、中山大学自贸区综合研究院院长

认真阅读了高旭华等人的《REITs：颠覆传统地产的金融模式》，感觉这是当前中国房地产市场迫切需要的一本书，此书不仅适合作为房地产行业的高级管理者的参考书，还适合作为高等院校房地产或金融相关专业学习人员的选修书。故向读者推荐！

宋献中 教授、博士生导师、暨南大学党委常委、暨南大学校长、中国企业管理研究会副会长、中国会计学会常务理事

新时代需要新思维、新视角、新模式、新管理。高旭华等人的力作理论联系实践，深入浅出。闭卷而思，仿佛听到了 REITs 悄悄走来的脚步声。阅读它、学习它、实践它，让我们跟上其步伐吧。

林　华 教授、中国资产证券化分析网董事长、中国资产证券化研究院院长

未来房地产证券化的出路是发展 REITs，它必将掀起房地产企业资产证券化的浪潮。《REITs：颠覆传统地产的金融模式》的再版正逢其时。

梁上燕 博士、中国十大杰出女性、暨南大学校友会副会长、星河湾集团有限公司原副总裁

《REITs：颠覆传统地产的金融模式》一书中提到的REITs模式将极大地增加开发商、运营商的资本周转能力，助力企业轻资产运营，给企业带来不断的资本支撑，企业也必将加快进程，回报期大大缩短。

岳勇坚 博士，中国信保基金管理有限公司总经理，保利房地产（集团）股份有限公司董事会原秘书、副总经理

高旭华、修逸群、高仪所著《REITs：颠覆传统地产的金融模式》一书，确实是国内系统阐述REITs的优秀著作，读后受益匪浅。

黄维纲 教授级高级工程师，国家一级注册建筑师，越秀地产研究院院长，越秀地产股份有限公司董事、副总经理

这本书对REITs进行了全方位的剖释，是实践房地产金融创新的工具书，为探索中国现阶段房地产投融资提供了新的途径。

李建明 合景泰富地产控股有限公司首席执行官、中山大学EDP校友会会长

高旭华、修逸群、高仪所著《REITs：颠覆传统地产的金融模式》一书值得从事房地产行业管理者认真学习和深入阅读，具有非常高的实用和参考价值。

陈光明 广东富港投资集团有限公司总裁、中山大学校董、中山大学企业家校友会常务副会长

REITs 是商业地产有效利用社会资金、实现资产证券化、加快资金流转的最优选择，而高旭华、修逸群、高仪所著的《REITs：颠覆传统地产的金融模式》旁征博引、内容翔实，既有基本理论的介绍，亦有实证案例的分析，是房地产从业者了解和学习 REITs 这种创新金融模式的首选读本。

何锐平 广东丰泰集团有限公司董事长、东莞市政协常委、中山大学企业家校友会常务副会长

好书推荐！《REITs：颠覆传统地产的金融模式》这本书为房地产企业再次崛起和规模化、资产化、证券化发展提供了及时、重要、专业和创新的参考！

王大欣 深业泰富集团股份有限公司董事长、深业（沈阳）投资集团有限公司董事长

REITs 是商业、地产和金融的结合。商业需要人和、地产需要地利、金融需要天时，成功的 REITs 三者缺一不可。高旭华、修逸群、高仪所著《REITs：颠覆传统地产的金融模式》是值得我们深读的一本不动产金融战略指导工具书！

胡　军 教授、博士生导师、暨南大学原校长、暨南大学“一带一路”与粤港澳大湾区研究院院长

值此房地产资产证券化改革之际，《REITs：颠覆传统地产的金融模式》一书的再版正当其时，该书既适合作为房地产金融专业人士的工作指南，也适合作为地产金融理论工作者的研究参考。

刘建军 高级经济师，招商银行执行董事、副行长，招商信诺人寿保险股份有限公司董事长

REITs 是未来房地产金融服务模式多样化的必然之路，金融机构应及早展开全面的理论和实践研究。相信此书会为金融机构开展 REITs 业务模式研究创新提供重大的帮助。

李东辉 教授、博士生导师、深圳大学经济学院特聘教授

REITs 作为一项先进的房地产金融制度，有效增强了房地产产业的资金流动性，从而促进不动产的有效利用。REITs 在一些发达国家，包括美国、澳大利亚等，已经形成了规范成熟的制度法规，其在中国则刚刚起步并有美好的前景。高旭华、修逸群和高仪的这本书及时、准确地把握了我国房地产业的时代脉搏，鼓舞我国 REITs 理论和实践的丰富和发展，是一本好书。

王　宝 深圳市赛格集团有限公司董事长、党委书记

作为非商业地产领域的外行，通读此书后，对 REITs 金融有了初步系统性的理解，并联想到本人工作单位也在华强北拥有大量优质商业地产资源，如何系统性思考并设计出更有效能的金融模式，更好地运营和管理重资产类商业物业？读完此书颇受启发，感谢高旭华同学为大家导入并解读 REITs 在中国应用的思考，也期望将来

用更多的中国案例，再出一本《REITs 金融模式在中国的应用》，更好地服务和帮助中国读者。

符冠华 博士、研究员、高级工程师、国务院特殊津贴专家、苏交科集团股份有限公司董事长

近期国内基础设施领域 REITs 试点正在起步，REITs 再次成为热词。我相信随着法律法规税收政策等进一步完善，REITs 必将成为资本市场的重要投资品，必将为不动产行业发展带来新的活力和广阔的空间。《REITs：颠覆传统地产的金融模式》修订再版为我们提供了更新最佳实践和研究成果。

邵念荣 博士、研究员、高级经济师、中山金融投资控股有限公司董事长、广东当代经济研究中心副主任

文章合为时而著。值基础设施 REITs 新规出炉，旭华博士力作《REITs：颠覆传统地产的金融模式》再版。著作做到了理论上的前瞻引领，也受到了实务界的认可欢迎。书中既有基础理论阐释，也有实务运营推演，是地产、商业与金融创新模式的集成，值得房地产金融领域的高管人员和高校相关专业师生认真研读。

任晓剑 科瑞集团有限公司创始人、总裁，五口金投资管理有限公司创始人、董事长

REITs 带着新时期的气息向我们走来，《REITs：颠覆传统地产的金融模式》打开了理论与实践的大门。如果你想在未来成功投资房地产，请翻开这部充满时代感和新价值观的力作！

王　玮　博士、教授、暨南大学管理学院企业管理系博士生导师、美国管理学会会员

《REITs：颠覆传统地产的金融模式》是高旭华、修逸群、高仪在长期从事房地产投融资的实践，积极探寻房地产投资信托运营的基础上完成的，这是一本探索房地产业金融创新的力作。REITs 是金融与房地产的交叉创新产物，是房地产投资平民化的伟大创举，更是中国经济腾飞的金融之道。这本书恰逢其时，值得推荐！

赵　刚　南京市嘉兴商会会长、中国 EDP 教育联盟江苏校友会会长、南京新义置业有限公司董事长

《REITs：颠覆传统地产的金融模式》一书是房地产管理人员必读的书，对 REITs 在项目中的实战应用做了详尽的分析，值得推荐。

黄元忠　深圳方直科技股份有限公司董事长、深圳市科技专家委员会成员

近期中国证监会、国家发展改革委联合发布了《关于推进基础设施领域不动产投资信托基金（REITs）试点相关工作的通知》，随后，证监会发布《公开募集基础设施证券投资基金指引（试行）》，拉开了我国在基础设施领域建设公募 REITs 市场的帷幕。旭华同学的作品修订再版欣逢其时，值得向有意向资产证券化的朋友们推荐！

谢秋河　珠海威丝曼股份有限公司创始人、董事长，中国服装行业协会常务理事

高旭华博士的新书《REITs：颠覆传统地产的金融模式》，让我想起在2008年和中山大学20多位同学去纽约大学游学时，纽约大学教授给我们上了非常新颖的课程——房地产投资信托“REITs”，我相信这本书将对中国金融界、房地产界从业人士有很大启发和帮助。

黎文靖 教授、博士生导师、暨南大学管理学院院长、中国会计学会财务成本分会理事

2020年4月30日，中国证监会、国家发展改革委联合发布《关于推进基础设施领域不动产投资信托基金（REITs）试点相关工作的通知》，REITs在中国迎来重大发展机遇。《REITs：颠覆传统地产的金融模式》一书，全面介绍了REITs的概念、分类、运作、机制等内容，对于房地产行业管理者、金融机构与金融中介、资本市场投资者具有很好的参考价值。

关　山 广东东成立亿集团有限公司董事长、广东东基地产控股集团有限公司董事长

REITs在中国可谓是千呼万唤始出来！《REITs：颠覆传统地产的金融模式》一书，能为房地产企业指明新的发展方向！随着国内市场对房地产证券化认识的进一步提高，相关税务体制、行业配套系统的逐步完善，以及专业化管理人才的日趋成熟，REITs将更加符合国内房地产行业发展所需，真正发挥其对资本市场和不动产行业的双重推动作用。生动专业的文笔，带有前瞻性的主题，教科书式与启发性的内容，都将使这本书成为不动产行业领导者的必备读物。

周　立　　博士、教授、清华大学经济管理学院会计系博士生导师

根据国外成熟经验，REITs 在基础设施、不动产、公租房等领域大有可为。值中国推行公募 REITs 试点正式启动之际，高旭华等作者的书修订再版，对 REITs 项目的落地发展有非常高的参考价值。特此推荐！

梅青君　　粤海置地控股有限公司副总经理

《REITs：颠覆传统地产的金融模式》是非常精彩的一本书，高旭华博士等人对 REITs 的发展做出积极探索，作为资本发展的一个过程，未来有广阔的发展空间。

段　涛　　中德证券有限责任公司首席执行官、原中国证券监督管理委员会发审处处长

2020 年年初，国家推出基金类公募 REITs，具有里程碑式的重大意义。REITs 提供了一种相对安全、收益稳定、高流动性、信息透明，且与传统股票、债券相关性较低的产品，为普通投资者提供了进入房地产等基础设施领域不动产投资的机会。REITs 引入中国十年有余，尽管相关政策法规乃至操作层面仍有较多问题亟待解决，但我们相信其中更多的是时间而非技术问题。音乐响起，须起身而舞。旭华等几位作者研究 REITs 多年，对 REITs 的演进、发展、投资均有深刻的理解，相信这本书对政策制定者、金融从业者以及 REITs 的投资者都会有较多启发与帮助。

庄跃凯 专家、享受国务院特殊津贴高级工程师、建发房地产集团有限公司董事长、建发国际投资集团有限公司董事会主席

REITs这一金融模式在国外已经历了半个多世纪的历史，相当成熟与完善。随着国内房地产业的发展和国家政策的开放，从未来趋势看，它是房地产行业很重要的金融手段。这本书修订再版之后不仅在理论上，更是结合国内的实际和具体情况，在实务运营方面提出了许多新的观点和方法，这必将推动国家政策尽快落地推行，对整个行业的健康发展起到很好的促进作用，是一本不可多得的好书。

刘　峰 教授、博士生导师、厦门大学管理学院副院长、国际会计准则理事会咨询委员会委员、教育部重点人文社科基地厦门大学会计发展研究中心主任

高旭华君曾任职保利投资控股有限公司金融事业部总经理，浸润于房地产金融行业多年，且学习热情不减，一直孜孜于学习和探索。数年前，他就完成了REITs的专著，是理论和应用集大成之著。出版后，颇受好评。我在上课中也不时援引以为参考。现修订再版，增加了实操性内容，大大提升了这本书的可读性。

罗　劲 汇源通信董事长、广州汇垠天粤股权投资基金管理有限公司常务副总经理

《REITs：颠覆传统地产的金融模式》自2016年6月出版以来，深受读者喜爱，为不动产经营者拓宽了融资渠道，为广大金融界朋友提供了参考，具有非常重要的实用意义。在当下中美贸易摩擦、新冠肺炎疫情肆虐之际，中国证监会、国家发改委联合发布基础设

施建设 REITs 试行工作，有重启经济增长的深远意义，也从另一方面印证了旭华多年研究成果的价值。相信该书的修订再版，有助于提升广大投资者对基础设施建设信托投资基金这一崭新投资品种的再认识，能有力助推国家相关政策的制定，继而促进国家基础设施建设。善莫大焉！

李 强 时代中国控股有限公司执行董事、高级副总裁，时代邻里控股有限公司执行董事

REITs 是国际上非常成熟有效的一种金融产品，近年越来越被我国金融界、学术界和监管层所关注。高旭华、修逸群、高仪所著的《REITs：颠覆传统地产的金融模式》，旁征博引，将理论与实务相结合，让相关人员学习和了解 REITs，对 REITs 在我国的应用具有非常好的指导作用。

俞 雷 江苏中超控股股份有限公司董事长、江苏中超电缆股份有限公司董事长

我国 REITs 起步较晚，且多为私募产品，类固定收益属性明显。而随着中国版公募 REITs 的试水，高旭华、修逸群、高仪先生以国际视角描绘的金融图景也为我们带来了前瞻性的参考，其专业而严谨的研究令人读来获益良多！

谭劲松 教授、博士生导师、中山大学现代会计与财务研究中心主任、中信证券华南股份有限公司董事

四年前有幸拜读《REITs：颠覆传统地产的金融模式》，现在又

重读修订版书稿。该书内容全面、实用、前沿，顺应时代而生，指导房地产金融实践，引领理论研究，堪称力作。REITs 在新时代中国房地产业转型升级中必将发挥重要作用。

惠青山 教授、博士生导师、广东工业大学管理学院副院长、广东省企业家领导科学研究会会长

高旭华博士的著作《REITs：颠覆传统地产的金融模式》将研究做在中国经济发展的热土上。该书是国内较早系统介绍REITs的专著，该书不仅影响国家产业政策，更将引领中国 REITs 更快更好地发展。建议相关领域的业界人士、大学生、研究生、专家学者等进行系统阅读与研究。

吴兴华 建信聚源投资合伙人、欧美同学会金融委员会理事留英分会会长、原中金公司资产证券化团队负责人

REITs 在中国房地产投资和财富管理两个方面，都将发挥越来越大的作用。《REITs：颠覆传统地产的金融模式》再版正逢其时。推荐旭华兄的大作！

贾君新 博士、深圳市新恒利达资本管理有限公司董事长兼总裁

这是一本相当系统而又全面的关于 REITs 的理论、工具与方法论的书，这本书的再次出版正逢中国在疫情后为了解决经济剧烈下滑、以"新基建"推动经济增长的国家战略环境。通过盘活基建存量，运用资产证券化方式从资本市场直接融资，降低融资主体的债务杠杆，从而降低金融与资本市场风险，这时推动多层次资本市场建设

具有非常重要的意义！

李孔岳 博士，教授，中山大学管理学院博士生导师，中国EDP教育联盟名誉主席、首席经济学家

适逢国家试行基础设施建设信托投资基金公募REITs之际，欣闻高旭华等人的力作《REITs：颠覆传统地产的金融模式》在历经多次重印后，即将迎来最新修订再版，甚为高兴，非常期待。特向大家推荐！

陈国勋 中银国际（控股）有限公司全球客服中心董事总经理

中国证监会、国家发展改革委联合发布《关于推进基础设施领域不动产投资信托基金（REITs）试点相关工作的通知》，以及证监会发布《公开募集基础设施证券投资基金指引（试行）》，标志着我国公募基建REITs正式启航。未来中国公募REITs市场的规模可达数万亿元。

适逢此机，相信旭华博士执笔的《REITs：颠覆传统地产的金融模式》一著再版，无论从理论上还是从实务上，均会为房地产从业者及投行从业人员提供极大的帮助。

王尚峰 举贤网创始人、董事长，中国人才研究会理事，全球高端人才地图工程专家组长，《人民日报》、北京电视台和天津卫视特约评论员

旭华博士等三位作者，用心凝结出品良心之作：既系统阐述了房地产信托投资的基本原理，又生动介绍了该领域的实践艺术，值

得所有房地产行业的人才朋友们认真学习参考。

姚振山 中央广播电视总台央视财经频道主持人、财经评论员

中国房地产市场进入减速周期，银行间接融资与资本市场直接融资均受到不同程度的限制。如何破局房地产融资，引导市场从“高速度发展”到“高质量发展”，持续成为房地产行业从业者、研究者共同关注的课题。这本书为房地产融资破局传统方式，完善房地产资产证券化，提供了从理论到实务的系统性思考。

冼　锋 中商文旅创始人、CEO，全国工商联酒店投资商会执行会长，中国饭店业名人俱乐部主席，中国饭店杂志社社长

中国证监会与国家发展改革委联合发布《关于推进基础设施领域不动产投资信托基金（REITs）试点相关工作的通知》，标志着国内基础设施领域公募 REITs 试点正式起步。旭华同学的《REITs：颠覆传统地产的金融模式》修订再版，可谓正逢其时，利国利企利民。隆重推荐！

区健妍 羊城晚报报业集团金羊网副总编辑、首席记者

2020 年 4 月，中国公募基础设施 REITs 试点拉开帷幕，REITs 再次成为公众和资本市场的关注焦点。多年前，高旭华、修逸群、高仪就开始研究探索不动产投资信托在中国市场的前景和应用，并富有远见地在 2016 年出版了《REITs：颠覆传统地产的金融模式》一书。如今，“新基建”已是未来中国经济发展的关键词，REITs 将在其中扮演着举足轻重的赋能角色。要了解 REITs，用好 REITs，诚

挚向大家推荐这本书！

王步芳　博士、教授、国务院发展研究中心资产证券化 REITs 课题组秘书长、国家发展和改革委员会基础设施证券化 REITs 课题组秘书长

值此基础设施 REITs 试点之际，高旭华博士的大作再版，有力地促进了中国金融创新。在中国金融业服务实业的新时代，REITs 必然嵌入国家和经济社会的发展，扮演经济重要节点的角色，积极拥抱中国崛起带来的战略机遇。该书应运而生，积极回应金融创新的重大理论与实践问题，具有重要现实意义。

目 录

再版序：REITs 是基础设施证券化的必然选择

李善民

REITs 是地地道道的舶来品。2004 年国内就有专家学者介绍美国的 REITs，2005 年以来，中国证监会对境外成熟 REITs 市场进行了广泛研究，对相关法律法规、基础设施 REITs 结构体系进行了分析借鉴。此后，国内众多专家学者开始对 REITs 进行分析研究，认为 REITs 对于盘活存量资产、降低债务杠杆、促进储蓄投资转化和完善多层次资本市场具有重大意义。由此可见，中国经济界和学术界对 REITs 并不陌生。

但是，“纸上得来终觉浅，绝知此事要躬行”。研究归研究，实操归实操。公募 REITs 试点项目的成功落地，标志着我国公募 REITs 市场建设迈出了关键的一步，但推动公募 REITs 市场长期健康发展仍任重道远。

这是因为，REITs 尽管在发达国家已经经历了多年的发展，形成了丰富的产品形式和完善的操作机制，但对于我国的金融体系来说，仍然属于金融创新的范畴，需要一系列适合我国国情的政策、法律法规、操作机制等金融深化的工作来规范和引导它的发展，理论和实践深度融合才能开启创新发展的大门。

众所周知，发展中国家的经济发展需要急迫解决两个问题：一是资本短缺与经济发展需要的矛盾；二是资本配置效率低下的现实。发展经济学家麦金农和爱德华·肖于 1973 年提出了影响深远的金融深化论，指出发展中国家解决上述两个问题应从金融着手，摒弃传统的以低利率为特征，主要通过政府干预和信用配给资金的金融抑制政策，而通过持续而有步骤的金融开发政策引起金融深化，即人们乐于持有的金融资产相对于有形资产较快增长，从而便利资本的筹集和流动，有效地解决资本的合理配置问题，促进经济的高效发展。金融深化论对于经历了40年高速发展的中国经济和有着长足进步的金融体系仍然适用。

为了实现经济发展，世界各国都强调将产业政策和金融政策结合起来，产业金融对产业创新和经济增长的促进作用已经在世界各国的实践中得到了普遍验证。当前我国处于加快经济结构转型以及创新型国家建设的关键时期，更加需要产业金融的支持，而产业金融的发展又得力于金融创新、政策支持等各类金融深化工作。

我国深化金融体系改革，推进金融创新，有必要借鉴发达国家产业金融发展的成功经验。美国建立了支持产业创新的金融政策体系和风险投资、资本市场，实现了产业的快速发展。日本、德国两国的金融体系是典型的银行主导型，为推动产业发展，不仅成立了一系列政策性金融机构，还利用银行等中介机构的主导力量整合了直接融资市场和间接融资市场，有效地激发了中小企业的发展潜力。韩国政策性金融的代表机构为政策性银行，主要为企业发展提供金融支持。从世界各国的经验可以看出，产业与金融的结合，必将在一定程度上促进企业的快速成长，从而实现区域产业结构升级调整，在解决经济发展对资本的需求和提升资本配置的效率方面起到巨大的作用。

产业与金融是促进经济发展的两个重要保障，两者的结合对于产业升级和结构调整至关重要。推动产业与金融的有效结合，不仅是各国的政策目标，也是我国加快经济增长方式转变，实现经济结构调整目标的一个重要方面。我国产业金融的发展与各地政府支持力度、支持方式、当地经济情况以及金融环境等因素有关，虽有一些较成功的案例，但国内的金融生态不足也束缚了产业金融创新，如风险投资发展滞后、企业信用体系不健全等因素导致产业金融的发展速度缓慢。

推动产业金融快速发展，完善产业金融体系是关键，仅有政府财政性投入和政策性金融是不够的，还应让保险公司、投资银行、商业银行、风险投资机构、国际金融和创投公司等各类市场性的金融机构都能成为参与主体，政府则在制度和政策上进行引导、激励和培育。相对于国外研究，国内研究在实证方面做得比较少，研究范围也比较窄。同时，由于产业金融的结合机制与区域经济社会进步、金融市场发展状况相联系，国内学者提出的各种产业金融结合体系结构和内容上各有差异，主观性较强，实践性较弱。

高旭华博士等几位的著作《REITs：颠覆传统地产的金融模式》立足于房地产与金融的结合研究，敏锐地抓住了中国房地产行业在经历了多年快速但粗放式的成长后亟须转换发展方式、拓宽发展路径、提高行业整体素质的转型契机，看到了行业变革背后关键的推动因素，厘清了一条房地产业可持续发展模式——不动产投资信托基金。该书并非纯粹的理论研究，更侧重于在我国发展的大环境中探索房地产、基础设施等行业与资本的深化融合，将产业金融创新落到实处，推动产业与资本的融合作为中国房地产行业转型的突破口。

《REITs：颠覆传统地产的金融模式》着眼于实务又回归于理论，在过往 REITs 发展的理论基础上结合国内宏观和微观环境下实操的关键节点、关键事件，进而形成适合国内发展环境的 REITs 理论指引，既不离于当下又能望眼于未来，正如书中所言，相比于 REITs 何时到来，REITs 的发展趋势如何变化更加值得关注。

近年，我国正处于加快经济结构转型以及创新型国家建设的关键时期，金融深化不断推进，金融创新产品如雨后春笋，从中央到地方都在以多种方式扶持和推动金融创新，从而促进经济的发展。基础设施投资作为长期以来我国经济发展的重要推动力，经过 20 多年的高速发展，已进入存量发展时代，投资增速放缓，投资资金受限，行业发展亟须金融资本推动，基础设施证券化势在必行，REITs 再次面临发展机遇。

据统计，2000—2019 年，中国基础设施建设投资完成额从每年不足 1 万亿元增长至 18.6 万亿元，年化复合增长率约为 17%，基础固定资产投资总量累计大概是 420 万亿元，考虑折旧后尚有超过 100 万亿元的存量基建资产。目前我国“新基建”的重要性被提到前所未有的高度。

2020 年 4 月 30 日，中国证监会、国家发展改革委联合发布了《关于推进基础设施领域不动产投资信托基金（REITs）试点相关工作的通知》，同时，证监会就《公开募集基础设施证券投资基金指引（试行）》（征求意见稿）公开征求意见，拉开了我国在基础设施领域建设公募 REITs 市场的帷幕。

大潮涌动，“弄潮儿向涛头立”，有幸作为超常发展的中国金融体系中的一分子，不只要在理论研究中回顾历史，也要践行当下，更要在理论与实践的升华中触碰未来。国家的发展、时代的推动赋予我们金融学人重担，也给予我们见证未来的荣耀。

是为序！

李善民

教授，博士生导师，中山大学党委常委，中山大学副校长，中山大学高级金融研究院院长，中山大学自贸区综合研究院院长，广东省经济体制改革研究会副会长。

原序一：REITs 是大国崛起的金融之道

孟晓苏

改革开放近 40 年来，我国国民经济和人民生活水平发生了巨大变化。特别是自 1998 年实行住房制度改革以来，包括保障房建设在内的房地产业迅猛发展，不仅使国民居住得更加宽敞舒适，生活得更有尊严，而且使房地产业成为国民经济的重要主导产业，成为拉动经济发展的“火车头”。与此相关联的部分房地产金融产品，包括住房公积金、住房抵押贷款、住房贷款保险等也得到较好发展。最近我提倡多年的住房反向抵押养老保险也已启动，让有意愿的老人及其家庭多了一种以房养老的选择。但是与保障房相关联的金融机构与金融产品，包括我提倡多年的国家住房银行、持有保障房和政府其他公共资产的不动产证券化产品——不动产投资信托基金多年来却推进迟缓，未能以金融服务模式更好地支持保障房建设、销售、持有与租赁，面对日益增长的地方债也缺乏证券化的办法与途径。中国经济的改革发展亟须推进金融创新。

《REITs：颠覆传统地产的金融模式》是一本探索房地产业金融创新的力作。作者从自己长期参与房地产投融资实务出发，积极探寻不动产投资信托基金的运营之道，写出了这样一本时代急需的著作。这本书从 REITs 的发展历史、基本理论、前沿课题、实务运营和风险管理等方面进行了系统、全面的研究，对于我国扭转经济下滑趋势、化解地方债难题，保持经济持续健康发展，有一定的现实意义。

半个多世纪以来，REITs 产品在世界多数国家和地区得到很好发展，已相当成熟。2015 年全球已经有 REITs 600 多只，资产规模超过 1 万亿美元。在全球市值规模最大的 50 只 REITs 中，投资美国不动产的占 72%。以 REITs 发源地美国为例，2013 年在纽约证券交易所挂牌交易的 REITs 约为 172 只，市值超 6 800 亿美元。自 2000 年以来，REITs 被广泛引进亚洲的国家和地区，成为资产证券化的重要金融工具。

这本书作者说 REITs 是颠覆传统地产的金融模式，我完全赞同。记得在 2000 年前后我曾邀请国外专家来中国讲房地产金融创新，他们异口同声地说："除了 REITs，没有更好的可讲。"了解 REITs 的人都知道这毫不夸张。REITs 把凝固在不动产中的租金收益提取出来，组织社会资金实现收购与持有，有定期分红和严格管理，并将其送入资本市场流通，变成了有特殊投资价值的金融产品。这真是一个伟大的创新。金融是现代经济的核心，REITs 在许多国家和地区已是一种相当成熟的金融工具。2005 年我在国内最早建议引进 REITs，2007 年我又提出用它来持有租赁型保障房和化解地方债。2008 年国务院办公厅发布了《国务院办公厅关于当前金融促进经济发展的若干意见》，同意开展不动产信托投资基金试点。国家住建部于 2015 年 1 月发文，要求各城市积极开展 REITs 试点，促进住房租赁市场发展。如果这种金融产品真地能与我国实际结合，为我所用，就能为我国经济腾飞插上新的金融"翅膀"。

通过 REITs 化解地方债，把不动产租赁权益变成资本品，这是我国目前急需的金融创新。近年来，很多地方政府通过发债等多种方式拓宽城市建设融资渠道。全社会对地方政府债务堆积过高，担忧者有之，遑论者有之，但真正需要的是拿出化解地方债的好办法。根据国家审计署 2013 年全国政府性债务审计结果，截至 2013 年 6 月末，全国政府性债务为 30.27 万亿元，其中全口径中央政府性债务为 12.38 万亿元，全口径地方政府性债务为 17.89 万亿元。而在其中的地方政府性债务中，有 1/4 能还本付息，有 1/2 只能还息不能还本，另外 1/4 则是本息全不能还。但这些地方政府性债务很多都形成了道路、桥梁、水务、土地等不动产，大部分是已成倍增值的优质资产，当然可以把其中的优质资产通过 REITs 实现证券化。由此可见，偿还地方债并不是只能走“借新债还旧债”和“卖地还债”这两条路。只要及时把 REITs 引入中国，相信地方债问题很快可以得到化解。当然，REITs 不仅能够化解地方债，还能以稳定收益率吸引稳健型投资人，是这类投资机构的首选投资品；REITs 回报稳定，物业升值使投资者权益升值，是资本市场的优质产品，可以促进我国资本市场的稳健发展。

我所建议的以地方政府持有的公租房、廉租房和其他公共资产发行 REITs，是有我国香港以及其他地区的经验可循的。我国香港发行的第一只 REITs 就是特区政府用所持有的居住公屋中的商业物业与停车场发行基金，把它们转为社会资金持有。而在美国还可以拿监狱做 REITs 产品，政府把监狱卖给基金后由政府租回使用，被称为售后回租（Sale and Lease Back），今后还可以由政府回购。我们可以用地方政府公共资产，包括由政府补贴租金的公租房和廉租房做 REITs，让保险资金、社保资金和机构投资者等社会资金来购买。它能实现可观的稳定收益，并允许进行上市交易，给投资人提供增值性与流动性的便利。这是我国化解地方债的最好途径之一。

我提倡首先以地方政府持有的公共资产发行 REITs，并不表明我不赞成把更多的商业物业通过 REITs 由社会资金持有。了解 REITs 的人都知道，免除公司税是 REITs 设立的必要条件。境外主要入市资金来自养老金与其他公共型社会资金，当然给 REITs 免除公司税没有障碍，而我国入市资金主要来自散户即富人，而给富人免税会加剧贫富分化，不利于社会平等以及和谐发展。所以我国只有先从租赁型保障房与政府公共资产起步，实行 REITs 才有现实可能。但我坚持认为，在有远大理想、有宏伟目标的中国，还可能寻找到其他适合国情、民情的法理依据：当大量不动产资产从私人或私人企业手中，越来越多地转为由社会资金持有即公众持有之后，当马克思主义者所设想的“重建劳动者个人所有制”更多地成为事实的时候，我们才可以有把握地说，我们向着执政党为之奋斗的伟大社会目标与政治理想，又大大迈进了一步！

所以我要说，REITs 在中国将不仅是一种金融产品，也不仅是一般性的金融创新。它将是中国实现经济腾飞与大国崛起的金融之道，是中国走向未来理想社会的重要途径。

孟晓苏

汇力基金管理有限公司董事长，中国房地产开发集团理事长，幸福人寿保险股份有限公司原董事会主席，上海人寿保险股份有限公司监事会主席，国务院发展研究中心地方债 REITs 试点课题组组长。

原序二：C-REITs的未来发展之路

贾康

关于REITs的讨论与争议在我国由来已久，大家对是否实施、何时实施REITs的意见迟迟不能统一。如同关于房地产税制度建设的争议一样，我国的国情与国外颇为不同，很多制度的创立与实施，都先强调摸着石头过河。但现如今改革进入深水区，能摸易摸的石头摸得差不多了，现实往往令人感叹“摸不到门路”。任何体制机制改革都涉及利益重构，如果不注意使多方利益博弈，引出均衡的结果，美好的初衷有可能滑向危害性的结果。可以说，关于REITs的理论探索和实践，其复杂性正对应着上述背景。

REITs总体而言属于国外先进的房地产金融制度，它在美国已经走过了50多年，并形成了较规范成熟的制度法规，在全球范围内也得到认可和推广。REITs巧妙地将不动产的租金或住房抵押贷款作为资产证券化的切入点，使巨额的不动产借此舞动起来，作为特定的资源被更加充分、有效地利用。REITs也推动完善了社会信用体系，使利益相关各方得到了实实在在的好处。

中小投资者可以由REITs得到一个投资于房地产的理财渠道。从国际经验看，REITs每年的分红都十分可观，除了会计上的物业折旧，几乎所有的现金都被REITs组织作为分红派发给投资者。REITs因此与股市划分了界限——不是用一个个概念、故事和估值忽悠投资者，而是用实实在在的现金分红打动、吸引投资者。REITs一股最低可能只需要几十美元，投资者甚至可以只购买一股 REITs，中小投资者不再被巨额门槛资金挡在房地产投资的大门外，因此 REITs 可以称得上是个“平民化”的伟大创举。

中小投资者能够从 REITs 中得到好处，那么那些有钱的金主呢？他们更是受益匪浅。国外养老基金和保险基金相当部分的资产都配置于 REITs 中。一些大的风险投资者能够通过 REITs 组织闲散的社会资金，一起撬动巨大的资金需求，把握住巨大的商机。REITs 专门豁免了企业所得税，吸引了更多的投资者和冒险家加入 REITs。正如这本书第一章开题所述，起源于马萨诸塞商业信托的 REITs 已经走过了半个多世纪，它是金融与房地产的交叉创新产物，为规避管制而衍生出的合格的、安全的金融产品。它既带有信托的精神，又有公司的性质，也带有有限合伙制的灵活性，它为中小投资者提供了一个投资于房地产行业低门槛的投资产品，为房地产商提供了一个有效的融资模式。因此，REITs 制度的重要性不言而喻，甚至可以把它类比为 16 世纪诞生于荷兰的公司制度，当时的公司使荷兰能够有效地、公平地组织社会资源对外贸易，REITs 也能够有效地组织社会资源投资房地产。

REITs 还为众多房地产从业人员提供了良好的商业平台，其中包括金融投资人员、运营管理人员、财税会计人员、物业管理人员、法律咨询顾问等。REITs 的组织模式非常特别，有许多法律限制需要遵守，不然会很容易失去相关免税资格，这些风险再加上房地产行业的风险，给从业人员带来了不小的压力。

政府虽然在 REITs 层面免税，但是 REITs 整个产业链又可为政府带来更多的税收。REITs 只是作为管道，将所有的收益分配给投资者，政府则能够对投资者个人征税。而且政府通过 REITs 降低了房地产业的系统风险，房地产融资不再只是依靠银行渠道进行，通过让广大的投资者参与进去，风险也随之分散。还需指出的是，美国政府在 REITs 立法上滞后于商业创新，这样有利于尊重创新精神和磨合各方的利益诉求，使 REITs 得到今天这样的繁荣结果。

REITs 终究是组织形式和法规制度的结合，参与其中的主体和最终起决定性作用的始终是制度环境中的人。“橘生淮南则为橘，橘生淮北则为枳”，依据人的素质、风俗习惯、所在地区历史发展、体制机制不同，商业制度也就不同了。可设想当 REITs 这个舶来品一旦运用到中国，定会根据中国国情发生变化，甚至是发生实质性的变化，很可能在多方利益的牵扯下出现一个类 REITs 的事物，即中国 REITs（简写为“C-REITs”）。

中国土地公有，多种原因形成“土地财政”影响，房地产开发成本往往一半以上来自土地出让金和税收，中心城市房价高企已严重影响人们的日常生活，同时中国城镇化的道路现在刚走完约一半，以房地产刚性需求为基础，加上不动产的市场化进程还在推进中，大众对房地产的购买热情不减。于是，已凸显的矛盾纠结难以短期改变，循序渐进的方法仍需注重，但大的方向与思路十分关键，配套改革中如何破除制度障碍和垄断因素，让利益各方广泛参与，实现包容性发展，成为无法回避的大问题。

可设想：REITs 一旦在中国设立实施，必将引起连锁反应，很多政策性问题将难以避免。比如，由于投资者不成熟，投机赌博心理可导致 REITs 的巨大波动。REITs 成立初期，有可能虚假消息满天飞、大股东趁势侵占小股东的利益，出现财务造假、挪用资金、关联交易等。由 REITs 引发的投资热，也可能导致房地产价格又上一个台阶，引发民怨并导致过度开发的情况发生。届时，房地产的投资与运营将面临较大的挑战，这也更加考验政府和从业人员的管理水平。

直面前述现实生活与 REITs 的关联，高旭华、修逸群先生的这本著作应运而生，作者回应时代需求，比较全面、深入地整理了当前中国有关 REITs 的信息，包括基本介绍、运营管理、组织设立和相关学术研究，并结合作者 20 多年经营管理的实际经验与管理学博士研究中积累的理论知识，由浅入深，一步一步地深度探索 REITs 的管理奥秘，对在中国推进 REITs 的发展，颇有现实意义。C-REITs 的发展，需要大家这样一步一步地夯实前行的基础。这本书适合作为房地产或金融行业规模型企业董事长、总经理等高级管理人员，高等院校房地产或金融专业的教授、学者及硕博研究生的 REITs 参考书。

2015 年，正表现出其是极不平凡的一年，在党中央新的领导集体号召下，承载中华民族伟大复兴愿景的“中国梦”正在对接“四个全面”的通盘治理与新时期的奋斗。全面改革与全面依法治国，反腐倡廉，打破旧有既得利益的阻碍，冲破利益固化的藩篱，将有望使中国的发展潜力转为走向“新常态”的勃勃生机。但年中资本市场的大震荡，中国经济下行压力带来的困惑，世界各新兴经济体汇率暴跌等的冲击，也使经济走势显得更加难以把控。从短期看到中长期，中国唯有从创新中寻找出路，从改革中寻找生机，大众创业、万众创新成为开创新局面的基调。2015 年对 REITs 来说，更是一个划时代的一年，前有中信“启航”REITs 破冰试水和中信承接苏宁门店的 REITs 上市，之后有前海万科 REITs 公开发售等，一波方起，一波又来。相信今后在各方努力下，REITs 能够在中国大地上继续探索开拓，生根发芽，并求得茁壮成长，合乎逻辑地成为一种变革传统地产的金融模式。

贾康

全国政协委员、政协经济委员会委员，中国国际经济交流中心、中国税务学会、中国城市金融学会和中国改革研究会常务理事，中国财政学会顾问。

原序三：REITs 模式是养老地产的发展方向

宋广菊

据民政部统计，截至 2014 年年底，我国 60 周岁及以上老年人口为 2.12 亿，占总人口的 15.5%，2025 年将突破 3 亿，届时老龄人口的占比将超过 20%，我国正式步入深度老龄化社会。社会老龄化是我国现在和未来相当长一段时间都要面对的基本国情之一，这昭示着养老产业面临巨大的发展机遇。

然而，我国养老产业整体仍处在发展的初级阶段，存在很多不足。目前没有统一的机构去推动养老产业的发展，养老产业定位不够高导致相关的法律体系和政策支持不够完善，养老产业链还没有建立。

从主要发达国家的成功经验来看，养老地产在整合养老产业链条、带动相关产业发展方面具有不可替代的作用。然而，当前我国养老地产处在发展初级阶段，难以担当起整合养老产业链的重任。一方面，各方投资力量仍在摸索养老地产的发展之路，没有形成成熟的盈利模式，也没有整合好养老地产自身的产业链条（包括投资、开发、运营、配套和服务等）；另一方面，缺乏统一的推动机构和针对性的法律政策，这一点与养老产业目前的状况一致。

养老地产的突破点是 REITs，REITs 的落脚点在养老地产。任何产业链的形成都是一个完整的资本循环，养老产业也不例外。REITs 模式非常有可能成为中国养老地产的发展之路。只要养老地产能够提供长期稳定的回报给 REITs 投资者，REITs 就能够为养老地产提供低成本的资金支持，快速形成专业化的养老产业链。

以美国为例，它是养老产业市场化程度最高、资本运作最成熟、产业链最完整、管理模式最先进的国家之一。VENTAS 是目前美国拥有养老社区和床位数最多的投资商。2011 年，它通过收购 ASLG 公司，控股 NHP 公司，将自身总资产扩大 3 倍，成为美国最大的养老产业投资商。它的快速扩张主要得益于 REITs 强大的股权融资能力。

发展养老产业，我们要向美国学习专业合理的产业分工、完整的产业链条、细腻的企业投资管理及金融政策对养老产业的扶持。面对挑战和机遇，保利集团进入养老产业是基于企业的长期发展战略。它希望全链条介入，搭建全景式的、开放的产业发展平台，使自己成为中国式养老产业的引领者。保利集团推崇“三位一体”的中国式养老模式，同时成立专业介护养老公司，以“医养结合”为服务特色，提供专业介护养老，打造“和熹会”专业养老机构品牌。

养老产业的发展规划是：短期内为投入阶段，通过适老住宅销售反哺适老产品研发、改造已有社区的适老配套设施，建设新社区；中期用 3 ~ 5 年的时间进入稳健运营阶段，通过不断提高配套和服务水平，获得更多养老人群的认同，实现盈亏平衡；从长期来看，用 8 ~ 10 年的时间达到发达国家的盈利水平，打通金融通道、实现 REITs 上市。

相比于 IPO 等融资方式，REITs 更加适合养老地产。很多发达国家 REITs 主要依靠物业租金收入派发股息，分红比例高达 90% 以上。REITs 每股年化收益要求一般在 6% ~ 10% 即可，每年可以定向增发进行多次融资。REITs 是资产证券化的产物，因此持股人只需要关注 REITs 项下资产运营情况，隔绝了母公司或者企业控制人等因素的影响，因此 REITs 股票波动性比较小，价格比较平稳，能够比较好地反映房地产周期和具体企业资产的运营情况。REITs 不要求上市企业有非常好的题材和非常高的预期收益，只要求管理者能够专业化地管理企业资产，尽可能提供长期稳定高比例的分红收益。REITs 的上市要求不高，所以它能够快速地为养老地产缩短资金回报周期，尽快完成养老地产的资本循环。

REITs 的落脚点也在养老地产。对比国外 REITs 的运营经验，我们发现 REITs 之所以发展迅速，是因为 REITs 作为投资管道免除了企业层面的税收。当前中国物业租金收入税收高企，税点普遍在 12% 以上，由此导致 REITs 实际收入偏低。由于中国房地产发展迅猛，物业升值已经使房地产租金免税失去了道德支撑，REITs 免税无从谈起。然而养老地产的发展利国利民，传统的家庭养老模式不能满足日益增长的养老需求，发展养老产业是解决中国养老问题的关键。REITs 在养老地产上享受免税待遇在道德上是站得住脚的。甚至政府应该像对幼儿园一样，对养老场所免地价，对于单纯养老社区，至少给予保障房地价待遇。这样，REITs 便能够在养老地产上实现项目落地，打通养老 REITs 的金融模式。

未来中国国情是人口老龄化，未来房地产的发展方向是养老地产，未来地产金融的发展方向是养老 REITs。养老 REITs 是养老地产和金融的结合，是当前最前沿的研究课题。我的师弟高旭华先生在百忙之余所著的《REITs：颠覆传统地产的金融模式》是时代需要的作品，同时又超越了时代的局限性，相关方面的理论研究在未来很长的一段时间内都具有指导意义。这本书是地产金融领域的一本力作，非常适合作为大型地产行业公司董事长、总经理等高级管理人员进行 REITs 研究和项目操作的参考书。

中国证监会和国家发改委已经发文启动 REITs 试点工作，这必将极大助力地产企业融资。保利集团亦将打造一个全景式的、开放性的养老产业平台，有兴趣进入养老产业的资金、企业和个人都有机会参与其中，我们欢迎各方力量前来和我们共商大业。同时我为高旭华先生能够将这本书出版，为推进中国 REITs 的发展，为房地产金融贡献自己的一份力量而感到高兴！

宋广菊

中国保利集团董事副总经理，保利南方集团有限公司董事长，保利发展（集团）股份有限公司董事长，中国房地产协会常务副会长。

原序四:“REITs+ 文旅地产”引领地产行业转型

梁上燕

非常开心看到同门师弟高旭华先生完成《REITs：颠覆传统地产的金融模式》这本著作，高旭华先生作为有多年从事地产金融投资行业经验的专家，在事业的高峰时期，能够放慢脚步，进入校园学习，进行博士科学研究，并且以国际视角及严谨态度对所从事的工作进行更加深入的思考和研究，这是需要很大勇气和魄力的，也是非常值得尊重和敬佩的。

现代 REITs 在美国经过了 50 多年的发展，从缓慢发展期、成长期、调整期到后来高速扩张和非常成熟的阶段，已得到了很好的运用和实践。很多国家都已设立了 REITs，这足以表明，REITs 是一种可行的房地产金融模式，所以，高旭华先生的确是前瞻性地看到了中国房地产金融未来的发展趋势。

REITs 是一种新的金融商品，我国的房地产投资信托在理论上几乎还是空白，如能尽早对房地产投资信托进行认真细致的研究，并推动政策的市场化，创造适合其生长和发展的条件，以达到房地产证券化的目的，对于解决我国商业地产运营以及投资渠道单一问题将起到很大作用。

在这本书中，作者也对我国房地产的概念进行了剖析，90% 的国人认为房地产就是住宅地产。而我们也能清晰地看到，中国所谓的房地产行业经过几十年的粗放式发展，在给我国经济带来长足进步的同时，诸多问题正逐步暴露。政府接连出台各种措施调控住宅地产市场，不断动用房产税、银行贷款利率和限制购房者购买商品住宅等手段对住宅地产市场进行调控。从今天的房地产市场来看，其发展所受到的干扰因素越来越多，不确定性因素在不断增大。人们都说，现在整体地产市场从“黄金时代”向“白银时代”过渡，相对下行。因此，前些年，很多地产企业开始转向商业地产，但经过十几年的探索和实践，中国商业地产发展的情况并不是十分乐观。

多数REITs是在商业地产中进行，这也让我们有理由相信，REITs或许可以让我国商业地产找到新的发展机遇，但由于前些年众多地产商纷纷转向商业地产，加之国际、国内经济形势不乐观，导致商业地产的发展空间极其有限。恰恰相反，近几年，国家开始大力支持我国文化、旅游业的发展，这使得诸多房地产开发商和投资者像当初进入商业地产一样，开始了旅游地产市场的争夺，大量资金开始转向投资回报期相对较长的旅游业。因此，旅游地产为传统地产商关注，在旅游业迅猛发展的支撑下，旅游地产将会获得更多机遇。

首先，居民可支配收入不断增加，国人对旅游的需求越来越大。国家旅游局（现为中华人民共和国文化和旅游局）公布的数字显示，2005年，我国旅游业总收入为5 285.86亿元，人均花费为436.1元；2015年，我国旅游业总收入预计将突破5万亿元，人均花费将超过2 600元。其次，随着旅游者消费的日益成熟，旅游动机不再局限于观光的单一需求，消费观念日益向健康、休闲、度假转变，向综合旅居转变。

在此之外，国家政策的引导，为旅游地产带来利好。《国务院关于促进旅游业改革发展的若干意见》中提到，加快旅游业改革发展，是适应人民群众消费升级和产业结构调整的必然要求。旅游业发展应与新型工业化、信息化、城镇化和农业现代化结合。由此可见，跨界融合不仅是行业发展趋势，更是政策鼓励的方向。

我国旅游业和文化业正在步入黄金年代，旅游和文化成为国人生活中越来越重要的环节，并发展成我国的支柱产业。当同为支柱产业的房地产与旅游、文化结合，文旅地产作为一种房地产新业态，其产业化创新、社会资源整合、社会生态升级以及在地化可持续发展等，受到政府、投资者及消费者的关注和热捧。

所以，旅游房地产更多的应该是满足消费者新兴生活方式的经营性、服务性物业，而不是在旅游目的地占地建房。如果按照过去的发展模式，REITs 难与旅游房地产高效结合发展。

而文旅地产恰恰解决了这一矛盾点。

我通过 20 多年的实践，并通过 3 年对典型旅游房地产品牌的案例研究和深度分析，探索出在当前背景下的旅游房地产开发运营模式——“文客商”金字塔模型。在此基础上，揭示中国旅游房地产企业发展过程中的顾客需求、品牌偏好关系，找出促使旅游房地产成功向文旅产业地产经营开发转型的核心因素，大胆提出了文旅地产——这一房地产新的业态形式。

文旅地产已经超越了传统的旅游房地产开发思维，其依据市场导向与市场需求，建立开放式的合作、创新、创意、交流等平台，充分发挥产业的定位与管理运营优势；将城市运营、旅游目的地经营管理、在地化资源、产业模式、土地价值运用、生态保护、旅居需求、圈层社群消费、文化艺术资源开发植入、旅游产品等多种跨界业态有机整合。寻求文旅项目的社会价值、产业价值、人文价值、品牌价值最优化。

文旅地产不仅结合了文化和旅游的元素，同时还可以引进和融合其他相关元素，比如商业、养老、酒店等。此外，文旅地产也同时具备了住宅和商业运营的特性，其产品可以采用多种方式在消费者、开发商以及运营商中进行转换，例如自营、合营和自持等方式。但我们也很清楚地知道，文旅地产必将是一个长周期的投资过程，这就需要足够的资本支持以及项目自身的“造血”能力。从这本书中，我们也了解到，REITs 的商业模式依靠提高租金收入，完善物业功能，提升资产的使用价值，并通过 REITs 上市融资，缩短回报周期，并以此进行反复。这种模式将极大地增加开发商、运营商的资本周转能力，助力企业轻资产运营，给企业带来不断的资本支持，企业也必将加快进程，大大缩短回报周期。

不过，我们也看到，由于国内目前金融行业的整体发展水平有限、金融法律法规不完善、我国信用体制水平不高、专业从业人员极其缺乏，导致 REITs 在国内的实践情况不是特别理想，推动进度不快。但我们有理由相信，随着我国逐步加强房地产行业规范化，加快房地产行业发展模式的转型升级，国内服务体系、信用体系逐渐完善，再加上国家政策层面的大力支持，法律法规的进一步健全，REITs 一定会在我国有很好的发展前景。此外，我们更加期待 REITs 可以与文旅地产进行很好的结合，这不仅可以给目前我国房地产行业带来新的转型方向，还能使 REITs 模式更好地在我国落地和实践。

“想象可能，可持续的商业模式、文化发展及生命延续”，REITs 必将颠覆传统地产的金融模式，“REITs+ 文旅地产”必将引领地产行业成功转型，让我们拭目以待！

梁上燕

中国十大杰出女性，法国图卢兹商学院工商管理博士，国际注册商业房地产投资师，暨南大学校友会副会长，易居 · 沃顿中国房地产实战案例研修班课题组组长、导师，中国策划研究院副院长，中国文化产业促进会副会长，国际旅游投资学会副会长，澳门文化创意产业发展协会创会会长。

再版前言：道阻且长，行则将至

光阴荏苒，距离本书第一次出版不知不觉已过了4年多。由于受到广大读者的认可，其间书稿已印刷6次发行数万册。正如“中国REITs之父”孟晓苏教授所言：“中国目前房地产金融创新除了REITs，没有更好的可讲。”REITs在这4年多时间里，又有了许多可喜的发展：深圳公租房开始试点REITs，深创投安居集团人才租赁住房资产支持专项计划获深交所评审通过；一些长租公寓完成了类REITs在深交所挂牌上市，先后有魔方公寓、自如1号、新派公寓、保利地产、招商蛇口及旭辉领寓等7单产品落地；甚至一些机场物业也对REITs模式跃跃欲试，目前我国机场建设项目融资缺口较大，机场REITs正当时。但随着互联网对实体经济的进一步冲击以及2020年新冠肺炎疫情的突然打击，房地产市场遭受了严峻的考验，诸如蛋壳公寓这类较为激进的商业模式发生了“暴雷事件”。REITs这个新的商业模式正在以中国特有的方式发展，相信随着不断摸索，时间将会成为REITs的朋友。

本书的再版，是因为考虑到广大金融从业者和房地产从业者的不同专业基础水平和背景，而本书的主题REITs金融模式又涉及金融、房地产、企业管理等领域，因此从专业背景和目前中国REITs的发展水平综合考虑，本书务实平衡不同读者的需求，在综合第一版读者的反馈和建议以及作者在REITs领域新的研究成果后，形成了本书第二版。在此特别感谢陈乐天（Austin Chen）先生对本书的贡献，他在纽约金融业有超过20年的工作经验，且任职于华尔街顶级金融机构，该机构同时也设有世界上最科学严谨的REITs指数研究中心，管理资产超过1万亿美元，陈先生为本书提供了广泛且精辟的论点及见解。

就像罗素所言："一部人类的文明史就是规则与自由的探索。"

一直以来许多人谈到REITs，都在尽可能地陈述REITs能够为机构及个人投资者、国家税务部门、房地产及金融行业带来许多好处，最终所有的问题又回到了REITs是否应该借鉴并实施房产免税制度的讨论当中。这不得不让人思考其鼓吹REITs的立场和目的：REITs及其免税制度可以使房地产资产以证券化的方式变现，解决房地产资产堰塞湖效应，盘活存量房地产，提高换手率，完成整个社会对房地产财富的大洗牌，在避免政府税务部门高额税收的情况下，实现房地产高位套现和对大众的财富收购。

所谓"天之道，损有余而补不足。人之道则不然，损不足以奉有余"，金融本质就是"损不足而益有余"，金融行业的马太效应非常明显。REITs也未必就像某些专家学者说的那样能"包治百病"。REITs本质上就是房地产证券化，是一种股票或者债券。投资REITs必然承担相应风险，不仅要考虑房地产实体资产价格的波动，也要考虑资本市场的周期波动。在中国这种以散户为主的资本市场，机构投资者和价值投资理念还未起到主导作用，上市公司的诚信体系还不够完善，在市场化不足的背景下，投机炒作也会使得这些证券的波动非常剧烈，类似于REITs这样低风险较高回报的资产组合在证券市场其实也并不少见。

道阻且长，行则将至；行而不辍，未来可期。一直以来中国版REITs迟迟不能正式实施，只能以类REITs的方式试行，本质上是商业地产抵押贷款支持证券或者干脆就是明股实债。然而，2020年8月实施的《公开募集基础设施证券投资基金指引（试行）》规定，公开募集基础设施证券投资基金采用"公募基金+基础设施资产支持证券”的产品结构，使得基础设施 REITs 终于迈开了由私募转公募的关键一步。

本书曾经基于中国国情做了一个预测：“REITs 在国外是对企业层面免税，对个人层面征税，而中国版的 REITs 很大的概率是对企业层面征税，对个人层面免税。综合来看，国内国外两者 REITs 税率将差别不大，收益水平趋向合理水平。”公募基金在个人投资者层面价差收入是免税的，看来我们这个预测是正确的。

李大钊先生说：“不驰于空想，不骛于虚声，而惟以求真的态度作踏实的工夫。”只有正确认识了 REITs 的本质属性及其优缺点，才能更好地推动及预测 REITs 在中国的发展。本书主要站在企业经营管理者的角度介绍 REITs 的基本内容，同时也详细介绍了 REITs 组织管理模式和投融资理论研究，旨在让广大的 REITs 从业人员更加清晰地认识 REITs 的内涵，有自己的思考从而不再人云亦云。

投资和管理需要有自己的判断，希望广大读者在本书的阅读中有所收获，在 REITs 相关行业的工作实践中不断有心得。毕竟风险来自你不知道自己在做什么。

技术和制度创新深刻改变人类的发展轨迹，正如雷·库兹韦尔（Ray Kurzweil）在《奇点临近》（*The Singularity is Near: When Humans Transcend Biology*）中描述的那样：以互联网、人工智能为代表的技术创新正如从远处而来的高速列车，在远处的人类只能隐隐地听到声音。慢慢地声音逐渐变大，当高速列车赶上人类的那一瞬间，人类其实是感受不到它的存在的，这一瞬间被称为“奇点”。然后这列火车又以闪电般的速度消失在人类的视野。技术创新这种指数型的发展轨迹使得它们起初的发展很慢，很不起眼，后期的发展衍生却超出了人类的想象。

制度创新的发展也是如此，回想当初中国开始实施改革开放政策的时候，谁也没有想到中国经济超过 30 年的快速腾飞。然而对细微事物的察觉缺失和对未来预期的判断失准，一直是人类天生的弱点。资产证券化 10 多年前还只是理论，现在全世界资产证券化早已如火如荼地展开，并发展出了许多相关的衍生品。而作为资产证券化衍生品之一的 REITs，在中国正式实施的历程却比较曲折。

2014 年 APEC 工商领导人峰会在北京开幕，会上提出：我们需不断发掘经济增长新动力。生活从不眷顾因循守旧、满足现状者，而会将更多机遇留给勇于、敢于和善于改革创新的人们。在新一轮全球增长面前，唯改革者进，唯创新者强，唯改革创新者胜。我们要拿出“敢为天下先”的勇气，锐意改革，激励创新，积极探索适合自身发展需要的新道路、新模式，不断寻求新增长点和驱动力。

如今 C-REITs 已是公认的金融改革创新的趋势。中国自从 2002 年开始推进 REITs，到 2015 年 5 月 21 日，中信“启航”REITs 破冰试水，2015年6月8日鹏华前海万科REITs正式登陆深圳证券交易所挂牌交易，成为国内第一只真正意义上符合国际惯例的公募 REITs 产品。种种信息都在告诉我们：REITs 已经来了。

《管子·牧民·国颂》中有：“国多财，则远者来；地辟举，则民留处；仓廪实，则知礼节；衣食足，则知荣辱；上服度，则六亲固；四维张，则君令行。”所有的趋势都在呼唤 C-REITs 的到来：房地产行业已不是之前火爆的卖方市场的“黄金时代”了，整个行业的趋势是寻找稳定而便宜的资金，而 REITs 可以为企业打通资本市场，为优质地产项目提供稳定而便宜的资金；投资已不是之前从银行贷款买房的时代了，整个社会正在营造人无股权不富的氛围，而 REITs 可以为投资者提供一种相对低风险、高回报的选择，满足大众持股的需求；中国政府正逐渐简政放权、减轻税负、调整经济结构、盘活沉睡资产，而 REITs 符合政府减轻赋税、调整经济结构、盘活沉睡资产的政策方向；消费者趋向年轻化、崇尚自由、注重当下，消费占国内生产总值的比重必然逐渐上升，而 REITs 为消费者带来轻资产的生活方式，使他们不必早早就成为房奴；中国整个经济体系已不再是粗放型，未来集约和高效的企业才能赢得竞争，而 REITs 也能提供一个专业和高效的商业模式……

相比于 REITs 何时真正开放落实，笔者认为 REITs 的发展趋势同样值得关注。因为真正聪明的投资者，都是赢在高明，而不是精明；都是赢趋势，而不是赢贵贱。清初思想家颜元曾强调：“一身动则一身强，一家动则一家强，一国动则一国强，天下动则天下强。”所以说，无论多么有用的理论和规划，归根结底都是要行动起来，使其真正达到经世致用的最终目标。“问渠那得清如许，为有源头活水来”，如何把握 REITs 的发展轨迹，掌握 REITs 的管理精髓，紧跟时代潮流，正是我们在本书中真正希望和读者共同实践和学习的。

读者在翻阅本书的时候，必然会问究竟什么是 REITs？ REITs 有哪些价值和优势？我们如何运用 REITs 创造财富？看了本书以后，相信你一定会对这些有基本的了解和认识。

REITs 来了，你听见了吗？

REITs 简介

不动产投资信托基金（Real Estate Investment Trusts，简写为“REITs”）是起源于美国的舶来品。其中的 Real Estate 是指土地（Land）加上永久定着在地球表面之上、其中、其下的人工改良物（Man-made Improvements），如构筑物和房屋。而类似的 real property 是指 real estate 加上与其有关的各种权益，包括权利、利益和好处。作为人工改良物，国外 REITs 的投资范围不只是房地产，还包括了林地、基础设施甚至监狱。因此，REITs 涉及的基础资产不仅仅是商场、写字楼、工厂或者仓库等，很多具有 REITs 基础资产性质的资产都可以灵活地运用 REITs 进行融资、运作。

REITs 的商业模式主要依靠提高租金收入，完善物业功能，提升资产的使用价值，获得稳定收入。REITs 通过上市融资，可以缩短回报周期，该模式可以不断循环反复[①]。国外的 REITs 有一部分是做住宅抵押型 REITs[②]。这类 REITs 更像是专门向房地产部门发放贷款的银行。抵押型 REITs 起初发展较快，但由于过分扩张，20 世纪 70 年代

① REITs 可以在资本市场一年内多次融资，而上市公司一年最多只能融资一次，这是 REITs 相比于地产上市公司的优势之一。

② 抵押型 REITs 投资房地产抵押贷款或房地产抵押支持证券，其主要收益来源是房地产贷款的利息。

在美国发生了大规模破产。目前权益型 REITs 占据了投资者对 REITs 的主要认知。10 年前次贷危机的爆发，导致涉及房地产业务的 REITs 受到了不小的冲击，REITs 自身及行业风险不免要给即将施行的中国 REITs 敲响警钟。

当前房地产行业

商业地产从经营模式、功能和用途上与住宅大不相同。住宅是以消费为目的的耐用消费品，其价值在使用过程中被消耗掉，而 REITs 的基础资产往往是被用于生产。住宅类物业开发商建成后大部分直接销售给消费者，属于商家对客户（Business to Customer，简写为“B2C”）的商业模式；而商业地产建成后要进入生产领域，是企业的生产资料，必须通过商业活动实现其价值，是商家对商家（Business to Business，简写为“B2B”）。

住宅和商业地产的概念在我国比较模糊，这也反映出我国房地产市场还未到成熟期。我国房地产商大都属于住宅类开发商，国外房地产商多持有商业地产。自从 2000 年至今，住宅类房地产发展处于快速上升的势头，而且未来的 10 年依然会保持这个趋势，由于我国的城镇化进程、经济持续发展、特殊的户籍政策等原因，住宅产业的重要性不言而喻。但是住宅类的房地产商有许多致命的弱点：现金流极不稳定，依靠土地储备增长想象空间不大，重资产导致负债率高企，现金流压力大。住宅类房地产商的竞争必然加剧，从历史来看，住宅行业在房地产行业的寡头垄断竞争趋势在所难免。

有人提出，中国实际上走的是一条先城镇化，再产业化的新路。过去确实如此，产业的聚集及产生财富的能力远远没有跟上城镇化的发展。或许是中国传统“安居才能乐业”的思维，导致大量投资催生了住宅产业的发展。但这个发展其实是在负债，人们提前享受了较之前更加优质的居住环境，长远看必然需要发展产业，用产业产生的财富来支付住宅消费。过去10多年，我国经济发展迅速，产业不断完善，因此住宅价格不断得到支撑。但是未来我国经济发展速度趋缓，住宅价格上涨必然相应减缓。

在这个大趋势里，房地产商如何选择发展方向？住宅依然具有投资价值，但已是“白银时代”。商业地产是否会是未来的发展方向呢？如今中国住宅市场的前景越发不明朗，一、二线城市地价高昂导致投资风险加剧。新颁布的棚户区改造政策开始减少货币化安置并上收审批权到中央，这导致了三、四线城市的住宅投资前景黯淡。

房地产行业的方向究竟在哪里？

发达国家的房地产市场发展路径指出，中国房地产行业将会进入运营管理、产业结合的阶段，进而上升到房地产金融、资本运作层面。而所谓地产开发只是整个商业开发链条中的一个环节而已。房地产商应该选择产业运营这条路。房地产行业将回归其服务本质，产品将作为服务的附属。产业地产的种类繁多，包括但不限于公寓、酒店、公租房、零售地产、写字楼、工业物业等类型，还有新兴的诸如林地、电影院、监狱、自助仓储、医疗地产等类型。

纵观美国房地产行业的发展，本书将介绍的REITs目前还是地产行业的一个小门类，2015年年底美国REITs上市市值达到9 390亿美元[①]，同期苹果公司的股票市值就达到了5 300亿美元，美国上市公司总市值约为25万亿美元。截至2018年年底，全球REITs总市值约为2万亿美元，其中美国占据五成左右的市场份额。截至2018年年底，美国上市REITs数量达到226只，其中权益型REITs以186只

---

① ［美］斯蒂芬妮·克鲁森-凯莉，R. 布拉德·托马斯. REITs分析与投资指南［M］. 罗桂连，尹昱，译. 北京：机械工业出版社，2018.

占据绝对市场份额。虽然整体 REITs 市场占整个美国资本市场比重不高，只有 1.9% 的份额，但其回报却令市场称赞。

REITs 的发展持续稳定，近期发展迅猛。越来越多的房地产公司看到了 REITs 的优点，并将旗下的物业打包形成 REITs 上市。目前 REITs 已经遍布全球。REITs 的回报特征吸引了民间资本、养老基金、政府基金、保险基金等这些求稳而对回报率要求不是特别高的资金。

地产金融精英化

商业地产是典型的 B2B 的商业模式。商业地产开发与经营更需要与利益相关者多方合作，作为生产者的生产资料，商业地产需要具有专业行业知识和经营能力的从业人员。但这还远远不够，从整个行业来看，商业地产的退出机制还没有解决。我国商业地产只是将物业租赁给客户，而产权依然掌握在开发商的手里，开发商拥有物业升值和租赁收益的权利。而国外的商业地产开发商正是将物业升值和租赁收益的权利作为金融产品，在金融市场卖给投资者实现退出，这个金融产品就是 REITs。商业地产需要依靠大额资金进行运作，本质上是一种金融产品，选择在金融领域退出符合自身的逻辑，事实上上型 REITs 产品已经在 2015 年前就归类于金融领域。

商业地产是一个进入门槛很高的产业，经营不善导致现金流不稳定、收取租金导致增长无想象空间、重资产导致负债率高企，资金压力大。它是一个复合型的产业，不只是房地产行业，也不单是商业，它是地产、商业、投资、金融等方面的融合。商业地产需要资源整合能力强、行业专业能力高、运营管理精细化的人才。商业地产必然将逐渐形成行业垄断，由于投资门槛太高，管理趋向复杂，小型房地产开发商将逐渐被淘汰，商业地产将逐渐走向精英化，而且垄断的方式之一正是托拉斯（信托“trust”的音译）。

在这个行业里面，最需要的就是低成本、能长期使用的资金。解决不了长期资金的问题，很难做好商业地产。这种资金不能依靠银行，因为资金放贷随金融政策摇摆不定，所以商业地产的资金链非常容易断裂。哪种资金最为合适呢？借鉴国外成熟的金融制度经验分析，REITs 在运营操作性、制度可行性方面适合不断成熟发展的商业项目。REITs 虽然把收益都分配给投资者了，但是它一年内可以在资本市场上多次融资，如果 REITs 运行良好，投资者认可度高，那么这种股权融资非常方便。对于投资者而言，REITs 定位明确，产品就是成熟的商业地产租金回报，对内的管理非常透明，组织内耗较少。从营销和管理的角度，REITs 这种商业模式很值得引进中国，我们也相信 REITs 在中国能够长足发展。

地产金融民主化

REITs 是国外尤其是美国和澳大利亚非常成熟的房地产商业模式。不同于国内的房地产开发商，REITs 的发起不是建筑开发公司，而是一个金融机构。当人们发现一个比较好的商业地产项目或者一个好的房地产经营模式，就可以组织发起 REITs，募集资金进行投资，最后实现收益。它使数量众多的个人投资者也能够直接投资于房地产这类资金门槛很高的行业。REITs 为投资者带来更多的投资选择，我们相信 REITs 近期在国内的试点推出，必然会降低国人炒房的热度，转而把热钱引流到股市之中。

对于宏观经济，REITs 有利于完善我国房地产金融的整体结构。REITs 参与房地产一级市场与二级市场的金融活动，是房地产金融成熟发展的重要标志，也是完善房地产金融的重要手段。REITs 把大众资金直接导向房地产行业，是对银行业间接融资方式的强有力补充。这种方式更有效率，而且更加公平，惠及千千万万的投资者。目前房地产金融的收益和风险集中在银行和影子银行[①]，中国政府引进 REITs 的初衷是在一定程度上降低房地产金融系统风险。这一矛盾是在计划经济思维下，政府代替市场进行资源配置的结果。从历史结果来看，这种专制体制的分配效率低下且不公平。REITs 吸引更多的个人投资者参与，将资源配置的话语权交给资本市场是否能够更加民主呢？答案是肯定的，至于这种民主是否能够更高效地促进生产力的发展，促进人民的福祉就有待进一步考量。直观来看目前情况，REITs 可以避免单一融资体系下信贷政策的硬冲击，使企业资产负债比率更加合理，有助于缓解中国金融体系资源配置的矛盾。

REITs 随着中国经济的发展走向是可以预期的，因为中国经济处于扩散而非封闭的系统，影响的因素不计其数。但可以预见，当中国社会逐渐走向更加自由繁荣时，制度束缚与摩擦减小，金融民主化引发蝴蝶效应般金融危机的可能性还会一直存在，并且难以绝对控制。经济发展更加考验政府的监管能力。本书不是一味鼓吹我国全盘接受 REITs，完全引入美国的 REITs 制度，而是要根据我国的国情制定相关政策进行约束。因此我们不仅应该借鉴发达国家 REITs 的制度结构与法律法规，更应该借鉴他们 REITs 的历史教训和成熟经验，把管理做到收放自如，既不僵化也不放任自流。

---

① 影子银行是指游离于银行监管体系之外、可能引发系统性风险和监管套利等问题的信用中介体系。目前国内的影子银行更多地是阐释一种规避监管的功能。影子银行有 3 种主要存在形式：银行理财产品、非银行金融机构贷款产品和民间借贷。影子银行引发系统性风险的因素主要包括 4 个方面：期限错配、流动性转换、信用转换和高杠杆。

本书结构

本书的第一篇介绍REITs的基本理论，这一部分详细地讲解了REITs的定义、特征、功能、性质、历史和作用。这部分虽然是REITs的基本内容，但是本书进行分门别类，并对相关内容进行整理概括。特别是将REITs的性质分为金融属性和地产属性是国内学者还未公开发表的内容。第二篇是REITs的运行实务，介绍美国完善的REITs组织架构和操作规范，包括REITs的实际框架、组织形式、内部管理、资本运作等。现有关于REITs的研究大多是讨论一些执行上的细节或者是如何设立一家房地产投资信托基金公司，但是因为有关的税法时常改变，很多国家的法令规则不尽相同，这类研究只能在中国适用一段时间，但本书给出了一套分析方法供读者参考。

正因为REITs是一种特殊的组织结构，而且还被立法规定了，因此本书决定研究探讨这个结构存在的管理问题。制度的合理性要看该制度是否能比较好地缓和内部管理人之间的矛盾。所以本书的第三篇将介绍学者、研究人员和资深专业人士对REITs内在机理的研究成果和地产运营的宝贵经验，以深入了解REITs这个结构所带来的看不见的力量和难以察觉的陷阱，我认为这部分内容对读者来说更加激动人心，引人入胜。在此我们向《房地产投资信托：结构、绩效与投资机会》的作者陈淑贤、约翰·埃里克森和王诃致以敬意，他们在该书非常全面具体地讲述了REITs的管理学内容。同时笔者搜集整理了一些公开的学术研究，但这些结论还未在中国实践和反复地检验，仅供读者参考了解。

由于笔者的水平有限，收集整理的资料不全，理解也未必到位，如有错误和不足，敬请各位读者指正。如果投资者希望读到原汁原味的美国REITs投资的介绍，我推荐拉尔夫·L. 布洛克（Ralph L. Block）的《REITs：房地产投资信托基金》（*Investing in REITs*）。德鲁克先生说过："管理是一门实践科学，管理的目的是使企业更有成效。"希望本书能够起到抛砖引玉的作用，引起行业各位专家学者对 C-REITs 和中国证券化的研究讨论，推动 REITs 的顺利发展，为这个行业在中国的规范合理兴起贡献我们自己微薄的力量。

第一篇

认识 REITs

从美国1960年修订《美国税法典》正式创立REITs以来，REITs作为投资工具经历了曲折跌宕的发展过程，如今已经成为美国房地产金融市场上的重要组成部分。北美、澳洲、欧洲的REITs成熟经验已经总结了一整套相对完善的制度规范，与当前我国信托基金等方式设立的类REITs有很大区别。本书的第一部分就是了解REITs的基本概念，力求根据美国法律条文和证券监管机构规章详细而全面深入地展示REITs的本质。

REITs作为一种特殊的组织形式，《美国税法典》明确将REITs界定为符合特定条件的公司、信托或协会。另外组织形式是由托管人或董事进行管理、以股票或收益权证为所有权凭证、所有权人不少于100名；对投资领域的限制是所持房地产资产的价值不低于资产总值的75%、来自房地产渠道的收入不低于总收入的75%、且相关业务收入不低于95%、作为股息分配给投资者的数额不低于年度应税收入的90%等。这一系列限制条件在无形中确定了REITs这种投资工具的特性。REITs将90%以上的应税收入分配给投资者，是REITs免缴公司所得税的前提，这是REITs作为利益传递体的特性。

REITs的性质决定了它是立足于房地产行业的投资工具，绝大部分资产必须是房地产，绝大部分收入必须来源于房地产，正是这种性质决定了REITs在金融市场的表现，当然其也受到投资市场的影响。与投资于股票、外汇、期货等其他领域的投资基金相比，REITs的最大不同就在于投资对象。有研究表明，地产行业里的酒店类公司股票和酒店类REITs之间的表现并没有太大的差异。REITs对于市场的定位就是房地产行业的投资工具，这点毋庸置疑，投资者眼里的REITs就是一个有高比例分红的房地产股票。除了直观的印象，REITs还具有下列特点：

（1）在出资方式上，REITs是资金信托和财产信托的结合。一般的投资基金，需要投资者支付货币资金来交换收益凭证。而REITs除了接受投资者的货币资金，还接受房地产类的实物资产。对于房地产企业而言，发行REITs证券能将手中的物业变现，从现有的房地产中解放其资本，用于其他投资或收购活动，从而有效地优化资本结构。与发行股票相比，发行REITs证券的程序更为快捷。

（2）在权利内容方面，与股票和一般债券相比，REITs单位所代表的不是对某一经营实体的利益要求权，而是对特定资产池所产生的现金流或剩余利益的要求权。因此，REITs的持有者只享有收益权与知情权，如果对REITs的管理者不满，他们只能"用脚投票"，即在市场上卖出或要求REITs发起人赎回其发行的资产受益凭证。而股票持有者除了享有受益权和知情权，还拥有通过股东大会选择管理者、参与重大决策的权利等。当然REITs投资人并不是什么保护都没有，毕竟对REITs的一系列法律限制已经非常严格了。

（3）在证券价格的确定上，REITs的证券价格与它拥有的房地产基础价值关联较为紧密。相比之下，普通股票的价格更多地依靠其当期和预期收入，与股票所代表资产的账面价值关联程度不大。然而，在高透明度和专业水准的经营方式下，REITs的总体价值往往会高于其净值，这可能也是其优于一般上市融资方式的地方。

对于REITs的运营者而言，REITs是一个免税工具。为了获得免税，REITs也在结构上付出了巨大的代价。REITs作为企业的组织结构，将在很大程度上丧失经营灵活性。任何拟采用REITs结构的企业，都不得不事先衡量清楚这样做的意义能否超过所有潜在的负面代价。所有结构上的限制概括起来有4个方面：

（1）所有权结构上的限制。例如5人或5人以内的投资者直接或间接持有的股份，不得超过REITs股份价值总数的50%。

（2）收入来源和所持资产的限制。例如特定比例的收入和资产必须与房地产或地产抵押权相关，虽然具体比值会随着时间的流逝而变动。在税务年度内出售短期持有资产的收入所占的比例，也必须限制在一定范围内。

（3）公司经营结构上的限制。例如以前的 REITs 不得亲自经营其资产，而是必须雇用外部顾问进行经营管理。

（4）财务政策上的限制。例如为保持 REITs 资格，必须将 90% 以上含资本收益的应税收入分配给股东。

这些限制导致 REITs 成立后的运营出现了一系列后果，导致一系列的内在逻辑驱动 REITs 的发展。比如 REITs 必须将 90% 以上的应税收入分配给投资者这一要求，意味着 REITs 只能将很少的内部资本留下来用于企业进一步发展。REITs 结构的最大代价就是未来发展能力受限，这是个极为严重的问题。有期限的 REITs 的业绩远远不及普通 REITs 股票的业绩。有期限的 REITs 到了一个期限（比如 10 年）就要自行清算，很显然是没有太多的增长潜能的，所以难以达到特别优良的业绩。

毫无疑问，REITs 拥有的房地产资产是成熟的，收益是稳定的。想要进行 REITs 上市融资的企业在选择是否设立 REITs 的时候，需要权衡再三，详细认真地考察 REITs 设立的税法规定和组织结构，了解成熟国家尤其是美国 REITs 的概念和特征，并对其发展进行详细分析。

第一章

REITs 是什么

REITs 是什么？REITs 是流动的不动产。REITs 股票在集合竞价市场上交易，在那里有大量的卖者和买者根据有关股票价值的信息流不停地进行证券交易。REITs 为不动产提供了连续性的价格指导，实质上不动产的所有权和交易价格每时每刻都在变化，REITs 就是这么奇妙。

非证券化房地产市场与 REITs 股票市场的特征极为不同，这些差异源于这些资产在不同的交易市场。相比较而言，房地产交易极不频繁，房地产市场不是自由竞价市场。房地产的价值是通过基于类似房地产过去和当前周边的销售价格所进行的定期评估与房地产特征来确定。房地产信息成本较高，不易获得，因此价格变化缓慢。REITs 流动性所带来的便利及溢价，对于不动产而言意味着什么？我们觉得 REITs 代表了房地产行业里新的品类，新的市场和新的竞争。

REITs 有可能是我国当前最具有革命性的、颠覆式的一种商业模式。所谓“乱世黄金，盛世房产”，随着中国经济的发展，持有不动产才是财务保值增值的最佳策略。REITs 的结构脱胎于信托，因此一方面，REITs 本身带有信托的精神，所以 REITs 要求每隔一段时间需要把一部分资金分发给受益人；另一方面，REITs 又有公司的性质，权益人按股份比例享受权益并承担有限责任。REITs 还具有有限合伙制的灵活性，在企业经营层面能够获得免税。

如今，起源于美国马萨诸塞州商业信托的 REITs 已经走过了半个多世纪，它是金融与房地产的交叉创新产物，初衷是为规避管制，为中小投资者提供一个投资于房地产行业低门槛的投资产品。现在 REITs 已经具有专门的立法，对 REITs 的制度有明确的约定，是一项完善的制度和商业模式。那么 REITs 在法律上是如何具体规定的呢?

一、REITs 定义

REITs 起源于美国马萨诸塞商业信托（Business Trusts，简写为“BT”），这种形式当时主要是为了规避其他形式（诸如公司、合伙企业）在税收或者管理上的不利地位，随后逐步发展，至 1960 年被立法认可。目前 REITs 在美国主要以公司形式存在并上市融资。REITs 在美国是一种独特的组织结构，有专门的法律规范 REITs 的运作，有严格的组织结构要求、资产要求、收入要求和分红要求等。根据 REITs 的实际运作和相关文献的介绍，本书对 REITs 进行如下定义：

> REITs① 即房地产投资信托基金，是一种依照专门的法律规定而成立的特殊组织结构，主要从事与房地产相关的专业业务，特征是给投资者高比例的分红以获得企业层面免税。

① REITs 在英语中有单复数之分，一般在指代 REITs 概念时使用单数，如日本的 J-REIT，新加坡的 S-REIT；而在指代 REITs 产品时使用复数。本文除了专有的基金名称，一律使用 REITs 来代表 REITs 的概念和实际产品。在国务院的相关文件中的用词是“房地产投资信托基金”，从相关论述及业界的讨论中，可以看出其所指的正是学界所称的“REITs”。由于我国尚未有 REITs 的相关立法，因此在名词的使用上仍较为混乱。

自1960年REITs被立法认可后，美国REITs经过半个多世纪的发展，制度已十分完善。在美国REITs发行的证券适用于3个法律文件。如果不属于《1996年全国性证券市场促进法》定义的“被涵盖证券”(Covered Securities)，则必须适用于北美证券管理者协会(North American Securities Administrators Association，简写为“NASAA”)的有关REITs政策声明(Statement of Policy Regarding Real Estate Investment Trust)，简称“NASAA声明”①。

在REITs众多定义中，需要从4个方面把握上市REITs的特征，即组织结构上要求REITs股东充分分散，收入结构上要求REITs的收入主要来源于房地产相关收入，资产结构上要求REITs的资产主要是房地产相关资产，分红结构上要求REITs把大部分的收入分配出去，公司留存不能高于10%。这4个方面的要求可以概括为2个特性，即REITs的房地产属性和金融属性。

二、上市REITs的组织结构要求

为保护证券市场REITs中小投资者的利益，美国监管部门及相关法律法规对上市REITs进行严格的限制。例如REITs的收益所有人必须达到100名以上、美国州蓝天法和NASAA声明制定了“5名以内”规则是为了防止大股东侵害小股东的利益；REITs必须将大部分收益分配出去，是为了防止管理层对股东利益的侵害；REITs的资产结构特征和收入特征，是因为REITs的免税权利需要REITs

① 根据NASAA声明，REITs法律定义为：主要从事房地产权益投资(包括绝对物业所有权和租赁受益权)、房地产抵押贷款投资和混合型房地产投资——两者兼营的公司、信托、协会或者其他法人[房地产辛迪加(法语syndicat的音译，原意是“组合”。资本主义垄断组织的重要形式之一。由同一生产部门的少数资本主义大企业，通过签订统一销售商品和采购原料的协定以获取垄断利润而建立的垄断组织。)除外]。

的大部分收入形成“被动收入”，以防止纳税人的利益受到侵害……

（一）结构要求

REITs 需要通过一系列的测试和审查，总的来说美国 REITs 在组织结构上有以下几点要求：

（1）REITs 不能是银行、合作银行、互助储蓄银行、美国国内建筑贷款协会以及根据美国联邦和州法律而组建的储贷协会或类似协会。

（2）REITs 必须有一名托管人或者董事进行管理。依据 NASAA 声明，其中对托管人或董事的要求的详细解释是：美国州蓝天法和 NASAA 声明要求 REITs 至少有托管人或者董事。托管人是指对 REITs 的资产管理与处置具有排他性权利的人。如果 REITs 组建为商业信托的形式，托管人还合法拥有排他性 REITs 资产的产权，托管人代表 REITs，可以独立决策而不需要其他成员批准。

（3）REITs 的收益凭证必须是可转让股票或者受益基金单位。

（4）REITs 的收益所有人必须达到 100 名以上。

（5）在 REITs 纳税的首个税务年以后，所有年度都不存在“股权集中持有”的情形。禁止集中持股的要求是 REITs 的基本规则。这是为了防止 REITs 集中持股，导致大股东侵占小股东的利益，美国州蓝天法和 NASAA 声明制定了“5 名以内”规则，即在 REITs 税务年度的下半年，由持有股份最大的 5 名股东持有的 REITs 的股票价值总和，不能超过该 REITs 的流通股总值的 50%。如果 REITs 违背了这个规则，则 REITs 不能享受免征企业所得税的优惠。①

① 为了防止 REITs 在无意间违背“5 名以内”规则而失去免税的优惠，大多数 REITs 都会采取“额外股份”条款。该条款规定，如果违规转让 REITs 股票而触犯了“5 名以内”规则的，则视为将转让的股票转让给 REITs。额外股份被 REITs 持有后，不再具有投票权，也无权收取任何股息。如此，在测试“5 名以内”规则时，额外股份不会被视为 REITs 股票，也不会被视为流通股，所以在计算 REITs 是否集中持股时会忽略不计。

（6）如无法律特别规定，REITs 在征税时一律被视为国内公司。

（二）收入要求

在 REITs 的每一个税务年度，REITs 必须满足两项收入测试，方能保住自身的免税地位。75% 的收入测试与房地产结合紧密，而 90% 的收入测试则适度放宽了。

收入测试一：REITs 每个年度总收入中必须至少有 75% 的收入是来源于与房地产活动紧密相关的交易而得到的被动收入，这些收入包括：

（1）房地产租金。①

（2）房地产抵押债务或房地产权益抵押债务的利息。房地产权益包括：①土地和土地上改良物的绝对所有权和共有权；②土地和土地上改良物的租赁权；③土地和土地上改良物的购买选择权、租赁选择权；④合作建房公司的股票；⑤代表房地产部分不可分割的绝对产权或租赁权益的分时权益。

（3）出售或以其他方式处置房地产的收益，“房地产”在此包括房地产权益和房地产抵押权，只要不是交易商资产即可。

（4）其他 REITs 的股票派发的股息和其他分配款项，出售或以其他方式处置其他 REITs 股票的收入。

（5）房地产相关税种的减退款。

（6）被取消赎回权的房地产带来的收入与收益。

（7）以房地产或房地产权益作为抵押的贷款。

---

① 权益型 REITs（Equity REITs）的总收入多数来源于租金，托管人因此要确保这些租金符合“房地产租金”资格。“房地产租金”这一称谓看似直白易懂，但税法还是特地规定它包括与不包括某些项目，还规定 REITs 可直接而不通过独立承包商向租户提供某些服务。房地产租金包括下列项目：房地产权益租金；与房地产租赁相关的常规服务的费用；与房地产租赁相关的动产产出租金，但归属于动产的租金数额不得超过本税务年度房地产租金和动产租金总和的 15%。

（8）REITs 用新资本投资于股票或债务证券而赚取的合格临时投资收入。

收入测试二：REITs 的年度总收入中，95% 的收入测试的前提要求是符合 75% 的收入测试，而且 95% 的收入测试源于被动收入，但是该收入没有 75% 测试所要求的与房地产活动的联系那么紧密。REITs 收益的 95% 必须是从 75% 收入加上股息、利息及证券出售的获利中获得的。

（三）资产要求

美国税法赋予 REITs 有利待遇，本意是为了促使普通大众投资者持有房地产资产。所以 REITs 有比较详细的资产限制，以确保对 REITs 投资就是对房地产或者间接对房地产相关资产的投资。为此，美国税法要求 REITs 满足两项资产测试：75% 资产测试和 25% 资产测试。满足这些测试，才能确保 REITs 的资产主要由房地产构成，其余资产可以高度分散。

资产测试一：在 REITs 的税务年度每个季度的最后一天，REITs 的资产总值必须至少有 75% 的资产是“房地产资产”、现金和现金等价物（包括应收款）以及政府债券。“房地产资产”包括房地产权益和房地产抵押权、其他 REITs 的股票、REMIC① 权益份额、归属于临时投资的非房地产资产等。75% 资产测试是季度测试，以公认的会计准则为准，在季度内收购资产的 REITs，必须在季末重新计算资产价值，如果没有收购任何资产，则不必重新计算资产价值。而持有未全额担保抵押权的 REITs，必须进行价值分摊，以确保 REITs 所持抵押权益的价值。

资产测试二：在税务年度的季度之末，REITs 所持证券的价值占

① REMIC，英文全称为“Real Estate Mortgage Investment Conduit”，直译就是“不动产抵押贷款投资通道”，是在美国所得税法框架下专门针对房地产抵押贷款证券化设置的免税载体。

REITs 资产总值的比例不得超过 25%，这些证券不包括政府证券、合格 REITs 子公司的股票、属于房地产资产的其他证券。此外为确保风险的分散，REITs 持单个发行人证券的价值不得超过 REITs 资产总值的 20%。

（四）分红要求

REITs 之所以情愿将大部分应税收入分配出去，其原因是作为股息分配出去的数额不必缴纳公司层面的税收，这是维持 REITs 地位最大的益处。REITs 必须用当期收益发放股息，之后需要将累计收益全部分配出去。在任何税务年度，REITs 未达到 90% 分配要求的，将导致 REITs 当年作为 C 类公司被征税。

在运营实体尚未变成 REITs 时，归属于该实体的年度收入和利润，必须除去非 REITs 所得，方可以取得 REITs 的资格。如果实体是 C 类公司，为了获取 REITs 资格，实体可以通过股票分红的方式，冲销非 REITs 所得。个人股东获得此类股票或者股息，适用于《2003 年公司法》确定的 15% 的税率。如果 REITs 与非 REITs 实体发生并购而取得利润，则必须在并购发生的税务年度分配出去，才能保持 REITs 的免税地位。

事实上，REITs 的高分红率确实对投资者非常有吸引力，背后也有持续的收入能力作为支撑。因为 REITs 的收入来自租约，即使经济环境很差的时候，REITs 依然能够从租赁合同中取得收入并进行分红。只要 REITs 不依赖于高杠杆融资，公司的现金流是稳定的，因此 REITs 提供暂时性的高分红比例以暂时性欺骗投资者的情形是非常少见的。

REITs 的当期分红率等于最近一期的红利除以当期的股票价格，再进行年化，这和所有股票一样。REITs 普遍按季度分红，也有的按月进行分红，有时候 REITs 还会在出售物业后进行特殊分红。根据雅虎财经和美国 REITs 协会（简写为“NAREITs”）的统计，自 1977 年至 2015 年，REITs 的平均分红率为 7.4%，相比之下，10 年期美国国债为 6.4%，而标准普尔 500 指数为 2.8%。

（五）设立要求总结

可以将这些测试要求列一个表（见表 1.1）：

表 1.1　测试要求表

主要方面	具体要求
组织结构（组织测试）	1. 必须采取公司、商业信托或者协会（Association）的组织形式 2. 必须由一个或者多个董事或者托管人进行管理 3. 征税时作为国内公司法人 4. 不属于金融机构和保险公司
股权结构（所有权测试）	1. 股票或者受益凭证必须可以转让 2. "原则"：股东或者受益人不得少于 100 人 3. "百人原则"：在一个纳税年度的后半年，5 个或 5 个以下的个人持有的 REITs 股份不得超过 50%
股权结构（资产测试）	1. 房地产、现金及现金等价物、政府证券必须占到总资产的 75% 以上 2. 除了上述政府证券，REITs 持有单个发行人的证券不得超过总资产的 5%，不得超过该发行人已发行有投票权证券余额的 10%
收入结构（收入测试）	1. 下列收益必须占到总收入的 95% 以上：股利、股息、房地产租金、股权和房地产处置收益，房地产相关税种的减免或退税，被取消赎回权的房地产拍卖所得等 2. 下列收益必须占到总收入的 75% 以上：房地产租金、房地产或者房地产抵押担保债务发生利息、房地产处置收益、从其他 REITs 投资中所得收益、房地产相关税种的减免或退税，被取消赎回权的房地产拍卖所得等 3. 下列收益占总收入的比例不得超过 30%：处置持有期不满 1 年的股票或者其他证券，处置持有期不满 4 年的房地产所得等
收益分配（分配测试）	每年 95%（2001 年 1 月 1 日降低至 90%）以上的应税收入必须作为股利分配股东

资料来源：（美国）《国内税收法》（Interal Revenue Code，简写为"IRC"），证券法部分，第 856–858 条。

延伸阅读

美国公司的5大实体类型

美国目前主要存在5种公司实体类型，其分别是：（1）独资经营公司；（2）股份公司；（3）合伙公司；（4）有限责任公司；（5）非营利公司。在这5种公司实体分类下分别又存在其他分类形式。**公司实体类型的不同，表示其重大的责任方式、税收方式和所有权问题的不同。**

一、独资经营公司

独资经营公司（Sole Proprietorship）是美国公司实体中最简单的一种形式。它是指个人拥有并经营公司，公司所有人可以行使全部的职能，自主进行决策，享有全部的利润，缴纳全部的税款，赔偿所有的损失，承担无限法律责任，公司或个人的全部财产都可被法定地用来清偿债务。

其优点是：成立独资经营公司无须备案即可成立，并且开创成本低，所需流动资金最少。其经营方式灵活多样，也没有正式的管理架构。同时单层纳税，收入仅按所有者个人所得课税。

其缺点也有很多：它不能为其所有者提供企业相关责任的法律保护，一律承担无限个人责任；筹资及融资困难；雇员福利不享受免税额。

二、股份公司

股份公司（Corporations）是现代企业制度最典型的形式，也是美国公司类型中最常见的一种。它是指公司实体与其所有者相分离，保持公司人格的独立性、连贯性和永久性。股东可以私人控股、封闭式控股或者可以向公众出售股权（上市）。公司股东的个人财产受到有限责任的保护，不对公司的债务承担责任。

股份公司的优点有：公司独立于所有者而经营，所有人免于承担公司业务的相关责任（刑事责任除外）；极容易筹集资金；专业管理体系；没有存续期限，可以永久经营。缺点为：组成公司、开展股东会议和维护公司形象的成本较高；需要成立董事会会议、股东会议和正式章程；收入必须双重课税，公司层面课税及支付给所有者时的个人层面课税。

美国的股份公司又分为以下 4 种类型：C 类公司、S 类公司、封闭式公司和专业服务公司。

1. C 类公司

C 类公司（C-corporation）的商业实体与其所有者独立分开，在股东任命的董事会指导下经营。公司具有独立性和延续性，它最明显的特点是双重纳税。不仅公司要对分配的利润交税，而且股东个人也要交纳个人红利的税款，但公司的亏损又不能让股东个人作抵减。不过，C 类公司可将不分配利润，再投入公司运营中去，让资本留在公司，股东就不必对未分配的利润交纳个人税，并且对留在公司净利润部分股东也不用交自营职业税（Self-employment Tax）。

2. S 类公司

很多情况下 S 类公司（S-Corporation）是由 C 类公司获得特许后才能成立的。这类公司有公司层面上的赋税义务，公司的盈利都由股东自己（如同合伙企业的合伙人一样）分别报各自的个人所得税。尤其在创业阶段，公司的亏损是可以由个人所得抵税的。S 类公司在股东人数上和股本结构上有诸多限制。股东人数不能超过 75 个，且它的股东必须是美国公民或有永久居留权的人士。公司也只能发一个类别的股票，不能发行优先股[1]。S 类公

[1] 优先股是一种享有优先权的股票，其持有者有权在全部债券持有人、抵押权人或其他债权人受偿后，在次级证券或下级股票的持有人受偿之前，得到固定数额或百分比的现金流。

司也不能被其他形式的公司所拥有。

3. 封闭式公司

在美国，除了由于小规模和非正式治理而归州级监管，封闭式公司（Close Corporation）与 C 类公司相似。封闭式公司必须是 10 个以下成员（股东）且成员必须是真实个人（例如不是其他公司）。这种公司类型并不是所有的州都允许，50 个州中只有 16 个州允许成立这类公司。

4. 专业服务公司

专业服务公司（Professional Corporation，简写为“PC”）仅适用于专业服务供应者，如医生、律师和会计师。专业服务公司在某种程度上类似于有限责任合伙制。专业服务公司不免除个别专业人士由于自己的职业疏忽（玩忽职守）而产生的责任，但可以使其他股东或董事免受他人不当行为而产生的责任。

三、合伙公司

合伙公司（Partnerships）是由两个或者两个以上的合伙人通过签署合伙协议共同经营而成立的合伙组织。所有者对合伙公司共同承担业务相关责任，治理规则相对简单。合伙公司以转嫁税收方式征收个人层面的所得税——不用双重课税。美国的 3 种合伙公司类型是普遍合伙制、有限合伙制及有限责任合伙制。

1. 普通合伙制

普通合伙制（General Partnership，简写为“GP”）企业由 2 个或 2 个以上的合伙人组成。每个普通合伙人要承担合伙企业的无限责任，即普通合伙人的责任可以延伸到合伙人的财产。合伙人之间承担连带责任，一个合伙人若承担了合伙企业的全部责任和债务，有权利向其他合伙人追索。合伙企业无须交纳所得税，但要向美国国家税务局递交联邦报税信息表。合伙企业的盈亏由各个合伙人自行作为个人收入报税。如果合伙企业是从事贸易或其他生意的话，合伙人从合伙企业获得的收益还要交自营职业税。

2. 有限合伙制

有限合伙制（Limited Partnership，简写为“LP”）企业必须至少有一个普通合伙人和一个有限合伙人，须在州政府注册登记。有限合伙制企业的合伙人的缴税义务和普通合伙制相同。普通合伙人负责对企业进行管理，也对合伙企业的债务承担无限责任。有限合伙人没有管理权，对企业也没有控制，对于债务的承担也相应只限于其出资额。但是有限合伙人有权查阅合伙企业的财务账本。

3. 有限责任合伙制

美国法律将有限责任合伙制（Limited Liability Partnership，简写为“LLP”）视为 GP 的一种特殊责任形式，只有普通合伙才可以申请享有有限责任合伙的责任限制保护。LLP 和有限责任公司比较相似，只不过 LLP 是更为专业人士如医生、律师、会计师、建筑设计师所用的。它的缴税义务与普通合伙制相同，但责任保护的范围要比合伙制大得多。

4. 有限责任有限合伙制

有限责任有限合伙制（Limited Liability Limited Partnership，简写为“LLLP”）是 LP 中的一种，LLLP 和 LP 的不同之处在于 LLLP 中的普通合伙人的责任保护的范围比较大，也像有限合伙人一样，根据出资比例具有有限责任的保护。但是大多数的州不允许 LLLP 这种组织形式。

四、有限责任公司

有限责任公司（Limited Liability Company，简写为“LLC”）是一种混合型的商业实体，可以是一个人的公司，也可以由几个自然人或法人共同拥有。LLC 结合了股份公司及合伙经营的元素。和股份公司一样，LLC 具备其所有者承担有限责任的优点。和合伙公司一样，LLC 是转嫁税收实体，收入不用双重课税。LLC 和其他实体的不同之处是灵活性——它可以像股份公司或合伙公司一样，或是以所有者认为合适的其他任何方法进行组织、治理和管理。

LLC 申请手续比股份公司容易，LLC 无须召开正式股东大会，无须递交年度管理报告，还可以自由选择报税形式。LLC 的所有人或出资人，在法律上不称作股东（Shareholder），而是称作成员（Member）。LLC 的成员拥有所有权的形式和股份有限公司的股东不一样，他们不持有股票（Stock），但是根据投资的比例持有法定权益（Interest）。当他们出让份额的时候，出让的是其拥有的法定权益，而不是股票。LLC 通常被视为独特的法律实体，它有权签订合同、持有财产、独立起诉和被起诉。并且 LLC 是外国公司作为在美国投资媒介的首选商业实体。

不足的是：一些行业，如银行、信托、保险，是禁止采用 LLC 的有限责任形式的。

五、非营利公司

非营利公司（Non-profit Corporation）是为了推动慈善、教育、宗教、科技文化进步而设立的社会公益机构。在 5 种公司架构里，只有这种架构是不以商业盈利为最终目的，但是，它可以通过收取费用或谋利的方式获得收益来推动其追求的目标。有鉴于其公益性质，联邦和各州都给予这类公司很多优惠待遇。其中以出自联邦税法典的第 501（c）（3）条给予公司本身税务豁免最为根本。另外，非营利公司的董事和管理人员不受公司法律责任的追索。此外，非营利公司在注册费、邮资和房地产税等方面都有优惠。

但非营利公司不易设立。税务豁免的地位要经申请批准。税务部门对非营利公司的活动范围会严加看管。此外，非营利公司不准进行政治游说，影响立法。董事成员和管理人员不得从公司的任何活动中谋利。

结语：不同类型的公司实体适用于不同类型的商业业务。其中采用独资经营形式的有：直接销售代表、日间护理提供者、自由作家、会计师、图书管理员、庭园设计师、建筑工人、清洁工、花店、婚庆策划、个人助理、小型服务提供者、临时雇员供应者、工艺制造者、裁缝、计算机程序员和网站设计师。采用股份公司形式常见的有制造商、技术公司、电信公司以及几乎所有上市公司。合伙形式通常被医生、律师、会计师、建筑师和顾问等专业人士采用。

三、REITs 特征

REITs 在早期常常被投资者误解：不动产投资者认为 REITs 是股票，而股票投资者认为它是不动产。所幸目前情况大有改观，但是还是有许多投资者对 REITs 存在误解。2016 年，REITs 行业经历了一个里程碑式的事件：标准普尔编制的道琼斯系列指数和明晟公司（MSCI）在全球行业分类系统（GICS）中设立一个新的行业——“不动产”。之前 REITs 归入“金融行业”，在 2016 年 8 月 31 日以后，公开上市的权益型 REITs 和其他上市的不动产公司离开金融行业，转移到不动产行业，不过抵押型 REITs 依然留在金融行业。

REITs 处于金融行业和不动产行业的交叉地带，REITs 的定义可以总结出其两方面的特征——金融特征和地产行业特征。

（1）金融特征。REITs 是政府批准成立的投资基金，募集社会大众的资金投资于特定行业，所获得的收益分红给投资者，是一种金融工具。

（2）地产行业特征。依照专门的法律程序设立从事房地产物业投资开发运营或抵押贷款的机构。REITs 的收益特征受到房地产行业和管理水平的影响较大，是基于房地产基础资产发展而来的投资项目。

具体从 REITs 的设立要求看，组织要求和分配要求属于 REITs 的金融特征，而收入要求和资产结构要求属于 REITs 的地产行业特征。

（一）REITs 的金融特征

上文讲到 REITs 的金融特征，从 REITs 的设立要求看，组织要求和分配要求属于 REITs 的金融特征。除此之外，所有的 REITs 作为资本市场的金融工具，还具有资产证券化的 3 个特征：资产配置、风险隔离和信用增级。

因为 REITs 在金融市场估值核心是房地产资产的现金流分析，因此任何影响现金流收益性和波动性的因素都会影响 REITs 的价值。

REITs 基础资产的现金流分析主要有 3 个问题：资产的估价、资产的风险与收益分析、资产的现金流结构。为了进一步分析房地产基础资产现金流，REITs 还要进行：

（1）资产配置。REITs 的资产一般都会进行行业或者地域的分布配置，对资产重新组合从而实现资产收益的重新分割和重组，以产生稳定的、可预测的现金流收入。

（2）风险隔离。而风险分割着重从资产风险的角度来进一步分析现金流，一般方式为设立特殊目的机构[①]（Special Purpose Vehicle，简写为“SPV”）后，原始权益人把房地产资产出售给 SPV，这种出售必须是“真实出售”。即资产在出售以后，原始权益人即使被破产清算，已出售资产也不会被列入清算资产的范围。通过这种安排，基础资产与原始权益人之间就实现了破产隔离，而且这种 SPV 一般是免税的。

（3）信用增级。信用增级是从信用的角度来考察现金流，即如何

① 特殊目的机构也称为特殊目的载体 / 公司，其职能是在离岸资产证券化过程中，购买、包装证券化资产和以此为基础发行资产化证券，向国外投资者融资。SPV 的原始概念来自中国墙（China Wall）的风险隔离设计，它的设计主要为了达到破产隔离的目的。

通过各种信用增级方式来保证和提高整个 REITs 资产的信用级别。通过信用增级，可以缩小发行人限制与投资者需求之间的差异，使得证券的信用质量、现金流的时间性与确定性能更好地匹配投资者的需要。信用增级会立竿见影地增强 REITs 资产组合的市场价值，成为 REITs 这个金融点金术的关键所在。信用增级的手段有很多种，主要可以分为内部信用增级和外部信用增级。外部信用增级的方式主要包括专业保险公司提供的保险、企业担保、信用证和现金抵押账户。内部信用增级是由基础资产中所产生的部分现金流提供的。内部信用增级的方式有建立次级档、超额抵押以及利差账户。

（二）REITs 的地产行业特征

上文讲到收入要求和资产结构要求属于 REITs 的地产行业特征。总之，REITs 要求其收入和资产都应该以房地产为主，而不应该将资金随意投资到其他的行业。而资产证券化的资产类型多种多样，这是两者在基础资产上的区别。

NAREITs 根据具体的房地产类型，把 REITs 进一步细分为以下 9 大类型：工业 / 办公类、零售类、住宅类、多样类、住宿 / 度假类、医疗保健类、自用仓储类、特殊类和抵押类。REITs 的地产行业特征是指 REITs 是极度依赖于基础资产的一种投资工具，根据所处细分地产行业的不同而表现不同。

1. 行业分布表现

虽然 REITs 的业务比较单一，但是个人投资者仍可购买若干对应于不同的房地产类型或不同房地产地理位置的 REITs 来使投资组合多样化，以减少风险。借用英特泰克市场研究部门（Intertec Marketing Research Department）通过 85 只 REITs 样本得到的调查结果，总结了关于多样化和集中化投资策略的正面和反面的观点。从调查中发现，REITs 的地理范围、房地产所处的区位和房地产的类型确实对 REITs

的投资战略选择有影响。

在美国，10年前商业地产的总市值大约为4.3万亿美元，截至2017年年底美国商业地产总市值约为5.57万亿美元。① 据德意志银行亚历克斯布朗估算，商业地产市值按照物业类型的不同划分比例大致如下：酒店占10%；写字楼占25%；公寓占30%；工业物业占10%；零售物业占25%。② 据《美国房地产投资信托业行情简报》估计，约6 000亿美元的商业地产为公开交易的REITs持有，这相当于机构持有的商业地产总价值的10%～15%。③

2014年美国权益型REITs分类情况如表1.2所示。

表1.2 2014年美国权益型REITs分类情况

REITs 类型	数量 / 只	占比
权益类（Equity）	248	—
1- 多元组合类（Diversified）	57	23%
2- 工业 / 写字楼类（Industrial/office）	53	21%
3- 零售类（Retail）	48	19%
4- 住宅公寓类（Residential）	36	15%
5- 酒店 / 度假类（Lodging/resorts）	23	9%
6- 健康保健类（Health Care）	17	7%
7- 自助式仓储类（Self Storage）	5	2%
8- 林场类（Timber）	5	2%
9- 基础设施类（Infrastructure）	4	2%
抵押类（Mortgage）	30	—
合计	278	—

资料来源：美国住房租赁制度研究：承租人与租赁企业并重，促进租金现金流的平稳 . https://mp.weixin.qq.com/s/c2DWq_QSZHcu40DUNk0I_A.

① 大家都在抢美国商业地产这块香饽饽，究竟是为什么？搜狐网 http://www.sohu.com/a/231852335_395833.

② REITs Industy Fact Sheet available at: www.REITs.com\Industydataperformance\u.s\REITsindustyfactsheet\tabid 84\Default.aspx.

③ Lehman Brothers Global Equity Rearch，REITs–Investor Briefing Package（May，2008）at 13.

2. 行业收益率表现

以中国内地在香港上市的 REITs 为例，越秀 REITs 是以甲级写字楼、核心商圈资产为主，上市招股价是以 6.3% ~ 6.7% 的年回报率为基准，比李嘉诚旗下的泓富 REITs 5.3% 的年回报率高出不少，而泓富主要资产是在香港非核心商业区总计拥有的 8 项物业，分别是 3 座甲级写字楼、2 座购物中心、2 座工商综合物业和 1 座工业物业。香港 REITs 回报率情况如表 1.3 所示。

表 1.3　中国香港 REITs 回报率情况

REITs 名称	春泉 REITs	开元 REITs	汇贤 REITs	越秀 REITs
上市日期	2013/12/2	2013/7/5	2011/4/11	2005/12/12
2013 年 /2014 年股息回报率	6.6% ~ 9.0%	8.1% ~ 8.2%	7.2% ~ 7.3%	7.5% ~ 8.0%

新加坡 REITs 的情况也基本类似，不同地产的回报率相差较大。2016 年第三季度新加坡 REITs 所发放的股息分派收益率为 6.8%。[①] 新加坡市场上分派收益率最高的一只 REITs 是胜宝工业信托（工业 / 物流），分派收益率为 11.1%。而北京华联商业信托（零售）的分派收益率最低，是 4.2%。新加坡 REITs 中分派收益率最高的物业类型是工业物流，平均分派收益率为 7.9%。新加坡和中国香港 REITs 收益率如表 1.4 所示。

表 1.4　新加坡和中国香港 REITs 收益率

物业形态	新加坡 REITs 的收益率	中国香港 REITs 的收益率
酒店	7.3%	8.1%
零售	6.0%	5.0%
写字楼	7.2%	7.6%

① 资料来源：彭博数据库，戴德梁行估价及顾问服务部整理，《亚洲房地产投资信托基金（REITs）研究报告 2016 年》。

（续表）

物业形态	新加坡 REITs 的收益率	中国香港 REITs 的收益率
综合	6.5%	5.5%
医疗健康	5.5%	NA
工业物流	7.9%	NA
公寓	7.0%	NA

资料来源：彭博数据库，戴德梁行估价及顾问服务部整理，《亚洲房地产投资信托基金（REITs）研究报告 2016 年》。

（三）类 REITs——具有 REITs 特征的融资工具

国际商业地产融资渠道主要有 4 种方式：股权融资、项目融资、REITs 和商业地产抵押贷款支持持证券（Commercial Mortgage Backed Securities，简写为“CMBS”）[①]。类 REITs，即具有 REITs 的特征的融资工具。上文提到 REITs 的特征主要分为金融特征和地产行业特征。目前的类 REITs 都或多或少地具有部分金融特征或者具有部分地产行业特征，因此还不能完全称为真正的 REITs。

国内已经发行的类 REITs 融资工具具备部分 REITs 的地产行业特征，但没有达到海外标准 REITs 的公开性和流动性等金融特征；例如鹏华万科 REITs 是公开募集基金，具有 REITs 的流动性和公开性的金融特征，但其投资标的一半是租金收益权，另一半是证券债券等资产而非房地产物业，缺少地产行业特征。最近的新派公寓类 REITs 是由私募基金持有的全部资产，其流动性和公开性相对不足，因此缺少 REITs 的金融特征。

① 商业地产抵押贷款支持证券为一种不动产证券化的融资方式，将多种商业不动产的抵押贷款重新包装，透过证券化过程，以债券形式向投资者发行。该项产品具有发行价格低、流动性强、充分利用不动产价值等优点，因此问世 20 多年来，在全球不动产金融市场迅速成长，为传统银行贷款之外，地产开发商筹资的新选择。以美国区域为例，目前商业地产抵押贷款支持证券占商用地产融资市场的 1/3 比例。

2017年我国CMBS累计发行19单，发行规模为606.30亿元；类REITs累计发行16单，发行规模为291.37亿元。从发行利率来看，类REITs（优A档）的发行利率为5.5%左右。此前国内类REITs产品基本均为明股实债产品，2017年类REITs在金融特征方面有所突破，从债项级别逐渐摆脱对主体级别的依赖。两者主要区别体现在：（1）交易安排中是否设置了保障优先级证券本息足额偿付的差额支付承诺人；（2）标的物业出售方是否保有优先收购权；（3）次级档证券是否真实销售。[①] 此前类REITs产品由实际融资人对证券偿付提供差额补足，依然持有次级并保有对标的物业的优先收购权，该类融资更偏债性，依靠强主体信用支撑项目的发行。而以"新派公寓"项目为代表的产品，优先级证券本息无主体差额支付保障，实际融资人放弃了对标的资产的优先收购权，次级产品以市场化形式真实销售。

下面这段阅读材料是笔者概括美国学者拉尔夫·L. 布洛克的《REITs：房地产投资信托基金》中讲述历史以来美国投资大众对REITs所产生过的5个主要的误解，REITs在美国有一个从成长到完善的完整过程，这半个世纪的偏见或许能够有助于中国投资者对REITs的进一步认识。

延伸阅读

关于REITs的5个常见错误认识

美国学者拉尔夫·L. 布洛克在他的专著中非常详细地概述了美国民众长久以来对REITs的错误认识，他指出这些错误认识成

① 高鑫磊. 2017年商业地产证券化市场回顾与展望. http://bond.jrj.com.cn/2018/02/13103824113433.shtml.

为这些投资者进入 REITs 的绊脚石，如果中国需要发展 REITs，就必须帮助投资者克服这些障碍。美国投资者对 REITs 最容易产生的误解有以下 5 点。

错误认识 1：REITs 是房地产资产池

投资者产生这种错误认识的原因可能是之前有限合伙企业在商业上的应用。很多人设立有限合伙企业用于持有物业，之后很多这类有限合伙企业的失败造成了 REITs 无法吸引更多的投资者。然而 REITs 在早期确实类似于房地产资产池，或者说是“房地产共同基金[①]”，但是今天它们已不再是这些了。用布洛克的原话就是：**“今天的 REITs 不仅仅是房地产的组合，它们是完整的商业地产组织，能够通过多种方式创造价值而不仅仅是被动持有物业。”**

REITs 大多是活跃的、能动性强的商业组织，而且是商业信托。REITs 不再是物业组合那么简单。布洛克解释道，REITs 的管理层及团队受到自己持有股权及其他利益的高度激励；具有高度专业化的运营团队，在自己深刻理解的区域和安全的边界成功扩张并制作周密的计划；能够获得资本市场的支持；并能够节约成本、创新服务。例如，成功的具有企业家精神的商业地产公司 AMB 地产（AMB Property）[如今是普洛斯集团（ProLogis）]、阿卡迪亚房产（Acadia Realty）、亚历山大房产（Alexandria Real Estate），这些公司如果被认为是物业的组合，那就是对其严重的低估和错误的归类。

错误认识 2：房地产是高风险的投资

2008 年的金融危机导致美国许多民众因为不能支付住房抵

① 共同基金（Mutual Fund）是一种利益共享、风险共担的集合投资方式，即通过发行基金单位，集中投资者的资金，从事股票、债券、外汇、货币等投资，以获得投资收益和资本增值。共同基金的价值被动地因投资标的价值变动而变动。

押贷款而被银行收回物业，许多人由此认为房地产投资是高风险的，由此REITs也被认为是高风险的。布洛克在书中将房地产风险分解为**债务杠杆、缺乏分散性及资产或机构管理的质量（包括选择持有的资产和物业地点）**。

在房地产领域，债务杠杆和其他投资一样，运用债务融资越多，潜在的收益或损失越大。回想一下2015年中国股市的表现就知道了，融资融券导致股市的巨大波动。资产价值的微小下降导致投资者的收益急剧下降，最终被清仓处理后整个市场下降得更加疯狂。由于房地产一直以来都是以债务杠杆来购买，所以投资者认为房地产是高风险行业，而事实上风险来自杠杆而非房地产本身，如果能够量力而行，控制杠杆比例，风险可以被控制。

布洛克指出，多样性对房地产投资至关重要，它可以分散风险。地区经济衰退、地震、某商场的运营恶化都会导致未分散的投资陷入困境。然而现实中大部分的投资者或物业持有者都不会有意识地分散自己的物业，这就导致了风险的诞生，这些风险来自单一非系统性风险而不是来自房地产本身。REITs能够成为投资者持续的现金牛，缘于它的分散性使得它不受某一物业的影响。

投资者购买的物业往往需要积极的管理，而不是简单地购买而后置之不理。积极的管理能够创造巨大的价值，正如那些伟大的公司的管理一样重要，乔布斯之于苹果公司，盖茨之于微软公司，韦尔奇之于通用电气，张瑞敏之于海尔，任正非之于华为，柳传志之于联想，所以说好的物业（企业）管理非常关键，不仅是在房地产领域如此。而许多投资者试图在其业余时间来管理这些物业，或者将这些物业委托给本地机构或者他人，最后往往得到了一个结论：房地产是个风险极高的投资。其实是管理问题而非房地产给他们带来了困惑和烦恼，因为以他们这种方式投资，房地产之外的投资也不见得有多美妙。

错误认识 3：房地产作为抵抗通货膨胀的手段价值显著

布洛克在书中指出，这种说法值得商榷。通货膨胀只是房地产价格的因素之一，其他的因素还有土地的供给和需求、全国和本地的经济形势、利率、其他资产和投资预期回报、重置成本、就业市场、消费者支出、个人和企业投资水平、政府政策甚至是战争。根据博森公司的《1995 年的股票、债券、国债和通货膨胀年度报告》，权益型资产历年来是非常好的抵御通货膨胀的投资工具，房地产也是。这可能是受投资者心理因素影响，尽管通货膨胀看上去能够帮助投资者避免货币增发的损失，但是运营过程产生的维护成本、管理成本和税负增加无法避免。

错误认识 4：REITs 的表现取决于物业回报

这个错误认识与第 1 个错误认识类似，这些投资者忽视了管理层的主观能动性。REITs 的收益表现不仅仅与商业地产的租金回报相关，管理层通过运用、收购扩张等，REITs 的业绩能够大幅度超过商业地产的表现。他们能够在竞争中发现机会，视困境为机遇，利用周期完成超额回报。布洛克举了个例子：在美国 20 世纪 90 年代早期，当时房地产市场非常萧条，全国健康护理物业（Health Care Property）能够以 16%~18% 的收益率从重组信托公司那里购得由护理物业抵押担保公司的贷款购买被严重低估的物业。聪明的 REITs 管理者会从一系列的物业开发、并购中创造价值，他们的眼光不仅仅被锚定在物业租金上，在特殊时期往往能够为投资者带来超额回报。

错误认识 5：REITs 是一种股票

美国民众经常在财经杂志或本地报纸的个人金融板块读到“现在是进入（或退出）REITs 的时机”。布洛克指出这些经常会被提起反映投资大众对 REITs 的另一个错误认识：那就是 REITs

像商品一样，是一些必须选择合适的市场时机进行交易才能获得盈利的股票。

事实上，REITs 被视为投机性股票而被频繁交易是一个危险的认识。他们还是用以前炒股的思维看待 REITs，认为 REITs 像一般股票一样，需要在合适的时候出手，并在合适的时候卖出。REITs 股票价格可以根据市场形势、利率、资本市场和投资者心理大致预判出来，如果正确的话，可以获得可观的回报，如果判断出了问题，就有可能产生巨额损失。这些观点都是错误的。

REITs 的一般收益来自股利分配，它适合长期投资。投资者不需要频繁地进行 REITs 股票交易，因为多数在投资中获胜的人都是长期持有优质公司股票的，比如巴菲特。频繁的交易需要判断各方面的信息，布洛克指出，“投资者不可能一直预测准确，对于 99% 的投资而言，预测纯属浪费精力”。另外 REITs 股票是随着现金流和资产价格上涨而温和地上升，它们与其他资产的相关性非常小。

最后，布洛克总结到，REITs 虽然算不上最佳的投资工具，但是“聪明的财务计划者和顾问应当告诉其客户，在其分散性的投资组合里合理分配资金到 REITs 上，并且一直坚守”。

以上 5 个错误的认识，使得很多人难以拥抱 REITs，中国的投资者也很有可能在某个问题上有所偏差，希望能够通过本书让误解变得少一些。

REITs 更加适合如养老基金那样的追求长期收益的机构。我不知道布洛克的这段话对读者的影响有多大，至少我觉得布洛克希望 REITs 的投资者能够沉下心来，做一个专业的长期投资者。如果做不到，希望投资者去做最擅长的事情，毕竟投资是一门非常专业的行业，投资者不可能一直能够预测股票的涨跌，对于 99% 的投资而言，预测纯属浪费精力。

四、REITs 结构

大多数 REITs 是权益型 REITs，主要收入来自租户的租金。故 REITs 的一般结构是公众投资者购买 REITs 所发行的股票或者基金单位，REITs 用这些资金投资于可供出租的物业。如果有 SPV 的介入，REITs 可以和发起人之间用 SPV 进行连接，将风险隔离在 SPV，则整个交易的风险就更低一些，资产证券化就更加彻底。图 1.1 是 REITs 的一般结构。

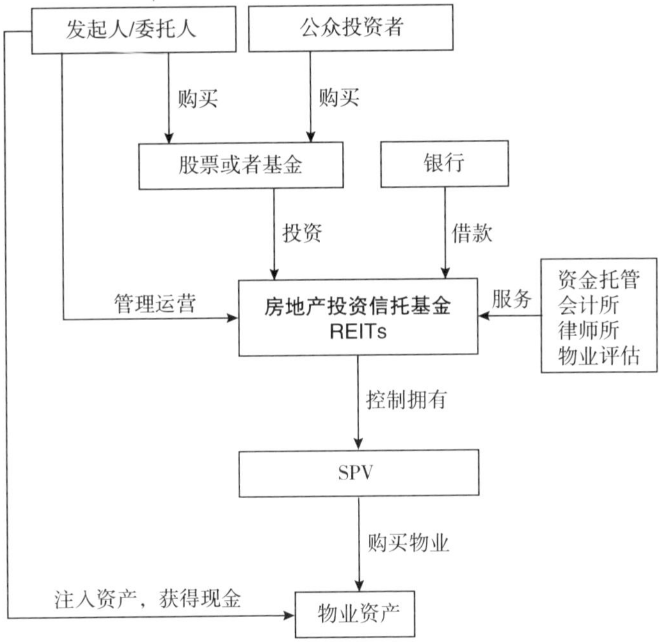

图 1.1　REITs 的一般结构

一般来说这些物业与发起人有着千丝万缕的关系。为了保障中小投资者的利益，REITs 需要聘请银行进行资金托管，会计师事务所进行审计，律师事务所进行法律调查，评估师对交易进行公允价值评估等。为了进一步保障公众投资者的权益，证券市场监督机构还要求上市 REITs 的股权充分分散，要求符合 REITs 的股东必须达到 100 名以上，并且前 5 大股东合计股份比例不得超过 50%。另外对于 REITs 的资金投向也有十分明确的要求，限制在可获得稳定收益的房地产资产等，这些在 REITs 的组织结构要求中有所涉及。

实际上，随着 REITs 的不断发展，其结构也日趋复杂。在目前的 REITs 中，实际持有物业的主体是 SPV 而不是 REITs 直接持有者。进而 REITs 逐渐演化为上型 REITs 或者下型 REITs。从 1992 年陶布曼中心（Taubman Centers）使用上型 REITs 的形式上市，REITs 的所有权结构就发生了变化。

REITs 结构中的关键主体如表 1.5 所示。

表 1.5　REITs 结构中的关键主体

关键主体	职责
发起人 / 委托人	选定证券化基础资产并转移给 SPV，同时拥有向 SPV 请求拟发售资产取得对价的权利。该项权利是在 REITs 上市发售成功之后 SPV 将持有人认购的资金转移给发起人的基础。SPV 完成 REITs 上市发售之后即完成购买环节
SPV	作为承上启下的关键节点，向物业所有者购买资产并向投资者进行融资，取得资金后将款项支付给发起人。主要是出于隔离风险、避税等方面的考虑，该物业的转移是真实销售，且 SPV 免税
托管人	托管人接受 REITs 的委托，为基金托管资金并监督管理人，一般为银行或者银行附属的信托公司
基金管理人	接受 REITs 的委任，负责 REITs 资产的管理和运营，包括对外以资产为基础的借款及其限额、投资性的房地产项目、管理基金资产产生的现金、确定股息支付的时间、管理基金资产的物业及修缮、负责出租及租金收取事宜等，而且需与托管人保持相对独立性
REITs 持有人	拥有 REITs 的资产并对其有最终决定权，并对 REITs 产生的收益拥有收益权

上型 REITs 与传统 REITs 相比，除了不是直接持有物业，SPV 持

有物业的形式催生了 OP 单位的发展。何谓 OP 单位？OP 单位即营运合伙组织（Operating Partnership）的权益，通俗来讲，OP 单位就是 SPV 的股份。REITs 发行 OP 单位，相关物业出售者将物业换取这些 OP 单位，并约定 1 年后可以无条件将这些 OP 单位出售给 REITs，换取 REITs 的普通股或者现金。由于 OP 单位交易被美国国家税务局视为同类财产交换，而不是交换成现金或者股票形式，因此该交易免税。只有将 OP 单位换成 REITs 的股票或者现金时，才会引发纳税义务。因此上型 REITs 对外扩张购买物业具有延迟纳税的作用，深受上市 REITs 的喜爱，上型 REITs 逐渐流行起来，作为目前主要的 REITs 结构。

当然上文提到的 OP 单位所导致的节税措施并不是一般结构里面讨论的问题，而且关于合伙权益和 REITs 普通股所引发的管理冲突也不小，本书也在第三篇深入介绍 REITs 结构里的管理矛盾，在此就不再赘述。

第二章

REITs 的概念区分

上市 REITs 的魅力在于：通过资金的“集合”，为中小投资者提供投资利润丰厚的房地产行业的机会；通过专业化的管理，REITs 将募集的资金用于房地产投资组合，为众多厌恶风险的投资者提供保值增值的投资渠道，同时分散了房地产投资的风险；通过公开上市融资，投资者所拥有的股权也可以转让，具有较好的变现能力；通过上市 REITs 的规则限制，REITs 的分红比例达到 90% 以上，并且还需要满足一系列的压力测试，减少了 REITs 运营管理方面的风险。

REITs 拥有多种性质，它既是不动产证券化的融资工具和经营管理者的组织形式，也是大众投资的渠道。在不动产证券化的概念中，我们将 REITs 与不动产资产信托相区别；在组织经营模式中，我们将 REITs 与房地产合伙企业、公司、信托等形式相区别；在投资产品类型中，我们将 REITs 与债券、优先股、普通股、可转债等金融产品相区别，在比较中我们可以进一步把握 REITs 的本质。

一、组织运营形式

REITs 作为房地产行业投资的一种营运方式，相比于个人直接持有、私人合伙、业主有限合伙（Master Limited Partner，简写为“MLP”）、房地产公司、商业信托等营运方式具有比较大的优势。并解决了其他不动产营运方式的问题。如果有了一个位置非常好并且经营有序的地产，那么就有一系列持有不动产的方法。

（一）直接持有

直接持有不动产给人的印象似乎不是那么困难，有关媒体报道中国 90% 以上的家庭都拥有一套房子，这些投资者不了解什么是 REITs，也声称不需要 REITs。但是那是住宅而不是商业地产，住房的特征与商业地产的特征大相径庭，中国民众目前对房地产的印象大都在于住宅。对于商业地产，投资者并没有时间去管理物业，或者不知道最佳的买卖时机。在好的波段，投资者廉价买入不动产并出售它们，通常比持有且管理不动产更能获利，比如从 2005 年开始流行的炒房热。但是炒房行为更多带有投机的倾向。现如今房地产从“黄金时代”进入“白银时代”，由不动产专家管理物业比直接介入不动产经营业务更加明智，试想你租房子的时候所遇到的种种问题，诸如收取租金、空调维修、漏水漏电等问题。专业能力和有经验的管理对于商业地产的重要性怎么高估都不为过。而且个人投资者经常缺乏相关的资源，比如时间、金融与管理的专业技能去完成这些任务。虽然直接拥有物业有些时候能够比投资 REITs 获得更高利润，但是大多数个人投资者没有时间和经验去介入不动产业务，以后也不容易有这么好的运气了。

对于大多数个人投资者而言，有效的物业管理同样非常关键。有足够的财务资源去购买足够多的物业以做到较安全的分散化，无论是资产类型的分散化还是地理区域的分散化都非常重要。并且大多数投资者介入房地产行业后，都会产生流动性问题，出售一个不动产物业可能既耗时又花费不菲。当投资者想要出售的时候，可能很难将物业及时脱手。另外，管理物业也是非常棘手的事情，投资者是否愿意在停电或是电梯故障等琐事发生的时候接到诸多投诉电话？如果就少量物业而外聘一个管理公司，投资者的利润将会大幅度减少。

（二）私人合伙

如果个人持有房地产，投资者可能会觉得压力太大，那么通过私募合伙企业投资不动产，不管是 2 人、10 人还是 20 人合伙，都是一个不错的选择。但是合伙企业依然会面临专业化不足的危险，如果合伙企业外包给管理公司去执行物业租赁和管理工作，代价不菲。如果合伙企业只有一个或者少量的物业而不需要特别的管理，又会面临另外一个问题，无论是从物业类型还是从地理位置的角度来说，这些物业很少，不能足够分散房产以抵抗非系统性风险。

首先，私人合伙企业也会有流动性不足的危险，流动性依赖于合伙人的财务能力或清偿能力。其次，在私人合伙企业里，普通合伙人与有限合伙人之间经常会产生利益冲突，或许是由于普通合伙人的薪酬问题，或许是出于是否出售物业或融资等问题。最后，当合伙企业遭遇财务困境时，还将产生合伙企业的个人责任问题，在房地产形势不好的情况下，无限连带责任对普通合伙人的打击是致命的。

有时候这些私人合伙企业是很好的投资组织形式，但是其的确也存在问题，尤其是股权流动性欠缺和物业分散性不足的问题。这些问题使得公开交易的 MLP 比有限合伙企业而言更具有优势。

（三）业主有限合伙

MLP 是一种在美国证券交易所公开上市交易的有限合伙。它融合了有限合伙企业的有限责任制、有限合伙的税收优势以及公开交易证券的流动性优势。只要公司每年把收益转移给有限合伙投资人，那么业主有限合伙公司就不必再缴纳公司税。此外，这类公司也不必过于注重投资者参与经营的权利，因为投资者一般是有限合伙人。

从 1980 年开始，MLP 非常受投资者关注。但是有限合伙的发起人从那些寻求不动产收益和税收利益的投资者处聚集了数以亿计的美元时，美国房地产处境惨淡，其能够从 1 美元中收回 10 ~ 20 美分就已经算是非常幸运了。其原因有多种，首先是房地产购买时机不对，普通合伙人作为管理人通常专业水平太弱，这些普通合伙人没有意识到不动产是一个非常需要专业管理的资产；其次就是有限合伙企业与普通合伙人之间有利益冲突等管理问题。

MLP 在沉默了十几年后，目前又开始流行。在 2012 年，MLP 在美国公开市场募集的资金占比达 28%，相关华尔街股票交易手续费 MLP 占比达 1/3。目前美国新成立的公司中有 2/3 采用了这种公司结构。①

MLP 能够从事任何业务，但是绝大多数在美国上市的 MLP 都从事能源类基础设施业务而不是从事房地产业务，比如天然气管道、存储设施及相似的业务。2011 年，MLP 的股息支付接近 6%，由于 MLP 将其大部分或所有的自由现金流分配给其合伙人，因此，MLP 如果想要增长的话，需要一次一次地从外部募集资金。MLP 与 REITs 最为相似，因此，MLP 是 REITs 的有力竞争者。

（四）房地产公司

REITs 很容易与房地产公司的股票相互混淆，因为他们都在股票市场上流通，不少 REITs 企业，如普洛斯集团、金科地产集团的规模非常巨大，对于不了解 REITs 的投资者来说，可能以为 REITs 只是一些小公司的股票，对于我国投资者来说，一般都认为 REITs 是大的房地产公司分拆出来的成熟物业的资产证券化工具而已，然而现在 REITs

---

① 拉尔夫 . L. 布洛克 . 房地产投资信托基金［M］. 宋光辉，田京华，曲子辉，译 . 第 4 版 . 北京：机械工业出版社，2014.

作为后来者已经在美国乃至全球房地产行业占据了举足轻重的地位。

对于投资者而言，组织结构或许并不是那么重要，在后面的章节中会提到，有一些经验实证研究表明：房地产行业的周期、项目的盈利性才是主要的决定因素，结构因素没有那么大的影响力。在实际中，投资者确实很少去了解公司具体是怎么管理的，他们只关心他们的切身利益，特别是投资回报率的问题。但是在实际操作运营中，管理者选择组织形式的重要性不言而喻。

考虑到中国 REITs 的普及范围还比较小，读者一般为金融业和房地产业等相关业内人士。因此本书还是要详细区分 REITs 和房地产公司的各自特点：

（1）业务资产不同。REITs 订立了清晰的投资政策，主要投资于可以带来稳定租金收入的房地产项目，在收入和收益的来源上有严格的限制，比如 90% 以上的总收入必须是租金或利息收入、出售资产或其他信托组织的股票收入，以及其他源于房地产渠道的收入，对于房地产开发业务的比例限制非常严格；而房地产公司则可以同时从事房地产开发、运营、中介买卖等，还有一些非主营的房地产活动以外的业务。

（2）派息比率不同。REITs 的分红比例最少须为 90%，高比例分红是 REITs 的最大特色，由此决定了其“投资管道”的特征，因而导致了 REITs 在公司层面的免税；而公司组织可以保留利润以推动更大的发展。REITs 需要在资本市场上不断地融资和派息；而房地产公司的股息政策则没有什么限制，公司自身的发展、宏观经济的运行情况、税收政策的改变、股东的意愿等诸多因素都会影响股利分红，但是公司层面需要缴纳 25% 的所得税。而且公司的股价也主要取决于公司的发展潜力，股利分红比例的作用处于其次，读者亦可查看我国境内 128 家[①] 上市房地产公司的分红派息情况，以进一步了解 REITs

① 数据截至 2018 年 4 月 24 日。

和公司在分红层面上的区别。

（3）借贷比例不同。REITs的借贷比例比较低，中国香港REITs的借贷比例只可占资产总值的45%，新加坡REITs借贷比例可占资产总值的60%，以此保证了REITs高收益下的低风险。而房地产公司则可作更大幅的借贷，因为有巨大的固定资产可以进行抵押贷款，所以借贷比例可以非常高。

（4）上市组织形式不同。上市地产公司只能以公司形式组成，具体是股份有限公司的形式，而REITs则既可以是公司形式也可以是信托形式，美国大部分REITs都是公司形式，但是公司形式的REITs保留了信托的大部分特征，例如为确保REITs设有适当的制衡，必须委任独立的托管人来监察管理人的运作及代表基金单位持有人持有资产。

（五）商业信托

商业信托也称为普通法信托或者麻州①信托，因起源于美国麻州而得名。商业信托被定义为：就信托财产享有受益权的凭证持有人的利益，以契约成立的非公司的企业经营组织，其财产由托管人持有并管理。商业机构可用"信托"、而非"公司"的形式成立，而"商业信托"一词一般泛指经营活跃业务的信托。广义而言，信托是一种法律关系，商业信托主要具备商业投资目的、信托经营形式和企业组织化运作这三大法律特征。即商业信托是以信托方式经营商业或获取利益分配所成立的一种非公司形式的企业经营组织。REITs与BT比较，有以下几点不同：

（1）托管人或经理的管理权限不同。BT只可投资信托委托人控股的证券及其他权益。托管人、经理担任特定且受限的角色，不主动

① 麻州是指美国的马萨诸塞州，正式名称为"马萨诸塞联邦"，位于美国东北，是新英格兰地区的一部分。在中文中，通常简称"麻州"或"麻省"。世界学府哈佛大学和麻省理工学院都位于该州。

管理；而 REITs 的托管人、经理拥有更广泛的权力，可投资各种允许资产，也可以管理不同实体发行的证券组合或资产。

（2）房地产投资内容不同。BT 可投资尚未形成租金收入的商业、酒店、服务式公寓开发类项目且比例没有限制；而 REITs 投资的方向一般均严格限制为具有稳定、持续收入来源的不动产。例如我国香港地区法律规定 REITs 持有的不能产生收益的房地产资产不能超过 REITs 净资产总额的 10%，并明确禁止从事房地产开发；新加坡法律规定 REITs 对于房地产及房地产相关资产的投资不少于总资产的 70%，且不得投资于空闲土地。REITs 在 2014 年被允许进入印度，该国规定 REITs 80% 以上的投资必须为可产生租金的成熟物业，对于地产开发，投资开发的金额限制在 REITs 总资产的 10% 以内，其他 10% 的资金可以投资于股票、债券之类的有价证券。

（3）分派比例不同。BT 等信托可以依照信托合同的约定分派比例，而 REITs 规定必须向单位持有人分配不少于税后收入净额的 90%。同时，BT 向单位持有人做出的分派可超越其纯利，公司法对派息金额的限制不适用于 BT。

（4）举债能力不同。商业信托的设立根据信托契约，并无对商业信托举债能力的任何限制或债项水平的任何限制，可以通过借贷等方式融资而实现资本运作，从而完成收购、合并等活动，从而不断扩大规模；而 REITs 对于负债比率均有不同程度的限制，我国香港地区 REITs 仅可借入最多为其总资产值 45% 的债务；新加坡的负债限额限于总资产的 35%，目前可提高至 60%，但需相应的资信评级。从综合负债能力来看，REITs 将满足于稳定的收益，而在扩大规模、追求增长方面有所限制。

（5）上市主体控制权不同。商业信托上市主体的所有权及控制水平一般没有限制；而根据我国香港地区 REITs 守则，香港 REITs 在任何时候应就每项物业拥有超过 50% 的所有权及控制权。

二、投资工具

REITs 在美国已经非常成熟，REITs 多作为一种投资理财工具进行介绍，定位为资产配置中比较稳妥低风险的投资选择。基于该定位，REITs 不可避免地需要与诸如债券、股票等投资工具进行竞争。REITs 的特性使人们容易记住它，但是也很容易使人们将其和其他投资工具混淆。让广大投资者尽快了解 REITs，并接受 REITs，直至在投资者心智模式中占有一席之地，是 REITs 今后向投资者营销的一个重大挑战。

REITs 作为一种投资工具出现时，公众很容易将其与股票混淆，因为 REITs 能像股票一样在证券市场上交易。但是阿里巴巴、万科或者平安银行等公司的股票多少与 REITs 有些不同，因为 REITs 具备非常高的股息分红比例以及更加温和平稳的资产升值前景。由于 REITs 的上述特性，REITs 又会被一些投资者认为类似于高收益的证券投资，如债券、可转换债券、优先股及高股利普通股甚至 MLP 等。但是 REITs 的波动性又大于债券之类的高收益证券，读者可以从中再细细品味 REITs 的独特魅力。

（一）债券

如果投资者买入债券，那么投资者的本金没有增长能力，只能获取利息收入到期时偿还本金的承诺。通货膨胀会抵消债券收益，因此债券投资者的购买力也可能是下降的，债券的价值随着利率波动而变化。但是 REITs 和债券不同，REITs 没有确定的到期时间，而且出售 REITs 股票时没有任何价格上的保证，它只是在历史上表现出比股票更平稳的资本升值前景。债券类似于 REITs，但不是 REITs。

（二）可转换债券

可转换债券是债券的一种，它是发行公司可以转换为股票的债券，通常具有较低的票面利率。从本质上讲，可转换债券是在发行公司债券的基础上，附加了一份期权，允许购买人在规定的时间范围内将其购买的债券转换成指定公司的股票。可转换债券的优势很多，具有增长的潜力，又有债券的保底性质，在其标的普通股的价值没有增加的情况下，提供了固定到期时间和利息的保证。但是大多数公司不会发行这种对本公司不利的证券，只是偶尔会出现这种情况，如公司准备上市而引入风投的时候。

（三）优先股

优先股（Preference Share 或 Preferred Stock）是相对于普通股（Common Share）而言的，主要是在利润分红及剩余财产分配的权利方面优先于普通股。优先股股东没有选举及被选举权，一般来说对公司的经营没有参与权，优先股股东不能退股，只能通过优先股的赎回条款被公司赎回，但是能获得稳定分红。在破产清算的时候，优先股的持有人的求偿权利在公司的债权人之后，在普通股之前。优先股的持有人相比普通股的持有人有优先权，而且许多优先股明确普通股股息在优先股股息发放之前不得发放。

由此可以看出，优先股有严重的流动性问题，而且缺少升值潜力和股息增长前景，它更像债券的代替品，但优先股也有稳定的股息和优先于股票的受偿权。

（四）公共事业类股票

公共事业类股票具有较高的股息和较低的投资风险。公共事业类行业的市值很大，它们提供社会基础类服务，诸如电力、天然气、水力及通信等。这些行业不会有太多的竞争，在指定的经营范围内被政府授予垄断经营权。这种垄断经营使得该类股票风险较低，股息较高。但是由于监管当局的限制，这类股票的升值空间不大。由于公共事业类股票提供的服务需求平稳，收益和股息也是平稳的，通常每年波动2%～4%。因此，公共事业类股票对于资本升值前景和总回报要求不高的投资者是一种不错的选择。如果REITs开展与这类股票的竞争，将会有不小的压力。

但是REITs也可以投资公共事业类的项目，这类产品收益偏低但是稳定，增长缓慢但是持续时间长，符合REITs的投资需求。在我国，政府债务高企，保障性住房的资金缺口巨大，保障房有可能成为非常好的REITs产品，通过公开募集发行，可以完善该类项目的融资问题。

延伸阅读

不动产证券化

REITs属于房地产证券化的概念，房地产证券化包括两个内容：一是房地产投资信托基金；二是不动产资产信托（Real Estate Asset Trust，简写为“REATs”）。前者是依据专门的法律法规设立REITs，发行公司股份或者信托受益凭证，募集资金投资于房地产、房地产相关权利、房地产相关有价证券及其他经主管机关核准的项目；而不动产资产信托则是信托机构委托其不动产资产给托管人管理，发行信托受益凭证，以保障受益人对该信托的收益权利。

台湾地区对REITs的定义是：由受托机构寻找具有稳定收益之标的，经主管机关申请核准或申报生效后，透过公开招募或向特定人私募之方式，将募集资金转换成受益证券的形式，交付给投资人（委托人）；而且投资人不但可以分配到信托财产之收益、亦可以获得基金孳息或其他利益。

台湾地区对REATs定义是：向不特定人募集发行或向特定人私募不动产资产，并交付给投资者不动产信托受益凭证，经主管机关核准投资标的而成立的信托。REITs与REATs的区别主要表现在信托资产不同上。REITs的信托资产是资金；REATs的信托资产则是房地产或房地产相关权利，如房地产抵押权、房地产租赁权等。

REITs和REATs的对比如表2.1所示。

表2.1　REITs和REATs的对比

	REITs	REATs
性质	资金信托	不动产信托
目的	投资不动产	管理盘活不动产
证券特性	受益证券的权益没有顺序差别，也无特定利率保障	1. 为增强信用的目的，收益顺序有先后 2. 有票面利率，是债权类的受益证券
募集方式	公开发行或私募融资皆可	公开发行或私募融资皆可
存续期间	无特定的存续期限	有，一般为5～10年的存续期限
本金摊还	无保本保证	依照约定偿还
收益来源	投资收益	资产收益
对转移不动产单位的好处	提高资金利用效率与经营绩效 资产盘活，提高资金流动率，增加了筹集资金的管道	可保有不动产的收益权

第三章

REITs 的分类

根据美国 NASAA 声明，REITs 被限定从事房地产行业。REITs 是金融与房地产相互结合的产物，根据不同的特性 REITs 又可以分为许多类型，从 REITs 的众多分类中，也可以间接地反映出 REITs 的多面交叉性质。REITs 在美国最为繁荣，以之为例看看 REITs 有哪些类型。

一、按收入来源分类

从收入来源可以将 REITs 划分为权益型、抵押型和混合型 REITs。自 2016 年 GICS 将上市权益型 REITs 归入“不动产”行业，抵押型 REITs 归入“金融行业”之后，两者的区别可能越来越大了，未来有可能不只是从收入来源上区分。FN 综合指数有 223 只 REITs 在公开交易，其中 182 只 REITs 是权益型的，市值高达 8 865 亿美元，剩下 41 只 REITs 为抵押型 REITs，市值只有 524 亿美元。而混合型 REITs 兼具权益型和抵押型 REITs 的投资策略，NAREITs 从众多 REITs 调整归类出 4 只混合型 REITs。

（一）权益型 REITs

权益型 REITs（Equity REITs）直接投资拥有房地产，其收入主要来源于旗下房地产的经营收入。权益型 REITs 的投资组合根据其战略的差异有很大不同，但通常主要持有购物中心、公寓、办公楼、仓库等收益型房地产，业务范围涉及房地产投资的方方面面，包括房地产的管理租赁、物业开发和客户服务等。

1986 年美国颁布了《税收改革法案》迅速推动了 REITs 的发展，《税收改革法案》不仅使 REITs 的投资收益获得免税，而且还允许 REITs 操作和经营多种类型的收益性商业地产。经过半个多世纪的发展，抵押型 REITs 由于杠杆过高，经历了大起大落，而权益型 REITs 经受住了考验，发展非常迅猛，目前权益型 REITs 占据行业的主要地位。

（二）抵押型 REITs

抵押型 REITs（Mortgage REITs），顾名思义，REITs 并不会直接拥有物业，而是通过发放抵押贷款的方式向不动产业主投入资金，或者收购存量贷款或者抵押证券来获得收益。抵押型 REITs 类似于专门向不动产开发商提供贷款的银行，收入主要来源于抵押贷款利息、手续费以及协议约定的部分租金和增值收益。当 REITs 有足够的抵押贷款，那么 REITs 自身上市融资或者将这些抵押贷款打包并证券化在资本市场融资。由于抵押贷款在 20 世纪 70 年代的激进行为受到严重打击，现在抵押型 REITs 占美国 REITs 的比重很小，但这几年略有上升，已从 2010 年的 27 只上升到 2018 年年底的 40 只。

（三）混合型 REITs

顾名思义，混合型 REITs（Hybrid REITs）是指综合拥有权益型 REITs 和抵押型 REITs 业务的 REITs。权益类投资和抵押类投资的比例一般是由基金经理人依据市场前景等各种因素进行调整。在美国，混合型 REITs 所占的比例是最低的。根据市场机会混合型 REITs 调整自己的投资策略，2010 年 NAREITs 将 4 只残存的混合型 REITs 的分类调整为抵押型 REITs。

以上 3 种类型 REITs 的特点如表 3.1 所示。

表 3.1　3 种类型 REITs 的特点

	权益型 REITs	抵押型 REITs	混合型 REITs
投资形态	直接参与房地产投资、经营	发放抵押债券赚取利差	二者混合
投资标的	房地产本身	抵押债权及相关证券	二者混合
影响收益主因	房地产景气与否及经营业绩	利率	二者混合
收益的稳定性	较低	较高	中
投资风险	较高	较低	中
类似标的物	股票	债券	二者混合
投资收益	较高	较低	中

二、按法律性质分类

从法律性质上，可以将 REITs 划分为契约型、公司型和有限合伙型。

（一）契约型 REITs

契约型 REITs，究其本质是一种信托行为，其基础是委托人、托管人和受益人三方签订的信托契约。契约型 REITs 的设立原则是信托原则，这与公司的逻辑存在明显的区分。在目前的实践中，契约型 REITs 在很多国家和地区体现为类似于美国宪法“三权分立”的形态——委托人、托管人和受益人三方相互制约，各司其职。投资者将资金委托给信托基金公司，持有基金受益凭证，投资以后转为受益人，该资金转为基金公司财产。托管人为信托基金公司，是发起人与管理者，其职责在于对基金开展经营管理，对基金资本享有所有权。

契约型 REITs 依据资金的期限长短，可将契约型 REITs 划分为封闭式 REITs（Closed-end REITs）和开放式 REITs（Open-end REITs）。根据开放式基金和封闭式（Close-end Funds）基金的划分，开放式 REITs 和封闭式 REITs 的区分标准是基金运作方式的不同，即投资者能否追加投资或投资者能否随时要求发起人赎回证券。

1. 封闭式 REITs

封闭式基金是指基金的发起人在设立基金时，限定了基金单位的发行总额，筹足总额后进行封闭，基金即宣告成立并在一定时期内不再接受新的投资。封闭式 REITs 事先确定发行总额，在封闭期内发行总额固定不变，资本总额不得随时增减，投资人的权益不被稀释。

封闭式 REITs 有两个非常重要的特点：一是只能投资于房地产领域；二是其估价相对容易，资产价值不必像开放式产品那样需要每月清算。封闭式 REITs 的经营期限一般在 3 年以上。如果在此期限内投资者需要赎回，一般会承受一定的折价损失。

2. 开放式 REITs

开放式 REITs 也被称为追加型 REITs，因为其发行规模可以做灵活的调整，投资人按照基金单位的净值要求向信托投资公司赎回或向信托投资公司购买认购权证。开放式 REITs 对管理者的水平以及资本市场的发达程度要求比较高。投资者若想买卖此种投资信托证券，可以直接同契约型 REITs 进行净值交易。

（二）公司型 REITs

公司型 REITs 依公司法成立，通过发行股份筹集资金投资房地产项目。公司型 REITs 的实质是股份制房地产投资公司，公司型 REITs 为投资者（股东）所最终拥有，由股东大会选举出董事会，由董事会代表全体股东执行 REITs 的相关业务。有董事会设管理机构或委托专业公司运作两种方式，虽然经营管理权具有独立性，但权利来源于董事会，董事会具备最后的决定权，监督基金管理人的日常经营活动。公司型 REITs 依法组成，作为经济实体，具备法人资格，以盈利为目的。

在运作中，该类公司发行股份募集资金，购买股份的投资人成为公司股东，股东的决策权体现在股东大会、选举董事等，而法人财产的所有权由董事会行使。公司型 REITs 的组织结构如图 3.1 所示。

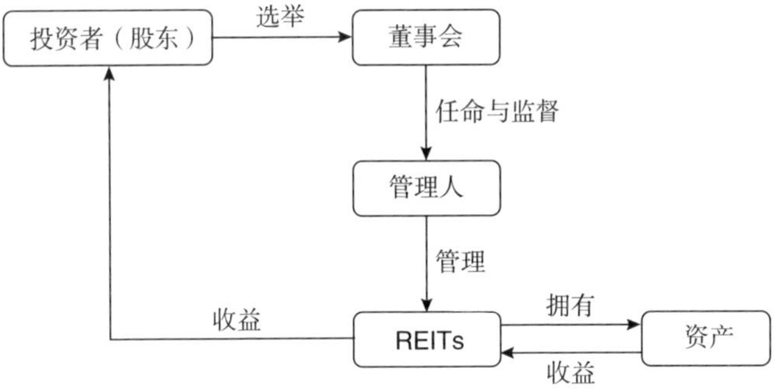

图 3.1　公司型 REITs 的组织结构

延伸阅读

契约型 REITs 和公司型 REITs 的比较

公司型 REITs 的构建主要依据公司法，这样成立的 REITs 公司具有独立的法人资格，具备一般企业的性质，且相关当事人之间的权责关系由公司法来约束。而契约型 REITs 成立的依据是国家有关信托法的规定，当事人主要是 3 个主体，即委托人、托管人和受益人，且三者之间的关系以信托法为依据。

公司型 REITs 具有法人资格，资金可以向银行借贷，所以公司的发展有一定的资本做保障。而契约型 REITs 由于不具备法人资格，其要想扩大规模一般不通过银行融资的方式来实现，而是通过投资者直接融资。

公司型 REITs 可以运用非常便利的证券承销商的渠道优势，迅速地将股票推向市场。而对于契约型 REITs，认购人是通过直接向 REITs 管理机构购买受益凭证而实现参与到 REITs 中来的。

公司型 REITs 的最终权利机构是股东大会，重大事项的决策需要经过管理层、董事会甚至是股东大会的同意，这对于参与经营的投资者的专业要求较高，决策机制比较呆滞；而契约型 REITs 实行的是托管人专业化管理集合资金，投资者将资金委托他人管理，自己失去了资金的所有权，只保留受益权，所以契约型 REITs 的管理比较简单，同时也更加要求规范化和专业化。

（三）有限合伙型 REITs

在民商事法律中，有限合伙（Limited Partnership）作为一种治理方式和企业组织形式，通常至少由两类主体构成：一类主体对合伙债务承担无限连带责任，管理合伙事务，这类主体称为普通合伙人或无限合伙人；另一类主体对合伙债务承担有限责任，但仅以投资额度为限，投资并分享收益，不参与事务管理，这类主体称为有限合伙人。

REITs 3 种制度的对比如表 3.2 所示。

表 3.2　REITs 的 3 种制度的对比

		公司制	契约制	有限合伙制
制度成本	显性成本	签约成本低，运营成本一般，税收负担重	签约成本较高，运营成本一般，税收负担各国不同	签约成本较高，运营成本较低，税收负担较低
	隐性成本	激励机制和约束机制较差，运作效率较低，隐性成本较高	激励机制和约束机制较差，运作效率较低，隐性成本较高	激励机制和约束机制较好，运作效率较高，隐性成本较低

（续表）

	公司制	契约制	有限合伙制
委托代理	道德风险较高，容易发生内部人控制	道德风险较高	激励机制和约束机制较为健全，能够降低委托代理问题
组织稳定性	较强	较好	较差
债务连带责任	无债务连带责任	无债务连带责任	任何普通合伙人都承担无限连带责任

三、按募集对象分类

依据资金募集对象不同，可以将 REITs 分为私募 REITs 和公募 REITs。

（一）私募 REITs

私募 REITs 从 2000 年开始兴起，这类组织依据美国 REITs 法律设立，但其份额不在公开市场上交易。在美国，私募 REITs 的设立依据是《1933 年证券法》。私募 REITs 的投资者一般包括保险公司、养老基金等机构投资者以及高净值投资人等。总之，私募 REITs 的证券只可销售给合格投资者（Accredited Investors）。私募 REITs 不必公开登记手续，但必须符合公募 REITs 招股说明书（Prospectus）的相关要求，必须涵盖公司业务、风险因素、附加事宜（如反稀释的保护条款、登记权等）、交易费用、财务信息概述等发行事务的各项重要信息。

总体来说，私募 REITs 的发行程序比公募 REITs 简单，可节约发行时间及成本，其投资更具有灵活性，可以发掘优质群体，增加 REITs 资金的稳定性。这些由不同不动产组织发起的实体，通常由财务规划者或是投资顾问出售给投资者。

然而，私募 REITs 也有一些不足之处：投资者不能快速出售手中的份额，或者要打一个比较大的折扣；私募的监管不如公募 REITs 来得透明，所以私募 REITs 比较容易产生利益冲突，要求有较高的激励措施。

（二）公募 REITs

公募又称公开发行募集，是指发行人向不特定的社会公众广泛地发售证券，通过公开营销等方式向没有特定限制的对象募集资金的业务模式。公募 REITs 的发行非常复杂，需要了解相关细节可以参阅《美国房地产投资信托指南》[Real Estate Investment Trusts Handbook（2009）]。这本书以美国联邦税法、联邦证券法律和州级蓝天法为基础，从证券监管、法律地位、组织结构、创立模式和交易结构设计、资金募集方法、会计处理与披露规范、有利税务机制等核心问题，非常详细地阐述了美国 REITs 的所有重大问题，包括 REITs 的性质和税制背景，REITs 证券的发行和交易，REITs 向证券交易委员会提交年报、季报和临时报告，公司高管、律师、会计和审计从业人员在新规则体系下的权力义务和执业标准，REITs 的法律和会计准则规范体系。公募 REITs 的运营规范等细节问题本书不再赘述，有兴趣的读者可以查阅该书。

四、按组织形式分类

可按照 REITs 的组织形式，将 REITs 划分为伞形合伙 REITs（上型 REITs）、下型 REITs、打包或者捆绑的 REITs、协议型 REITs。

（一）伞形合伙 REITs

伞形合伙 REITs（Umbrella Partnership REITs，简写为“UPREITs”），又称上型 REITs，在这种结构中，既有负责融资的 REITs 组织，也有负责运营房产的一个新合伙组织—— 营运合伙组织。营运合伙组织的组织形式通常是有限合伙制，由 REITs 组织设置子公司作为普通合伙人，由投资者出资（或者直接以房产进行投资）成为有限合伙人，他们都持有合伙组织权益。

REITs 本身并不直接从房地产项目中获取收益，而是通常作为营运合伙组织的普通合伙人控制营运合伙组织，而营运合伙组织才真正拥有资产权益。REITs 可以用发行股票筹集现金出资购买其他有限合伙人的股份（即 OP 单位），也可以直接用 REITs 的股份置换 OP 单位。这需要双方进行约定，比如约定经过特定时期（通常是 1 年）以后，有限合伙人可将其持有的 OP 单位出售以换取现金或 REITs 股票并支付税项。

很多文献都提到了这种结构的重要优点是能够利用营运合伙组织，从资产所有者那里用 OP 单位换取资产，此时是不需要缴纳税款的。等待营运合伙组织的物业成熟后，REITs 才能收购 OP 单位，此时才需要缴纳税款。因此上型 REITs 的税项可递延。此外，REITs 拥有信托性质，如果有限合伙人持有 OP 单位直至死亡，则房产税规则的适用会有所改变——死者的受益人有权将 OP 单位换成现金或 REITs 股票而不必缴纳遗产税。

在我国，这种模式尚不具有可行性。物业的所属人无论是个人还是公司，只要房产证所有人稍有变化，就立即视为交易而需要支付税项，比如物业或者土地被装进公司里面，公司股东的变化就被视为交易，所以在我国上型 REITs 所能提供的税项延迟作用暂时还没有，但是上型 REITs 提供了一个 REITs 横向快速扩张的组织形式，如果公司需要上市，则优势非常明显。

（二）下型 REITs

如果现有的 REITs 想获得一项房地产资产或资产组合，它与持有该房地产的资产方发起成立有限合伙企业。REITs 作为普通合伙人，房地产持有者作为有限合伙人，REITs 作为普通合伙人负责管理子 REITs 的房地产资产，并向子 REITs 的有限合伙人支付红利。对于下一单房产项目交易，则设立新的有限合伙组织管理该资产。如果房地产持有者持有子 REITs 满足一定的时间限制（通常为 1 年），他有权将子 REITs 中的权益转换为 REITs 股权，或者出售子 REITs 股份给 REITs 套取现金。这种结构也同样享有上型 REITs 的税收递延优势，但是在具体经营房地产资产时，下型 REITs 对于每个项目都设立一个子项目公司，增加了灵活性也增加了管理难度。上型、下型 REITs 作为新型的 REITs 结构具有重大的借鉴意义，在运营操作篇章中会重点进行对比介绍。

（三）打包或者捆绑的 REITs

这种方式将 REITs 和由它设立的经营公司打包或者捆绑在一起，从而使其股份以单一份额的形式出现，这样一个投资者就可以同时拥有 REITs 和经营公司的权益。打包或者捆绑的 REITs 持有人在获得 REITs 税收待遇的同时，还能分享房地产所有者和经营者的双重经济利益。

（四）协议型 REITs

在协议型 REITs 中，REITs 和由它设立的经营公司的股份不以单一份额的形式出现，而是通过两个公司之间的协议连接起来。根据公司间的协议，经营公司有权选择是否租赁和管理 REITs 未来取得的财产，同时 REITs 也有权决定是否接受经营公司转让的房地产。不过，由于协议双方拥有部分相同的高层管理人员和董事会成员，因此可以确保两个公司为它们共同股东的利益服务。

五、按行业分类

可以按照主营物业类别对 REITs 进行划分。凡是能够获得租金收益的商业地产几乎都是 REITs 的投资对象，全美房地产投资信托基金行业协会以 REITs 拥有的资产类型为标准，将 REITs 的种类确定为 9 大类：工业办公类、零售类、公寓类、住宿 / 度假类、医疗保健类、自用仓储类、抵押类、住宅类和多样类。每一种 REITs 都有其特定的风险类型，代表一种投资方式。实际上只经营单一品种的 REITs 几乎不存在，大部分 REITs 都有主要的行业领域，业务较为集中的是特殊类 REITs。具体物业分类会在第五章详细介绍。

延伸阅读

美国普洛斯集团——仓储物流行业的领头羊

普洛斯集团是世界领先的物流配送设施投资和服务商，《财富》1000 强及标准普尔 500 指数公司之一。公司管理着 299 亿美元物业资产，在北美、欧洲、亚洲 20 个国家超过 100 个市场上开发、拥有和管理的配送设施多达 2 523 处，约为 4 100 万平方米。普洛斯物流园区的特点可以总结为以下 3 点：

（1）物流网络。普洛斯于 2003 年以“物流地产”这个新概念登陆中国市场，开始了紧锣密鼓的布阵。其所谓的“物流地产”，是由普洛斯先选地建成相关物流设施后，再转租给客户，比如制造商、零售商、物流公司等。之后，将由一个资产管理队伍进行物业管理，其工作主要是提供物业相关服务。物业管理和业务运营分开管理，效率更高，专业性更强，因此解决了闲置率高、入驻率低等困扰多家物流园区的“心病”。

普洛斯在中国的物流配送网络建设多集中在经济比较发达的沿海地区。正如其在海外市场的运作一样，普洛斯在每个枢纽城市开发3～4个物流园区，这些园区靠近机场、海港和高速公路，从而形成一个物流配送网络。

如此全球化的网络布局，使得普洛斯得以“一呼百应”，客户借助普洛斯的网络，可以让货物在全球自由流转，而不担心无处“落脚”。普洛斯运营系统能够提供强大的物流配送服务网络，涵盖物流设施的整个流程，包括策划、构建与管理。

（2）标准化物流设施。全球化的网络并不是每个公司都能复制的，特别是国内很多物流园区的投资建设者还远远不具备普洛斯的规模与实力。普洛斯物流园吸引客户的原因也不仅限于此，能够提供标准化物流设施是其成功因素之一。所谓标准物流，即在市场调研、设计、施工和设施管理的基础上开发出的高质量、通用型物流仓储设施。标准化设施为不同的客户提供便捷、高性价比的物流配送设施。

由于普洛斯所提供的标准化设施可以在很短的周期内满足客户的需求，成功吸引了不少跨国公司，因此确定了物流地产领导品牌强者的地位。

（3）多层次服务客户。物流企业在劝说生产制造企业将物流外包之时，物流园区也在劝说物流企业将其一部分业务外包。此时，物流园区就不单单是出租仓库了，如同物流企业要为客户提供更多增值服务，园区经营者也要为物流企业提供更多的服务。

普洛斯在行业内开创了以“客户为中心”的运作方式，为客户提供整合的物流配送服务和解决方案。不仅如此，作为物流设施的长期业主，普洛斯还为客户提供新颖、灵活的租赁项目，以帮助客户应对诸如周期性变化、竞争性挑战等瞬息变化的环境。

除了租赁仓储设施，普洛斯集团还通过专业的物流仓储设施发展团队开发定制设施及专业规划物流园区。普洛斯同时还致力于推广可持续发展的环保理念并运用到仓储设施设计及建造中。

六、按咨询顾问工作内容分类

依据咨询顾问的工作内容，可以将REITs划分为外部咨询型REITs和自我管理型REITs。如果REITs聘请外部顾问进行经营管理，就成为外部咨询型REITs。此类顾问提供的服务包括管理、市场调查、资产调查等。顾问费通常根据管理的资产、收益或其他标准来确定。自我管理型REITs，即管理层由公司自身雇员构成或者由特定主体担任的REITs。自我管理型REITs通常能够有效地控制内部费用，还能减少潜在的利益冲突，提高市场的透明度。

起初REITs只能是外部咨询型REITs，但是目前REITs大部分为自我管理型，因为这种类型的REITs相比于外部咨询型REITs的运行成本更低，经过市场激烈的竞争，最终自我管理型REITs占得了上风。

第四章

REITs 的发展历程

一、美国 REITs 的发展历程

信托制度起源于英国，中世纪英国基督教会宣扬：信徒若把财产赠予教会可赎生前罪孽，死后可上天堂。因此宗教徒为了死后灵魂得以上天堂，会把自己的土地捐献给教会，这使得教会的土地不断增多，国家税收逐渐减少，这无疑影响了国王和封建贵族的利益。于是，13 世纪初英王亨利三世颁布了《没收条例》，规定禁止宗教徒把土地赠予教会团体。作为对这个新规定的回应，宗教徒对他们的捐献行为进行了变通。他们在遗嘱中把土地赠予非教会团体的第三者，但同时规定教会拥有土地的实际使用权和收益权，这就是最初的信托雏形。

经过在英国的发展，信托制度在 19 世纪末传入美国。信托制度在传入美国后得到快速发展。美国是目前信托制度最为健全，信托产品最为丰富、发展总量最大的国家。其中 REITs 是美国首创并不断发展完善的房地产金融产品。

REITs 在美国有上百年的历史，REITs 的概念出现在 19 世纪末的波士顿，但是直到 1960 年《REITs 法案》的颁布，才标志着现代 REITs 的诞生。由于 20 世纪五六十年代战后经济发展迅速，大量退伍军人和贫困居民的房地产需求大增，美国投资信托资金规模日益壮大，因此不少议员建议发展 REITs。1960 年，时任总统艾森豪威尔签署《国内税收法》，该法不再视 REITs 和联邦公司组织一样加以课税。

现代 REITs 起源于美国，其发展经历了起步阶段、成长期、成熟期和高速扩张 4 个阶段。

（一）起步阶段（1960—1967 年）

1960 年，美国国会颁布了《REITs 法案》，REITs 正式被美国国会授权并且纳入法律管辖范围，准许中小投资者通过参与 REITs 投资大型商业地产，获得与直接投资房地产类似的投资收益。

万事开头难，当时整个行业持有的物业资产规模只有 2 亿美元，而且此时的法案是禁止 REITs 直接经营或管理房地产，REITs 大多数由外部顾问管理，成本高且效果差。所以，早期的 REITs 发展比较缓慢，到 1967 年为止，美国只有 38 只权益型 REITs。同时许多经营组织例如 C 类公司、合伙企业等形式与 REITs 竞争，REITs 的外部压力比较大。另外，由于 REITs 是许多管理公司发起的联合机构，因此产生了许多重大的利益冲突，内部问题也开始不断出现。

（二）成长期（1968—1974 年）

REITs 走过了缓慢发展的“幼儿期”，在即将走进 20 世纪 70 年代时，REITs 迎来了快速的发展。但是“青少年时期”的 REITs 似乎把商业想得太简单了。1967 年，美国法律开始允许设立抵押型 REITs，于是在 1968—1974 年，在银行利率管制时期，低利息推动 REITs 行业进入迅速发展时期，REITs 的发展达到阶段性顶点。在此阶段 REITs 充满了盲目性和疯狂性，REITs 行业总体资产增长近 20 倍，市值扩大到原来的 3 倍，其中主要从事房地产开发和建设的抵押型 REITs 的资产市值超过权益型 REITs。

但是市场在疯狂后迅速进入迷惘期，在 20 世纪 70 年代，受国际石油输出国组织（OPEC）石油价格暴涨的冲击，美国经济形势急转直下，抵押型 REITs 由于高杠杆出现了严重的财务危机而大量倒闭。不过 REITs 在这段时期被投资大众所熟知，REITs 所经历的不成熟所导致的疯狂投机行为是大部分行业的必经阶段。

（三）成熟期（1975—1986 年）

到了 20 世纪 70 年代中叶，由于银行信贷利率不断攀升、房地产过度开发、美国经济持续下滑，REITs 行业面临巨大的危机。时任美国总统福特签署《REITs 简化修正案》，允许 REITs 在原有商业信托的基础上以公司的形式成立并上市。这时的 REITs 既具有信托的专业理财特征，又有上市公司的流动性优势，还有有限合伙制的税收优势，该法案有力地推动了 REITs 的发展。

在 1981 年，美国不堪经济下行的压力，通过了《经济振兴法案》，允许房地产业主利用房地产折旧作为合法避税手段，并放宽了对 REITs 组织形式的限制，取消了 REITs 必须是非法人组织或社团组织的要求，为房地产业主创造了一种非常具有吸引力的合法避税工具，从而使 REITs 市场活力慢慢恢复。

1986 年，时任总统里根签署了《税收改革法案》，允许 REITs 自行选择内部管理，不必聘请外部第三者管理资产。许多 REITs 强调投资策略和管理理念，强调用权益资产代替抵押贷款资产，降低负债比率，从而加强 REITs 的稳定性。REITs 在这个阶段发展成熟，逐步形成了主要的公司框架，为后来的快速发展奠定了基础。

（四）高速扩张（1986—2000 年）

20 世纪 90 年代是 REITs 高速扩张的阶段。REITs 在此阶段，犹如插上了资本市场的翅膀而一飞冲天。1991 年美林银行（Merrill

Lynch）为美国购物中心开发商金科地产集团（Kimco Realty）承销首发新股，共募集资金 1.35 亿美元，这标志着“现代 REITs 时代”的真正到来。

1992 年，作为在纽约证券交易所上市的公司，购物中心开发商美国陶布曼中心首次公开发行了一种新型结构的 REITs——伞形合伙 REITs，一经推出便迅速成为上市 REITs 设立的主流形式。

1993—1994 年是 REITs 发展的高潮阶段，主要表现为“首次公开上市热潮”。REITs 股票的高收益与银行低利率形成对比，吸引大量的共同基金加入，从而 REITs 的规模开始扩大。REITs IPO 的爆发带给公众的不是一些投机性概念的小公司，而是一些受人尊敬的房地产公司，他们能带给公众投资者实实在在的股利分红，如杜克物业、西蒙地产集团、DDR、金科地产集团等。

当大潮退去之时，才知道谁在裸泳。在 1998—1999 年，亚洲金融危机的爆发使 REITs 行业再次遭受严重打击。受金融危机的拖累、美国国内单位投资信托[①]的竞争、短期投资者的退出以及其他一些不利因素的影响，各种类型的 REITs 几乎都出现了负收益率。与此同时，房地产价格也在不断上升，优质房地产收购机会逐渐减少，许多投资者认为 REITs 的分红收益率会因此而下降，于是纷纷退出 REITs 市场。

REITs 通过公开发行股票进行融资的渠道断裂，不得不在私人资本市场寻求资金支持，通过和私募基金建立合资企业的方式解决资金短缺的问题。REITs 筹集的资金总额依然在逐步攀升。

① 单位投资信托是指投资于在基金生命期内固定的资产组合的资金集合形式。为了形成这样一种单位投资信托，基金发起人（Sponsor，通常是某家经纪公司）购买那些已存入信托的证券组合，然后卖给公众基金股份，或称为“基金单位”。在信托投资中，称为“可赎回信托凭证”。如果该信托投资于短期证券，比如货币市场工具，那么该基金的期限可以是只有几个月。如果该信托投资公司投资于长期证券，如固定收益证券，则该基金的期限又可以长达几年。

（五）近来趋势（2000年以后）

权益型REITs在半个世纪的竞争中获胜，在2010年年末，有83只权益型REITs的市值超过了10亿美元，其中有20家权益型REITs的市值超过了50亿美元。西蒙地产集团是当时最大的REITs，市值在2019年超过700亿美元，被纳入标准普尔指数。而在1994年年末，只有几只REITs的市值超过10亿美元。

REITs近期趋势是与机构投资者或个人组建联合企业（Joint Ventures，简写为“JVs”）来开发、收购、持有投资级商业地产。这些JVs充当REITs的先锋部队，JVs先把待开发的物业、不成熟的或者近期开发的物业转移到JVs，这样REITs就能够将其娴熟的管理和开发方面的专业技能，以联合企业的形式与有投资意愿的投资机构或者合格投资者合作，自身作为管理人不承担主要的出资责任，却可以获得大比例的收益分成和管理费。

近年来，欧洲、亚洲、大洋洲都在美洲REITs发展成熟后制定了专门的法律法规，推动REITs的发展。目前已经有30多个国家和地区设立了REITs。这些国家和地区借鉴了美国REITs的做法，同时融合了本地的经济、政治、文化、制度等因素。

二、亚洲REITs的发展历程

（一）新加坡

1998年7月，新加坡证券交易所审核委员会提出了一系列进一步发展资本市场的建议，其中之一就是设立REITs，旨在增加市场投资品种和促进房地产市场的发展。次年5月，新加坡金融管理局颁布了《财产信托指引》，按照该法，新加坡REITs（以下简写为“S-REITs”）可以以公司法人或者信托的形式成立并上市。S-REITs持有、管理房地产及相关资产的收入，扣除支付给托管人、信托管理人、物业管理人的费用后，全部以股利形式支付给投资者。《财产信托指引》对S-REITs的投资活动还做出了以下限制，以降低REITs的风险：

资产结构要求。S-REITs所融资金至少有35%投资于房地产，可以采取两种投资方式：一是直接拥有新加坡境内外房地产；二是持有非公开房地产投资公司的股份。S-REITs必须在发行截止日后的24个月内达到上述资产结构要求。S-REITs总资产的70%必须投资于房地产或者与房地产相关的资产。S-REITs总资产的30%可投资于政府公债及上市债、非房地产公司的公司债或股份、现金或其他现金等价物。S-REITs对单一房地产开发商的投资不得超过其资产的10%。S-REITs在单一发行人发行的证券或者单一经理人管理的基金方面的投资，不得超过其总资产的5%。

S-REITs须根据自身类型与数量、投资目标和市场情况，合理地在房地产类型、地点和国家以及房地产投资数量方面进行分散投资。公开招股说明书必须披露S-REITs是否以及如何合理地进行分散化投资。如果S-REITs拟投资于单个房地产项目或者房地产投资高度集中时，S-REITs必须披露这一事实和因投资集中所导致的风险。

对房地产开发的限制。S-REITs投资于新加坡境内未开发完成的非公寓房地产，或者新加坡境外未开发完成的房地产，均不得超过总资产的20%。

融资活动限制。封闭式S-REITs无法通过增发股票来进行权益融资，开放式S-REITs可以通过增发股票融资。S-REITs总借款额不得超过其总资产的35%。在对冲S-REITs投资组合风险的情况下，S-REITs可以使用金融衍生工具。

公司结构及其治理机制。公司型S-REITs的董事会必须包括2名以上独立董事，具有稳健的财务状况、资产达100万新加坡元。REITs可以聘任1位拥有5年以上房地产投资或咨询经验的顾问。

该顾问可以同时负责房地产营销和管理工作，但是不能评估其推荐S-REITs购买或出售的房地产。对于交易金额超过S-REITs净有形资产5%的关联交易，S-REITs必须聘任独立的房地产专家，向股东指出该项交易是否符合一般商业交易规则。S-REITs的年度报告必须包括以下信息：所有房地产交易信息、房地产详细资料（如地点、购入价格、最新评估价格、租金收入、出租率及剩余租期）。另外还包括借款细节、经营性支出（包括支付给管理公司、顾问公司和关联方的费用和手续费）和税收支出等，并对S-REITs的经营绩效做出评估。

S-REITs上市规定。所有在新加坡公开募集资金的S-REITs都必须公布招股说明书。在公开发布之前，该说明书必须获得金融管理局的审核并在公司登记机构登记，也必须获得新加坡证券交易所的批准。S-REITs在新加坡证券交易所二次上市（Secondary Listing）时，发行人必须符合首次上市时的原证券交易所（Home Exchange）（必须为新加坡证券交易所认可）上市规则，而不必符合新加坡证券交易所的上市规则，但前提是发行人必须向新加坡证券交易所提交有关文件。

新加坡没有明确规定S-REITs具有免征企业所得税的地位，但是允许S-REITs向税务部门申请免税资格。在免征企业税的情况下，投资者必须为投资收益纳税。新加坡当局一直积极鼓励外国公司将境外的房地产通过REITs的架构在新加坡上市。为了提高新加坡作为亚洲首选的REITs中心及竞争优势地位，新加坡当局提供了一系列鼓励外国投资者的措施和降低成本及税务的优惠。

（二）日本

1. 发展沿革

日本根据本国国情构建了适合自己发展的运营模式，其关于REITs的理论比较成熟，也是继新加坡之后第二个发展REITs的亚洲国家。日本与美国投资信托基金的理论不同，其运作机制也与美国区别较大。日本对于注册登记、风险控制、法律适用、税收问题等各方面的研究也已经相当完善。

在经历了20世纪90年代的泡沫经济危机后，日本百业萧条，不动产更是跌入谷底。日本政府面对如此困境，极力思考如何解决。他们想到可将民间资金通过REITs这个渠道导入房地产行业，以缓解房地产市场的低迷情况，同时解决金融机构不良债权等问题。这种做法可谓一举两得，既化解了金融机构的危机，也推动了日本不动产证券化市场的发展。

2000年11月日本修改了投资信托法，准许投资信托基金进入房地产行业，以活跃不动产市场。2001年3月，东京证券交易所（简写为“TSE”）建立REITs上市系统，使得REITs终于正式挂牌，但是上市门槛较高，起点为50亿日元。2001年9月，日本的首只REITs上市。

日本REITs（简写为“J-REITs”）分为两种类型，分别是公司型和契约型，又按照有无基金经理人的参与，把契约型REITs分为直接型和间接型。

2. 上市要求

日本《投资信托及投资公司法》允许投资信托所募集资金用于不动产投资。东京证券交易所随之制定J-REITs上市规则。REITs可以采取3种形式：公司型REITs可采取投资公司的形式，直接和间接契约型REITs可采取受益凭证形式。

J-REITs受益凭证及其发行必须遵守有关上市要求。另外，发行人必须是投资信托协会的成员，必须及时披露重要信息，并制定相关经营、财务和内控制度。当东京证券交易所收到上市申请后，将对申请公司进行审核。如果东京证券交易所认为申请公司符合上市标准，它将向金融厅提交上市计划。（1）REITs管理的资产要求。管理的房地产资产占总资产的比例至少为75%，资产限于房地产、现金或具有高度流动性的现金等价物；至少 50% 的资产必须产生收益，并且在 1 年内不会出售。（2）财务要求。净资产至少为 10 亿日元，总资产至少为 50 亿日元，每交易单位的净资产至少为 5 万日元。（3）股权结构。上市股份不少于 4 000 股；至少有 1 000 位股东 / 投资者。大股东持有收益或投资凭证不得超过总额的 75%。

3. 信息披露要求

J-REITs 的信息披露要求与股份公司类似，涉及投资公司（发行人）及其管理资产的信息，具体内容如表 4.1 所示。

表 4.1　J-REITs 的信息披露要求

	信息披露要求
投资公司	投资公司必须披露有关再次发行和销售投资单位、投资单位分割等决议。其他应披露事项包括接到部门要求其改善业务的指令，以及有关基金管理承包人的信息
管理资产	超过一定比例的资产变动必须进行披露，包括： 1. 净资产转移达 10% 以上 2. 因资产转移导致损失 / 收益变动超过当期毛利的 30% 以上 3. 因自然灾害或损害导致的损失达净资产的 3% 以上 4. 当期损益和股利分别偏离预期值 30% 和 20% 以上
财务报表	1. 投资公司必须披露财务报表，其中包括预期股利和所管理资产的价值；必　须披露 J-REITs 拥有房地产的详细情况（包括其使用状况和每项房地产的　价值）、租金收入（包括租户数目等） 2. 投资者每年也会收到 REITs 管理报告，以便对 J-REITs 的管理进行监督

（三）中国台湾地区

1. 发展历史与沿革

我国台湾地区过去投资不动产的方式只有两种，一种是直接购买，另一种则是投资房地产公司的股票，前者投入资本过高，后者则会受到股市波动影响，风险较高。近年来，台湾地区的不动产证券化商品具有稳定获利及抗通货膨胀的特性，逐渐获得投资人的青睐。2003 年 7 月 23 日，台湾地区的《不动产证券化条例》公布后，不动产证券如雨后春笋般陆续推出。其管理原则在于提高不动产投资的流动性、促进不动产开发、活跃市场，并提升经济景气。

台湾地区的《不动产证券化条例》除了参考美国不动产投资信托制度，将“不动产投资信托”及“不动产资产信托”两大制度引入，也参考台湾地区《共同信托基金管理办法》及《金融资产证券化条例》的规定，条例过程从1996年的《中华人民共和国信托法（草案）》公布实施历经多年努力才完成。台湾秉承中华文化，该条例对未来大陆地区REITs法律的出台具有很大的借鉴意义。

2. REITs的设计流程

第一，先由受托机构向主管机关申请公开发行受益凭证，经主管机关核准同意或申报生效。第二，受托机构签订不动产资产信托契约，委托人则将不动产信托转移给受托机构。第三，专业的估价师、会计师与律师针对信托进行专业的评估后，再进一步考虑用信用增强或信用评估等对受益证券进行评估。受托机构向投资者收取价款，并交付投资人受益证券，投资人可以在证券市场上交易买卖受益证券。第四，受托机构发行不动产受益证券，而受益证券的销售则委托承销商。受托机构在扣除必要费用后，再付给委托人所售出的受益证券价款，委托不动产管理机构进行不动产经营管理。第五，不动产管理机构针对已开发完成的不动产进行管理，将不动产利益、孳息或其他收益分配给各受益证券的受益人，必须要等到受托机构扣除必要支付与其他相关费用后才得以分配。第六，受益人得选出信托监察人并召开受益人大会，目的是要决定关于投资信托之重大事项，并执行受益人会议的决议。

3. 交易成本

台湾地区REITs交易成本包括：课征证券交易税；交易手续费，费率为0.142 5%。利息所得税采取分离课税，并入所得税结算申报。2010年起扣缴率如下：台湾地区居住个人，有固定营业场所的盈利事业、法人、团体或机构按分配额扣取 10%；非台湾地区居住个人，无固定营业场所的盈利事业、法人、团体或机构按分配额扣取 15%。

（四）中国香港地区

我国香港地区是港湾贸易经济，税率低导致政府税收较少，需要通过土地拍卖获得资金。香港地区地少人多，房地产交易一直非常火热，房价总体上处于高位。但在 1997 年的亚洲金融风暴发生后，房地产交易放缓，甚至影响 REITs 的发展。直到 2003 年 8 月，香港地区才由证监会颁布《房地产投资信托基金守则》。但该守则亦在 2005 年被修改，主要修改的内容是提及如何通过开放投资非港物业，同时把负债比率提高到 45%。在法规较为完善后，香港地区的 REITs 开始盛行，并广为投资人喜欢，REITs 成为投资新标的。香港地区 REITs 主要规则如表 4.2 所示。

表 4.2　香港地区 REITs 主要规则

	证券及期货事务投资信托基金规则
组织规则	1. 必须在香港地区证券交易所上市 2. 必须为信托机构 3. 须指定功能独立于 REITs 的管理公司，且以投资人利益为优先考虑的托管人 4. 须指定一受证监会认可的管理公司
收入规则	1. 主要投资有持续租金收益的不动产 2. 一般不准投资于无收益的不动产，若要投资，则以 REITs 净现值的 10% 为限
资产规则	1. 必须投资产生收益的不动产 2. 原则上不可投资于土地与不动产开发，但修缮、改装以及装修的情形例外 3. 允许通过 SPV 投资饭店，娱乐公园 4. 不可对他人贷款，承担任何债务，未经托管人同意不可以用其资产为其他债务担保 5. 不可购入任何含无限偿债责任的不动产 6. 持有任一不动产不得少于 2 年，除非经 REITs 单位持有人同意

综合来说，我国香港地区的 REITs 市场比新加坡的发展更晚，但无可讳言，房地产是香港地区重要的经济要素，其规模比新加坡市场

更大。此外，香港地区在2007年4月底仅发行6只香港REITs商品（简写为“H-REITs”），但国际性对冲基金的注入，使得REITs市场更加具有活力，市值总额超过660亿港元。REITs在香港地区的发展潜力巨大，不仅为香港地区房地产界带来了新的希望，也引入了相当多的国际资本，成为香港地区房地产开发商新的融资途径。

表4.3是香港地区REITs的汇总。领汇于2005年作为香港地区第一只REITs上市股票，上市时曾掀起一股REITs热潮，同时也开创了REITs在香港交易所上市的先河。2005年12月，又有泓富和越秀两只REITs上市。领汇的上市，成为全球集资额度最高的REITs，亦给港股市场带来了无限希望。

表4.3　香港地区REITs的汇总

标的	领汇	泓富	越秀
物业组合	180个零售和停车场设施，零售楼面积约为96万平方米，车位约为79 000个	7项高品质物业，可出租总面积合计13.340 3万平方米	4栋商业物业
物业组合所在地	香港地区	香港地区	广州
物业组合价值	43.34亿美元	5.38亿美元	5.14亿美元
公开招股集资额	25.43亿美元	2.46亿美元	2.30亿美元
收益率	6.31%	5.31%	6.54%
挂牌首日升幅	14.6%	20.4%	13.8%

资料来源：戴德梁行。

由表可知，早期在香港地区上市的3只REITs各有其代表性：领汇代表的是香港特区政府房屋委员会资产的一种私有化融资工具，而泓富则代表了香港地区大型房地产商套现其持有部分香港地区物业，而越秀REITs则是第一家以内地房地产为主题的REITs。对香港地区房地产发展历史而言，亦具有其特殊意义。

REITs在香港地区的发展时间不长，可称得上是一种新兴的投资工具。以其在香港地区目前的发展现状观之，H-REITs 仍有许多方面需要改善。但是 H-REITs 对内地房地产行业有着非常特殊的影响：

第一，市场对 REITs 的期待值非常高，在资本市场上型 REITs 有较强的吸引力，REITs 为内地的房地产企业开辟了一种全新而稳定的融资渠道。2004 年年底，香港房地产投资机构领汇基金上市，当时市场认购非常热烈，超过 125% 的认购额。

第二，REITs 可以降低整体融资成本，优化公司资本结构，分散房地产企业经营风险。目前我国房地产商 70% 的资金来源于商业银行贷款，使得房地产商背负了沉重的财务负担，并且非常容易受到国家宏观调控和金融政策变动的影响。

第三，REITs 作为一个房地产金融创新的工具，可以减少房地产市场上的市场投机。**REITs 以获取稳定的资金收入为目的，是一个长期投资的模式，并非处理不良资产或者是劣质资产的变身捷径，REITs 只有通过一些成熟的房地产项目才能获取稳定的租金收益**。那种不具备稳定收入的房地产项目，比如说烂尾楼或者是在建工程不能作为 REITs 的项目，所以它可以减少市场的投机。

第四，内地房地产企业通过 REITs 在香港地区上市，可以引进更多有经验的投资者，在缓解融资压力的同时可以有效提高企业经营绩效。

第五，内地 REITs 在香港上市后要根据香港证监会的要求，适时公告投资收益情况，这样有利于提高房地产企业的透明度；同时信托公司、会计师事务所、律师事务所、房地产评估机构等也要参与对项目的监督与管理，这有利于提高房地产企业的运行效率，增强投资者信心。

第六，内地房地产商按照《房地产投资信托基金守则》成立 REITs，注入其在内地的商业地产项目并在香港上市，这将有助于内地积极探索建立 REITs。通过内地房地产企业以 REITs 在香港上市，可以学习借鉴香港一系列监管、审查措施，完善自己的法律法规体系，培养具有实际金融操作能力的房地产专业管理人才，为内地 REITs 的建立奠定基础。

三、其他地区 REITs 的发展历程

在欧洲市场，REITs 差不多与美国同步，然而欧洲各国直到 20 世纪 90 年代，才相继颁布相关的法律法规来规范 REITs 的发展。

为了符合欧元区的“稳定协定”要求，法国政府在降低财政赤字方面承受着巨大压力，使法国在引入 REITs 的问题上出现突破。法国房地产在 2003 年开始结构转型，为了吸引社会资金进入房地产，具有法国本土特色的 REITs 开始出现了。法国政府允许这些公司在前 4 年缴纳资本收益税额一半的税款，之后免除其纳税义务。

在同一年，英国也开始引入与 REITs 非常相似的 PIF（Property Investment Fund），旨在消除房地产泡沫。时任英国财政大臣布朗认为，如果它能公开上市且资本结构及内部管理稳定，那么它将会有非常好的市场表现。他还认为，REITs 不仅适用于商业地产，也适用于公寓市场。

澳大利亚目前是全球第二大的 REITs 市场。其 REITs 被称为上市地产基金，发展历史较长。1971 年，澳大利亚推出 REITs 产品，在之后的 20 多年里，以未上市 REITs 产品为主。20 世纪 90 年代初，政府允许 REITs 在二级市场上交易。到 2006 年澳大利亚共有 58 只 REITs，管理的总资产大约为 1 041 亿澳元。澳大利亚政府为了鼓励本国 REITs 的发展，其税法规定，如果单只基金产品的投资者超过 300 人，并且当该产品项下的资金投资于具有现金流的成熟物业时，该基金可以免除交易印花税。REITs 所分派的股息不在房地产投资信托基金层面征税，投资者收到股息时才缴纳所得税，从而避免了对 REITs 收益的双重征税。

2014 年 8 月 10 日，印度政府批准在印度国内建立 REITs 制度。

经过1年的筹划，2015年7月，时任财政部长贾特里宣布对这一投资工具实施税收优惠政策，从而为REITs制度扫清了障碍。首先，印度REITs如果大部分收入（90%以上）通过股息的方式分给投资者，就不用缴纳任何联邦税收。其次，所有的REITs都必须在证券交易所上市交易。其资产包必须大于50亿卢比，必须将它们中的90%以上可支配现金流分配给投资者，而且最少6个月分配一次。最后，REITs至少80%的资产必须是建成并能够产生收入的物业，但可以将10%的资金投资于在建物业，还可以将小部分资金投资于其他证券，比如住房抵押贷款支持证券和货币市场基金。REITs的推出为印度资本市场拓宽了资本退出的渠道，同时基础设施建设板块的融资也在进行类似的尝试，影子银行也在进行改革。如此大的机构投资者可以绕过银行系统，直接给公司提供融资。

REITs是资本进入房地产市场非常高效的形式，随着我国经济的发展与资本市场的扩张，我国市场存款率持续较高，资本市场相对落后，我国目前首要任务是提高市场效率。虽然金融波动也必将随之而来，但从长远来看，利大于弊。

四、各个国家和地区REITs的比较

（一）REITs两种发展模式的比较

从REITs法律制度的角度看，一类是以英美法系为基础的美国模式，一类是以大陆法系为基础的亚洲模式。美国模式是从保护中小投资者的角度确立税收优惠政策，从而推演出市场状况、结构、经营策略等方面的规定，也是在税收法律条款下的市场型模式。

而亚洲地区如新加坡、日本、我国台湾地区近年来推出的REITs投资产品虽然在很大程度上吸收了REITs在美国的发展经验，在结构、投资范围和收入分配等方面的要求与美国REITs很相似，但是

与美国模式的主要差别在于亚洲地区普遍采用专项立法，通过修改投资、信托等有关法律，对 REITs 的设立、结构、投资资产、收入及其分配等方面予以明确的规定。因此，相对于美国而言，亚洲地区对 REITs 的立法和监管更为仔细、严格。

（二）REITs 结构的比较

由判例法所构建的美国法律，使得美国 REITs 与亚洲地区 REITs 的基础有显著差别，亚洲地区有浓厚的精英统治意识，因此推演出的 REITs 结构与美国并不相同。美国 REITs 的主要结构大致可以分为 3 类。第一类，上型 REITs 和下型 REITs：上型 REITs 不直接拥有房地产，而是通过合伙人制的实体，间接拥有房地产；下型 REITs 是在传统 REITs 的基础上，通过分立下属合伙人实体，扩张 REITs 规模。第二类，双股（Paired-share）结构和合订（Stapled）结构；两者只是在形式上有差别，但在本质上都是由 REITs 和运营公司联合组成。股东同时拥有两个公司的股票，两个公司股票合订在一起，以一个单位进行交易。第三类，纸夹（Paperclip）结构：该机构既具有上述双股结构和合订结构 REITs 的优势，又可避免税收立法的限制，主要差别在于各实体之间的松散程度。

亚洲地区的 REITs 结构突出强调管理、控制风险、各司其责，强调托管人和管理公司的功能。以我国香港地区为例，REITs 法规对托管人、物业管理公司、物业评估都做了具体规定，而且强调了托管人和管理公司之间的相互独立性。

亚洲地区与美国的 REITs 相比有 3 个显著特点：第一，主要借鉴美国 REITs 的结构，以信托计划为融资实体，由房地产管理公司和信托管理人提供专业服务；第二，具体规定各参与方的资格和责任，严控风险；第三，由于 REITs 在亚洲的发展历史较短，REITs 在亚洲没有形成由市场环境所致的结构变异。

（三）REITs 上市条件的比较

尽管各地区的上市要求和程序不尽相同，但是美国和亚洲模式在上市条件上有一相同之处：REITs 的上市都是参照正常的上市条件和流程，在上市的条件中附加一些与 REITs 相关的条件。但是，亚洲模式在上市条件上强调 REITs 必须是 REITs 立法机构认可的实体。

各地区 REITs 存在以下几点共性。

第一，REITs 投资的主要标的是房地产或与房地产相关的金融资产。房地产资产与收入必须在资产与收入的构成中占相当大的比重，至少占 70% 以上。

第二，REITs 通常应将收入的绝大部分，一般是 90% 以上分配给投资者，由此主要决定了其投资管道的功能，并在税收上有优惠。如美国和澳大利亚，REITs 所分派股息不会在 REITs 的层面被征税，只会在个人层面被征税。投资者收益主要来源于 REITs 分红、资产增值。

第三，各地区都将封闭式信托基金作为 REITs 发展初期主要的组织形态，因为封闭式 REITs 存续期固定，不可赎回，有利于信托管理人的管理和风险控制，适用于房地产业的实际状况，也便于监管人监管。

第四，有严格的资产风险管理控制规定。为加强基金的风险控制，各地区规定，REITs 不得将大量的资金投资于房地产开发。香港地区《房地产投资信托基金守则》规定，REITs 投资的房地产持有期不得低于 2 年。荷兰国际集团（Internationale Nederlanden Group，简写为“ING”）在其管理的 REITs 中，准备长期持有并获取租金的投资占 62%、贷款融资占 33%、房地产开发占 5%。

第五，各地区 REITs 都有严格的风险隔离措施。REITs 的严格管理和风险隔离是各国的共同要求。资产证券化中 SPV 正是起到风险隔离作用，因为各国法律规定，发起人的资产必须真实售卖给 SPV。另外，为了防范管理风险，REITs 资产的管理与投资决策分开，以确保 REITs 的独立运作。

第六，机构投资者特别是证券投资基金和养老金对 REITs 的关注和参与。各地区均将 REITs 设定成机构投资者可以认购的合法产品，稳定性好、收益率高。因其与证券市场的低相关性，投资者将该产品作为对证券市场投资波动损失的有效对冲途径。

延伸阅读

如何查找 REITs 资料

表 4.4 提供了一些 REITs 投资者信息渠道的概述，当然这并不是一张详尽的名单，网页地址可能有时会发生改变。

表 4.4　REITs 投资者信息渠道的概述

信息来源	地址	概述
CB Richard Ellis	cbre.com	全球房地产市场新闻及报告
MSCI	www.msci.com	RMZ 追踪美国 99% 公开权益型 REITs；RMS 关注各 REITs 的分红率
REI	www.spdji.com	道琼斯权益型 REITs 综合指数
Colliers international	colliers.com	全球房地产市场报道及评论
格林大街咨询	greenstreetadvisors.com	REITs 投资研究
机构房地产	irei.com	商业地产信息

（续表）

信息来源	地址	概述
投资和经纪公司	联系主要或区域性公司的注册代表	REITs 研究报告
Motley fool REITs 论坛	http://boards.fool.com/real-estate-inv-trusts-REITs-100061.aspx	
NAREITs	reit.com	REITs 行业数据和信息
NCREIF	ncreif.org	商业房产数据和投资报告
Real capital 分析	rcanalytics.com	商业房产和资本市场信息
REITsNet	REITsnet.com	REITs 投资者在线工具
SNL 金融	www.snl.com/sectors/realestate	REITs 和房地产通信数据和信息
《华尔街日报》	wsj.com	商业地产和 REITs 定期最新报道
网站及主页	实际上所有的 REITs 机构都有网站	单个 REITs 数据，包括新闻稿、财务及其他信息
地方政府	相关监管或发展部门	对 REITs 政策方面的发展规划

第二篇

运用 REITs

本篇主要讨论REITs的组织管理和运营问题。REITs作为房地产项目的发起者，与房地产开发商有很大的不同，REITs更多地关注成熟物业的收购和运营管理，房地产开发商也可能是REITs上一手物业的业主。REITs的管理运营跟金融联系紧密，其内在逻辑需要从投资回报与风险出发。REITs的运营应该考虑的是如何控制风险，如何选择收益率稳定的项目，如何寻找匹配合适的投资者，如何上市或被收购退出等。如果房地产开发商作为REITs的发起人，那么往往是其自家已经拥有接近成熟或者已经成熟运营的物业，具有稳定的现金流。他们作为发起人是将REITs作为一种融资手段，也有可能是将物业脱手进而转型发展的方式。REITs融资聚焦于项目定位策划、品牌运营、开发成本、销售价格、商铺招租等。

时代在变，行业也在跟着变，没有永远成功的企业，只有不断适应时代的企业。几年前的房地产行业还处于“黄金时代”，开发商只要制造出品质可靠的产品就不愁卖。但是在“白银时代”，品质可靠的产品还要符合消费者的需求，在产品策划和项目定位时需要时刻把握市场方向，对物业的长期运营管理更加考验产品策划和项目定位问题。

面对市场的快速变化，扁平化的组织是否更加适应环境的考验？万科首先推出事业合伙制的组织形式，碧桂园推出了升级版的合伙制组织形式“成就共享计划”，一些标杆企业在做众筹之类的互联网营销活动，红星美凯龙线上更名为“星易居”，换帅裁员，进行2亿元的电商投资，但半年内只产生4万元左右的交易额，可谓惨淡。这些组织深深地感觉到科层化组织形式不再适合当前信息化时代的发展，但是其做出的种种扁平化组织的努力都相继失败，笔者认为深层次原因是缺乏有效的REITs组织模式。

中国传统的房地产企业依靠稳定的自上而下的科层制度把人从不确定中保护起来，使其免受不确定的危害，这种保护依然很重要，但是随着互联网信息化的进攻，企业需要及时对市场做出反应，随时应对不断出现的变化，科层化组织形式不能及时把问题反映到决策层，因为信息传递在大组织里面非常缓慢，并且容易扭曲。唯一能解决这个问题的对策是“专业化”，而不是其他诸如规模化、轻资产化等。专业化的组织才能比较容易准确找到市场定位，才能不断聚焦应付行业的变化，才能激发人的最大潜能。

资本市场的发展能够有力地促进专业化的发展。如果仅仅依靠银行作为融资渠道，则企业不可避免地需要规模化，因为银行主要认规模；只有资本市场才非常欣赏小而美的公司。随着中国市场的发展，企业不会越做越大，而是在越来越多的细分行业里越做越专。REITs必然产生于越来越细分的房地产市场，因为它专业从事成熟的房地产物业的运营和管理。REITs的组织模式已经高度符合物业运营管理的要求。

REITs这种组织结构带给企业融资一个新选择。如果能够借助互联网，C-REITs很有可能超越国外现有REITs的成熟模式。互联网科技可以开放性的平台承接来自客户以及社会各方力量的新需求、新创意，使得每个环节都可以成为创新的上游发起者，每个组织外的力量都可以成为积极的组织力量。

本篇主要讲述房地产行业组织、运营、资本、管理等方面的内容。借鉴美国成熟的REITs模式，C-REITs才能够尽快地形成自己的制度。合伙制也好、众筹也罢，都要受我国法律的规范和制约，而REITs是最有可能得到我国政府支持与推广的金融创新，也是最有可能被法律认可与保护的组织模式。

第五章

商业地产类型

良好的 REITs 效益来自有效的经营活动。在国外，REITs 的经营范围非常广泛，许多 REITs 都已经实现跨国经营，从而使 REITs 的项目来源更加多元化。REITs 投资的基本原则是预期产生长期的、持续的、稳定的现金流。这个特性决定了 REITs 将主要投资于商业地产、工业房地产（如产业园），同时也决定了 REITs 在选择投资项目时，在宏观地域分布、微观地理位置、周边环境和价值提升空间等一系列具体条件方面的偏好和要求。

REITs 投资委员会通常是由一些投资专家组成的，所以 REITs 从事的业务具有很强的专业性，主要从事某一类型的房地产投资，并对欲进行投资的房地产进行详细、充分的研究，如一些 REITs 会主要投资于酒店，而一些 REITs 则会专门投资于受经济衰退影响而不得不低价出售的房地产。REITs 一般有主营的物业类型，但是没有 REITs 会严格地从事单一行业的物业。

REITs 现在能够在美国投资并持有、经营许多不同类型的物业，包括公寓小区、购物中心、写字楼、工业仓储、餐饮酒店、健康护理设施以及其他种类的物业。每一类型都有其独特的优势、风险、特质及周期，使得它与其他类型区别开来。本章汇编了主要的商业地产行业资料，系统介绍了商业地产类型及一些美国REITs公司。开始之前，首先认识一下商业地产与熟悉的住宅有哪些区别。

延伸阅读

商业地产和住宅的区别

REITs可以涵盖的物业范围非常广泛，其中商业地产占主要部分，而不同于大众对于地产行业的认识——房地产即是住宅。住宅被购买是用于住，取决于生活方式而不是收益，而商业地产被购买是用于商业经营。

商业地产对地理位置要求比较严格，对于外观形象展示的要求也很高，而住宅位置选择的弹性就很大了，在荒郊野岭也可以建别墅。住宅一般锁定某个目标客层，例如商界精英、小资阶层、白领阶层或工薪阶层。商业地产的目标顾客首先是一般的经营户，其次是商业投资者，最后是商业环境等。住宅销售以后就直接进入消费终端，装修完就可以居住使用了。而商业地产的销售则是开端，只是商业经营的开始。住宅对物业的要求相对简单，只要能满足居住的功能就可以。但对于商业地产而言，对物业的层高、柱距、荷载、电梯（扶梯、坡梯、升降梯、观光梯、货梯）等都有很细致的要求，任何一个方面都有可能影响商业地产项目的生存。其他在诸如产品的设计、营销、投资回报形式、运营周期、专业能力方面，住宅和商业地产也有巨大的差别，如果读者对此感兴趣，可以寻找与房地产项目运营相关的书籍和资料作为参考阅读。

在我国，目前住宅产权为70年，贷款最高七成且贷款利率可下浮，水、电、煤等均按民用收取；而商业物业可以注册公司，贷款最高五成，贷款利率须上浮10%，商住水、电、煤均按商业收取，产权为40年。

一、公寓类REITs

公寓指的是一种生活设施齐备，每层楼有公共的走廊和若干个房间、厕所和浴室等的居住形态。一般公寓主要以酒店式公寓、创业公寓、青年公寓、白领公寓、青年SOHO等多种业态存在。在1993—1994年REITs公开上市热潮之前，美国有4家主要的公寓类REITs，分别是联合Dominion、黄金置地大厦（Merry Land）、美国物业信托以及西南物业信托。这些成熟REITs的规模比较大，管理团队拥有专业开发技能。许多公寓的资本化率为5%～7.5%，具体资本化率根据供求情况、地点、物业质量、年份、境况的不同而变化。经济表现良好时，公寓的表现良好，因为很多新的工作被创造出来，而且家庭收入也在增加，导致租金和出租率迅速增长。

公寓的主要竞争对手是个人住房，个人住房受到住房价格、贷款负担能力（住房抵押贷款的按揭支付相比于家庭收入的比例）、家庭融资的可获得性等因素的影响。在2010年，虽然由于单户住房价格的大幅下滑使得住房的按揭比例降低及购买人群的负担能力提升，但是公寓持有人仍然拥有很大比例。

延伸阅读

什么是资本化率

资本化率（Capital Rate）这一术语在商业地产中被频繁使用。这一术语指的是商业地产购买者未使用杠杆的预期回报，以未来预计的现金流回报（在折旧支出前）占购买价格的比例来表示。比如花费 10 万美元购买物业，预计在第一年可以获得 7 000 美元（扣除折旧支出和为了保持物业竞争力的资本支出），那么资本化率为 7%。房地产的回报绝大多数来自收入回报（如初始回报）。

通货膨胀对公寓价格的影响很大，既有利也有弊。由于通货膨胀使得所有费用包括维护费用、保险费用、债务利息等增加，而这些增加的费用并不能简单地转嫁给租客，因为市场价格另由其供求关系决定，而不是由成本决定。当然由于通货膨胀使得公寓增加了建设成本，进而导致市场预期供给紧缩，使得供需双方更容易达成更高租金的约定。由于土地价格及通货膨胀率进一步提高，新建设项目可能无法盈利，甚至出现亏损。比如美国在 2005—2007 年，公寓因较高的土地价格和建设成本造成项目开发没有如期完工，经济危机导致公寓持有人的现金流压力极大恶化，投资人不得不甩卖资产，进而导致公寓价格下跌。即使整体经济表现良好，但是公寓所在的地区经济进入衰退，也一样会使租金收益率下降或租金上涨放缓。这对于区域性的 REITs 所处区域的经济非常重要。

投资者会持有多个不同区域的公寓类 REITs，以使得风险能够分布到各个区域，免受单一区域的过度影响。不过区域分散会使 REITs 的收益更加受到全国经济走势的影响，而且规模扩大并不一定能增强 REITs 的竞争力，如为追求规模扩大而导致过度投资，特别是在那些土地价格低廉，易获得开发授权的边缘地区。而且如果管理跟不上规模的扩大，那么较差的物业管理会导致公寓资产的盈利能力或价值发生贬损。

和其他物业类型一样，公寓的投资也是周期性的。由于商业地产通常是通过负担债务来融资，因此抵押贷款的可获得性和融资成本高低是影响房地产价格的重要因素。对于美国公寓开发商而言，在 2008 年的信贷紧缩时期，他们是幸运的，购买公寓物业仍然能够获得融资，公寓价格得到了有力支撑。在我国，限售和利率的政策效果非常明显。读者可以尝试计算一下抵押贷款的成本：100万元的抵押贷款，商业贷款利率为6.5%，分20年支付，则还贷总额为178.92万元。如果商业贷款利率变为4.5%，则还贷总额为151.83万元，两者相差27万元，这不亚于房地产任何一次打折促销给予的优惠。

除上述因素，影响供需关系的还有一个重要的因素：人口因素。美国第三大经纪商Marcus & Millichap在对公寓行业的报告中提到，在1982—1995年出生的婴儿超过7 000万，如今已是潜在的需求者。现在，这些年轻人主要是租客而不是住房拥有者，经济扩张将这些潜在人口释放到租客大军中。同样的现象在我国却有所不同，人口爆发刺激了人们对房地产强劲的需求，很多人认为是文化观念的不同使得国人购买公寓的需求强劲，笔者认为除此之外更多的是房价上涨过快、炒房热的因素在起推波助澜的作用。

二、零售类REITs

对于20世纪的人们来说，购物者通常在本地小型商店或者城里购买所需物品，之后商业经营类物业在1956年发生了巨大变化，在明尼苏达州的伊代纳出现了首家购物中心，此后大型商场就如雨后春笋般出现。购物中心是汇集多种零售业态和若干零售店铺的大型购物场所。美国国际购物中心协会认为：购物中心是由开发商规划、建设、统一管理的商业设施，拥有大型的主力店、多样化商品街和宽广的停车场，是能满足消费者的购买需求与日常活动的商业场所。

人们的购物方式发生了很大的变化，购物行为已经不再是单纯购物那么简单了。人们在购物中心里购物有着前所未有的体验，音乐喷泉、人工瀑布、饮食广场、休闲娱乐、儿童天地、影院等。体验式商业经营具有网购所无法比拟和超越的优势。总的来说，零售类物业按照

规模大小可以进行如下分类（见表 5.1）

表 5.1 零售类物业的类型

类型	经营商品的特点	辐射区域范围
区域购物中心（规模＞10 万平方米）	集购物、休闲、娱乐、饮食等于一体，包括百货店、大卖场以及众多专业连锁零售店在内的超级商业中心。（业态复合度高，定位于家庭式消费。设置各类特色店，能满足各种顾客层次的一站式购物消费和享受的需求） 评价：区域购物中心在服务功能上表现为复合性，在经营管理上表现为一致性，在服务设施上体现为完整性，在服务范围上面向商圈内所有居民。因此，区域购物中心不是各类商家简单的集合，而是一个高效运作的统一体	有效商业服务半径可达到 200 千米
市级购物中心（规模＞3 万平方米）	大型百货公司为主要租户；男女时装店、家用电器设备商店、眼镜店、珠宝店、摄影器材商店、男女鞋店、体育健身用品商店等，通常也可作为次要租户进入中心经营；银行分支机构、餐饮店、影剧院、汽车服务中心等也常常成为这些市级购物中心的租户。按所服务的对象不同，市级购物中心也有高档和中档之分	可覆盖整个城市，服务人口在 30 万人以上。年营业额在 5 亿元以上
地区购物商场（规模 1 万～3 万平方米）	中型百货公司往往是主要租户；家具店、超级市场、图书及音像制品店、礼品店、快餐店、男女服装店、玩具店等常常是这类商场的次要租户	以城市中的某一部分为主，服务人口为 10 万～30万人。年营业额为 1亿～5 亿元
居住区商场（规模 3 000～10 000 平方米）	日用百货商店和超级市场通常是主要租户；自行车行、装饰材料商店、普通礼品店、音像制品出租屋、药店等常常是这类购物中心的次要租户	以某一居住小区为主，服务人口 5 万人。年营业额为 3 000 万～1 亿元
邻里服务性商店（规模＜3 000 平方米）	方便食品、瓜果蔬菜、日用五金、烟酒糖茶及软饮料、服装干洗、家用电器维修等的经营者通常是这些商店的租户	服务人口在 1 万人以下，年营业额在 3 000 万元以下
特色商店（规模不定）	旅游用品商店、文具店、精品店商场、直销店、仓储商店、换季名牌商品店等。所经营的商品或服务具有特殊性，经营方式比较灵活	不定

地区购物商场为消费者提供很多的选择和一些奢侈类的项目。从闹钟到填充型条纹木材，购物商场可以提供几乎一切的物品。大型购物商场的理念是，购物不仅仅是与需求相关的行为，而且还是一种消遣行为。

商业地产能够带来长期、稳定的现金流回报。初期几年回报率较低，但是商业地产的现金流是逐年增加的。而且商业地产还能够享受到资产价格升值的好处。商业地产更加能够抗击经济周期的打击，毕竟相对于公寓，日常消费和生活用品似乎更加不可或缺。

租户从每平方英尺[①]获得的销售额越多，支付购物商场的租金越高。虽然支付了较高的租金，但是优秀的零售商在购物商场有可能经营得很好，因为这里有较多的高消费人流量以及更大的单店销售能力。然而，由于租金成本很高，优胜劣汰的效果很明显。对于购物商场的持有人而言，很难准确找到购物商场的定位和招商。如果能够在拿到招商订单后再投资建设购物商场，风险就会小很多。找到并和最成功的零售商签订租赁合同非常关键，好的购物商场一般与知名的零售商签约，以减少欠租等风险。购物商场的管理也非常具有挑战性，度过商业培育期非常痛苦。而且购物商场一般只租不售，为了便于统一管理，甚至以租为主，这使综合实力较弱的企业也很难运营。

具体到技术层面而言，商业位置决定成败。商业地产有两句名言，一句是“隔街死”，一条街 20 米宽，一边生意红红火火，另一边却生意惨淡；还有一句是“一步差三成”，哪怕门挨着门开店，但差一步生意就差三成。这些老话都说明了商业选址的重要性。选地址更多的是依靠经验，同时也要看政府的规划和城市发展方向，然后定好规模，搞好设计，做好规划，最终实现项目收益。在给定的区域内，一

① 1 平方英尺 ≈ 0.0929 平方米。

定要注意过度建设的问题，先进入者大都已经占据了绝佳的地点，并且购物商场中销售额已经变得稳定且温和，降低了风险并且提供了可预测且持续增长的现金流，后进入者存在比较大的风险。

美国的经济大衰退似乎已经拿走了低收入群体的所得，社会贫富差距越来越大。高端购物中心服务于相对富裕的购物者，可能在至少接下来的几年里表现得比其同行要好得多。夫妇双方工作的家庭数量增长（他们不再将时间花费在白天购物上）、周期性的零售商破产、服饰行业上下波动、大型百货商场连锁公司的问题、促销折扣商的进攻以及电子商务的出现也会给购物中心带来威胁。在国内，情况或许不同，我国经济不断增长给购物中心带来更多的发展机会。商业地产在我国的挑战就是要抓住机遇，伴随着我国经济强劲的增长而不断发展。

邻里服务性商店出售便利商品（如食品、药品和杂货）和提供个人服务（如干洗、美容、美发、旅游代理等），以满足周边地区人们的日常需要。尽管传统的邻里服务性商店不可避免地和其他一些新的竞争者产生竞争，人们仍旧喜欢它们的便利，而且邻近居住地也节约了大量时间。对于特定的简单任务，比如购买杂货、快餐、非处方药，干洗或是修鞋，多数人都嫌麻烦而不想去购物中心或是大型商店。零售商店一直都是处于高度竞争的环境，商店关闭和被收购等现象都非常普遍。

但是我们已经认识到，消费者的消费行为具有非常好的韧性，而且其购物品味非常多元化，人们也尝试一系列不同的商店和不同的商品提供方式。然而，关键的因素依然是商店的地点。靠近一个或多个居民区的邻里服务性商店能够快捷地提供各类必需品和服务，并能够持续生存下去。如果商店表现欠佳或由于业务而必须关闭的话，位置优良且极具吸引力的商店也能够重新找到新租户作为替代。对于所有类型的商业地产而言，地点都是至关重要的。

延伸阅读

西蒙地产集团零售地产称王

西蒙地产集团（Simon Property Group），是美国最大的商业地产运营商和北美最大的零售地产上市公司，标准普尔 500 指数成分股之一，拥有北美地区公开发售的最大的商业地产 REITs。目前，这只 REITs 市值约为 700 亿美元，超过美国前 5 大零售地产公司中另外 4 家公司的总和。

西蒙地产集团在美国商业地产领域的地位怎样？一位分析师曾戏言：在中国，你也许去过大悦城，知道万象城，逛过华润万家，在万达广场看过电影。而在美国，如果你购过物，那你一定去过西蒙。纽约的 Woodbury Outlet、长岛的罗斯福购物中心、阿灵顿的时尚中心……这些享誉世界的"购物天堂"均属西蒙地产集团。在北美地区人口最多的 75 个城市，西蒙地产集团旗下的购物中心、品牌折扣店随处可见。

西蒙地产集团在全球拥有和管理超过 500 处物业、4 亿平方英尺的可租赁面积。这些零售物业主要包括 5 种形态：区域性购物广场（Regional Malls）、名品折扣购物中心即奥特莱斯（Premium Outlet Centers）、社区生活中心（Community/Lifestyle Centers）、大都会区购物中心（Mills）和其他国际性物业（International Properties）等。这些物业每年接待超过 30 亿人次，零售销售总额超过 600 亿美元。通过这 5 大物业平台，西蒙地产集团可以涉足几乎所有的零售分销渠道。到目前为止，还没有哪个竞争对手在零售物业投资组合的深度和广度上能和西蒙地产集团相媲美。

一、区域性购物广场

区域性购物广场其实是西蒙地产集团独创的商业地产类型，

它代表着西蒙的品牌特征：在一家现有的品牌零售商店附近修建众多铺位，租给其他小型商户，由此带动其他商家的人气，从而带旺整个购物广场财气。在美国，区域性购物广场一般包含一个传统的百货主力店，或者几个主力店和大型零售店的组合，以及多个较小的与主力店相连通的小型商店。此外，还有一些附属的独立商店和餐厅等，通常位于停车场的周边。西蒙地产集团拥有的 200 多个区域性购物广场，通常位于城市近郊区，附带大型室外停车场，是封闭性的、单层多入口的独栋商业建筑，可租赁面积为 40 万～240 万平方英尺（约合 3.7 万～22.3 万平方米）。这些购物广场中包含总数超过 18 300 个店中店，包括 709 家主力店，其大多是全国性的大型零售商。这意味着平均每家区域性购物广场包含 3～5 家主力店和超过 100 家独立店铺。

二、名品折扣中心即奥特莱斯

名品折扣中心即奥特莱斯通常是露天的商业中心，包含为数众多的设计师品牌店、工厂直销店和折扣店，一般都位于城市的远郊。奥特莱斯提供的多是工厂直销店和品牌折扣店，一般价位较区域性购物广场内的百货店低 40%～80%，多为过季、断码、折扣商品。西蒙地产集团拥有 58 个工厂直销折扣中心，可租赁面积为 15 万～85 万平方英尺（约合 1.4 万～7.8 万平方米）。奥特莱斯一般邻近大城市和旅游目的地，包括纽约、洛杉矶、波士顿、奥兰多、拉斯维加斯和火奴鲁鲁等。一般都位于城市的远郊，建筑风格是美国小镇式的成片低矮建筑群，有统一规划的道路和停车场，通常包含一个美食广场。

与区域性购物广场相比，奥特莱斯通常位于大城市或者旅游目的地附近，距离市区较远，而前者遍布各个主要的城市区域，通常位于近郊。此外，奥特莱斯通常是开放式的、沿露天街道分布的众多独立店铺，单个店铺面积较小，而区域性购物广场多为大型单栋封闭建筑，通常包含一个或几个大型百货商和零售商，在购物广场内有全封闭的通道相连。

三、大都会区购物中心

自20世纪80年代开始，人们又回归城市。西蒙地产集团在印第安纳波利斯市中心建立了一个拥有大型停车场的商业中心，不仅有零售业，还有娱乐业。他们开始开发混合使用型的商业地产，包括零售业、公寓区以及办公商业区，同时还包括酒店、公寓、小游艇船坞和其他娱乐设施。20世纪90年代初期，西蒙地产集团又提出了新理念，将娱乐业和商业地产相结合，其认为，有趣的娱乐项目可以让人们在购物中心停留久一些，从而增加购买力。

与区域性购物广场和奥特莱斯相比，大都会区购物中心的规模更大，包括了传统的区域性购物广场和奥特莱斯两种模式，并且提供了更多的餐饮、娱乐等服务。在地理位置上，定位有所差异，绝大多数大都会区购物中心位于大都会区的城市区域。大都会区购物中心反映了商业中心向大都会区城市中心回归以及融合娱乐与生活方式的趋势。

四、社区生活中心

社区生活中心其实是西蒙地产集团最早起家的产品模式。1960年8月，西蒙兄弟在印第安纳州的伯明顿开发了第一家社区生活中心。这种社区生活中心面积较小，通常是非封闭性的商业建筑，拥有传统的社区购物中心，以提供质优价廉的便利货物和服务为主。甚至有的建成露天商业中心，以便能更充分地利用这些区域性购物广场的人流和吸引力。这类社区生活中心只为特定区域的居民服务，可谓麻雀虽小，五脏俱全，杂货店、药店、美容店、银行等应有尽有，且交通方便，住在附近的居民甚至步行可到。社区生活中心面积比区域性购物广场小，一般拥有10万～95万平方英尺（约合1万～9万平方米）的可租赁面积，通常是非封闭性的商业建筑。西蒙地产集团拥有66个社区生活中心，社区生活中心的目的是服务于一个较大的区域，通常包含主力店和其他全国性零售店，这些主力店占据了该中心可租赁面积的绝大部分。

以上4种业态，构成了西蒙地产集团持有的商业零售地产的主要部分。当然，美国商业零售业并不仅仅只有这些形式，还有许多其他有代表性的商业模式，例如纽约第五大道和芝加哥密歇根大道的商业街、华盛顿附近阿灵顿的时尚中心、休斯敦下城独具特色的休斯敦中心和中央人行隧道系统中的特色商业区以及美国商城等超级商业中心等。但总体而言，社区生活中心、区域性购物广场、奥特莱斯和大都会区购物中心这4种业态，分别定位于不同的地域、顾客群和需求，构成了美国零售地产的主要类型，也反映了当代美国商业零售业的主要发展模式和趋势。西蒙地产集团的全部自持可租赁面积中，超过90%都处于出租状态。正是凭借持有的这些物业，西蒙地产集团成为北美当之无愧的零售地产之王。

三、办公类REITs

在西方，写字楼的概念最早是指在商业中，大家写字、办公交流的场所。起初由于缺乏必要的交流工具，人们便聚集在一起办公，以提高工作效率。根据建筑质量（结构和材料）、机电设施和其他内部系统、室内设施及物业所处地段可以对物业进行综合分级。较新的建筑通常被认定为A级物业，机械与电气系统效率不高或者外表不是特别美观的老建筑往往被列为B级或者C级物业。写字楼不像商场那样嘈杂，但是在无声的交易中所承载的经济总量和交易额却是巨大的。写字楼的租金收益比较平稳，毕竟写字楼的租户一般都是公司，数以千计的雇员在办公室为客户提供服务。这些物业的租期都是长期的，在经济下滑的时候，长租期会保障业主的现金流。但是，由于大型写字楼开工到完成建设之间需要较长的时间，所以很可能会存在过度建设的问题。

延伸阅读

摩天大楼定律

“摩天大楼立项之时，是经济过热时期；而摩天大楼建成之日，即是经济衰退之时”，这就是“劳伦斯魔咒”，也叫摩天大楼定律。1999 年，经济学家劳伦斯总结出一个“摩天大楼指数”，将经济危机与摩天大楼的建成联系起来。他发现，世界最高大楼的开工建设，与商业周期的剧烈波动高度相关，大楼的兴建通常都是经济衰退到来的前兆，劳伦斯把这个发现称为“百年病态关联”：大厦建成，经济衰退。

基于长期的考虑，市郊写字楼与大城市诸如纽约、波士顿等美国“24 小时”的物业表现各有优势。前一种物业的建设成本和运营成本要低得多，而且资本化率要更高，所以投资的初始收益也会更高。而且，由于新的商业机会的流入，或许是为了降低税负和节约劳工成本，在稳定的经济形势里把那些退租租户置换掉并不是很难。然而，美国最重要的城市中央商务区的土地成本和建设成本很高，并且在这些人口集聚之地很难获得建设授权，这些因素使得这类资产持有人将垄断该区域的办公楼业务。这一优点对于标志性物业而言，能够确保物业租金率和现金流的增长比其他同行要快。在需求迅速减少的情况下，中心区域的租金也像郊区一样开始剧烈下跌。在大衰退期间，在这些中心区域的市场租金下跌更加剧烈，但是恢复也更快。租金率在任何写字楼市场都是波动的，持有人回报期望取决于位置、新写字楼供给、写字楼需求水平、宏观经济和其他因素。

办公类 REITs 的风险主要来自建设周期长，跟不上经济的发展形势。建成一座办公大楼通常需要两三年的时间，如果经济形势下滑，则物业空置率上升。办公室员工的密集程度也不断提高，公司规模逐渐减小，同时公司向合伙制发展，办公室的需求正在不断下滑。长期来看，随着互联网的发展，远程办公削弱了办公室的作用，不过互联网对办公室物业的冲击弱于其对零售类物业的冲击。

有两种物业类型，实验室空间和数据中心也能够被归类为写字楼，但是却有自己的特点。

实验室空间是普通写字楼建筑，但是内部布局包括写字楼空间、实验台和设备，租户在这里从事研究活动。这些建筑有更高的天花板，广泛分布的通风管，更多的环境控制和加热、换气及空气调节系统。当然，它们满足非常特别的租客的基础要求，这些租客包括大型制药公司，生物科技企业和政府机构或研究院等从事严肃的生命科技研究的主体。亚历山大房产和生物房地产（BioMed Realty）是这个利基市场的两个专营公司，两者的表现比多数 REITs 要好。

但是，就像每个商业地产领域一样，这一领域也有一些需要关注的地方和风险。这是一种专业化的空间，需要大量的资本改进，而且离去的大型租客留下来的闲置空间不是很容易被重新填满。由于该行业非常专业化，持有人会因为租户数量少而承担较大的出租风险。

数据中心是一个新生事物。从 2004 年数字房地产信托公司（Digital Realty Trust）公开上市开始，REITs 能够参与这一独特的领域。数据中心是非常特殊的物业，为 IT 企业、通信公司和互联网企业提供能源、冷却和连接需求。一些设施只为租户提供所需能源和网络连接，而有一些则为租户提供全面的设施，包括能源、冷却及其他必需的能力［数码地产称之为“开锁设施”（Turn-key）］。

互联网人数的巨大增长前景，特别是图像传输运用的持续增长，激励投资者不断投入资金。对能源和连接需求越来越强的公司驱动该类物业的增长。由于这些设施是资本密集型和技术密集型的，因此竞争受到限制。甚至主要的使用者也急切希望与这些物业的开发者或持有者建立合伙关系，这给新竞争者创造了巨大的壁垒，因此长期的租约会提供稳定的现金流。

延伸阅读

写字楼霸主波士顿地产 REITs 的逆势而为

波士顿地产（BXP）是美国最大的A级写字楼持有人、运营商和开发商之一。在开发和运营中央商务区的A级写字楼以及为美国政府部门定制特需项目等方面经验丰富。公司于1970年在波士顿成立时，只有10名雇员。在成立的前10年公司从事房地产开发，业务集中在波士顿地区。从20世纪80年代开始持有写字楼物业，并向华盛顿地区以及纽约曼哈顿等地扩张。1997年6月以REITs形式登陆纽交所。

上市后，公司持有物业面积实现了第一次飞跃，由1997年的1 820万平方英尺猛增73.6%，到达1998年的3 160万平方英尺，2001年突破4 000万平方英尺。与之对应的，公司收入于1998年达到5亿美元，比1997年的1.45亿美元猛增249%。1998年后迅速占据第二的位置，仅次于当时的最大写字楼业主Equity Office Properties（简写为EOP）。2006年，EOP被黑石集团以190亿美元的价格私有化（包含债务在内，收购总额为360亿美元）。由此，波士顿地产荣升写字楼REITs榜首，优势也不断扩大。2008年地产衰退期间，波士顿地产逆市大举购买物业资产，全年可供出租物业逆势增加600万平方英尺，增长率为13.6%，其中A级写字楼增加480万平方英尺，增长率为17.7%。

近些年波士顿地产的各项收购中，最著名的莫过于斥巨资将约翰·汉考克中心（John Hancock Tower）收入囊中。2010年12月29日，波士顿地产以超过9.3亿美元的价格收购了波士顿著名地标约翰·汉考克中心，成为年度最大的一宗商业地产收购项目。

约翰·汉考克中心素有波士顿第一高楼之称，坐落在波士顿后湾（Back Bay），面积达170万平方英尺，共有62层。2006年，由百老汇合伙人（Broadway Partners）借贷33亿美元，买下了约翰·汉考克中心和其他6所地产，其中约翰·汉考克中心价值约为13亿美元。至2009年，约翰·汉考克中心成为房地产市场崩盘中最早遇到麻烦的著名地标建筑之一，其拥有者百老汇合伙人因无力支付高额贷款而被迫将其拍卖。诺曼底房产合伙人（Normandy Real Estate Partners）和五英里资本合伙人（Five Miles Capital Partners）以原价一半的价钱（6.6亿美元）拍得。波士顿地产非常看好后湾区域房地产市场的复苏，在2010年年底以9.3亿美元的价格得到了它。

波士顿地产认为，目前的市场充斥着大量过度杠杆化的资产以及缺乏资金的业主。对像其这样拥有雄厚的资金以及丰富运营经验的地产商来说，是收购高质量资产的好时机。对约翰·汉考克中心这样地标性地产的收购，必将加强其在波士顿后湾高端写字楼市场的地位，并通过公司的合理运营管理为股东创造长期价值。

该公司过去10年的股东整体回报率（Total Return to Shareholders，简写为“TRS”）达到345.65%，在行业中排名第一，而同期写字楼REITs行业平均TRS为134.86%。最近5年，受到全球金融危机的影响，美国写字楼REITs的TRS为−16.94%，而波士顿地产依然保持了 TRS 为 10.30%的良好成绩。

四、工业类 REITs

工业地产，无论是仓库、物流中心还是相似的物业类型，可以单独存在或是在一个工业园区里。这些建筑可以由单一租户承租，也可由多个租户承租，但是产权不能分割。工业地产包括以下类型：物流中心、常规的和巨大的仓库、轻型制造设施、研究与发展设施、小型写字楼或用于销售或行政及相关职能的弹性空间。

在美国物流类物业的投资回报中最稳定，全美仓储物业的使用率通常在 90% 左右。物流类 REITs 与 GDP 关系密切，不管是便利店还是大型购物中心，甚至是新兴的互联网购物，都对物流类物业具有极大的依赖性。而且这类物业的建筑成本低，由四面墙加上一个屋顶就能够组成一个仓库了。另外其开发周期非常短，有了需求才会启动建设，因此不会出现过度投资建设。美国最大的物流类 REITs 是普洛斯公司，其总资产达到 300 多亿美元，第二名是杜克房地产公司，其资产仅有 70 多亿美元。

有一种工业地产是用于自主存储。自主存储这类物业建造在城镇的边缘地带或是靠近工业园区，许多新的自主存储业选址较好而且地形颇佳。个人存储单元的面积在 5 英尺[①] × 5 英尺到 20 英尺 × 20 英尺。这些设施在 20 世纪 60 年代是实验性地被建造出来，慢慢地获得了认可并流行。它们被按月出租，让租客存储个人文件、家具和娱乐设施乃至游艇。甚至能租用昂贵写字楼空间的商家也利用它们来存储不常用的物品。许多个人需求是由一个人的生命中的主要变化驱动的，如

① 1 英尺 = 30.48 厘米。

重新定居、结婚、退休、入学，甚至心爱的人逝世，或是由保留和存储一些未来使用或消遣的物品的意愿驱动的。

工业地产领域一个显著的优势是，由于这些物业无须花费很长时间去建造并且出租出去，其反应速度比其他领域更快，因此通常不会出现极过度建设。很大一部分的空间是响应新的或已有使用者需求而建，因此，市场中基本不会出现“悬垂之剑”。根据协议的特定设计、地点和外观来建造工业物业的“建以致用”活动已经成为工业物业 REITs 的一个非常盈利的开发策略。

速度与成本已经成为工业地产使用者越来越重要的评价标准。货物将以一个更高的速度从制造商运输至终端消费者。工业地产主要建造在交通枢纽，依靠那些能够提供最佳场所和最快运输速度的物流设施，这样将更受到空间使用者的青睐。如果这是一个长期趋势，美国一些旧的主要用于存储的仓库工业设施，对已有的和未来的租户的吸引力变低，因此这些物业的出租率会受到影响。我国的工业地产行业似乎是未来房地产的发展方向之一，公寓和住宅行业已经变成了千军万马在过的独木桥，零售地产似乎已经进入了垄断时期，中小开发商的生存空间已经变得越来越小。工业地产地价低廉，还未得到大众的关注，应该会是未来 10 年的一片蓝海。

五、医疗类 REITs

医疗类 REITs 专注于一些医疗健康、护理养生类的地产，包括养老院（主要是生活自理型和护理型的物业）、疗养院、医疗类写字楼建筑、医院和生命科学写字楼以及实验室物业、制药工业物业等。医疗类 REITs 并不从事医疗健康护理业务，而是将业务集中于将物业出租给那些从事健康护理业务的公司。

人口老龄化导致了医疗类 REITs 的需求增长，但医疗类 REITs

的内部增长前景小，因为医疗类租户是那些医疗事业从业者，医疗事业往往是公共事业，REITs 收取的租金不能太高，而且很多租户依靠政府对专业护理和医院的费用返还。但其也有一些关键的投资特性使得其对于投资者具有吸引力。

医疗类 REITs 的横向扩张增长或许是条出路，有限的医院空间和更低成本的驱动，传统的医疗体系不断受到新兴医疗护理机构的挑战，医疗服务越来越细化、专业化，定位也越来越明确，这促使医疗类 REITs 的横向扩张。

投资医疗类 REITs 的最大理由或许是这些物业能够抵抗经济衰退。人们对于健康服务的需求相对缺乏弹性，那些需要护士房、日常生活照料或者医生的人，在大多数情况下，会把健康放在第一位。

医疗类 REITs 的长期前景依赖于医疗行业稳定的增长前景，政府费用返还依然十分重要。在生活自理型和护理型养老物业和医疗写字楼建设部门的新物业开发速度也很重要。因此需要注意以下几点：

（1）不太便利的医疗费用返还立法和监管政策（主要会影响护理设施）。

（2）单一用途的设施，且其土地价值存疑（这些物业能在当前的租客离开的时候，被重新出租出去吗？）。

（3）助理生活型物业及其他以老年人为目标的物业的过度建设问题。

（4）来自不同私人投资项目的竞争增加。

六、酒店类 REITs

酒店以及相关住宿型物业为商务人士、休闲旅游者、团体会议者及聚会者提供膳宿供应。高档豪华的酒店包括那些旅游目的地和度假胜地的酒店，为商务人士和休闲旅游者提供全面的舒适服务，并且收费相对较高。由于更高的土地成本、更长的建设期和更多的建造费用，建设这些物业也很昂贵。酒店和住宿行业周期性非常强，房屋的需求对于经济形势非常敏感，几乎没有酒店是消费者的必需品。当经济疲软时，商务旅行者自然也会变得稀少。过度建设也是个很严重的问题，尤其是高档豪华的酒店类型，这种酒店从破土动工到完成建设一般都需要很多年（有些类似于摩天大楼项目），在这么长的时间里，经济可能已经出现反转。当市场状况好的时候，酒店的持有人有非常卓越的议价能力。

酒店的运营支出也很高，其中人工成本是酒店运营的最重要支出。无论酒店入住率是高是低，每天都需要大量员工对酒店进行维护管理。由于酒店类 REITs 的投资量大，资金回报周期长，REITs 拥有的酒店都是广泛认可的品牌，这些品牌包括有万豪国际、希尔顿、喜来登、威斯汀、洲际酒店集团等。这些集团一般聘请自己的酒店运营公司进行管理，资产部分则交给 REITs 进行监督。运营公司获得基本的管理费，一般为酒店收入的 2% 加部分奖金。

七、特殊类 REITs

还有一些其他较小的物业类型也可能是 REITs 投资者希望考虑的。NAREITs 经常使用特殊类 REITs（Specialty REITs）这一术语来描述那些不能简单地分类为主要物业类型的 REITs。美国在近些年来的 REITs 行业新兵有：

（1）林地类 REITs。拥有大面积的森林，砍伐树木用于造纸和木制品生产，目前总资产达到 214 亿美元。它们分别是惠好公司（Weyerhaeuser，124 亿美元）、梅子溪木公司（Plum Creek，50 亿美元）、波特拉奇公司（Potlatch Corp，10 亿美元）、抓标木材信托公司（CatchMark，6 亿美元）。

（2）基础设施类 REITs。投资通信、能源和交通项目。基础设施类 REITs 行业总资产约为 528 亿美元，包括美国铁塔公司（American Tower，269 亿美元）、冠城国际公司（Crown Castle，220 亿美元）、交通销售租赁公司（CSAL REITs，25 亿美元）、基础设施 REITs 公司（InfraREIT Inc，15 亿美元）、核能基础设施信托公司（CorEnergy Infrastructure Trust，6 亿美元）和电力 REITs（Power REIT，0.2 亿美元）。

（3）数据中心类 REITs。拥有、开发和管理批量化的数据中心物业和数据中心机房。行业总资产约为 297 亿美元。前两大公司是数字房地产信托公司（114 亿美元）和易昆尼克斯公司（Equinix，103 亿美元）。

（4）自助储藏类 REITs。上文在工业类 REITs 中也提到了这类物业，由于工作、搬家或其他原因，许多人想把一些东西累积下来不愿扔掉，或许为了后代或者几十年后的自己还能再看到这些具有纪念意义的物品。这些设施结构简单，成本很低，可能位于道路旁这些位置便宜的地方。目前美国总共有 5 家这样的 REITs，总资产达到 222 亿美元。他们分别是：公共存储公司（Public Storage，97 亿美元）、额外空间仓储公司（Extra Space，60 亿美元）、魔方公司（CubeSmart，31 亿美元）、君主私人仓储公司（Unclebobs，21 亿美元）、全国仓储附属信托公司（National Storage Affiliates Trust，11 亿美元）。

近期，甚至监狱（美国行为纠正公司，总资产 33 亿美元）、广告牌（拉马尔广告公司，总资产 33 亿美元）、农场（农场合伙公司，总资产 3.45 亿美元）、电影城（EPR 不动产公司，总资产 42 亿美元）、博彩（博彩和休闲物业公司，总资产 24 亿美元）也使用了 REITs 进行管理。这些 REITs 物业承载了这些业务运营的基础，投资者需要仔细考虑这些特殊物业类型的行业前景和运营机制，由于这些 REITs 的业务非常专业化，所以这些 REITs 也仅仅投资某一特定类型的物业，因此这类诞生于专业化的项目与多样化和综合性 REITs 注定无缘。

第六章

公共设施 REITs

我国是以公有制为主体，多种所有制共同发展的社会主义国家，实现具有中国特色的社会主义市场经济，效率优先，兼顾公平。由于市场经济体制还不是很完善，政府在社会中的作用必然相对巨大。随着市场经济的发展，政府的能力和效率也应该不断发展，如此才不会在一些领域被市场经济淘汰。然而在一些领域，如棚户房、公租房、地方债、环境保护等非商业领域，政府不得不担起重担，否则市场经济也鞭长莫及。在这些领域里，政府如何与时俱进，不断进行技术和制度上的创新，打造社会主义新型政府，将是时代赋予我国政府的考验与课题。

REITs 作为一项蓬勃发展的创新的金融制度，可以运用到中国实际情况中来。当前最有效、最广泛的非商业 REITs 应用还是在政府项目中，如基础设施 REITs、市政公用 REITs、公租房 REITs、地方债 REITs 等。

一、公租房 REITs

《广州市公共租赁住房保障制度实施办法（试行）》定义的公共租赁住房（简称“公租房”），是指由政府或政府组建的住房保障投资公司筹集、管理，限定建设标准、租金标准、供应对象，面向符合条件的住房困难家庭出租的保障性住房。因此公租房是对住房困难人群提供的过渡性的解决方案，旨在为不属于低收入但住房困难的人群提供住房帮助。帮助的方式是用低于市场价（一般为周边住房租赁市场价格的 5 折至 6 折），或者承租者承受得起的价格向该部分人群出租。这部分人群包括一些新就业的大学毕业生，户口迁移到本城市工作的农民工等。公租房只租不售，由政府或者公共机构拥有。然而由于公租房要求当地户口，目前众多真正迫切的公租房需求者被排除在名单之外。

2011 年，中国政府推出 1 000 万套保障性安居工程计划，公租房与廉租房合并为公租房，占保障房总数的 39.2%，新建公租房套数是 2010 年的 6 倍。2011 年广州市计划建设 8.50 万套保障房，从筹建住房类型上看，公租房是广州保障房建设的重头戏，有 4.65 万套，占总量的 57%。广州还建设了 0.65 万套廉租房、0.80 万套经适房、0.23 万套限价房、1.82 万套拆迁安置房。2017 年 7 月广州市建委公布的广州市 2017 年保障性住房基本建成项目清单（1~6 月），2017 年上半年广州共建成 5 561 套保障房，这些单位均作为公共租赁住房。[①]

住房保障是政府的职能，而 REITs 采取的是制度规范、自负盈亏、市场化运作，以股东利益最大化为目标的运作方式，政府要促进住房保障建设，采用 REITs 手段达到这一目标是很好的选择。在 REITs 的组建过程中，政府可以采用出资控股或参股的方式投资 REITs，这样就能以股东身份要求基金参加住房保障，为住房保障提供金融支持。另外，在基金参与住房保障的过程中，政府要按市场经济的规则办事，确保基金获得应有的利润。如 REITs 为经济适用房提

① 成小珍．穗上半年建成保障房 5 561 套，棚户区改造已开工 8 898 套．[2017-07-10]．http://gd.sina.com.cn/news/2017-07-10/detail-ifyhwefp0342836.shtml.

供融资支持，则应按相应的市场利率计息，给运营方适当施加压力，不然有破产风险；REITs 为公租房提供房源，租户应按市场租金支付，政府为租户提供补贴，形成稳定的租金现金流，规范运作，排除户口等行政限制。

（一）美国公租房[①]REITs 分析

多年来，作为保持世界唯一超级大国地位的美国，尽管也会遭受周期性经济危机的影响，但始终能够平稳过渡、安然无恙，这与其成熟发达的经济体制是分不开的。就公共租赁住房制度而言，美国也是世界上制度相对比较完备有效的国家之一，1965—2016 年，其住房拥有率一直维持在 60% ~ 70% 的水平[②]。

金融危机爆发后，美国住房拥有率每年降低 1%，大概有 120 万人进入租房市场，其中增加的部分主要是低收入的黑人群体。2014 年，租赁住房在全部住宅存量中占比为 31.2%，在全部在用住宅中占比为 35.6%（见表 6.1）。

表 6.1　2014 年美国在用住宅存量占用结构

类别	数量	百分比（以住宅存量总和为基数）	百分比（以在用住宅数量为基数）
总和	132 741 033	100%	
在用住宅	116 211 092	87.5%	100%
自住	74 787 460	56.34%	64.4%
承租	41 423 632	31.2%	35.6%
空置住宅	16 529	12.5%	

资料来源：崔裴. 美国住房租赁市场调查. https://mp.weixin.qq.com/s/RAMy3rfN3KeDrsJWF-zhAA.

---

① 美国公租房，英语为 affordable rental house（可支付租赁住宅），中西方定义和范围稍有不同。

② 龚蕾 . 从住房拥有率看美国楼市变化 . https://www.douban.com/note/574291371/.

美国住房租赁市场的市场化水平非常高，88.1% 的租赁住宅单元未享受政府租赁补助，而占总量 11.9% 的享受政府租赁补贴的租赁住宅单元中，还有许多是由私人持有并经营的市场化租赁住宅，其租赁补贴方式采取承租人享受住房券、房东享受各类税费减免等形式。[①]

2013 年相关调查显示，54.5% 的租赁住房月租金处于 400 ~ 999 美元，美国租赁住房租金水平差异较大，2014 年美国社区调查显示[②]，全美中等支付困难的承租户为 985.4 万户，严重支付困难的为 1 141.8 万户，分别占承租户总数的 22.8% 和 26.4%。可见，目前全美住房承租户中约有一半处于房租支付困难的状态，其中严重支付困难承租户接近 30%。

美国住房和城市发展部（简写为“HUD”）通过美国家庭投资合伙人计划（HOME Investment Partnership Program）向以各种形式兴建公共租赁住房的私人开发商或社会非营利群体提供支持。其支持形式是以家庭基金（Home Funding）形式，向其合伙人提供直接贷款、贷款担保或直接向低收入群体提供租金补贴。另外，REITs 制度保证了住房租赁及其他各类房地产租赁经营企业得以在资本市场上获得长期投资资金[③]。

1. 美国公租房发展历史

美国是典型的自由资本主义市场经济国家，住房供求向来由市场自发调节，国家基本不予干预，这种状况一直持续到 1929—1933 年经济大危机的爆发。经济大危机爆发之前，大量居民涌入城市，已经造成了一定程度的住房短缺问题。1929 年经济大危机爆发使得美国

---

① 崔裴 . 美国住房租赁市场调查 . https://mp.weixin.qq.com/s/RAMy3rfN3KeDrsJWF-zhAA.

② 36 氪的朋友们 . 美国住房租赁市场调查：住房自有率低，中年单身人士占比高 .［2017-03-01］. https://36kr.com/p/1721391677441.

③ 闫文娟 . 欧美市场成熟租赁制度给中国市场怎样的启示 .［2017-03-14］. http://house.ifeng.com/detail/2017_03_14/51028232_0.shtml.

住房问题急剧凸显：以房产抵押贷款的中等收入群体因不能还款失去住房，更多中低收入群体更是无力购房。为了解决住房问题和刺激经济发展，政府开始介入住房市场[①]。

1937 年颁布《住宅法》(United State Housing Act)，由联邦政府资助公共租赁住房，并设立了负责住房保障的部门——美国住房和城市发展部。联邦政府资助地方政府为低收入者建造合适的公共租赁住房，入住者只需向地方公共租赁住房管理机构支付较低的房租即可，因此大大缓解了低收入群体的住房问题。

1949 年，杜鲁门政府修订《住宅法》并颁布《住房法案》，在其序言里提出“向全体美国人提供体面、安全和整洁的居住环境”的住房目标，把城市更新、城市再开发计划和针对特殊需要的抵押贷款担保计划、公共租赁住房计划相结合，制订了住房发展 6 年计划，开始涉足公共租赁住房领域。

1954 年，艾森豪威尔政府颁布新的《住房法案》，规定州政府在制订出处理贫民窟和社区发展的可行性计划之后可获得联邦政府对兴建公租房的资助，并以津贴补助和降低房地产税收的方式鼓励投资者与开发商参与城市更新计划。

这些政府措施在一定程度上缓解了住房问题，但由于政府基本上负担了全部公共租赁住房供应费用，因此财政压力较大，开始寻求社会的力量介入公租房的建设。

1961 年，肯尼迪政府通过《国民住宅法案》，对非营利民间组织提供极低利息贷款以鼓励它们大规模兴建和维修适合低收入

---

① 谢义维．主要发达国家住房保障制度及中国的实践研究［D］．长春：吉林大学，2014.

家庭的住房。

1965年，接替肯尼迪政府的约翰逊政府通过了一个针对低收入阶层的小规模房租援助计划，通过补贴公共租赁住房管理部门以鼓励其出租存量私有住房，为政府公租房的建设缓解压力。

1968年，约翰逊政府颁布《住宅和城市发展法》规定为中低收入群体提供低息贷款以鼓励他们购房，并为开发商提供低息贷款使其为中低收入者提供公租房。

1971年颁布《布鲁克修正案》，修正案规定公共租赁住房的租户支付的房租以家庭收入的25%为上限，国家向地方政府住房机构提供住房管理和维修补贴参与公租房的建设。

1974年颁布《住房和社区发展法》，其中包含著名的“租金援助计划第8条款”。该计划包含3个独立的部分：新建住房部分、修复住房部分和存量住房部分。承担新建和修复工作的发展商可以获得金融支持，金融机构与发展商签订20～30年的长期合同，由金融机构向发展商发放房租补贴，用于支付市场租金和租户应付租金之间的差额；存量住房计划是面向租赁方的补贴计划，符合条件的承租人可以从地方住房管理机构获得房租证明，到市场上去租住符合质量等级和租金限额以内规定的住房。

石油危机使美国经济遭受摧残，联邦政府财政压力巨大，被迫减少在公租房方面的支出。20世纪80年代以后美国政府减少向住房困难户提供租金补贴，鼓励他们自己租赁市场房屋，导致美国低收入家庭住房问题恶化。

1983年颁布《住房与城乡复兴法》，1987年，美国颁布《无家可归者资助法》，建立基金支持建造面向无家可归者或者特殊群体要求的房屋代理管理者。

1990 年颁布《全国可承受住宅法》，减少联邦政府住房预算，采用税收支持计划、私营部门参与等配套制度来解决可承受住宅问题。

1998 年颁布《多家庭资助性住房改革及承受能力法案》，增加用于支持公共租赁住房建设的资金、采用税收减免辅助计划来解决住房困难问题。

近年来，美国政府补贴建房转为租房券计划，即当住房支出超过家庭收入的一定比例时，政府以发放租房券的形式承担市场租金与家庭收入特定比例之间的差额。家庭收入为居住地的中等收入以下者均可申请，房租超过家庭税前收入以上的部分由政府提供租房券的方式补贴。目前，租房券制度已经成为美国政府为低收入者提供住房保障最主要的形式。

公共租赁住房的建设是一项耗用资金较多、风险较大的投资，而政府的财政收入是一定的，且不能全部投入在公共租赁住房的建设上，故公租房的融资对于政府以及被保障人群而言就显得十分重要。合理有效的融资渠道是美国房地产市场得以健康发展的重要手段。美国有许多金融机构负责个人或者企业贷款，还采用 REITs 进行保障性住房的融资，在 1986—1995 年的这 10 年，美国建设了大量的公共租赁住房，其中大部分是采用 REITs 进行融资获得建设资金的。

美国的公共租赁住房 REITs 最初出现于 20 世纪 60 年代。由于投资公共租赁住房利润不高，整体市场风险较大，因此未能形成很好的市场投资氛围。直到 1986 年，低收入住房返税政策（Low-income Housing Tax Credit，简写为“LIHTC”）出台后，才彻底改变了这一局面，掀起了一股公共租赁住房 REITs 的投资热潮。税收优惠是 REITs 得以发展的主要驱动力。

在美国各类租赁住房的供给主体中，专业化的公寓出租企业是最重要的主体，按行业营业收入占比计，公寓出租业占住房出租业总体的 90% 以上。在公寓出租业中，美国最大的公寓租赁投资经营企业是一家 REITs 企业[①]。目前，公寓类 REITs（REITs-apartments）是美国权益类 REITs 的重要组成。

2. LIHTC 政策及公租房 REITs 模式

美国公租房 REITs 的兴起得益于 LIHTC。LIHTC 通过税收激励，引导私人投资者和私人企业等社会资金投资适宜低收入人群居住的住宅，以增加低收入住宅的供应。低收入住宅返税政策和 REITs 等金融工具结合起来，形成了比较成熟的美国公租房融资工具。

美国政府对公租房进行扶持的逻辑在于通过政府补贴使得承租人、租赁企业在现金流方面形成良好的闭环，从而一方面避免类似次债危机的风险，另一方面真正改善低收入群体的居住环境，促进社会的和谐发展。围绕现金流的稳定，在承租人权益的保障、租金的补贴、相关资格的认定及租赁企业的税收减免等方面，美国建立了非常完备的政策和制度体系。

据美国财经杂志 *Barron's* 的统计，享受了 LIHTC 的政策优惠之后，公共租赁住房 REITs 的收益率能达到 7.5% ~ 8%。虽然这不是最高的 REITs 收益率，但由于公租房风险小，收益相对稳定，因此吸引了许多对资金安全性要求较高的投资者。这项方案消除了投资者对于开发和投资公租房利润低的顾虑，大大激发了 REITs 投资于廉租房的潜力。

1986—1995 年，美国共有 80 万套符合建设标准的中低档住房投放于市场，其中很大一部分是以公共租赁住房为投资目标的 REITs 开发的项目。根据美国统计局的数据，从 1995 年开始，美国市场上对公租房的需求一直比较稳定，保持在每年 10 万套左右。

---

① 该企业为 EQR（Equity Residential），成立于 1969 年，是一家总部位于美国芝加哥专注于经营和管理公寓的运营企业。其在 1993 年正式上市，成为美国第一只上市的公寓型 REITs，并于 2001 年纳入标普 500 指数成分股。

这对公租房 REITs 无疑又是一针强心剂。

美国艾芙隆海湾社区 REITs（AvalonBay Communities REITs）就是从 LIHTC 政策中获益的 REITs 的典型代表。如今艾芙隆海湾社区 REITs 的业务领域覆盖了美国东北部、大西洋中部、中西部以及太平洋西北部和南加州区域。美国排名第三的公寓金科 REITs（Apartment Investment & Management，Kimco）的资产组合中，也有不少公共租赁住房。金科 REITs 目前拥有 353 项资产，其中 112 项是公租房。2001 年的年报显示，公租房为金科 REITs 创造了 5% 的回报率。

2005 年，自布什政府开始新一轮联邦税改以来，公租房的市场环境开始恶化。一直有消息称，促进中低收入家庭住房建设的税收优惠可能会被取消，这从根本上打击了专注公共租赁住房的投资，尤其是开发业务的 REITs。此外，不断紧缩的货币政策也让公共租赁住房投资者叫苦不迭。不仅如此，REITs 的市场竞争还在明显加剧，因为好的投资机会越来越少。统计数据显示，2005 年以来，没有新的投资者进入保障性住房市场，反倒有不少投资者退出。

但是也有一些 REITs 另辟蹊径，找到了保持盈利的新办法。例如联合地产及家庭资产 REITs 采用提高管理费和租金的办法，保持其资产继续盈利。1995—1998 年，家庭资产 REITs 的收入增长了 52%，其中 42% 的增长得益于管理费的增长。

家庭资产 REITs 公租房投资模式的核心在于对项目的改良。他们把公租房和普通市价住房混合开发，从而提高公租房的品质，增加其吸引力。混合开发模式让家庭资产 REITs 的股价（从 1992 年至今）上涨了 50%。

而社区发展信托（Community Development Trust，简写为“CDT”）则采取了反潮流操作和改变投资组合的方法。CDT 是美国目前唯一一家专门投资于公租房资产的非上市 REITs。当别的 REITs 出售公租房资产时，CDT 却在不断买进。CDT 致力于为公租房的发展建立在更强大的资本融资能力上，其主要的投资方式是购买抵押资产，希望通过这一投资模式在二级市场有利可图。CDT 在 1999 年第四季度第一次按照这一策略进行收购，此后进展一直比较顺利。CDT 有其独特的资金来源渠道，例如国有住房机构（State Housing Agencies）等，这些融资渠道不向公众 REITs 开放。此外 CDT 还得到了银行和保险公司的支持。多样化融资渠道的建立使得利率上升并没有完全关闭他们的市场。另外，虽然不是上市的 REITs，但 CDT 为投资者提供了便捷的退出机制，因此吸引了很多机构投资者。

3. 美国公租房项目融资工具的突出特点

美国保障性住房制度的最大特点在于金融市场的发达，其参与者包括借款人、贷款机构、中介机构、政府机构等各司其职，共同维系着住房保障体系。政府对公租房金融的发展起到重要作用，LIHTC 使得公租房 REITs 的收益率满足了社会资本的要求，吸引了社会个人投资者的广泛参与。同时利用美国发达的金融市场解决中低收入阶层的住房问题，形成了公租房项目融资的资金循环。美国公租房金融体系涵盖了一级市场和二级市场体系，健康的公租房金融使得公租房 REITs 得到了迅速、稳定的发展，并且具有较强的创新性。

美国公租房项目融资工具 REITs 既使住房困难的家庭满足了居住需求，又使得银行和其他金融机构增加收入，是一种多赢局面。但是金融市场的内在趋利性、资信评估机构的商业腐败、政府监管部门的疏忽纵容，在不知不觉中一起催生了金融泡沫，为 2008 年的金融危机埋下了深水炸弹。因此，在借鉴美国的成熟经验时，也要注意金融风险的防范。

（二）公租房收益率问题

境外公租房领域实行 REITs 的成功模式不少，REITs 作为有效的投资产品可以活跃和刺激金融市场和公租房行业的发展，这对于中国保障房事业乃至整个社会经济都具有非常积极的意义。随着“中信启航 REITs”“鹏华前海万科 REITs”“苏宁云商 REITs”等一系列 REITs 的试行试点，C-REITs 似乎呼之欲出。然而从 2000 年就有专家学者开始呼吁在我国实行 REITs 模式，至 2020 年年初，我国政府依然没有出台非常具体的相关法律文件。不过从 2020 年 4 月 30 日国家发改委、中国证监会联合发文开始，相关政策正在制定，目前也已经陆续推出，并即将开始进入实质性挂牌运营阶段。

我国政府目前已经充分认识到实行 REITs 制度的必要性。正如财政部、国土资源部、住房城乡建设部、中国人民银行、国家税务总局、银监会在《关于运用政府和社会资本合作模式推进公共租赁住房投资建设和运营管理的通知》中明确表示：**支持以未来收益覆盖融资本息的公共租赁住房资产发行房地产投资信托基金（REITs），探索建立以市场机制为基础、可持续的公共租赁住房投融资工具。**

但是对于何时开始实行 REITs 公开融资模式，政府已从观望犹豫的状态转为积极推进，从最初认为在中国实行 REITs 制度某些条件还不成熟，到现在的主动寻求解决办法。众所周知，在公租房领域，租金回报率低是公租房实施 REITs 的关键问题，本书计算了 2014 年广州市公租房的租金回报率为 3.585%，其租金只有市场价格的 36%。公租房目前的租金回报率显然不符合资本市场对回报率的要求。不仅是公租房的租金回报率低，由于目前我国房地产资产增值快且土地价格占比较高，租金回报率普遍较低。

延伸阅读

公租房租金收益率微薄

以广州市国土资源与房屋管理局公布的广州市 2014 年公共

租赁住房房源情况，从中计算出公租房分布、套数、建筑面积、月租金等大致情况（见表6.2）。

表6.2 广州市2014年公共租赁住房房源情况

序号	地区	小区	套数	建筑面积/平方米		月租金/（元/平方米）	备注
1	白云区	龙归花园	2 264	35.9	48	12	报审价，户型：一房
2	白云区	龙归花园	1 642	31	43.6	12	户型：一房一厅
3	白云区	龙归花园	1 443	44.67	51.4	12	户型：二房一厅
4	白云区	龙归花园	1 636	60.72	63.3	12	户型：三房一厅
5	越秀区	零星存量房	1	17.83	17.83	35	
6	越秀区	零星存量房	1	53.11	53.11	37	
7	海珠区	惠馨轩	1	38.4	38.4	34	
8	黄埔区	亨元花园	10	25.16	25.27	24	
9	黄埔区	苗和苑	348	39.33	39.33	24	
10	天河区	棠德花苑	59	22.33	36.88	28	以上户型：一房
11	天河区	安厦花园	61	34.48	40.36	30	
12	天河区	广氮花园	10	32.97	33.07	36	
13	白云区	金沙浦花园	20	50.95	51.03	21	
14	白云区	富康村	9	50.82	57.39	22	
15	白云区	泽德花苑	8	35.63	48.3	27	
16	白云区	民惠居	6	36.82	37.66	31	
17	白云区	零星存量房	10	34.11	52.66	22	
18	黄埔区	大田花园	1	46.8	46.8	23	
19	黄埔区	亨元花园	12	32.32	36.65	24	
20	黄埔区	苗和苑	18	44.3	44.3	24	以上户型：一房一厅
21	越秀区	零星存量房	7	45	58	29	租金为报审价均值
22	荔湾区	芳和花园	4	49	50	40	
23	海珠区	新惠轩	7	40.63	41.83	29	

（续表）

序号	地区	小区	套数	建筑面积 / 平方米		月租金 / （元 / 平方米）	备注
24	海珠区	聚德花苑	14	45.76	48.68	34	
25	海珠区	零星存量房	3	52.48	70.35	30	租金为平均值
26	天河区	棠德花苑	139	62.33	69.77	33	
27	天河区	安厦花园	80	45.89	46.4	30	
28	天河区	广氮花园	22	45.6	47.3	36	
29	天河区	云宁居	13	65.4	71.1	16	
30	天河区	零星存量房	21	52.55	74.8	30.75	租金为平均值
31	白云区	金沙洲花园	20	63.97	69.37	20	
32	白云区	民惠居	8	51.94	52.78	31	
33	白云区	泽德花苑	9	60.74	67.68	25	租金为平均值
34	白云区	平德苑	41	39.23	49.63	25	
35	白云区	零星存量房	18	62.33	75.48	28	
36	黄埔区	亨元花园	107	41.09	45.25	24	以上户型：二房一厅
37	越秀区	零星存量房	2	64	77	28.5	租金为平均值
38	海珠区	聚德花苑	13	56.77	57.46	36.5	租金为平均值
39	天河区	安厦花园	20	49.26	49.91	30	
40	天河区	广氮花园	25	52.2	52.36	36	
41	白云区	零星存量房	16	76	80	28	
42	黄埔区	亨元花园	79	54.65	54.65	24	以上户型：三房一厅
合计			8 228	46.88		14.34	总面积为 385 720 平方米

从表 6.2 看出，总套数为 8 228，平均面积为 46.88 平方米，公租房出租总面积为 385 720 平方米，平均月租金为 14.34 元 / 平方米。而同期广州市全市月租金价格平均为 39.89 元 / 平方米，中心区域月租金为 41.84 元 / 平方米，外围区域的月租金平均为 26.72 元 / 平方米①，所以公租房月租金标准是广州市月租金价格平均值的 36%，远远低于市价。

① 数据来源：广州市房地产中介协会。

针对回报率低这一问题，本书搜集了一些专业人士针对在中国公租房领域实行 REITs 融资工具的公开访谈，并对公租房收益率问题进行分析：

专家一：公租房租金的定价大大区别于商品房。租赁型保障房租金收益也明显低于商用租赁物业。因而，政府出具相关政策进一步明确保障房产权，同时给予一定补贴提高物业收益水平，从政策上更好地支持公租房项目融资。

专家二：根据目前的经验，公租房的租金是当地市场租金水平的 40%～60%，如果现金流偏低，难以保证公租房的资本市场融资。

面对公租房收益率低的问题，有学者认为可以用信用增级的方式来解决。例如专家三提到是否通过加杠杆解决公租房基础资产的租金收益率不高的问题：

REITs 事实上无杠杆回报率只是在 4.2% 左右，考虑到越秀 REITs 其实是有意压低了估值，真实回报率会更低。只是这里就有个利益冲突，地产商是不愿意以较低估值卖给房托的。

在香港，REITs 的负债（直接或通过 SPV）比率不能超过总资产价值的 45%，港交所上市的 REITs 里最低杠杆率只有 18%（总负债与总资产之比），最高达到了 38%，香港 REITs 的平均杠杆率为 28.5%。新加坡 REITs 的负债上限也是其总资产价值的 45%。到 2016 年第三季度末，新加坡 REITs 杠杆率最高为 42%，最低只有 19%，新加坡 REITs 同期平均杠杆率则为 33.7%。[①]

① 戴德梁行.《亚洲房地产投资信托基金（REITs）研究报告》。

杠杆带来股息收益增加的同时，也要付出利息成本。以香港领汇 REITs 为例，其所有零售物业的估值总额仅为 1 073.26 亿港元，零售租金合计仅为 57.11 亿港元（2014 年 3 月至 2015 年 3 月数据），租金收益率为 5.32%，参考领展 REITs 的杠杆率为 18%，领展的实际利息率仅为 2.66%，2014 年 3 月为 2.77%。[①] 加上其他收益，领展实现收益 77.23 亿港元，分红收益率达到 7.2%。因此香港基础资产的实际收益率与内地租金实际收益率并没有什么差别，那么为什么在香港，REITs 的分派收益率这么高呢？专家四解释[②]：

> 并不是物业租金收益和运营效率更高，相反，亚洲市场诸如酒店物业的客房价格和入住率都偏低。一方面是原始权益人对 REITs 在收益上有一些补贴，提高了分派收益；另一方面是 REITs 折价比较大，股价相对低。

由此反映到新加坡和香港市场 REITs 的折 / 溢价[③] 上，香港与新加坡 REITs 整体均呈现折价状态，香港平均折价率为 33.2%，新加坡为 3.5%。

专家五在访谈中也提到了通过融资方增信及补差的方式保障 REITs 的收益率：

> 香港上市 REITs 的回报率很高，内地物业的租售比在一线城市是 1% 左右，在省会城市是 3% 左右，在地市级城市一般是

---

① 钵仔糕 . 香港最好房地产投资基金（REITs）怎么玩？.［2015-09-26］.http://www.managershare.com/post/209270.

② 李昉，蒋琪 . 戴德梁行：亚洲市场 141 只 REITs 总市值 2 096 亿美元 内地物业 REITs 分布新加坡和香港 . http://house.people.com.cn/n1/2017/0106/c164220-29004320.html.

③ 折 / 溢价率：以每基金单位市价与每基金单位资产净值之间的差异占每基金单位资产净值的比例。

5%左右，均远远低于香港上市REITs的回报率。内地物业的租金收益率无法达到REITs上市要求，所以在中国内地类REITs产品设计中，是要求融资方增信的，以融资方担保和补差的方式来保证REITs投资者的稳定投资收益率。

专家六在访谈中也认为信用增级如杠杆、融资方担保和补差、折价等对REITs的收益率有影响：

香港REITs基本上确实能够达到6%~7%的收益率，但是我并不认为他的底层资产能够达到这个收益率，中间可能会进行一些加杠杆的操作。这个收益率是股息收益率及资本增值率结合而成的，所以并不意味着他的租金收益率会很高，内地如果谈资产收益的话，因为内地资产普遍溢价非常高，北上广深这些一线城市的资产收益率会更低，而且不同的物业种类收益率也不同，像写字楼这样的商业地产，收益率基本上在2%~3%，基本上是做不了REITs的，但是有些比较优质的物业收益率还是可以达到4%~5%，这样的话，再加上一个优先级结构当作杠杆，也是可以做成REITs的。因为目前中国内地的REITs是一个类似债券的产品，那么就要高于公司债的收益率才有吸引力，所以收益率达到4%左右的物业都是有做类REITs的潜质的。

公租房的供给不足是因为融资困难，融资困难的重要原因是公租房的租金收益率低。这是因为公租房具有社会福利事业性质，该项目有助于社会的稳定繁荣，外部溢出效益使得全社会因之受益，然而全社会如何有效地为公租房外部溢出效益买单？方法之一就是政府作为全社会的最大公约数，设立公司作为建造公租房的主体并在资本市场上用REITs形式融资，政府部门对公租房承租者进行租金补贴，使公租房的租金收益率达到市场水平。这其实并不难，因为公租房的地价只是拆迁征收的地价，没有经过竞争激烈的公开招拍挂。[①]

从访谈及相关资料中也了解到，境外房地产的 REITs 上市融资，基础资产的收益率也不高，然而通过杠杆、融资方担保增信及融资方收益补贴等方式，也能够达到资本市场的收益率要求。这也侧面佐证了政府作为融资主体补贴公租房的租金，使其收益率达到资本市场要求的正当性。公租房 REITs 是解决公租房收益率问题的一种行之有效的方法。

二、地方债 REITs

正如孟晓苏教授所说："通过 REITs 化解中国地方债，把不动产租赁权益变成资本品，这是我国目前急需的金融创新。近年来很多地方政府通过发债等多种方式拓宽城市建设融资渠道。全社会对地方政府债务堆积过高，担忧者有之，高谈阔论者有之，但真正需要的是拿出化解地方债的好办法。根据国家审计署 2013 年全国政府性债务审计结果，截至 2013 年 6 月末，全国政府性债务为 30.27 万亿元，其中全口径中央政府性债务为 12.38 万亿元，全口径地方政府性债务为 17.89 万亿元。而在其中的地方政府性债务中，有 1/4 能还本付息，有 1/2 只能还息不能还本，另外 1/4 则是本息全不能还。但这些地方政府性债务很多都形成了道路、桥梁、水务、土地等不动产，大部分是已成倍增值的优质资产，当然可以把其中的优质资产通过 REITs 实现证券化。由此可见，偿还地方债并不是只能走'借新债还旧债'和'卖地还债'这两条路。"

① 具体公租房建设计算数据可以参考作者关于公租房 REITs 相关论著。

REITs 作为资产证券化的创新形式之一，将地方政府的债务变成了表外业务，降低了政府的负债率，减小了到期不能偿还须清算破产的风险。但是 REITs 实际上是将银行的直接风险转变成证券持有者的风险。REITs 对风险的隔离极其严格，法律上环环相扣。

REITs 在我国实施有两个重要的问题需要解决。第一是制度建立。REITs 的设立需要立法和相关行政法规对其进行规范，但是这些规章制度还要依赖于市场先行试验以及普通民众对 REITs 的接受能力而定。第二是开始实施 REITs 这种组织，应该有一些激励措施，而根据国外的规律，最大的激励措施就是在 REITs 层面上免税。

但是 REITs 免税目前在我国还很难实现。在我国，以企业的商业地产作为资产发行 REITs，不仅不能获得免税支持，而且缺乏获得免税的道德依据。REITs 作为美国、澳大利亚等国家房地产市场主要的不动产资产证券化手段，主要是由养老金和社保资金购买，它对于帮助养老金稳妥盈利起到了很重要的作用。但这种免税对于我国来说难于实现，因为我国股市资金多来自散户，国情决定参与 REITs 的资金仍多是富人的闲钱，而不是普通居民养老保命的养老金和保险金。这样，从资金来源上就缺少了给予免税的理由。

《基本养老保险基金投资管理办法》明确规定了投资股票、股票基金、混合基金、股票型养老金产品的比例合计不得高于基金资产净值的 30%。许多人担心养老金的安全问题而反对养老金入市。如果我国在几年前就已经建立了 REITs 市场，那么关于养老金的去向不会存在这么大的争议，因为 REITs 稳定的高收益性质能够匹配养老金的需求。

地方债的形成有其特有的历史渊源。改革开放以后，财政体制逐渐以财政分成和包干体制代替了中央拨款制度；对地方官员的考核方式由政治挂帅转变为经济发展绩效。从而地方政府对本地区发展的话语权和支配权在很大程度上得到提高，该制度在很长一段时间内对经济起到了促进作用。然而随着经济增速放缓带动的财政收入增速放缓，兼人口红利消失、经济结构失衡、环境污染加剧等原因，我国经济已经进入转弯区和换挡期，中国经济增速难以维持之前的水平，也无法承受地方债年均 20% 的增长速度。

对于个别地区经济发展的冒进行为应该坚决遏制。经济平稳增长是地方债可持续性的坚实基础，欧债危机的出现表面上是因为实体经济空心化，经济发展脆弱并且政府部门与私人部门的长期过度负债，实际上是由于欧元区虽然货币统一，但行政主权尚未统一，并且各国经济发展差距巨大，行政不统一造成了个别地区负债过重连累了整体欧元区的信用，最终导致欧债危机的爆发。借鉴欧债危机的经验，如果任由中国地方债发展，个别地区的债务危机必然也会累及中央人民政府的信用。

目前全国地方政府债务呈现出如下特点：一是虽然个别地区债务逾期率较高，但从全国看，地方债逾期率总体可控；二是地方债务期限普遍较短，地方政府资金流动性承压；三是举债政府的行政级别低，以市县级政府为主；四是地方政府举债主体仍以融资平台为主，举债方式呈现多样化。

虽然地方债总体可控，但余额巨大，增长较快。在城镇化加快发展、福利水平不断提高、土地财政问题日益突出、地方政府事权不断扩大和下沉、债务风险逐步暴露的背景下，建立有效的引导约束机制对风险防范本身、可持续发展、跨越中等收入国家陷阱、保持经济健康发展和国家的长治久安都有重大的意义。

（一）地方债的发展根源

凡是涉及债务问题，都会关系到现在与未来收益的均衡问题。一直以来，人类社会代际公共品供给不足的根源在于成本收益不对等，特别是时间维度上的不对等，因此需要一种跨期融资的机制。这种机制可以通过税收和政府债来实现。根据“李嘉图等价定理”[①]，政府通过征税和发债来提供公共品的效用是等价的。但是由于征税涉及政府税收的调整需要立法，耗费的时间成本和行政治理成本较大，发行政府债就成为提供公共品的有效手段。

横向均衡考察同一时期不同利益主体之间的博弈均衡关系。有些公共品，例如国防的受益范围是全国的，不存在地域性，因此这类公共品的供给主体应该是中央政府。还有一些公共品带有明显的地域性特点，其受益群体在某一特定区域内，例如城市的道路、绿化、治安等，由当地政府来提供。另外，还有公共品介于地方性公共品和全国性公共品之间，则被称为跨区域地方性公共品。

然而地区之间在经济社会发展水平、自然资源禀赋、地理位置等方面的差异，导致地区经济发展不平衡。长期累积后，强者更强，弱者恒弱，如此会制约一个国家经济社会发展活力。如何做好横向均衡、利益分配，是自古以来难以一举攻破的难题。

分税制改革。改革开放后，以财政分成和包干制度为主要内容的财政体制逐渐确定了地方政府对本地发展的话语权和支配权。在该体制下，地方政府逐渐将自己的利益结构从国家整体的利益中分离，从而导致中央和地方之间的矛盾逐渐加剧，中央财政控制力削弱。

1994 年国家开始实施分税制改革。国家将税收划分为中央税、地方税和中央地方共享税。把需要由全国统一管理、影响全国性的商品流通和税源集中、收入较大的税种划分为中央税；把与地方资源、经济状况联系比较紧密，税源比较分散的税种划分为地方税。此项改

① 李嘉图《政治经济学及赋税原理》一书中表达了这样一种推测：在某些条件下，政府无论用债券还是税收筹资，其效果都是相同或者等价的。从表面上看，以税收筹资和以债券筹资并不相同，但是政府的任何债券发行都体现着将来的偿还义务；从而在将来偿还的时候，会导致未来更高的税收。如果人们意识到这一点，政府债务的发行实际上意味着未来的税收。

革使中央财政收入显著上升，而地方财政收入显著下降。这种财权划分虽然改善了中央财政的状况，提高了中央的控制力，但却存在明显的缺陷：权力上收导致地方政府间竞争加剧，政绩考核也会影响官员的行为，最后加剧了中央政府和地方财权与事权不匹配的矛盾，从而地方政府有极强的冲动发行地方债。

事权体制。改革开放后，中央政府与地方政府的事权关系朝着分权方向演变。中央政府权力下放提高地方政府的积极性，同时也减轻中央政府的沉重负担。然而，我国对地方政府的事权缺乏明确的法律界定，从而使得各级地方政府的事权基本相同，财政支出层层下移，加大了基层财政收支不平衡的压力。

另外，在地方政府预算软约束普遍存在的情况下，为降低财政风险，中央政府对风险高且投资规模大的地方公共产品，如地铁项目等，实行中央审批地方负责制。为了降低社会风险，中央政府通过“属地管理”“治官权和治民权分设”和“地方政府总负责”等方式，将那些易于与民众发生冲突，或易出现责任事故的公共产品，如医疗卫生、环境保护等公共事业尽可能交给地方政府负责，此举无疑加重了地方政府的负担。

考核机制。中央对地方官员的考核方式由以政治挂帅为主转变为以经济发展绩效为主。为了获得职务升迁的机会，地方官员侧重地方经济增长。然而分税制改革后，地方财力弱化，地方政府更加注重银行贷款等外部融资手段。但是地方政府动用金融资源也面临着两方面约束：一是《中华人民共和国预算法》限制了地方政府举债和担保行为，地方政府无法以法人身份从金融机构融资；二是《中华人民共和国商业银行法》相关规定及国有银行垂直管理模式加大了融资难度。

2008 年金融危机后，在中央政府的默许下，地方政府利用融资平台从银行贷款支撑地方投资。另外，地方政府的重要砝码是土地，自 1994 年起土地出让金不再上缴中央财政，经营土地便成为地方政府增收的主要途径。为了获取更高的土地净收益，地方政府采取多种措施推高土地价格，维持“土地财政”的可持续性，全国土地出让金在2009—2012年达到年均2.5万亿元，占地方财政收入的比重平均为53.9%。对土地财政的长期依赖，削弱了地方政府谋求调节经济结构的动力和积极性。大部分信贷资金沉淀在房地产行业，也带来银行信贷资金行业集中度过高的问题。一旦房地产市场出现衰落，房价大幅回调，如果地方经济没有在房地产崩盘之前完成转型，没有找到新的经济增长点，则地方政府财政收入锐减，银行体系出现大量不良贷款，巨额地方债的潜在风险就会彻底暴露出来。

（二）构建地方债 REITs

中国“REITs之父”孟晓苏教授说，政府公共资产是REITs的优质资产：一是有稳定租金，二是至少在低收入保障的民生意义上具备了给予免税的条件。由地方债所形成的大量公共资产，包括道路桥梁、轨道交通、开发园区等，也是可转化为REITs的优质资产，其中没有租金收入的，可在被REITs收购后由政府缴纳租金，参照国外的售后回租形成租金，有些资产几年后还可再由政府回购回去。所以孟晓苏教授近几年多次呼吁：“用REITs化解地方债，是一举多赢的好办法。地方政府现已有了巨额的资产，其中不少不动产资产增值较大，但形成这些资产所借的地方债却很难还上，这就形成一种倒逼机制。现在引入REITs化解地方债恰逢其时。”

的确，2008年后，我国地方政府融资平台投资大部分资金都是以基础设施为主的公益性项目，如地铁、轻轨项目，自来水、煤气、电力供应设施项目，铁路、公路、桥梁等项目。这些项目受中央、地方政府支持，产权明晰、历史统计资料完备、信用等级高、建设周期长、投资规模大、未来现金流稳定长久，而缺点就在于缺乏流动性。

由于政府融资平台大多数来自银行贷款，可从融资平台贷款着手探讨以 REITs 方式化解地方债。首先试行基础设施收费证券化，即以基础设施未来收费所产生的现金流收入为支持，发行证券进行融资。从理论上讲只要符合以下 5 个条件的资产，都是可以作为 REITs 的资产：一是该资产能在未来产生可预期的现金流；二是该资产有较长时期的清晰历史记录，并且具有较低的损失率和违约率；三是在整个资产存续期间需要偿还大量本息；四是资产变现价值较高；五是该资产具有标准化合同条款。

现行地方债存量大，增速快。对于已经存在的地方债问题，由银行发起设立地方债 REITs，以银行对融资平台发放的贷款为基础资产。地方债 REITs 运行模式如图 6.1 所示：（1）银行把信贷资产出售给作为 SPV 的地方债 REITs，实现破产隔离；（2）地方债 REITs 在全国银行债券市场上或沪深证券交易所发行信贷资产支持证券；（3）资产管理公司、信托管理人、债务管理公司等进行配套管理；（4）投资者购买信贷资产支持证券。

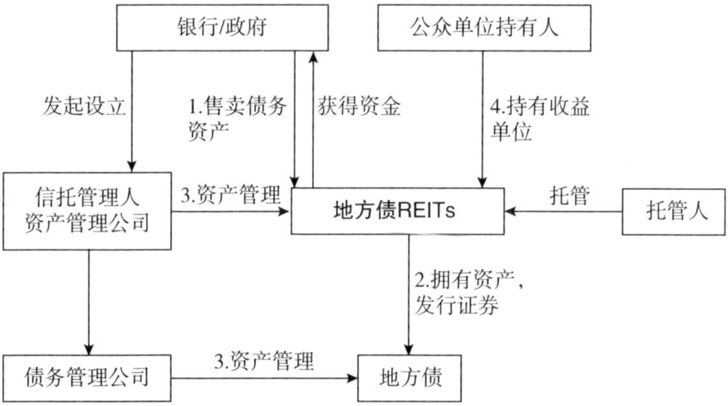

图 6.1　地方债 REITs 运行模式

这种银行发起设立地方债 REITs 模式虽然不能消除融资平台债务，但是它将可能的有毒资产从资产负债表中剔除，把风险扩散到公众投资者中，使整个系统更加趋向复杂和稳定。这笔资金能够保证项目的收益性和稳健性，使融资平台免受资金链断裂的风险，维持正常经营。

上面这一模式能够缓解银行系统集聚的巨大风险。据 2015 年第三季度上市银行财报：不良贷款率从平均 1.05% 增加到 1.38%，提高比例达 31%。而减值损失更平均大幅增加 59%。地方债风险对银行冲击巨大，威胁中国当前金融体系。增加股权融资比例，把这部分资产进行证券化，扩大融资途径，能够较大地增强金融系统整体抵御风险的能力。

另外一种模式是政府发起设立地方债 REITs。基础资产是各种基础设施建设项目的收入，如高速公路的收费权、能源设施的收入、大型公共场所的门票收入等。过程大致设计如图 6.1 所示：（1）地方债 REITs 向公众募集资金；（2）REITs 向政府购买项目资产所有权；（3）政府设立资产管理公司负责 REITs 项目的管理运营，由第三方增信公司进行增信；（4）项目所有收益按 REITs 的规定分配给 REITs 份额持有人。

但是以上两种模式的顺利开展离不开理想的法律环境。首先，若没有完善的法律体系制约，地方债 REITs 也会沦为一般地方政府融资平台。特别是我国目前还没有针对资产证券化的专门立法。理应起到破产隔离关键作用的 SPV 的组织形式还没有得到具体立法确定，所有流程中税收总额高低基本决定了地方债 REITs 成功与否。其次，在地方债 REITs 构建过程中，资产转让是否能满足真实出售的要求，投资者对发起人是否具有追索权等问题都直接关系到风险隔离问题。

地方债 REITs 是对地方债的外部约束，是对债务进行流向引导，地方债的核心和根源还是在于地方政府本身。地方债需要解决当前中央与地方政府不能紧跟经济形势变化，地方经济激励机制不够完善等问题，具体为三方面：一是财权、事权不对等导致地方政府收支出现巨大缺口问题；二是官员晋升锦标赛机制激发地方官员的投资冲动和短期政绩观；三是监管体制有漏洞导致政府既能大肆举债又能转嫁债务风险。

许多文章指出需要改革地方官员的政绩考核标准，实行债务风险问责制和追责制，规范土地出让金和转移支付体制，强化人大监督和民众监督等，但是这些方法终究没有走出委托代理的框架。委托代理是通过授权代理处理事务，对监督要求比较高，如果监督工作做不好，地方债问题终究难以解决。

本书认为地方债 REITs 的实施可以解决层层代理的问题。通过 REITs 制度，地方债持有者被转移到公众投资者，而且 REITs 严格的制度规定要求所有的收益都要分配给投资者，不能留存。REITs 每年都要经过各种资产收入测试，不能随便投资，这就导致众多投资者的集体监督，因此地方债的管理可以最大限度地化解当前问题，而且 REITs 的制度理论上天然适合对基础资产的管理。

地方债的存在是必然的，我们所要考虑的问题是如何规范引导地方债，而不是讨论增加或减少债务的多少。随着互联网和金融体系的建立，现代社会要求管理下沉、权力下放，这对于中央政府的管理能力是一个巨大的挑战。面对这个挑战，政府的方法是利用互联网和金融体系升级监督规范体系。REITs 作为资产证券化的一种方式可能是目前解决地方债问题最好的选择。

（三）从 PPP 到 REITs

目前政府项目提倡“政府搭台，群众唱戏”的方式，进而逐渐衍生出 PPP（Public-Private-Partnership）模式，即公私合作模式，是公共基础设施中的一种项目融资模式（见图 6.2）。以项目为主体的融资活动，主要根据项目的预期收益、资产以及政府扶持措施的力度来安排融资。项目经营的直接收益和通过政府扶持所转化的效益是偿还贷款的资金来源，项目公司的资产和政府给予的有限承诺是融资的安全保障。在该模式下，鼓励私营企业、民营资本与政府进行合作，参与公共基础设施的建设。

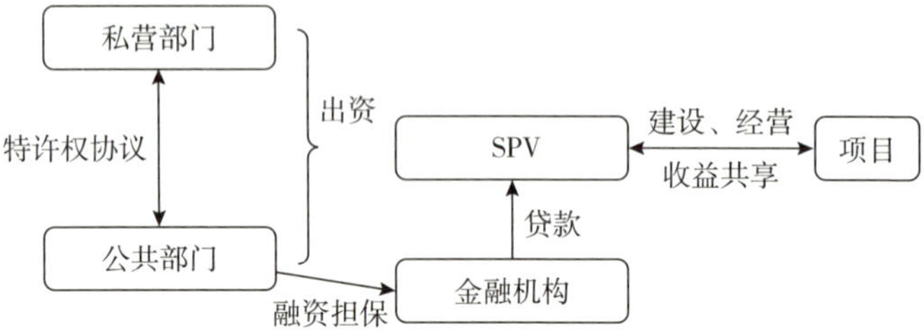

图 6.2 项目 PPP 模式[①]

PPP 模式可以使民营资本更多地参与到项目中，以提高效率，降低风险。政府的公共部门与民营企业以特许权协议为基础进行全程合作，双方共同对项目运行的整个周期负责。PPP 模式的操作规则使民营企业参与到城市轨道交通项目的确认、设计和可行性研究等前期工作中来，这不仅降低了民营企业的投资风险，还能将民营企业在投资建设中更有效率的管理方法与技术引入项目中来，有效地实现对项目建设与运行的控制。

但是我们看到 PPP 广义范畴内的所有运作模式都没有考虑社会资本的退出问题。比如民间主动融资（PFI），社会资本通过招投标获得特许权，建设与运营公共基础设施项目，并在特许期（通常为 30 年左右）结束时将所经营的项目完好地、无债务地归还政府，而私营部门则从政府部门或接受服务方收取费用以回收成本。如此导致社会资本回报少且周期长、没有效率，资源得不到有效配置，社会资本参与力度必然不够。

据统计，2015 年《国务院关于促进融资担保行业加快发展的意见》出台前后，34 个省区市地方政府推出了总额约 1.6 万亿元的 PPP 项目。但到 2016 年年初为止，真正签约的大约为 2 100 亿元，仅占

① 资料来源：万得资讯，民生证券研究院。

总额的 1/8，实际成交额占总额比例较小的原因有许多。除了 PPP 项目存在时滞（从项目推介到 2020 年时间已过去 5 年），社会资本短期内难以有效续接政府投资和社会资本对 PPP 存在的众多不确定性心存戒备，进而持观望态度，其主要原因就是投资期限长，资本收益率低。目前企业融资成本较高①，在融资成本、项目低收益和政策方面高度不确定性的三重约束之下，PPP 项目对社会资本的吸引力不够。

如果将 PPP 引向 REITs 发展，可以解决 PPP 的许多问题。第一，REITs 相对于 PPP 最大的优势是退出渠道便利。REITs 可以使投资者通过 REITs 上市将项目股份卖出获利。第二，REITs 上市对项目的盈利能力要求不高，只需要 6%～8% 的收益率。由于 PPP 的公共服务属性，社会资本只能从投资中得到合理而非超额的收益，譬如贵州桐梓县 13 个污水处理 PPP 项目内部收益率是 8%。这完全能够满足 REITs 的上市要求，REITs 能够给投资者提供长期而稳定的回报，而这个回报大于通货膨胀率，风险小于股票市场。而且 REITs 在公益性的项目中容易获得税收的豁免，这是商业地产不能比拟的潜在优势。第三，REITs 是专门用于给大众投资者投资高资金门槛的项目，在国外有非常成熟的经验和法律制度，其专业性和规范性都大大优于政府部门制定的临时政策，所以 PPP 项目应用在公共基础设施融资上应该向 REITs 的方向发展。

三、基础设施 REITs

2000—2019 年，中国基础设施建设投资完成额从每年不足 1 万亿元增长至 18.6 万亿元，年化复合增长率约为 17%，基础固定资产

① 2018 年 5 月 11 日，银行间 7 天回购利率上行 4.1bp 至 2.788%，银行贷款基准利率为 4.9%，目前普遍实际抵押贷款利率达到 6% 左右，代表市场贷款利率中枢的一年期基础贷款利率（简写为“LPR”）在 5.3%。

投资总量累计大概是420万亿元，当然，这里面不都是经营性的资产，还有折旧的损耗。即使考虑折旧后，粗略估计，尚有超过100万亿元的存量基建资产。例如，截至2020年年底，中国高速公路里程超过15万千米，累计投资规模超过9万亿元，高铁3万千米，民用运输机场数260个，通用机场500个。

高盛研究部预计2020—2025年新基建投资将达到15万亿元（约合2.1万亿美元），年均复合增长为9%。其中新基建的重要性被提到前所未有的高度，估计占全部基建的7%~12%，规模为1万亿~2万亿元。那么，这笔投资所需要的资金从哪里来？工信部的数字表明，到2019年年底，全国开通5G基站13万个，50个城市将启用5G。信通院的研究表明，未来3~4年，基站的投入将达到万亿级。到2030年带动的直接产出将达到6.3万亿元，创造800万个就业机会。那么，这笔投资所需要的资金从哪里来？

上节在地方债REITs中提到，大部分地方债资金其实都投向了基础设施建设，但是政府主导模式下的债务关系蕴含了极大的金融风险。REITs模式可以通过更加丰富的金融手段吸引更多民间资本参与投资和运营，优化和改变以往传统基建仅以政府投资为主的固有模式。

在2020年4月30日，证监会和国家发改委联合发布《关于推进基础设施领域不动产投资信托基金（REITs）试点相关工作的通知》（简称《通知》）。随后，证监会又发布《公开募集基础设施证券投资基金指引（试行）》（简称《指引》）。此次《通知》在遵循公募基金整体监管框架下构造了一类新的金融产品REITs，体现了监管层推动基础设施全面发展的决心。REITs模式的市场化投资占比大，股权属性导致投资关系更加稳健，未来基础设施建设对财政资金的依赖性没有那么强。因此，本节在地方债的基础上，进一步详细介绍基础设施REITs。

（一）基础设施概念

在全球范围内，经济和社会基础设施的投资需求庞大。交通、供水及污水处理、垃圾处理、医疗及护理、教育、科学及行政等领域的公共基础设施，是任何经济体的核心发展因素及增长驱动力。基础设施有可能是公共部门投资运营，也有由私营部门投资运营的案例，选择关键在于哪种方式更加具有成效，更能够发挥基础设施的作用。

基础设施最早起源于军方①，是指兵营及机场等。随后，基础设施用来指经济体的必要组织架构。一个使用最广的基础设施定义是由约基姆森（Jochimesen）在 1996 年提出来的，他给出的基础设施定义是：基础设施是实体、制度与人力资产的总和，基于劳动分工及各机构主体地位，一个经济体在有效配置资源的基础上，实现要素合理分配所具备的设施及条件。实体基础设施是指所有物质资产、设备及设施的总和；制度基础设施是指一个社会长期以来发展或建立的规范及规则；人力基础设施是指市场经济中人的数量及质量。

当代人的基础设施定义往往关注实体基础设施，这类基础设施由诸如道路、港口、公共设施之类的物质资产组成。基础设施最狭义的定义是在金融行业，只适用于现实中众多基础设施资产的一小部分，属于最严格结构化的子集。由于本书涉及的领域关于房地产投资信托金融模式的范围，所以使用金融行业对基础设施的定义。金融行业的基础设施特征如下：

（1）核心公共服务。基础设施资产满足日常生活中的核心公共需求，比如供水、能源、交通、通信、教育、安全、文化或医疗，这些是经济增长、繁荣及生活质量的基础性要素。

---

① ［瑞士］芭芭拉·韦伯，［德］汉斯·威廉·阿尔芬．基础设施投资策略、项目融资与 PPP［M］．罗桂连，孙世选，译．北京：机械工业出版社，2016.

（2）需求弹性低。由于是基本公共服务，即使价格上涨（如因通货膨胀调整规则而调价），这些基础设施所提供的服务需求仍独立于经济周期及经济表现，需求是稳定的（即低波动率）、可预测的（因为长期合同），通常随 GDP 的增长而增加。

（3）较高市场进入门槛的准垄断性。因为基础设施的初始投资成本很高，比如供水、供电及通信网络的建设，所以基础设施资产难以重复建设。项目建成运行后，若新增一个服务单元，比如新增一家供水户或用电户，则其边际成本会较低。如此，市场进入门槛很高，这类基础设施几乎没有竞争存在。

（4）存在政府规制。在几乎没有竞争的情况下，规制机构承担对市场失灵的纠偏作用，比如设定固定价格或者提供最低收入保障。然而，一个受规制的市场对其供应商来说，并不必然没有市场风险。最好的例子是长途电话行业。

（5）较长的服务时间。基础设施资产往往服务寿命达到 100 年以上。历史上有很多使用更长时间的基础设施的例子。除了考虑资产的物质和技术寿命，还需考虑的一项核心要素是其经济寿命，如实验室或医疗设施的经济寿命甚至低于 5 年。在资产的经济寿命内进行摊销，对投资者而言十分重要。

（6）通货膨胀保护。基础设施资产可以对冲通货膨胀，因为通常会建立收入盯住通货膨胀的调节机制，可能是通过受规制的收入条款、保证收益率或其他形式的合同保障。诸如收费道路、公用事业设施等通过使用者付费方式产生的项目收益，往往与 GDP 关联或盯住消费者价格指数（CPI）。

（7）定期稳定的现金流。具备以上特点的基础设施资产一般会有稳定、可预测的长期收入，可以抵御经济周期的冲击，可承担比较高的借款负担。

从国外经验来看，美国基建类 REITs 主要是无线通信基础设施的建设和运营方，日本主要集中在太阳能发电领域，泛基建产品则是物流和医疗保健类比较多。总的来说，成熟市场上新型基建资产貌似更受 REITs 的欢迎。而我国目前形成的存量基础设施资产，还是以旧基建为主，具体包括交通设施、市政工程、污染治理、产业园区等，比如高速公路、高铁、市政、地铁、港口、污水厂等，预计这些也会成为公募REITs的重要资产构成。新基建可能是我国未来的创新方向，"新基建"主要包括 7 大领域：5G 基建、特高压、城际高速铁路和城际轨道交通、新能源汽车充电桩、大数据中心、人工智能和工业互联网。

（二）基础设施的作用和意义——以德国为例

无论对于生产还是服务，有效的基础设施是一个健康经济体的基础，有针对性的基础设施投资可以促进经济成功，德国就是一个成功的案例。世界经济论坛将德国评为基础设施质量位居世界第二，仅次于中国香港。德国的甲等名次，展现出该国道路、机场、铁路和港口基础建设的卓越品质以及非凡的通信和能源基础设施。德国有约 33 000 千米的轨道，是欧洲迄今最长的铁路系统，每年有超过 39 000 次列车运送 1 400 多万名乘客。慕尼黑建有世界上第二大火车站，排在曼哈顿的大中央总站之后，是欧洲之冠。汉堡是世界第二大铁路调车场所在地，仅逊于美国内布拉斯加州的贝利调车场。

德国大部分的生产、服务、批发和零售贸易都依赖于使用高效、现代、可靠的基础设施，并由此取得可观的效率和生产率进步。但德国的基础设施建设不是以数量取胜，不要认为德国有世界上最大的机场、高速公路、铁路网、海港和航道。相反，赋予了德国竞争优势的是各类基础设施的多样性，它们提供高价值的投入产出比例。因为德国公司可以享受先进的基础设施，所以它们的公司能够运筹帷幄，把价值链拆分到国内国外。高效可靠的基础设施带来紧密的合作关系，德国的高速公路网总长约为 12 917 千米，属于世界上最长最密集的系统。可是它的版图比中国、美国小，这为其工业带来运输和时间上的巨大成本优势。

在德国，基础设施对于打造企业在全球化经济中的竞争力起着决定性作用。根据科隆经济研究所进行的一项研究，92% 的受访企业表示，基础设施是竞争力的最重要来源。92% 企业的竞争力主要来自获得稳定可靠的能源资源。在受访公司里，85% 以上的受访企业认同四通八达的道路和高速公路是催发自身竞争优势的关键因素。同样，82% 的受访企业把交通基础设施列为形成比较优势的重要条件。尽管基础设施千变万化、形式各异，然而很明显，这是德国成功占据区域和全球市场竞争优势的秘诀之一。

基础设施影响经济表现的另一途径是人力资本这一相当特殊的生产要素。竞争优势显然离不开人力资本。这不仅仅指一个人的受教育年限，更要看他 / 她能如何利用所接受的教育、培训以及丰富经验，投入决策和最终的创新活动。基础设施促发磁性吸附和留住人力资本、人才及创意阶层。德国有丰富的基础设施，所以人才和创意阶层开始涌入德国城市，不但为这些城市和整个国家的基础设施提供了资源和要素，而且增加了人力资源储备量。

基础设施还通过提高社会资本影响经济绩效。社会资本通常指人、公司和其他组织之间的联系、网络与交互作用。这类联系和网络促使在一个城市或地区内的人、公司和其他组织之间流动。拥有较雄厚社会资本的城市、地区和国家，也会创造较高程度的经济增长，就像拥有更多社会资本的公司通常表现出更高水平的绩效一样。基础设施加强了人与人的相互联系和网络交互作用，即社会资本的表现形式，因为这些人际互动不会发生在真空里。有生命力的基础设施，比如地铁、公共汽车乃至公园、戏院等文化设施，恰恰能增进人际互动和知识思想的溢出，进而形成社会资本。

从理论上讲，基础设施如公路、铁路、港口、机场和码头等，通常被视为物质资本的一种形式。罗伯特 · 索洛（Robert Solow）的经济增长模型认为物质资本是提高劳动力效率的关键。获取物质资本是成为一个行业最高效生产商的重要策略。因此，可以使用相关先进基础设施的公司，将享受到更高的效率和生产率水平，进而提升竞争力。

但是，并不是所有国家都重视基础设施建设所产生的作用。基础设施反映了组织与结构根深蒂固并受法律授权的作用，其基本价值观融于文化并反映在国家的制度和政策上。结构的概念可能重要却又相当抽象，基础设施如果不属于公共福利，也必定是某种共同的利益。相比之下，不以结构、组织作为政策概念和语言思考经济的国家，如美国，基础设施不受重视就容易理解了。美国的基础设施排在世界第 23 位，远落后于其他发达经济体。美国基础设施的老化蔓延之广，侵蚀了公民各种活动的能力。美国如今盛行一个观点：基础设施已经不似从前那般重要。《如何修复美国》（*How to Fix America*）指出："在当代知识型经济体中，创新才是增长的关键，而不是物质基础设施……对于今天的知识型经济社会，新的基础设施建设不太可能像二战后二十几年那样长足增长。"

因此，作为同样的大陆法系国家，德国基础设施的建设和发展对我们来说更具有借鉴意义。大陆法系国家更加强调整体、规范、连接等文化概念，基础设施能够在经济活动、人才培养和社会资本合作中起到非常重要的支撑作用。不可否认知识和创新的作用，但是基础设施能够使得社会更加公平、稳定，而单纯强调创新的知识型经济社会更加强调人与人的区别，容易引起社会的贫富分化和割裂。

具体而言，不同国家在基础设施建设模式方面，存在政治、法律、经济条件等方面的实质性差异。需要重点考虑国别差异性因素，包括经济增长率、公共债务水平、现有税收体系、边际贡献率等。特别是国家在决策是否引进私营部门时，传统公共部门主导与私营部门主导模式之间的优劣比较是一个决定性因素。特别是我国在经济快速增长的阶段，解决资金来源问题的存在使得私营部门更加重要。毫无疑问，私营部门的引入可以很好地解决基础设施的资金来源问题。通过与私营部门合作，政府在中长期内不需要增加税收或加大公共债务，可以进行必要的维修、改造、运营、维护及新建基础设施项目。那么如何组织私营部门加入基础设施建设之中呢？在“防风险、补短板”的中央精神下，基建公募 REITs 经济影响受到了决策部门的关注。

（三）公募 REITs 模式

作为发展中国家，我国基础设施对于减少贫富分化，促进经济发展至关重要。在我国，为保持高水平的经济增长率，2006—2010 年每年投资高达 1 300 亿美元（经济合作与发展组织做研究时，其投资大约相当于 GNP 的 6.9%）。这意味着我国占东亚地区基础设施投资总量的 80%。经济合作与发展组织声称，如何没有私营部门的参与，没有哪个国家能够真正实施这些计划①。

各种类型的国家都需要填补基础设施领域的融资缺口。我国基建投资资金来源主要可以分为预算内资金、国内贷款、自筹资金、外资和其他资金这 5 项。从各类渠道占比来看，2017 年的数据显示，占比最高的是自筹资金（59%），其次为预算内资金（16%）和国内贷款（16%），其他资金和外资占比 9%。和美国相比，我国资金渠道比较狭窄，特别是民间资本参与度不高。

基建公募 REITs 能有效盘活存量资产、补充基建资金来源，同时有望拓宽融资渠道、降低地方政府和相关企业杠杆率，并且为民间资本提供一类能产生长期稳定收益的资产配置工具。相较于 PPP 模式，公募

① 根据经济合作与发展组织在《2030 年的基础设施》中的初步估计，目前至 2030 年，为满足全球范围内对重大基础设施的需求，包括新建、更新及升级的基础设施投资总规模快速上升至 600 万亿美元，每年投资占全球 GNP 的 3.5%。自金融危机以来，这一比例又快速上升。在快速发展国家，资本供应与需求之间的不平衡更加严重。估计这些国家每年投资要占 GDP 的 5% ~ 9%，以保持预计的经济增长率，这样算来，未来需要投资 4 600 亿美元。

REITs 的实操性更强，普通投资者既可以在首次发行时认购，也可以在证券市场上买卖份额，有利于借助社会资金加大基建投资。公募 REITs 能够把收益稳定的优质基建资产转移给投资人，实现资产从政府端到社会资本的承接，避免地方政府通过新增负债的方式扩大基础设施建设，从而降低地方政府对债务融资的依赖，缓解地方政府财政压力。

根据试点要求，公募 REITs 的底层资产聚焦于基础设施领域，通常是已经进入稳定经营期的优质公共资产，如能源领域的电厂、交通领域的高速公路等，风险较低、收益稳定。与产业债、城投债、股票等传统金融资产相比，基础设施公募 REITs 底层资产多为成熟基建项目，经营收益波动性较低，对投资风险的识别相对容易，对于密切跟踪经营主体运营情况的要求有所降低，符合长期投资的需要。

从国际市场经验来看，REITs 主流模式包括公司型和信托型两种。但前者在利润分配、发行上市等方面同现有法律法规存在明显冲突，后者则在公开上市载体、非特定投资人合规性和信托公司职责方面同现有法律法规存在诸多不适应。如果以“一步到位”方式推进 REITs，那么会面临问题多、范围广、流程长等困难，可能导致长时间无法落地。《通知》采用“公募基金 + 单一基础设施资产支持证券（ABS）”的产品结构，避免了上述对多项法律法规调整的问题，后续包括“公募基金 + ABS + 契约型私募基金 / 信托 / 有限合伙基金”等多种成熟方案都可以直接嫁接，具有较强实操性。

《指引》对于基础设施基金交易、扩募和延期预留了具体的执行路径，未来管理人可在不重新发行基金和资产支持证券的情况下完成基础资产的优化调整。另外，在证监会的权限内最大限度地突破了现有法规，要求公募基金对资产支持证券进行全额认购，突破公募基金投资的双十限制，可保障基础设施公募 REITs 发行的效率。

《通知》对项目资产质量、收入来源和资金用途做了详细规定，均意在降低政府性债务风险。试点基础设施项目应符合以下条件：

（1）项目权属清晰；（2）经营3年以上，已产生持续、稳定的收益及现金流，投资回报良好；（3）发起人（原始权益人）具有持续经营能力，最近3年无重大违法违规行为。

为聚焦优质产聚集地，还明确了优先试点区域（见表6.3）：

表6.3 优先试点区域

类别	区域
六大区域	京津冀、长江经济带、雄安新区、粤港澳大湾区、海南、长江三角洲
两类行政区划	国家级新区、有条件的国家级经济技术开发区
六大行业	仓储物流、收费公路、水电气热、城镇污水垃圾处理、固废危废处理、信息网络
三大园区	国家战略性新兴产业集群、高科技产业园区、特色产业园区

资产项目首先由公募基金设立募集资金，由其持有资产管理公司设立资产支持专项计划。资产支持专项计划下设私募基金，私募基金下设项目公司，项目公司持有基础资产。项目成立后由证券公司担当财务顾问，报发改委对项目审核，然后报证监会对发行流程审核。

根据《指引》，基金管理人处于该产品的核心地位，是确保基础设施项目持续健康运营的关键，因此《指引》对基金管理人的要求最高，需要配备不少于3名具有5年以上基础设施项目投资管理或运营经验的主要负责人员，且对研究经验、业务经验、前期风险事项以及管理制度和流程都进行了具体规定。同时，对于基金管理人和资产支持专项计划管理人，要求具有同一实控关系，减少委托代理关系，保证风险可控。

具有一定特殊性的是，《指引》对于基金管理人和托管人的要求较高，目前境外少有REITs对上述主体有专业化要求。印度的基础设施投资信托对基金管理人要求为2名5年以上经验，但未对托管人有业务经验要求。同时，《指引》规定，对外借款总额不得超过基金资产的 20%，低于多数市场 45% 或以上的水平。上述两项设定，充分体现了试点期间求稳的思路。《指引》对托管人、中介机构、原始权益人也提出了具体的要求。其中规定，原始权益人参与基础设施基金份额战略配售且比例不得低于基金份额发售数量的 20%，锁定期长达 5 年。

基础设施 REITs 秉持“市场原则、权益导向”这一重要原则，具体要求和专项债、产业基金、PPP 等模式有根本不同，不会出现明股实债、政府补足等模式，最终目标是为地方政府基础设施项目建立可持续的退出渠道，弥补项目投资资金特别是资本金的不足，达到化解债务风险、降低政府杠杆率的效果。

基础设施 REITs 现金流来源具备较高分散度，且主要由市场化运营产生，PPP 项目应依法依规履行政府和社会资本管理相关规定，收入来源以使用者付费为主，不能依赖第三方补贴等非经常性收入。鼓励将回收资金用于新的基础设施和公用事业建设，重点支持补短板项目，形成投资良性循环。

如果政府及其实际控制的平台公司可以通过 REITs 实现良性循环，未来城投公司则可以从投融资功能为主转型为真正意义上的地方基础设施专业化运营主体。《指引》明确了基金管理人可以聘请第三方机构负责日常运营维护和档案归集管理等工作，城投公司作为对地方情况和资产状况最熟悉的机构，最有条件承担这一职责，并转型成为“轻资本”的运行主体。REITs 公开发行后，基于信息披露和规范管理的需要，还可以倒逼城投公司提高精细化运营管理能力，实现优胜劣汰。

REITs 最为知名的规则是美国的“四项测试”，包括收益分配、资产构成、收入构成和组织结构。其他如日本、新加坡、中国香港和印度等市场也均有类似规定。本次《指引》，在收益分配上，要求比例不低于基金年度可供分配利润的 90%，与上述市场保持高度一致；在资产构成上，要求房地产占比达到 80%，与上述市场相比处于较高的水平，意在保持这一产品的专用性；在收入构成上，没有具体要求；

在组织结构上，类似于印度的基础设施投资信托，规定了原始权益人的最低持有比例和期限，并设定了机构投资人的持有比例下限，意在通过原始权益人和机构投资人的参与，降低项目道德风险、提高定价准确性并避免价格剧烈波动。至于基金的组织结构（最低 1 000 人持有），则同《中华人民共和国证券投资基金法》中公募要求保持一致。

从 1960 年美国推出首只 REITs，到现在已经有 60 多年时间，但不论是最为成熟的美国市场，还是亚太范围的新加坡和中国香港地区市场，从制度发布到市场成熟，无不经历了较长的发展过程。因此，从当下试点的发布，到 REITs 市场的真正繁荣，相关制度的建设和完善仍是一个较为长期的工作，很难一蹴而就，还需要监管部门、市场主体和研究机构的持续参与和努力，但是《通知》及《指引》使得基础设施 REITs 终于迈开了由私募转公募的关键一步。

第七章

组织管理与运营

一、尽职调查

《孙子兵法》里面有段话："夫未战而庙算胜者，得算多也；未战而庙算不胜者，得算少也。多算胜，少算不胜，而况于无算乎！吾以此观之，胜负见矣。"意思是在未战之前，经过周密的分析、比较、谋划，如果结论是占据的有利条件多，则胜算的把握就多。如果没有把握胜利，胜算的把握就少；如果在战前干脆就不做分析，那么在实战中就不可能获胜。用这点来判断，胜负就显而易见了。从《孙子兵法》这段话可见，任何事情的前期周密的分析、比较、谋划是何等的重要！商场如战场，在开展项目前，尽职调查就相当于"庙算"。尽职调查是房地产投资能够成功的关键。尽职调查包括至少 3 个部分：市场尽职调查、财务尽职调查和法律尽职调查。

（一）市场尽职调查

REITs 的房地产市场由一个一个房地产项目组成，项目之间必有差异化。REITs 投资想要获得好的回报，必须有准确的市场定位，发现竞争优势，进而体现市场销售方面表现良好。市场尽职调查应该从宏观和微观层面分析。

从宏观层面分析，市场调查应把握当前所处的经济周期及该REITs项目所在城市的总体情况。房地产是以不动产的形式固定在一个城市当中，由此地域性的差异非常明显。一座城市是一个巨大的载体，它的经济形态和产业情况决定消费者的购买力和消费偏好。同时宏观层面还需要考虑经济政策，包括行政调控、金融调控。这些调控有些对需求产生影响，有些对供给产生影响，还有一些调控对需求和供给都产生影响。诸如户口限制、社保纳税要求、税收轻重属于行政调控；银行对房地产贷款利息上下浮动、贷款额度、抵押比例等都属于金融调控。金融调控可以通过设置购房首付款比例和强化贷款资格审查，减少对住房抵押贷款的信贷投放量，从而降低购房者的购买力和购买预期，大幅减少市场上的需求。如果银行减少对房地产企业的间接融资支持，会加大房地产企业申请项目开发贷款的难度，影响房地产项目开发建设进度，甚至导致烂尾楼项目的形成，这些都将直接减少市场的供给。

从微观层面分析，对REITs的市场调查内容包括以下内容。（1）项目内部情况：位置及平整性和规则性、开盘定价及销售能力、操盘团队管理能力、房地产企业品牌影响力等；（2）项目市场环境：项目区位、交通条件、区域人流、视野障碍、自然环境、商业配套、人文氛围等；（3）外部环境：包括城市规划、区域内项目开发、区域内客户群和周边产业发展等。尽职调查应该尽可能全面地了解这些方面，并综合相关内容带有预期性地进行评价。

房地产市场尽职调查分为3个阶段：第一个阶段是资料收集阶段，应该充分利用公开信息进行查询，有必要可以做问卷调查；第二个阶段是资料整合阶段，此阶段应该根据专家的意见选择适用的模型进行分析；第三个阶段是深入项目施工地、项目办公地、项目售楼处及竞争对手的相关场所，进行现场询问和记录。综合对微观环境要素的调查，不应该以偏概全，既要对项目自身和周边的优势与劣势进行分析，也要对外部环境的机会和威胁进行分析，二者共同构成拟投资房地产项目的SWOT分析。

（二）财务尽职调查

财务尽职调查是房地产投资基金开展投资尽职调查的核心内容之一，充分而翔实的财务尽职调查，是投资方做出合理投资决策的基础。在获得真实有效的基础财务数据的前提下，对目标公司的偿债能力、盈利能力、现金流等财务状况进行核实，并结合项目的具体情况进行分析。

当前的房地产企业，尤其是中小企业为了应对法定财务的报告审计要求或者基于纳税、融资方面的考虑，往往会准备多套财务账。因此企业为了融资，可能在提供财务资料时会有所保留，在某些情况下甚至对其披露的财务报表进行一定的粉饰，这就使得房地产投资基金在对融资方进行投资分析时，单纯依据融资方提供的财务数据很难做出较为客观的财务评价。因此投资方如果要顺利开展尽职调查，首要工作就是融资方管理层进行充分、有效的沟通。在沟通的过程中，投资方首先需要了解项目公司拟融资的规模，分析是否有融资的必要。如果没有必要，则目标公司可能存在通过拟融资项目将所融资金转借给其他关联公司使用的可能。之后，投资方需要进一步了解目标公司开发资金的来源及金额大小。

一般来说，目标公司资金来源有以下几个方面：（1）股东原始投入；（2）关联方或股东的借款；（3）银行的借款；（4）股权投资企业的过桥投资；（5）信托。不同的资金来源使目标公司面临着不同的财务压力。在股东的投入及其借款、关联公司之间资金的占用方面，资金使用成本小甚至不用支付使用费，而且资金使用时间也没有明确的限制，一般是等到拟融资项目全部清算完毕，所以该部分资金对目标公司不会形成偿债压力；在银行借款方面，融资成本固定，偿还时间比较确定，但是有可能使目标公司面临短期偿债压力，同时，目标公司获得银行贷款离不开相应的抵押担保；在股权投资企业的过桥投资方面，借款部分需要定期偿还本金，而股权投资部分尽管名义为股权，但到期一般也涉及股权回购义务，所以该部分融资在某种程度上也会使目标公司面临偿债压力，同时该部分资金的成本较高。因此投资者应该关注目标公司的资本结构。

接下来投资者应该关注目标公司关联公司的经营和财务状况。因为当前大多房地产项目的基本模式是，针对不同的项目，由实际控制人或其控制的公司成立专门的目标公司进行运作，从而实现各公司之间财务上的相对独立，以降低经营风险。另外，目标公司成立初期，一般会形成目标公司对关联方或股东的负债。

财务指标分析一般包括资产的流动性、公司的偿债能力和盈利能力的分析，各个大的指标项目下又包括相应的小指标。在资产的流动性方面，关注目标公司资产负债率时，应关注其负债的构成，考察哪些负债会对目标公司形成真正的偿债压力。在目标公司的偿债能力方面，首先看资产的负债率，其次看利息保障倍数，目标公司销售收入能够覆盖利息多少倍。盈利能力指标包括净资产收益率、销售净利率、投资净利润率等，这些指标的分析都需建立在财务数据预测的基础上，因此首先需要保证这些指标的基础数据的可靠性，其次才是关注指标本身所反映的财务状况。

另外，由于房地产开发的特殊性，目标公司往往由实际控制人设立，目标公司的管理团队一般也来自实际控制人的其他关联公司。所以，管理公司的综合实力、过往业绩和管理团队的操盘能力都对目标公司的拟融资项目有重大影响。

（三）法律尽职调查

投资方由于信息不对称，无法通过商务谈判等活动深入了解融资方，这种情形下的投资风险是巨大的。所谓“知己知彼，百战不殆”，只有通过法律尽职调查，才能判断本次投资是否存在法律风险，存在哪些法律风险以及如何控制。

房地产投资基金在尽职调查的过程中会遇到一系列的法律风险，包括历史沿革的问题，出资程序的规范问题，项目公司的独立性问题，股权结构是否合理的问题，管理运营模式、债权债务和担保、知识产权等法律方面的问题。这些风险点对相应的房地产项目投资都会产生重大的甚至根本性的影响。在实践过程中，法律尽职调查中的问题更具有多样性，时刻考验专业律师识别法律风险、控制法律风险的能力。

上述关于市场尽职调查、财务尽职调查以及法律尽职调查的介绍比较简单，如果读者想进一步了解相关内容，可以搜寻专门讲述尽职调查的书籍进行学习。如果在工作中遇到需要尽职调查的问题，一般资料可以多向被调查企业索要查看，如果涉及较深与较复杂的内容，不妨考虑邀请或聘请该行业的高水平专业人士、财务专家和法律专家进行联合调查。

二、投资模式

（一）直接收购

由于中国法律对投资者的保护还不完善，所以现在房地产投资基金一般采取纯债务的投资模式，或者“股＋债”的投资模式。投资期限短，投资基金一般不会等到项目销售结束后退出。项目公司将房地产投资资金作为过桥资金，收益比较高，但是风险也相对较大。在市场不好的情况下，投资者的本金可能无法收回，这样项目风险实际上都要由投资者直接承担，所以这种投资模式对投资者的抗风险能力要求相对较高。因此房地产投资基金更需要专业的管理团队，以实现基金的持续发展。房地产投资基金如果要持续实现滚动投资，最原始的投资额只能是原始沉淀资金，房地产基金的存续期限应尽可能拉长，在此期间陆续发起下一只项目基金，这样基金在起步后不断有长、中、短期的收益支持基金的发展，甚至投资者可以通过对基金份额的转让实现退出，进一步发展衍生金融产品。

（二）杠杆收购

中国近20年的房地产，主要以开发房地产项目为主，而不是以商业运营为主。由于商业氛围的形成需要一定时间，因此这个时期的房地产投资基金主要是以投资房地产开发为主，待项目成熟后，则顺其自然地转为以商业运营为主，运营成熟可以上市成为REITs。一些条件成熟的中国房地产企业已经将部分资产剥离成为REITs，比如越秀REITs成功在香港上市。

我国目前还在试水房地产资产证券化。从中国实际情况来看，投资基金目前大量的投资机会来源于房地产开发项目。而这些项目一般都需要通过杠杆进行融资，因为在房地产交易中，项目公司如果需要融资，资金主要来源于房地产抵押融资。但是因为价款支付尚未完毕，房产无法办理过户登记，故资金提供方会以项目公司未取得房产所有权，无法办理抵押为由拒绝提供资金。如果项目公司希望使投资基金同意先出资再过户的话，需要如下措施：

（1）引入第三方担保。一般都是由实际控制人以个人名下资产或者有实力的第三方提供担保。

（2）设置监管账户。由出售方、房地产投资基金与资金提供方共同设立监管账户，资金提供方将其向房地产投资基金提供的资金汇入该监管账户，保证投入资金专款专用。

（3）设定违约金条款。由出售方与房地产投资基金在房产买卖合同中设定违约金条款，若房地产投资基金未按约定向出售方支付房地产价款，则按约定向出售方支付违约金。

（4）通过项目公司的股权质押方式向信托基金或其他第三方进行借款融资。

现在，商业地产开发商经过一段时间的发展，在品牌、商业运营管理方面已经具有独特的优势，只是在实行对外扩张时，如果单纯依靠自身力量直接投资房地产项目，往往受到资金实力、开发经验等方面的限制。日益激烈的市场竞争环境迫切需要商业地产开发商进行一些商业模式的创新。商业模式的创新可以从以下两方面着手：一是产业的上游，即创新融资模式；二是产业的下游，即创新项目开发运营模式。创新融资模式就是通过结构化募投的设计，引入房地产投资基金。

选择何种募集方式，主要考虑各种形式下的设立成本和运营成本。在现有法律制度下，房地产投资基金大多选择有限合伙的形式。但是自 2014 年 3 月 1 日起实施的新《中华人民共和国公司法》将公司注册资本由实收资本制改为认缴资本制，且在 2015 年有限合伙制的投资基金税收将按个人所得税累进征收，一般会达到 35% 的所得税，未来以公司形式发起设立 REITs 正在逐步成为可能的选择。

（三）阳光私募

目前市场上以公开方式募集的投资产品，主要有信托公司发行的信托计划、资产管理公司发行的资产管理计划，以及银行等金融机构销售的理财产品等。房地产投资基金现在暂时还不能直接进行公开募集资金，但是房地产投资基金可以引入上述投资主体，即具有相应资格的牌照公司，如信托公司、资产管理公司、投资公司等。当然，不管采取何种募资方式，投资者人数都应限定在法定范围之内。房地产投资基金通过引入前述牌照公司，不仅可以最大限度地利用牌照公司通过公开方式募集资金，实现募资的阳光化，同时也可以使牌照公司对房地产投资基金的募资和投资起到一定的增信作用。

本书采访了一些行业专家，他们提出当前 REITs 应该采取“公募基金 + ABS”模式。

受《中华人民共和国证券投资基金法》(简称《证券投资基金法》)的限制[①]，公募基金难以作为载体直接投资不动产资产或不动产资产所属项目公司股权。如今中国 ABS 的发展以及相关制度规则日渐成熟，不动产支持证券将成为 REITs 投资标的的自然选择，“公募基金 +ABS”模式的公募 REITs 应运而生。

“公募基金 +ABS”模式的公募 REITs 模式即由计划管理人根据《公开募集基础设施证券投资基金指引（试行）》、以目标公司的股权作为“基础资产”，发起设立资产支持专项计划；然后由基金管理人发起募集公募基金，并明确公募基金的唯一或主要投资目标即资产支持专项计划的权益型份额。

在此模式下，由于公募基金的投资目标为资产支持证券，其可视为《证券投资基金法》所述的“国务院证券监督管理机构规定的其他证券及其衍生品种”，并不违反上位法律（如《证券投资基金法》）中关于公募基金投资范围的相关规定。同时，由于此模式的实施仍然在一定程度上涉及对中国证监会部门规章（主要是《证券投资基金运作管理办法》项下的双十限制）的突破性理解，需要依赖于中国证监会进一步的支持。“公募基金 +ABS”模式充分利用了现有的制度框架，突破难度最小、层级最低，并且考虑到中国证监会在过往项目中的审批态度，在未来一段时期内“公募基金 + 资产支持计划”模式得到中国证监会认可并作为早期公募 REITs 产品法律结构的可能性相对较大。

① 双十限制：基金管理人运用基金财产进行证券投资，不得有下列情形：（1）一只基金持有一家公司发行的证券，其市值超过基金资产净值的百分之十；（2）同一基金管理人管理的全部基金持有一家公司发行的证券，超过该证券的百分之十。

三、投后管理

从房地产投资基金的投资者现状来看，由于现阶段基金管理人无法得到投资者的完全信任，常常受到投资者干涉，而掌握投资决策权的投资者往往抗风险能力较差、投资意识守旧，追求零风险、高收益，因此为了获得投资款，基金管理人大多选择向投资者妥协，最大限度地满足投资者零风险的要求，加之没有法律规制与部门监督，导致我国房地产基金目前呈现出比较畸形的投资形态，即担保下的投资。如此一来，除非融资方及其关联公司，实际控制人均出现异常情况，比如资不抵债，否则在如此充分的投资保障下，可以说房地产投资基金的投资没有风险。因此一旦获得充足的投资保障，基金管理人并不担心投资资金的安全，投后管理变得可有可无，相关规定成为只存在于投资交割文件中而怠于实行的一纸空文。

实际上，这样长期下去必然会导致行业整体风险加剧。一些房地产基金认为，在房地产融资市场供小于求并且有充足投资保障的现阶段，投后管理可有可无。显然这种观点是错误的，也是不规范的，更是不负责任的。房地产投资基金若不重视投后管理，市场情况的改变导致销售回款情况与预计产生巨大的偏差，或者融资方的不当行为，在投资退出时点也自然会出现现金流不足的情况，这也势必导致房地产投资基金无法如期退出。

从我国房地产投资基金的发展来看，房地产投资基金正在朝着专业基金方向迈进，投后管理应该得到越来越多的关注。真正专业的房地产投资基金，通过前期充分的尽职调查，判断融资项目是否具有投资价值；通过投后管理与增值服务，防控、降低投资风险，并始终与融资方共享收益、共担风险。而我国现阶段的房地产投资基金，过于依赖各种形式的投资保障，享有高收益的同时却不愿意承担相应的风险，从实质上看，不免有以投资为名行借贷之实的嫌疑。随着房地产投资基金的不断发展，机构投资者必将会越来越多，基金从业人员的专业素养也必然会得到不断提升，配套法律法规也会随之建立，这势必会对我国房地产投资基金提出更高要求。在不久的将来，我国房地产投资基金必然会摒弃这种涉嫌名为投资实为借贷的投资模式，成长为不再只是追求投资保障而是重视投前尽职调查和投后管理的专业基金。

投后管理应该注重以下几个原则：

（1）全面性原则。虽然投资方的投资目的并不是经营管理被投资方，但投后管理仍应做到全面。一方面，应关注融资项目的销售回款情况，另一方面应关注融资方增加负债或减少资产的行为。这样一方面保证融资方有现金流入，另一方面可以避免融资方现金的不必要流出。

（2）适度性原则。投后管理必须在被投资方可容忍的范围内进行，如果投后管理过于苛刻，可能导致投融资双方关系的破裂，也可能对投资的安全退出埋下隐患，背离了房地产投资基金管理的目的。当然，“度”的范围究竟在哪，这主要取决于投融资双方在合作洽谈阶段投资方所争取的投后管理内容或者是被投资方能够接受的投后管理的范围，这是双方博弈和协商的结果。

（3）持续性原则。

（4）及时性原则。

（5）真实性原则。

（6）创新性原则。

从融资方角度分析，除了能带来资金，通过融资最好还能实现公司增资，因此，投后管理还应当注重为融资方提供增值服务。例如，在公司层面，通过协助融资方调整公司治理架构，提升公司管理、运营能力，通过协助融资方进行对外投融资，提升公司的金融能力；在项目层面，通过协助融资分析房地产市场、研究销售策略，甚至帮助推荐介绍上下游客户，提升公司开发建设能力以及操盘能力。这样一来，经过投后管理与赋能，融资方能够使公司资产获得增值，房地产基金终将成为融资方的首选。

投后管理的方法有以下几种：一是人员交流访谈；二是参加列席会议；三是项目现场巡查；四是电话网络调查；五是定期书面审查；六是专职人员派驻。投后管理应关注的内容可以概括为以下几个方面：一是宏观政策；二是市场环境；三是公司运营，公司运营的关注点包括公司经营方式的变化、股权的变动和高级管理人员的变动情况等；四是项目状况；五是财务状况；六是公司监管。投资管理工作涉及的内容很多，基本上涉及被投资方经营管理的方方面面，所以有效的管理离不开专业的投后管理团队。但是，总的来说，投后管理工作中的大部分内容都是相互关联的，如果被投资方能够积极有效地配合，投后管理工作将会比较顺利开展。

还有房地产投资基金的退出问题。投资退出是房地产投资基金的最后一环，是对募资、投资、投后管理阶段的最有效检验，同时也关乎房地产投资基金能否顺利开展再投资。房地产投资基金通常的退出方式有 IPO、并购、股权转让、原股东回购、清算及其他，而回购方式比较普遍。

王安石诗句："物以终为始，人从故得新。"钢铁巨头卡内基曾言："尾声只是开始。"房地产投资基金是一个"募资 – 投资 – 管理 – 退出 – 再投资"的循环过程，退出是上一个项目投资的终结，也是下一个项目投资的开始，具有承上启下的作用。在实际操作中，投资退出的重要作用被很多房地产基金所忽视，而且出现了很多的疏忽，主要表现在跳过尽职调查和投资决策程序、投资决策委员会会议违反议事规则、退出法律手续不完善甚至缺失等。因此，投资退出必须严格按照房地产基金投资程序进行，以看得见的方式实现风险控制。

（一）运营管理

REITs的运营管理是非常复杂的，要使REITs具有强大的执行力，并非易事。作为商业地产行业的公司，REITs仅仅知道房地产或者金融方面的知识显然是不够的。如何与物业使用者形成良好的互动？如何控制开发成本？如何寻找投资者？本章所讲的运营管理，只是一些基本的建议，希望读者在实际操作中“不唯书、不唯上、不唯洋”，在实践中寻找符合自己公司发展需求的管理方法，毕竟“鞋子舒不舒服只有脚知道”。

（二）业务组合

金融行业首要的任务是确保资金的安全，如何确保资金的安全？第一，在实际运营上更加专业和规范；第二，在投资组合上分散风险。

如何在投资组合上分散风险？从长期来看，投资最基本的原则是在专业领域保持投资的多元化，这是保持资本和业绩持续的关键。如果将资金大部分放在单一业务上，可能获得非常可观的投资收益，但是没有人能够完全准确地预测未来。

房地产投资组合是指在对房地产市场进行细分的基础上，根据各类型房地产特点，选择两个或两个以上不同类型的房地产进行投资。实际上，REITs在房地产所有权、流动性和专业化管理等方面提供了广泛的多元化，REITs投资类型既可以指不同功能的房地产，如公寓、商业街、邻里购物中心、经销中心、写字楼、工业用房地产、宾馆、自储设施、医院、高尔夫球场等，也可以指不同地区的房地产。另外，同一功能的房地产由于其档次、规模、服务的市场、地理位置的不同，也属于不同类型的房地产。具体的风险分散原则主要有以下3条：

（1）物业空间组合。投资的空间组合指的是房地产投资不应局限于某一地区，即不要把所有的资金投放在同一地区或地段上。这是因为房地产的空间位置不可移动，其价值受区域经济环境影响很大。如果将投资全部集中于一个地方，那么一旦这个地区经济出现波动，就有可能给投资者造成重大损失。所以，房地产投资应该在空间上合理配置，通过区域优势互补，使投资风险降到最小，投资收益达到最大。

（2）商业周期组合。一般来说，开发周期越长，风险就越大。反之，开发周期越短，风险就越小。原则上，资产组合模拟的准确性可以通过探索加以完善，这是技能、模型设计的一种形式，都需要定期更新。房地产投资组合应注意物业地段上的分散性，比如选择若干具有不同开发周期的项目，可以在降低平均风险的同时，确保获得足够的投资收益。

（3）投资工具组合。根据不同的市场需求层次，组合房地产投资。市场需求多种多样，消费者的预算约束和偏好是不尽相同的，有时甚至完全凭感觉来做决策。如果投资者能够使其拥有的商业地产投资在行业、地理区位和租户选择方面实现适当足够的多元化，根据相应的收益承受相应的风险，逐级适宜变化，那么 REITs 自然会成为房地产金融市场的点金石。

（三）规范制度

投资基金采取何种形式对其发展至关重要，规范化的运作可以减少非常多的操作风险。“横看成岭侧成峰，远近高低各不同”，房地产是一个容易让人犯错误的行业，这是因为房地产非常依靠专业知识和当地人脉经验，所以商业地产很难标准化。但是只有标准化和规范化的 REITs 才能赢得资本市场的欢迎和支持。我国社会正处于转型期，特别是房地产行业和金融业，REITs 实行总部高度集权的管理模式比较适合。为了控制成本，财务、质量、安全等重要部门可以实行轮岗和总部垂直管理。同时要严格执行管理规范，强化监督。REITs 的运营规范应该结合实际，并不断进行补充和完善，本节简要地提出一些

REITs 的运营步骤，以供参考：

（1）REITs 在募集基金前，先与基金保管金融机构（一般是银行）签订房地产投资回报契约，并报审批。

（2）依规定编制公开募集说明书，受益凭证销售委托证券承销商负责办理。

（3）房地产证券投资信托公司与建筑管理公司或特定专业公司签订房地产投资委托契约。

（4）通过发行受益凭证募集资金，另外委托合规金融机构并由其代为设立 REITs 账户保管资金。

（5）建筑管理公司按契约规定对各种房地产证券的投资安全性、盈利性、证券组合及其价值进行评估。

（6）将取得的房地产投资标的产权登记在 REITs 专户名下。

（7）公司发出指令并指示托管银行执行资金运用的有关事宜。

（8）将 REITs 标的所获投资收益并入基金，纳入专户保管。

（9）由托管银行依委托契约从基金专户中支付建筑管理公司的委托费用，托管银行依 REITs 契约收取基金保管费用。

（10）托管银行按 REITs 契约将基金收益按时分配给凭证持有人。

根据美国 REITs 操作经验，在具体处理这类基金时，REITs 一般设有 5 个部门分工管理，这些部门相互合作支持，相互监督制约：

（1）基金规划部。负责筛选确认房地产投资标的，规划基金内容和机构，并负责基金所决定的房地产投资方案和各项前期准备工作。

（2）基金募集部。负责制定基金募集的销售策略，协助金融机构和证券公司，负责代销基金受益凭证，募集资金。

（3）基金管理部。负责所有基金房地产投资标的的购买、开发、管理及其他业务。

（4）投资服务部。按时提供投资报告和财务报告给基金投资者，解答投资者的各种疑问，并保留投资者名册，及时配发盈余给投资者。

（5）财务部。负责所有基金的会计、税收及现金管理，同时负责定期报告并接受税务部门查账等各项业务。

（四）业务管理

在美国，REITs 基本是由房地产开发商发起设立的，因此物业的投资管理有着非常专业的技能基础和丰富的业务经验积累。未来的 REITs 应该是集中开拓房地产金融这一细分市场，以分散组合投资的原则投资于房地产行业的股票、债券或房地产信托产品，成为一类行业投资基金。在这类信托投资公司内部逐步建立起高素质的房地产开发管理团队和完善的投资管理体系，所有管理工作都由托管人或其与受托管理公司一起负责，通过规模效应提高经营效益和降低管理成本。

商业地产的业务管理，应该被放在非常重要的位置，而且需要重视信息化管理。“大数据”时代对人的影响非常巨大，“大数据”不是说数据有多么大，而是说数据是多维的，立体式的数据网能够对管理起到非常重要的作用。

另外，应该发展体验式商业地产。如今的网购对实体经济冲击非常剧烈，许多商店商铺都搬到网上进行销售，免去了租金成本。但是网购只能冲击提袋型消费，不会冲击体验式消费，体验式消费是需要消费者亲临的消费，例如吃饭、看电影、游乐场之类，而且网购只能适用于信息容易对称的商品，特别是现阶段的高端产品，由于在网上购买风险还是比较大，用户还是倾向于去商业购物中心购买。对于 O2O 的发展，商业地产需要与客户产生互动，O2O 是商业地产发展的一个机会，而不是挑战。

在商业地产管理中，创新商业模式最为重要。相对于提高管理水平、提高管理效率而言，创新盈利模式更为重要。通过创新找到盈利增长点，做到人无我有，人有我优。随着科技的发展，经济质量水平的提高，派生出很多新的经济领域和新的经济增长点，产生了很多新的行业。在这个经济大潮中，谁能够更早地发现别人没有发现的盈利点，谁就能够发展得更大、更快。

现如今，针对国家宏观经济形势的发展，商业地产需要从原来的粗放型发展模式转变为精细化、资本化的发展模式，商业地产更应该借助资本市场，从而建立长期的低成本融资渠道。REITs 的出现让大家看到除了上市公司，还有这样同等良好的模式，只有这种低风险、低回报的基金才能支持商业地产，特别是大型商业地产项目的发展。中国 REITs 目前主要由私募 REITs 形式构成，需要增强 REITs 产品的流动性，与银行、担保公司等金融机构合作形成规范运营。当国家认为当前公募条件已经基本具备时，REITs 采取公募或者在证券交易所公开挂牌交易的政策自然是瓜熟蒂落、水到渠成。

四、管理结构

REITs 一开始被定位为投资管道而设立，公司层面可以获得免税。相比于同样免税的合伙企业，REITs 不会将损失和无限责任传递给股东，因为 REITs 是公司性质的组织结构。信托型 REITs 的组织结构非常强调相互制约，委托人、托管人和受益人三者相互独立，相互监督。REITs 全称为房地产投资信托基金，意味着这种实体应该是信托，但是实际上 REITs 的管理结构不仅仅是信托，还有公司、协会或者其他法人形式。如果需要成立 REITs，那么需要满足一系列法规对结构和运营模式的要求。为了取得免缴公司所得税的地位，在美国 REITs 必须满足《国内税收法》第 856 ~ 858 条的法定要求，这些要求在前文中详细列出，这里就不再赘述。这些要求被业内称作是取得 REITs 免税资格时的一系列“测试”要素，以换得公司层面免税的权利。

五、组织结构

（一）传统结构

在美国 REITs 的发展历史上，1986 年是一个分水岭。在 1986 年以前，REITs 虽然可以直接持有房地产资产，但是它需要和第三方房地产管理公司签订外部协议，由第三方负责其物业的运营管理、租赁服务和收取租金。图 7.1 是美国 REITs 的传统结构。

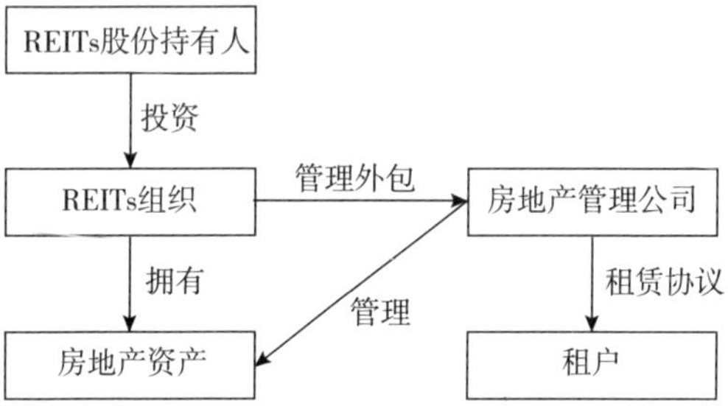

图 7.1　美国 REITs 的传统结构

传统结构的 REITs 有非常明显的税收优惠驱动意图，特别是在 REITs 需要支付大量现金作为股利分红时，REITs 可以在公司层面上免除公司所得税。据统计，这一结构可以将 REITs 行业的收益提高 4 个百分点。同时由于采用 REITs，投资者不必投入费用高昂的避税政策研究，而在这些政策研究上所能节省的费用是 REITs 行业市值的 1%～4%，因此 REITs 在税收方面所获得的利益合计起来为 REITs 行业市值的 5%～8%。REITs 只需要专注于投融资与资本管理，虽然丧失了财务与经营策略的灵活性，而且被要求分配绝大部分的应纳税收入，但是 REITs 还是广受投资者追捧。因为 REITs 不断地把利润分红出去，所以它只能一次一次地寻找外部资金支持，然而免税的诱惑难以阻挡。

（二）合订结构和双股结构

在合订（Stapled）结构和双股（Paired-share）结构的 REITs 中，股东持有 REITs 和运营管理公司（通常为 C 类公司）两个实体，也就是说这两个公司的股份被合订或者配对在一块，以一个单位进行交易，因此被称为合订或者双股结构，两者在本质上没有差别，只是在两个实体之间的联系程度上有所差别。

合订结构和双股结构的 REITs 可以依托上市公司和运营公司两个实体，既可以充分享受 REITs 的税收优惠政策，又可以灵活运用，这两个实体可以同时从事 REITs 和房地产运营公司所允许的任何房地产业务（见图 7.2、图 7.3）。而其他结构的 REITs 由于组织结构的束缚，根据法律规定不能直接经营那些不以租金而依靠销售作为主营业务收入的房地产业务，比如酒店、度假村、高尔夫球场和赌场的经营。所以，和其他机构发起的投资信托基金相比，合订结构和双股结构具有十分明显的优势。细分起来，可以把这些优势归为 4 点：

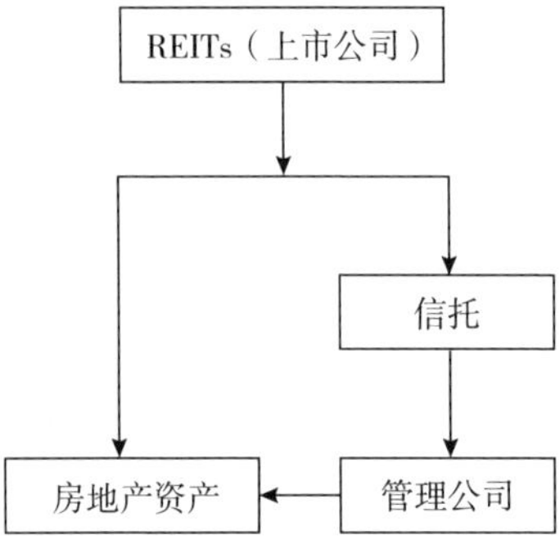

图 7.2 合订结构

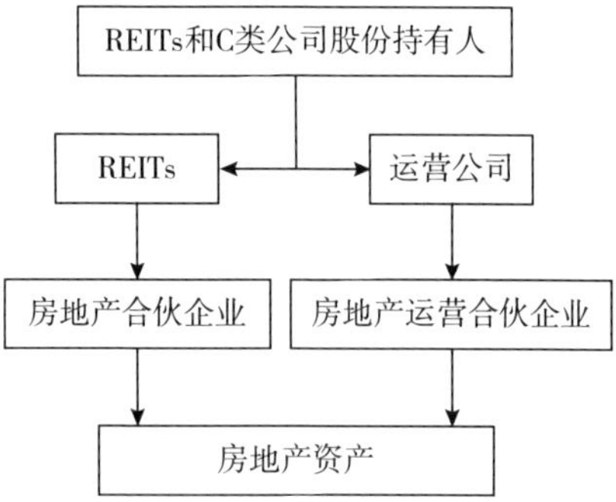

图 7.3 双股结构

（1）可以享受的税收优惠。合订结构和双股结构的 REITs 仍可以凭借其 REITs 的地位，依照美国《国内税收法》规定，避免双重征税。

（2）经营优势。普通 REITs 的经营范围受到一定限制，比如根据美国法律规定，它们不能直接经营酒店、度假村、高尔夫球场和赌场，因为这些类型房地产的主营业务收入属于其他类型销售收入，而非租金收入。但合订结构和双股结构的 REITs 能够通过经营管理公司经营此类地产。这样 REITs 绕开了法律对 REITs 的经营限制，将自己的经营范围合法扩展，开展其他 REITs 不能经营的业务，赢得市场经营优势。

（3）股东的收益优势。在其他 REITs 中，由于负责房地产运营的公司是外包的第三方管理公司，REITs 以它作为管理物业的主要负责机构，在扣除租赁费用和运营管理费用后，属于自己的利润自然比较少。而对于合订和双股结构的 REITs，由于股东同时拥有 REITs 和运营管理公司两个实体，其除了获得一般 REITs 的股东收益，还可以获得经营其他 REITs 不能经营的物业范围，运营公司作为租户，此时在支付所有运营管理费用之后，其获得的经营利润依然属于股东方，这可以有效地防止 REITs 的利润“漏出”。

（4）管理上能够有效避免利益冲突。在合订结构和双股结构的 REITs 中，REITs 公司股东同时持有运营公司的股份，二者的股东和经营目标相同，有效地消除了财产所有人与管理人之间的利益冲突。

20 世纪 70 年代，合订结构和双股结构在美国 REITs 市场上大量涌现，其中具有代表性的有 Hotel Investor Trust、Santa Anita Realty、Hollywood Park 等 REITs。1998 年，美国修改了相关的税收法律，对合订结构和双股结构进一步采取限制措施，迫使这种类型的 REITs 开始结构创新，进而出现了纸夹结构。

（三）纸夹结构

在合订结构和双股结构遭到税收立法限制后，纸夹结构的 REITs 被衍生创造出来。纸夹结构与合订结构和双股结构的逻辑是类似的，都是同时控制 REITs 和管理公司，只是为了规避立法限制，纸夹结构的 REITs 一般由股东先成立一家 C 类房地产管理运营公司，并由这家公司从 REITs 中租借房地产物业去经营，一方面 REITs 所收取的租金是免税的，该部分收入会全部回到 REITs 股东账户，另一方面，如果租赁合同签的租金很高时，股东的所有收入都会变成 REITs 的收入而获得免税。此时，REITs 和房地产运营管理公司是相互独立的两个实体，通过协议或合同进行交易（见图 7.4）。

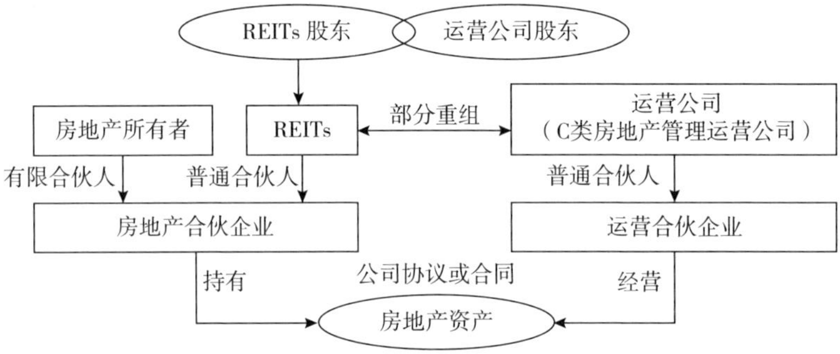

图 7.4　纸夹结构

双方的股东不相同，也没有被捆绑在一起以一个共同主体单位进行交易，这种松散结构的内在联系又很紧密，因为双方部分董事会成员和高级管理人员相同，这样就确保了双方在股东利益与公司的经营管理和发展方面是一致的。而且地产运营管理公司董事会中的独立董事占据大部分席位，其与 REITs 并无利益关联，这样可以降低 REITs 系统内的利益冲突。两个实体通过公司之间的协议或合同发生业务关系，即所谓的“纸夹”相连，来保证双方利益的一致性，这就是纸夹结构的 REITs。

纸夹结构的 REITs 延续了合订结构和双股结构 REITs 所具有的经营优势，它可以收购税法规定 REITs 禁止收购的地产，而且比合订结构和双股结构的 REITs 更加灵活。投资者可以根据自己的目标对两个实体分别投资。两个实体的经济利益仍可都保留在结构之内。管理运营公司的投资目标是实现增长，而基金实体的投资目标是寻找有稳定收益的房地产资产，二者能够时而联合，时而分开，实现增长和稳定的共同目标。它甚至还可以将有限合伙制权益作为期权，收购对税法比较敏感的房地产资产。

（四）伞形合伙式结构

在 1986 年以后，美国税法规定 REITs 不能再直接持有物业，这对 REITs 行业是一个利空的消息。正是“屋漏偏逢连夜雨，船迟又遇打头风”。到了 20 世纪 90 年代，银行收缩银根，传统的融资渠道不畅，房地产企业开始转向资本市场融资，由此美国 REITs 行业产生了 REITs 公司股票募集的热潮。1992 年，一种新的房地产企业运营结构形式产生了，这就是伞形合伙 REITs。这种结构的 REITs 能够使新建立的 REITs 迅速达到公开上市融资的规模，而且可以绕开当时法律的约束，从而使 REITs 产生了 IPO 热潮。

伞形合伙式结构的出现，促使 REITs 股权结构从私人所有转变为公众所有。这一阶段出现的伞形合伙 REITs 也被称为“BabyREITs”。如图 7.5 所示，伞形合伙 REITs 的设立大致需要经过以下 3 个步骤：

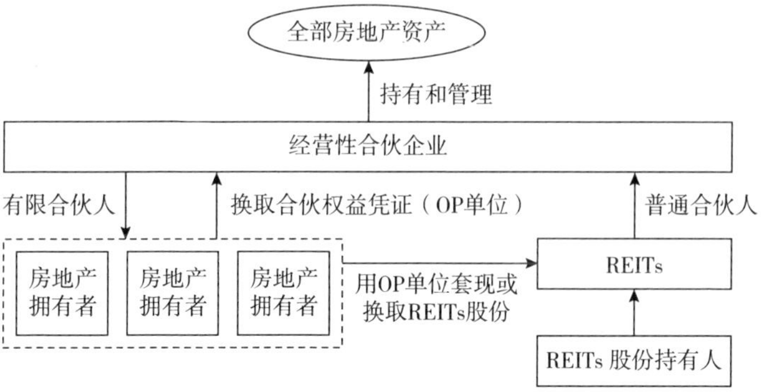

图 7.5　伞形合伙式结构

第一步，REITs 作为普通合伙人，房地产业主作为有限合伙人，共同组建经营性合伙企业，房地产拥有者将物业转换成 OP 单位，经营性合伙企业负责运营这些房地产。

第二步，在该经营性合伙企业成立后，REITs 在资本市场上开始发行 REITs 股票，公开募集资金。REITs 作为该企业的普通合伙人，向该经营合伙性企业出资。合伙企业获得 REITs 后可以用来扩大业务，也可以用来减少债务。

第三步，伞形合伙 REITs 成立。在满一个纳税年度后，有限合伙人如果希望房产变现或者增加流动性，或者觉得资本市场价格合适，可以将 OP 单位转换成 REITs 股票或者直接兑换现金，进而变现房产。而此时房地产拥有者才需要缴纳个人所得税。

这种结构的 REITs 通过伞形结构中的经营性合伙企业，来间接拥有与经营房地产，而其自身不直接拥有房地产，如此可以保持税收优惠地位，这也是伞形合伙 REITs 诞生的原动力。因为人们在向伞形合伙式结构转让财产的过程中会碰到一个传统的问题，那就是如何避免转让中应税收入的认定问题。由于相关证券法的适用，出资者收到的股票不能立即出手，这会产生令人不快的结果。而伞形合伙 REITs 恰好可以克服这一障碍，因为房地产拥有者可以很快地将 OP 单位转换成 REITs 股票或者直接兑换现金，进而变现房产。因此，这类结构 REITs 的设计目的就是为了规避评估财产出资的资本利得税。其后发行这种形式的 REITs 拥有很强的扩张能力，能够容纳很多物业，终于爆发了 REITs 公司 IPO 热潮。伞形合伙 REITs 自 1992 年创设以来，已经成为 REITs 最为流行的结构，占到美国所有新设立 REITs 的近 2/3，在权益型 REITs 中有一半以上采用这种结构。相比其他的 REITs 形式，伞形合伙 REITs 的优点可以总结为如下 5 个方面：

（1）可获得延迟纳税的税收优惠。在伞形合伙式结构中，投资者可以用房地产出资来换取合伙权益凭证（OP 单位）。此时，投资者变成了 REITs 的有限合伙人。投资者在没有把持有的 OP 单位转换成基金股票或现金之前，并不需要为出资换取 OP 单位的交易行为纳税，这样就可以获得延迟纳税的税收优惠。

（2）在物业购置方面具备优势。在通常情况下，REITs 需要将其应税收入的绝大部分作为红利进行支付，但伞形合伙 REITs 却能用现金或者股票的形式，借助 OP 单位来间接收购房地产，可见，和传统的 REITs 相比，伞形合伙 REITs 在物业购置方面更具有优势。

（3）可以使 REITs 迅速达到上市融资的规模。伞形合伙 REITs 由于采用合伙制，当它需要上市时，能够很容易地通过增加它的合伙人数量在短时间内快速膨胀，满足上市所要求的资产规模条件，所以在 20 世纪 90 年代出现了 IPO 热潮。

（4）规避“5–50 原则”。为了保证 REITs 具有社会公众性，美国税法不允许“封闭持有”，即 REITs 被少数股东所控制，为此税法专门制定了“5–50 原则”，规定 5 人或 5 人以下持有的基金股份不能超过基金总股份的 50%。然而，REITs 发起人和投资者可以通过伞形合伙 REITs 结构绕过这一要求。这样，只要发起人出资给伞形合伙 REITs 而不是普通的 REITs，一只上型 REITs 就可以不违反“5–50 原则”。

（5）便于在资本市场融资。传统结构的 REITs 根据法律规定必须保持高比例股利分配，从而造成截留利润较低，资本扩张能力不足，而这种不足可以通过合伙结构进行有效弥补，因为有限合伙人的 OP 单位可以不分配股利，只有转换为 REITs 股票才需要将受益大部分派发出去。

然而，上型 REITs 结构的一个负面因素是它产生利益冲突的可能性。管理团队可能持有上型 REITs 的合伙人权益单位而不是 REITs 份额，而其 OP 通常有一个低的成本基础。由于出售物业将引发对上型 REITs 权益单位的持有人而不是 REITs 份额持有人的应税收入，管理团队将可能不情愿出售物业或是 REITs 本身，即使是在物业表现不佳或第三方愿意提供慷慨的价格的时候。听其言不如观其行，投资者需要用心观察、了解管理团队是如何处理该利益冲突问题的。

（五）下型结构

下型 REITs（Down REITs）最早产生于 1994 年，主要是由美国 1992 年以前设立的传统结构的 REITs 演变而来。为了也能享受到伞形合伙 REITs 在税收方面的待遇，扩大成长空间和发展规模，那些传统结构的 REITs 采用分立下属经营合伙人企业，直接收购并持有新的房地产资产的模式，如此一来，就演变成下型 REITs。

伞形合伙式结构重心在于它的经营性合伙企业层面，经营性合伙企业可以对物业实施有效的控制。而下型结构则与之不同，它主要集中于 REITs 层面。下型结构对专门的运营合伙中心并没有特别要求，而是每次形成一个新合伙企业去完成每一宗感兴趣的交易。REITs 充当普通合伙人，而每次交易的新合伙人一般作为有限合伙人，也可以和 REITs 一道作为普通合伙人。

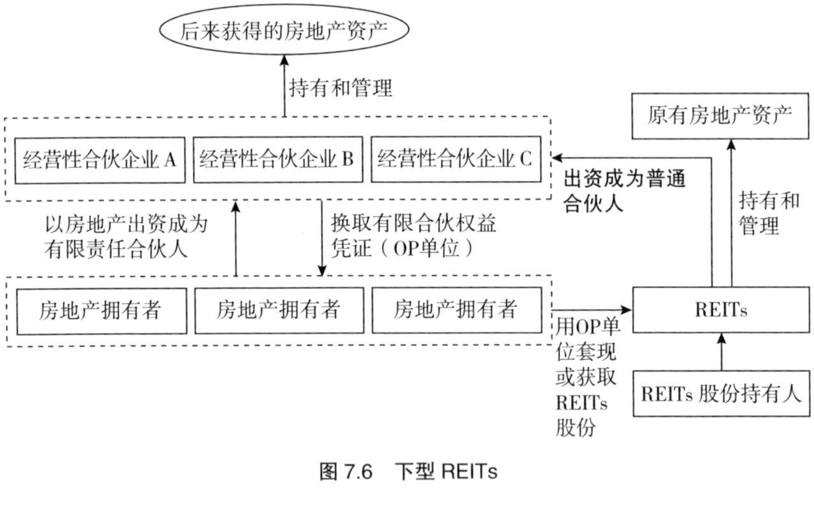

图 7.6　下型 REITs

如图 7.6 所示，下型 REITs 投资者以自己拥有的房地产资产向一组经营性合伙企业出资，并获得代表有限合伙权益凭证的 OP 单位，成为有限责任合伙人。在下型结构中，REITs 可以成为这些合伙企业的普通合伙人，投资者也可用房地产资产或 OP 单位转换 REITs 股份或者现金，成为 REITs 的股东。下型 REITs 中的大部分房地产资产由这些有限合伙运营企业来直接拥有和经营。相比其他的 REITs，下型 REITs 主要有以下几个优点：

（1）具有更大的灵活性。与伞形合伙 REITs 相比，下型 REITs 能够以多重合伙关系出现，能够就每一次交易成立形成一个新的合伙关系，甚至可以有数量众多的普通合伙人和有限合伙人，经营则更加灵活。

（2）在物业购置方面具备优势。和传统的 REITs 相比，下型 REITs 在物业购置方面具备的优势与上型 REITs 相类似，能用现金或者股票的形式，借助 OP 单位来间接收购房地产。

（3）具有较小的利益冲突。由于下型 REITs 在每一次交易中都可以形成一个新的合伙关系，因此它的房地产拥有者与 REITs 的关系比较松散，与典型的伞形合伙 REITs 相比，下型 REITs 无暇对许多有限合伙企业的管理面面俱到，对控制权要求并不强烈，控制权更加下沉到经营性合伙企业，下型 REITs 主要负责融资业务，因而利益冲突较小。

上型和下型 REITs 比较如表 7.1 所示。

表 7.1　上型和下型 REITs 比较

	下型 REITs	上型 REITs
主要结构优势	延迟纳税优惠，扩大规模，上市融资	延迟纳税优惠，扩大规模，上市融资
有限合伙人的收益率	收益率一般与原来房地产所有者的收益率相同，或者与 REITs 股东的收益率接近	与 REITs 的股东收益相同
看涨期权	交换比例由双方商定	OP 单位与 REITs 股票按 1∶1 的比例进行交易

（续表）

	下型 REITs	上型 REITs
资产多样化	单一资产；或者资产池较小，缺乏多样性	资产池较大，更为多样化
资产的持有和管理	由经营性合伙企业和 REITs 各负责一部分	由经营性合伙企业负责

如表 7.1 所示，和上型 REITs 结构相比，下型 REITs 结构具有以下 3 个方面的缺陷：

第一，交易成本较高。面对松散关系的众多投资者和合伙人，下型 REITs 无法要求协议与谈判均按统一标准，这种冲突使得它的协调成本和交易成本比较高，大大高于伞形合伙 REITs。

第二，保持纳税记录的成本较大。通过发行 OP 单位来收购房地产物业时，或者当一家下型 REITs 有多家经营性合伙企业时，下型 REITs 要保持纳税记录的成本会相当大。

第三，由于下型 REITs 的财务状况不太容易分析和预测，因而资本市场更容易偏爱上型 REITs，对下型 REITs 的估值相对比较低。

（六）组织模式

REITs 结构具有财产隔离、规避政策障碍及合理避税三大核心功能。REITs组织模式的制定，要求REITs具有前瞻性和应变性。实际上，从 20 世纪 60 年代中期开始，美国 REITs 就开始着手调整经营业务战略，积极调整资产结构，注重经营组织结构，逐步地适应市场变化。

REITs 与银行业的盈利模式不同，它是股权类融资而不是债权类融资，所以增强专业投资与管理能力是 REITs 的赖以生存之道。REITs 必须熟悉房地产的各个环节，掌握项目管理技能，同时加强风险管理能力，改进房地产投资管理的操作模式，打造极致的产品，以产品带动体系，达到一个投资者认可的产业投资盈利水平。在制定

REITs 组织模式时，应该重点考虑以下因素：

（1）社会、政治、管理和利益集团因素。REITs 称得上是众多利益关联方的聚焦点，因此，在制定组织模式的过程中，必须知道相应模式是否合规合法，是否符合政府的金融政策和监管条例以及众投资者对 REITs 认可程度的高低等。

（2）REITs 模式应当与房地产行业环境有效协调起来。行业的环境决定 REITs 模式的选择，在房地产行业环境发生重大变化的情况下，REITs 应当时刻保持在经营过程中的战略主动性，密切跟踪竞争对手的动向或趋向，了解房地产投资者和消费者的需求，并根据具体情况提前制定相应的对策，直至修改或重新制定发展模式。在美国发展的半个多世纪以来，REITs 组织模式不断变化，就是根据当时的市场环境而不断变化组织结构以适应时代发展的结果。

（3）REITs 的管理者应当抓住最佳的市场增长机会，以资源优势和核心能力为基础，使得竞争对手难以赶超，甚至难以模仿，有效规避对公司经营业绩的外部威胁。早期成立的 REITs 充分利用了当时有利的市场机遇，利用美国国内税法给予的免税措施，最大限度地获取利润。但是，REITs 行业应当充分认识现代金融市场潜在的巨大威胁。例如，现有金融法律法规对 REITs 的业务范围做出的界定等，都是 REITs 经营管理者必须慎重考虑的问题。

（4）管理者风格是制定合适的组织模式的灵魂所在。在市场经济社会，任何公司的成长与壮大都与其管理者的个人抱负、格局大小、经营哲学和道德准则有直接关系。REITs 是一个复杂的企业组织，REITs 的管理者不仅要拥有统揽全局、运筹帷幄、决胜千里的战略综合能力，而且还要具备细腻周密的组织、协调和管理能力。有的管理者信守“大就是美”的信条，不断收购、兼并或增设分支机构，不断扩大经营的地理区域和业务空间。另外一些管理者则秉持“不求最大，但求最好”的理念，他们对进入新的不熟悉的地区和业务领域保持非常谨慎的态度，追求较高的投入产出效果，不轻易并购其他机构。若从与客户和合作者的关系上来看，有的企业家希望与客户或合作者建立长期、稳定的合作关系，有的企业家则完全按照交易优先的原则，只要客户和合作者提供的价格、承诺等方面能够满足自己的要求就可以，并不刻意追求长期稳定的客户与合作者关系。

企业的价值增值过程是一个面向市场环境，不断辨别机会、把握机会、利用机会的动态过程，企业必须根据市场环境的变化及时调整自己有限资源的分配战略，有时可能坚持开放经营模式；有时则以开发经营为主，租赁经营为辅；有时再以租赁经营为主，开发经营为辅；有时则可能实行租赁经营，通过专业化的增值服务获取高附加值收益。

随着产业的重组、专业化分工，专业化战略定位的深入，REITs也由单一的开发经营模式开始向多种经营模式探索、发展和演变。市场竞争的加剧使企业高度重视差异化的市场定位，以打造自己的竞争优势。在未来的市场竞争中将产生各种组织经营模式，形成各得其所的格局。

延伸阅读

YOU+ 国际创业社区如何做到极致?

YOU+ 国际创业社区（以下简称“YOU+”），类似中国版WeWork，因获得小米投资人雷军的1亿元风险投资而名声大噪。从商业模式来看，YOU+ 的做法是先用折扣价格租下整栋楼，然后分拆成单独的空间，再租给愿意挨着住房的创业者。单从这一点来看，YOU+ 与所谓的“二房东模式”并无区别。然而资本市场看好该商业模式，投资人并不认为 YOU+ 是一家单纯的房地产中介，除了办公场地，WeWork 还可以为这些创业类公司提供办公家具、协作服务等，甚至成为创业项目的孵化器，这才是资本最为看重的地方。

YOU+ 创始人刘洋分享了他的经验，认为认真钻研打磨的精神，才是项目成功的必备要素。

YOU+ 首先把目标人群定位在 80 后、90 后漂泊在外的年轻人。刘洋分析他们的 3 点需求：（1）人生地不熟，需要找一个有安全感的住所；（2）他们有个性，不愿意去那种所谓的城中村或者更脏乱差的地方；（3）他们想创业，想找到志同道合的团队一起在某个领域做出成绩。在全民创业的潮流下，这些人有增无减，基数庞大。

面对客户的需求，YOU+ 如何打造创业社区？刘洋说道：“在产品这一块，深入研究差不多 3 年，光房子装修就花了 10 个月，而且是带租装修。一开始设计成酒店，我一看不行，然后自己做。直到快竣工时，我发现一个问题，隔音效果测试根本通不过，3 层楼全部推倒重来的话大概要花二十几万，我回去想了一晚上，第二天还是决定推倒重来。”

就这样 3 年间他不断打磨产品，从头到尾换了十几二十套方案，不断测试，做出来不行再改，再不行再改，一直到满意为止。他之所以如此坚持，是因为内心的追求——让住户把 YOU+ 当成自己的家。

为了与住户建立信任，他还想到了发动群众。他每天跟住户在一起聊，跟他们吃火锅的时候聊，喝咖啡的时候聊，喝茶的时候聊，帮他们搬家的时候聊……然后得到了一个启发，并建立了五同会，“五同”即同乡、同专业、同楼层、同爱好、同星座。通过充分调动大家的热情，让 YOU+ 形成一个大的动态线，吸引更多的人入驻。

在 YOU+ 的设计和打磨过程中，也传承了这个 DNA。刘洋说道："住户跟我说你根本没必要买那么好的沙发，然后给我发了一个链接，说有一个人出售二手沙发，多少多少钱，觉得这个二手的就可以了。我当然觉得可以，买回来找一些布，不让它那么难看。我相信在中国很少有这样的，只有让住户把这儿当家，他才能自己出去找。"在物理空间上的配套刘洋也充分听取大家的意见，让住户自己来参与设计，给他们更多的权力，当人们自己参与的时候，他对这个房子是会产生感情的，有感情了他就不愿意走。从品牌理念来讲，YOU+ 在做一种分享，核心的卖点还是打造一个温暖的家，有爱陪伴的家，打造平台，打造圈子。

最后刘洋总结说，他认为社区最重要的就是尊重人性，应该用爱解决社区所有的问题。

第八章

资本运作

早在 20 世纪初期，洛克菲勒运用信托完成了石油行业横向和纵向的整合，实现了内部交易成本最低化并获取了高额利润。作为一种新型的信托投资工具，REITs 在很大程度上已经脱离了其最初的“信托之壳”，随着人类经济生活的发展和提升，它逐步由一种被动的商业实体演变为一种积极的商业实体，REITs 在房地产金融市场的影响已不可小觑。

一、资本运作内涵

1986 年美国国会通过的《税收改革法案》允许 REITs 不仅可以拥有房地产，还可以直接进行资本的运营和管理。REITs 可以在直接为其拥有房地产项目的客户提供服务的同时，还享有税收优惠政策。这次法案的修订使得 REITs 的避税优势得以发挥，活力重新凸显，REITs 股票板块开始逐渐旺盛，借助资本运作的力量，REITs 迅速发展。资本运作是现代 REITs 实现持续、快速发展的重要途径。资本运作的本质就是资本在流动交易中实现增值，其实质是一种经济关系。

REITs 的资本运作是以利润最大化和资本增值为目的的。资本运作是以价值管理为特征，将本企业的各类资本不断地与其他企业、行业部门的资本进行重组，实现生产要素的优化配置和产业结构的动态重组，以达到本企业自有资本不断增加这一最终目标。资本运作的具体目标可以表述为产值最大化、经营利润最大化、每股收益最大化、股东财富最大化、企业价值最大化、每股净资产最大化和企业未来现金流最大化等，其核心是实现 REITs 企业市值的长期稳定增长。

经营利润最大化。REITs 将资本投入生产经营后，将所得收入与耗费相比，如果收入大于耗费，企业实现利润；如果收入小于耗费，则发生亏损。在资本运作中，企业为实现资本的最大限度增值，就必须降低成本。

股东权益最大化。股东权益，是指投资者对 REITs 净资产的所有权，包括实收资本、资本公积金、盈余公积金和未分配利润。企业实现的利润越多，从税后利润中提取的盈余公积金和分配就越多。盈余公积金既可用于弥补企业亏损，也可用于转增资本，使投入企业的资本增多。

企业价值最大化。REITs 在资本运作过程中，不仅要注重利润和股东权益的最大化，更要重视企业价值的最大化。企业价值的评估，是指企业在连续经营的情况下，将未来经营期间每年的预期收益，用适当的折现率体现，累加得出某一估值，并据其估算出企业价值。如果企业价值大于企业全部资产的账面价值，那么企业就拥有无形资产。

企业资本运作的 3 个“最大化”是相辅相成的。只有实现经营利润最大化，才能实现股东权益最大化，进而实现企业价值最大化。资本运作是一种载体，用得好，可以为 REITs 企业带来丰厚的杠杆利益，用得不好，则会跌入盲目扩张的“泥潭”。REITs 资本运作包括实业资本运作、产权资本运作、金融资本运作和无形资本运作。但是在资本运作过程中，要充分考虑到任何投资都会有风险，考虑到影响资本运作的不利因素，防止对外过度扩张、盲目多元化。

二、REITs盈利能力指标

（一）净营业收入

净营业收入（简写为“NOI”）类似于毛利，衡量物业层面的利润，它等于所有物业租金收入和租户补偿收入的总和减去全部的物业经营支出，包括支付给第三方物业管理人的各种费用、税收和保险等，不包括REITs公司的管理费用。

NOI指标是衡量REITs管理团队物业运营管理能力的重要指标。借鉴零售行业的“同店”概念，同店NOI是指REITs拥有并经营12个月以上的物业所产生的营业收入。这个概念将最近购买或者开发的物业产生的收益分开，专门评价REITs“内涵式增长”，而从外部购买或者开发物业获得的增长称为“外延式增长”。

（二）运营基金

资本运作要求完善的财务管理机制。衡量盈利能力的指标是运营基金（Fund from Operation，简写为“FFO”）。股票投资者通常使用净收入作为衡量盈利能力的关键指标，但是房地产行业中的REITs习惯使用运营基金。FFO的增长是由同店NOI和外延式增长共同构成的，但是需要减去出售物业的FFO。FFO还包括REITs的一般成本和行政成本（简写为“G&A”）。比较同一物业类型中不同REITs的管理效率，一般采用G&A与FFO的百分比。REITs的FFO与每股盈利（简写为“EPS”）类似，但是区别在于折旧的考量。如果REITs的每股FFO更高，那么投资者将会给予一个更高的估值。

REITs对运营基金偏好是因为房地产折旧。在会计上，房地产折旧总是被当作费用来处理，但实际上，许多物业不仅能够随着时间维持其价值，很多时候还能够显著升值。这主要是由上涨的土地价格、通货膨胀、上涨的建造成本、稳定增长的租金率和运营收入以及物业升级等因素导致的。

运营基金是美国国家 REITs 协会针对 REITs 公司专门定义的一个财务指标，并规定从 2000 年 1 月起每家 REITs 公司特别是权益型 REITs 公司，必须在年报中公布此指标。但是在相关联邦证券法律监管下，美国证交会要求所有公开交易的公司提交经审计的财务报告。在这些财务报告中，由于多数 REITs 是公开交易的公司，因此净收入依然能够在 REITs 的年度经审计的财务报告中找到。

运营基金收入不计入房地产折旧，其增长来源于内部增长和外部增长。内部增长主要源于提高资产的收益和运用效率，如提高房产租金、增加使用率等。而外部增长则在于低价时建造楼盘，或通过并购的方式以适当的价格增加资本。（见图 8.1）

运营基金增长 = 内部增长+外部增长

租金增长 租户的改进 房地产维护 销售和重新投资	收购 开发和扩张

图 8.1　运营基金增长来源

如同净利润，计算运营基金具有重要的意义。权益型 REITs 所拥有和管理的资产价值是 REITs 盈利的基础。管理水平不同，同样的资产会有不同的增长潜力。运营基金收入主要来自租金收入、利息收入和管理费用收入等，扣除经营成本和利息支出后即可分红。较高的运营基金收入可以推动股票价格的上升，最终让投资者获得更高的投资收益。

运营基金收入直接影响 REITs 的红利，它是 REITs 收益的基础，且短期运营基金收入的表现对投资者的信心有很大影响。如果某 REITs 当年的运营基金收入比上年有很大的增长，说明这个 REITs 正处于发展和上升的阶段，这将增强投资者的信心，对股价有极强的拉动作用。

在具体计算运营基金的时候，运营基金虽然被资本化，但不能因为折旧而提高资产价值，还要通过消除房地产租金的上涨来做进一步调整。调整后的运营基金是评价 REITs 现金流最准确的方法。新术语“调整后的运营基金”应运而生，它由格林大街咨询（Greenstreet Advisors）公司提出，该公司是美国一家权威的 REITs 研究公司。调整后的运营基金的影响因素和计算如表 8.1 所示：

表 8.1　调整后的运营基金的影响因素和计算

增加项（+）	减少项（-）	结果
物业收入	经营开支	
房地产销售利润	贴现 + 分期付款	
房地产贴现	利息支出	
	一般性管理费用	= 净收入
		= 运营基金
租金上涨调整	循环资本支出	
	装修费用的分摊	
	租赁佣金的分摊	
		= 调整后的运营基金

三、REITs 的估值指标

（一）价格 / 经营收入乘数

价格 / 经营收入（Price/FFO，简写为“P/FFO”）乘数是 REITs 估值中另一个重要指标，它类似于一般上市公司的市盈率。其中 FFO 为 REITs 的净经营现金流。REITs 每年的运营基金收入都不同，而 P/FFO 乘数则较稳定。当 FFO 发生变化时，会影响 P/FFO 乘数的值，从而对估价的变动有放大效应。如果 FFO 超出市场预期，投资者可能愿意用更高的 P/FFO 乘数（相当于市盈率）来投资，REITs 价格加速上升；相反，如果市场预期比较悲观，P/FFO 乘数就会下跌，从而带动 REITs 价格的下跌。FFO 反映了 REITs 经营的基本面，而 P/FFO 乘数则反映了市场心理，二者的共同作用决定了 REITs 的价格走势。

$$P/E = P/FFO = \frac{当前股价}{当前每股\ FFO}$$

因此计算 FFO 对于 REITs 的估值至关重要，较高的 FFO 才能够支撑较高的股价。假如市场平均给予 REITs 的市盈率是 12.5 倍的话，管理层根据 FFO 可以简单估算出自己 REITs 的市场平均估值及股价。

（二）资本化率

资本化率是衡量资产的预期无杠杆分红率的指标，其数值是市盈率的倒数。同一类型物业的资本化率可能差异非常大，取决于物业资产的品质，地理位置及买卖双方的意愿。理论上讲，资本化率应该接近于 REITs 拥有的资产在不动产市场出租的回报率。但是股市不同于租赁市场，买卖双方由于各种原因而导致两者的数字不相同。

$$资本化率 = \frac{收益}{价格} = \frac{物业的现金\ NOI}{物业的市场价值或转让价格}$$

（三）分红率

毫无疑问，REITs 的投资者选择 REITs 的很大部分原因是 REITs 的高分红率。2015 年权益型 REITs 提供的分红率为 4.3%，同期 10 年期美国国债分红率为 2.3%，标准普尔 500 指数成分股分红率为 2.2%。

$$当前分红率 = \frac{当季红利\ \times 4}{当前每股价格}$$

当 REITs 投资者持有多年后，可以计算他的成本分红率：

$$成本分红率 = \frac{当季红利 \times 4}{股东每股购买成本}$$

（四）分红覆盖率

REITs 的分红覆盖率使用的是 FFO，但越来越多的分析师提供了 AFFO 的估计值。FFO 分红覆盖率是指 REITs 履行其分红义务的相对能力，如果覆盖率小于 1.0，则分红相对安全。

$$分红覆盖率 = \frac{当季红利 \times 4}{次年的每股\ FFO\ 估计值}$$

对于 REITs 的股价估值按上述指标进行评估可以得出 REITs 的收益率，而对于 REITs 风险的评估则与一般的评估方法无二，即利用杠杆率、物业置入成本等指标进行评估，在此不再赘述。

延伸阅读

REITs 项目资本运作深度研究[①]

REITs 对商业地产企业运营模式的影响主要在于其提供了融资渠道以及退出机制。假设商业地产企业联合基金公司设立 REITs，在公开市场募集资金用于商业地产的开发及培育，之后将租金收入以分红的形式分给投资者。在这种情况下，商业地产企业把 REITs 作为一种融资渠道，用于优化资本结构、缓解资金压力。

REITs 在理论上可以为商业地产企业提供一种融资渠道，

① 资料来源：高通智库。

但是从国外运行的经验来看，由于大部分国家都对REITs的开发投资比例进行严格限制，投入开发的资金不能超过10%。因此在国外，REITs作为一种融资渠道对房地产开发的影响甚微。

商业地产企业开发利用REITs流程如图8.2所示。

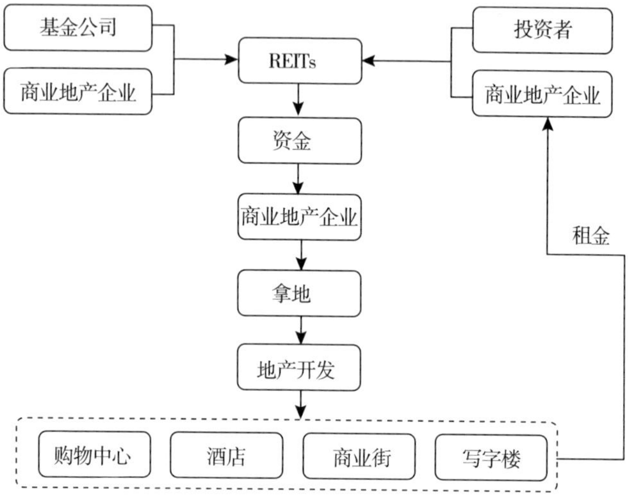

图8.2　商业地产企业开发利用REITs融资流程

REITs的影响只在于使房地产企业轻资产化。商业地产企业首先以自有资金、信贷融资或者私募融资获得资金进行商业地产的开发以及前期培育，培育成熟并获得稳定的租金收入后，企业可以将成熟的存量资产打包，设立REITs在公开市场出售部分份额，回笼资金，并获得企业层面免税的优惠。这种商业地产模式，提高了内部收益率（简写为“IRR”），缩短了投资回报周期，同时房企持有REITs部分股份每年可享受分红收益以及物业升值收益，买卖股份的灵活性比买卖物业这类重资产容易、快速得多，整个过程实现了由重资产向轻资产的转变。商业地产企业利用REITs退市套现流程见图8.3。

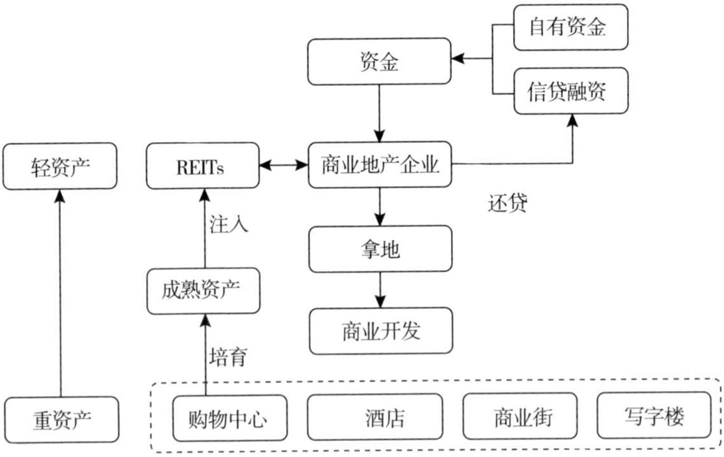

图 8.3　商业地产企业利用 REITs 退市套现流程

在房地产金融市场发达，自有资金、银行资金、私募资金及公募 REITs 繁荣的情况下，行业必将向精细化的趋势发展，不同风险偏好的资金将会流向商业地产运作的不同环节，进而实现资金的风险偏好与收益相匹配。追求高回报的资金投向前期开发以及培育，商业物业培育成熟后出售给 REITs，退出套现，获得高额回报。这种方式缩短了投资回报周期，当然也要承担前期物业开发及培育的较高风险。物业通过 REITs 公开上市后，保守型投资者将会通过持有 REITs 份额获得持续稳定的租金分红收益。

四、资本运作模式

资本运作应该注意资本运作与核心能力的有机结合。资本运作是企业形成以资本效率和效益为核心，实现资本的有效增值。资本运作必须以企业核心能力为基础，只有这样才能实现企业规模扩大和效益提高同步运行。资本运作也应实现与品牌的有机结合，在资本运作中，品牌作为一种无形资产，可作为一种资本入股，从而减少企业有形资本的流出，支持一个企业的持续发展。

（一）资本扩张

资本扩张是指在现有的资本结构下，通过内部积累、追加投资、吸纳外部资源即兼并和收购等方式，使企业实现资本规模的扩大。根据产权流动的不同轨道，可以将资本扩张分为 2 种类型：

1. 横向型资本扩张

企业为了实现规模经营而进行的产权交易，不仅减少了竞争者的数量，增强了市场支配能力，而且改善了行业的结构，解决了市场有限性与行业整体生产能力不断扩大的矛盾。对于美国 REITs 而言，20 世纪 90 年代是一个兼并收购的黄金年代。早期的公寓类 REITs，如联合 Dominion 能够以 7% 的名义成本募集权益资本，以 8% 的名义成本募集债务成本，以低于重置成本的价格收购公寓物业，在 20 世纪 80 年代房地产一片混乱的萧条形势下，UDR 为投资者提供了 11% 以上的收益率。当时有一大批急迫出售物业的投资者，而像 UDR 这类的“接盘侠”却很少。多年以后，类似的机会出现了，温加滕房产从休斯敦的风雨商业街林荫大道直接购买获得一批物业，并在该地区建造了非常有吸引力的新商业中心，实现了弯道超车。最后，一些 REITs 实现了跨国经营，这些 REITs 包括 AMB 地产、金科 REITs、普洛斯集团和西蒙地产集团等，它们已经走出美国，在海外与当地的房地产公司一起组建合伙企业或联合企业开发海外项目，成为国际性 REITs 巨头。

2. 纵向型资本扩张

处于不同生产阶段的企业之间的交易称为纵向资本扩张。这类扩张将关键性的投入产出供应链纳入企业控制范围，通过对原料和销售渠道的直接控制来提高企业对市场的统治力。万达集团通过整合家乐福、麦当劳等企业，通过订单地产的模式解决了自身的招商问题，同时，它与中国建筑集团有长期稳定的合作，能够对下游企业进行整合，这便属于纵向型资本扩张。

（二）资本收缩

资本收缩是指企业把自己拥有的一部分资产、子公司、部门转移分拆，缩小公司的规模。资本运作不只是资本扩张，资本收缩也属于资本运作的一种方式。少即是多的哲学逻辑虽然广受企业经营者认同，但是实际操作中极少有人能够做好这类资本运作，他们往往在万不得已的情况下卖出部分资产。收缩性资本运作通常是放弃与公司核心业务很少协同的部分业务，旨在支持核心业务的发展。资本收缩是资本扩张的逆操作，其主要实现形式有：

1. 资产剥离

资产剥离是指把企业所属的一部分不适合企业发展战略目标的资产出售给第三方。正如恒大集团 2016 年将全资附属公司在粮油、乳制品及矿泉水业务中的全部权益出售获得约 27 亿元。如果加上这些公司一共 33 亿元的负债，恒大集团这次出售获得 57 亿元收益。恒大出售恒大冰泉在内的所有快消品业务，恒大集团公告表示："出售这些业务是基于公司的战略考虑，使自己能更加专注于房地产及其他相关业务。"自此，恒大市值从 700 亿元上涨至目前的 3 300 亿元[①]。当年史蒂夫·乔布斯从 NeXT 回归苹果公司，他发现苹果的产品线过于繁多。乔布斯的做法是把这些产品进行简单分类，然后围绕一款核心产品，如今苹果公司的市值长期占据全球第一。

2. 公司分立

公司将其拥有的某一子公司的全部股份，按比例分配给母公司的股东，从而在法律和组织上将子公司的经营从母公司的经营中分离

① 数据采集日：2018 年 5 月 17 日星期四。

出去。子公司有机会单独面对市场并进行自己独立的价值判断。公司分立通常可分为标准式分立、换股式分立和解散式分立。李嘉诚在 2015 年年初，宣布重组和记黄埔和长江实业，将地产业务全部放在长江实业，将非地产业务放在和记黄埔，以此进一步明确了企业的主营业务，市场对此反应非常良好，消除了对房地产市场的担忧，两上市公司股值大涨，李嘉诚的身价因此次资本运作，凭空增加 870 亿港元。

3. 分拆上市

将子公司的经营从母公司的经营中分离出去。分拆上市后，原母公司的股东虽然在持股比例和绝对持股数量上没有任何变化，但是可以按照持股比例享有被投资企业的净利润分成。

4. 股份回购

股份有限公司通过一定途径购买本公司发行在外的股份，在股本收缩的过程中进行内部资产重组。股份回购的可能原因有以下 5 个：一是保持公司的控制权；二是提高股票市价，改善公司形象；三是提高股票内在价值；四是保证公司高级管理人员认股制度的实施；五是改善公司的资本结构。股份回购取决于股份公司对自身经营环境的判断。一般来说，处于成熟期的公司，可以选择股份回购的方式收缩经营、转移投资重点，开辟新的利润增长点。

下面的延伸阅读是有关西蒙地产集团的发展历史。从西蒙地产集团的发家史来看，资本运作在其发展中起到了非常重要的作用。历史上，还没有哪一家公司完全只靠自身的积累就可以挤进世界 500 强的，企业都是要通过并购实现快速扩张。西蒙地产集团作为商业地产的世界级老大（在 2015 年万达集团的资产规模超过了西蒙地产集团，但是西蒙地产集团的单位面积盈利能力仍远大于万达集团），究竟是如何在资本市场上辗转腾挪的呢？

延伸阅读

REITs 助力西蒙地产集团资本运作

一、兄弟合伙公司起步，天时地利人和

1960 年，西蒙地产集团的创始人马文·西蒙（Melvin Simon）说服在纽约工作的兄弟赫伯和弗雷德，让他们和他合作开发零售购物中心。当年，MSA 公司（西蒙地产集团的前身）在美国印第安纳州府印第安纳波利斯成立。西蒙第一个开发项目是位于印第安纳州露天的购物广场（Open-air Shopping Plaza），项目竣工后受到了市场的广泛欢迎；随后，公司又迅速开发了 4 个相似的购物广场。西蒙地产集团的成功吸引了大量的零售商与其签订租赁合作协议，而这样的合作协议又让银行可以放心地对西蒙地产集团发放贷款。在银行资金的大力支持下，西蒙地产集团迅速发展起来。

二、锻造商业模式，资产组合极具竞争力

进入 20 世纪 80 年代以后，西蒙地产集团以平均每年开业 2～3 家购物中心的速度平稳扩张。西蒙首先提出"综合性商业地产"的概念，即商业广场不仅仅局限于购物中心的单一物业形态，而是将写字楼、高档公寓、酒店、购物中心等多种物业类型结合起来，发挥协调效应，实现商业地产开发的最大成功。这也就是最近 10 年中国国内最火爆的"城市综合体"。西蒙致力于创造最具竞争力的资产组合，持续的并购扩张是其核心的成长动力之一。此外，为持续保持物业组合的高品质和市场竞争力，西蒙还投入巨额的资金用于对现有物业的装修和改造扩建。同时，对于那些非核心的资产，西蒙也会考虑将其出售，将所得资金投入能创造更多价值的领域。审慎周密的优胜劣汰机制，有助于西蒙的资产组合始终保持高水准和强竞争力。

三、登陆资本市场，打造金融模式

1993 年 12 月，西蒙地产集团完成了当时 REITs 行业规模最大的 IPO，并在纽交所上市，共筹集资金 8.399 亿美元。REITs 上市对西蒙地产集团而言是一个里程碑。此前西蒙地产集团主要侧重于购物中心的开发，上市之后，发展重心也逐渐转移到购物中心资产的并购、持有、优化和整合。西蒙地产集团的业务快速扩张到全国范围，经营收入以每年 17% 的速度持续递增。2002 年，西蒙 REITs 被纳入标普 500 指数。到 2007 年年初，西蒙 REITs 已经连续 7 年跑赢标普 500 指数，并且开始领先摩根士丹利 REITs 指数。

西蒙 REITs 与西蒙地产是统一的整体，正是西蒙地产集团稳健的商业模式和良好的营运管理，使其西蒙 REITs 平台持续创造较高投资回报，从而对投资者产生强大的吸引力；也正是利用 REITs，西蒙地产集团得以撬动杠杆，通过并购实现快速扩张。好的商业模式加上好的金融模式，打造出西蒙 REITs 稳健扩张的增长路径。

四、资本运作，现金流管理

在资本运作方面，西蒙地产集团对于现金流的管控非常高效。类似西蒙地产集团这样的零售物业 REITs，其经营模式要依靠大量的现金流支持。并购扩张是靠资金支撑的，西蒙地产集团每年对现有物业进行的大举改装扩建也需要巨额的资金，**对现金流的控制也就构成了西蒙 REITs 经营技能的核心**。通过多元化的融资工具，西蒙在高速扩张的同时保持了财务的整体稳健。为了支持公司的长期成长，**西蒙遵循一个三重目标的基本战略：西蒙 REITs 的管理和运作必须为西蒙地产集团提供扩张和发展所需资本；维持获取各种形式资本的有效性和灵活性，包括各种公共资金和私人资本；对整体财务结构进行模式化管理，其核心在于维**

持西蒙地产集团投资信托基金的信用评级处于较高的投资评级。

五、低廉的融资成本，上市融资渠道促并购扩张

像西蒙这样的REITs，不靠融资就无法发展。因此，稳健的融资规划和偿还安排，对于增强其在资本市场的竞争力和提升盈利水平非常关键。融资能力与融资规划是保持REITs经营正常和增强其活力的根本要素。资金从何而来？西蒙REITs频繁使用的融资方式包括普通和优先股/基金单位、无抵押担保贷款和债券、抵押担保贷款和债券、银行信贷、过桥贷款等。一个明显的特点是，无抵押担保的贷款和债券占有相当大的比重，这是因为西蒙地产集团的财务和信用记录优良，其结果不仅使西蒙地产集团的融资较其他企业容易，而且因风险较低，利息率也较低。仅此一项，就使西蒙地产集团的竞争力大幅超过其他对手。（企业融资是增加信用评级的重要途径，一般而言，履约偿还的融资越多，企业的信用度越高，继续融资越容易，而且财务成本越低。）

在上市之前，西蒙地产集团主要依靠借债经营。在20世纪六七十年代，商业地产开发商只要能签下主力店，就能借到项目开发所需的全部资金。而在项目开发完毕之后，开发商就能用租金还债，并将其作为下一个项目的启动资金，西蒙就是采用这一模式赚到了第一桶金。而REITs上市之后，优质资产的购买和兼并就成为西蒙最重要的动力来源。在这方面，西蒙的胃口似乎永远得不到满足。根据西蒙地产集团的数据，零售物业的可出租面积（简写为“GLA”）与主营业务收入两者的关联度达到95%以上。因此，不断扩张规模是提高营运收入的一个非常重要的途径。而西蒙并不因此放弃对物业品质的苛刻考量，“在最好的市场拥有最佳的商场”，这是西蒙一贯坚持的战略。西蒙地产集团通过并购获得的增长占全部成长动力的70%～90%，可以看出，如果没有持续的并购，西蒙地产集团是不可能实现高速发展的。

西蒙选择并购目标，主要考虑3方面的因素：回报率、净资产增量和现金流。零售物业的并购估值与其他行业不同，一般是评估建筑物本身的价值、土地价值、现有租约下的市场价值等。前两项按照市场现价比较容易估值，而后一项则要参考该物业在市场上的竞争位置，如每平方英尺的销售额、租金和租出率等指标。在并购后第二年，营业收入能够增长70%。西蒙地产集团旗下还有一些物业资产并非由西蒙地产集团完全所有，而是由第三方合作者部分所有或管理。通过一些JVs共同投资开发项目产品，尽量扩大西蒙地产的品牌影响力，最大化联合社会优势资源进行合作互补。

五、资产证券化

上市融资是资本运作的重要组成部分。REITs可以直接在证券交易所进行IPO，也可以通过发行公募基金募集资金，也可以将物业打包以资产证券化的形式在资本市场挂牌交易。当然，从证券市场退市，进行私有化也属于资本运作的一种。

资产证券化能够提高资产运营的效率，优化资源配置。从微观来看，资产证券化使参与主体多元化，中介机构不断发展，专业分工日益细化，效率不断提升。从宏观上看，证券总值占GDP的比重越来越大，资本市场越发达，整体金融资源配置能力则越强。

资产证券化一方面通过扩大投资者的资产选择范围，充分动员储蓄、发掘资金来源，加快储蓄向投资转化的速度、降低转化成本；另一方面，适应了融资者日益多样、复杂的融资需求，从而使融投资双方的交易地位得以改善。

证券化过程实质是对被证券化资产的特性（期限、流动性、收益和风险）进行重新分割和组合的过程，也是金融工具由初级向高级进行深加工的过程。通过资产证券化，市场为筹资者和投资者提供了大量不同期限、不同流动性、不同风险收益率并且可分割性强的金融产品和组合，从而满足了各种不同市场主体的偏好和需求。

（一）核心原理

资产证券化的核心原理是基础资产的现金流分析。基础资产的现金流分析成为资产证券化的核心原理，是由现金流的基础作用决定的。资产证券化是以可预期的现金流作为支撑而发行证券的融资过程。可预期的现金流是进行证券化的先决条件，而不管这种现金流是由哪种资产产生的。基础资产所产生的现金流的可预见性是资产证券化的核心特征之一。因为只有基础资产的现金流是可预期的，由该资产支撑的证券的价值才能被确定，评级机构也只有通过对现金流的确定性分析才可能进行信用评级。

基础资产的现金流分析主要有 3 个问题：资产的估价；资产的风险与收益分析；资产的现金流结构。资产证券化首先必须对标的物进行正确的估价。估价方法有 3 种：第一，现金流贴现估价法，这种方法认为一项资产的价值应等于该资产预期在未来所产生的全部现金流的现值总和；第二，相对估价法，考察同类可比的资产的价值，根据某一变量，如收益、现金流、账面价值或销售额等对一项新资产进行估计；第三，期权估价法，它使用期权定价模型来估计有期权特性的资产的价值。不同方法得出的结果会有显著差异，如何选择合适的方法对资产进行估价就成为一个关键的问题。

资产证券化是对资产的收益和风险进行分离和重组的过程，是对既存资源的重新配置，使参与证券化的各方都从中受益，需要对不同的风险匹配可以接受的收益。另外，基础资产所产生的现金流在期限和流量上的不同结构特征，会直接影响以之为支撑的证券的期限和本息偿付特征。而且证券清偿所需资金完全来源于资产所产生的现金流，所以在设计资产证券化产品时，必须首先对基础资产的现金流进行分析，以满足市场投资者需求。

（二）基本原理

资产证券化的3个基本原理分别是资产重组原理、风险隔离原理和信用增级原理。这3个基本原理其实是对基础资产现金流的进一步分析，是资产证券化核心原理的深入。资产重组原理的核心思想是通过资产的重新组合实现资产收益的重新分割和重组，着重从资产收益的角度来进一步分析现金流；而风险隔离原理则从资产风险的角度来进一步分析现金流，是关于资产风险重新分割和重组的原理；信用增级原理乃是从信用的角度来考察现金流，即如何通过各种信用增级方式来保证和提高整个证券资产的信用级别。

1. 资产重组原理

资产重组是资产的所有者或支配者为实现发行证券的目标，根据资产重组原理，运用一定的方式与手段，对其资产进行重新配置与组合的行为。其核心思想是通过资产的重新组合来实现资产收益的重新分割和重组。

资产重组原理一般包括如下内容：（1）效益最佳原则；（2）均衡原则；（3）不竞争原则；（4）减少关联原则。企业上市重组是资产重组原理的重要应用。所谓的效益最佳原则，是指企业进行资产重组后的资产配置能使上市公司的效益达到最佳水平。所谓均衡原则，是指公司不论是改组设立还是发行设立，资产重组后应对重组的各方更加有利。所谓不竞争原则，是指资产重组后应避免各关联企业间产生同业竞争。所谓减少关联原则，是指资产重组后应减少关联企业之间的关联交易。

对于资产重组的选择，具有以下特征的资产比较容易实现证券化：（1）资产可以产生稳定的、可预测的现金流收入；（2）原始权益人持有该资产已有一段时间，且信用表现记录良好；（3）资产应具有标准化的合约文件，即资产具有很高的同质性；（4）资产抵押物易于变现，且变化价值较高；（5）债务人的地域易于变现，且变现价值较高；（6）债务人的地域和人口统计分布广泛；（7）资产的历史记录良好，即违约率和损失率较低；（8）资产的相关数据容易获得。一般来说，那些现金流不稳定、同质性低、信用质量较差且很难获得相关统计数据的资产一般不宜于直接证券化。

2. 风险隔离原理

在资产证券化中，通过风险隔离原理的应用来实现破产隔离。在设立 SPV 后，原始权益人把基础资产出售给 SPV，这种出售必须是“真实出售”。即资产在出售以后，原始权益人即使被破产清算，已出售资产也不会被列入清算资产的范围。通过这种安排，基础资产与原始权益人之间就实现了破产隔离。破产隔离是风险隔离的一种较强形式，是证券化交易的重要特征之一，也是交易是否成功的主要因素之一。实现破产隔离取决于 2 个主要因素：证券化资产的真实出售和在交易结构中设立 SPV。

破产隔离是指将基础资产原始权益人的破产风险与证券化交易隔离开来。这是资产证券化交易所特有的技术，也是区别于其他融资方式的一个非常重要的方面。在股票、债券等融资方式中，由于基础资产不是从企业的整体资产中“剥离”出来并真实出售给一家具有破产隔离功能的 SPV，而是与企业的其他资产混在一起，因而如果该企业经营效益不好或者破产，这些风险就会直接影响股票、债券这些凭证持有人的收益，甚至使其血本无归。而资产证券化则不同，由于它已经将证券化的基础资产真实出售给 SPV，而该机构一般是不易破产的，所以即使资产的原始权益人出了问题，其风险也不会传递给证券持有人，即资产的卖方对已出售的资产没有追索权。这就好比是在卖方与证券发行人和投资者之间构筑了一道坚实的“防火墙”一样。证券化交易的风险与资产原始权益人的风险无关，而只与证券化资产本身相关。

SPV 是证券化当事人设立的一个法律意义上的实体，它近乎一个空壳公司，自身不拥有职员和厂地设施，只在名义上拥有资产和权益，其实际管理委托他人进行。在一般情况下，SPV 的资产由发起人进行管理，而其权益则全部移交给一家独立的受托管理机构进行托管，然后发行资产支撑证券。

尽管 SPV 不承担实际的管理工作，但它是资产证券化交易结构的中心，也是资产证券化结构设计中最典型的创新之处。SPV 之所以具有如此重要的地位，是因为它的设立在很大程度上保障了证券化交易的安全。SPV 要符合一定的法律标准，这些标准对实现破产隔离而言非常重要。在美国，人们可把 SPV 设置成破产法管辖之外的实体，以规避破产风险，如信托（商业信托除外）。SPV 会对经营范围进行限定，在履行证券化交易中确立的债务和担保义务之外，不再发生其他债务，也不为其他机构或个人担保。SPV 还可以通过设立独立董事来隔离风险，在提交破产申请、实质性地改变公司目标和修改组织文件时，享有一票否决的权力。

在设立 SPV 时，必须综合考虑以下 2 个因素。首先是法律对证券化税收的规定。在证券化交易过程中，当事人最重要的税收目标就是避免 SPV 的双重税收。其次，法律关于法律主体的规定也是当事人要考虑的重要因素，有关法律法规将对实体注册成立、经营活动、会计、破产清算等进行规范。

3. 信用增级原理

利用信用增级原理来提高资产支撑证券的信用等级是资产证券化的一个重要特征。为了吸引更多的投资者并降低发行成本，SPV 必须对整个资产证券化交易进行信用增级，以提高所发行证券的信用级别。通过信用增级，可以缩小发行人限制与投资者需求之间的差异，使得证券的信用质量和现金流的时间性与确定性更好地满足投资者的需要，同时满足发行人在会计、监管和融资目标方面的需求。

从直观上看，**信用增级会增强金融资产组合的市场价值，成为资产证券化这个点金术的关键所在。**信用增级的手段有很多种，主要可以分为内部信用增级和外部信用增级。外部信用增级的方式主要包括专业保险公司提供的保险、企业担保、信用证和现金抵押账户。大多数外部信用增级工具的主要缺点是，容易受信用增级提供者信用等级下降的影响。内部信用增级则避免了该类风险，其信用增级是由基础资产中所产生的部分现金流提供的。内部信用增级的方式有建立次级档、超额抵押以及利差账户[①]。

在实践中，大多数发行人都是通过使用内部或者外部信用增级手段相结合的方式来实现信用增级。而股票、债券等融资方式则只能以该企业或项目本身的信用级别进行融资，而且一家企业要通过这些融资方式进行融资，还需要具备一定的融资资格，并需经过烦琐的审批程序，这极大地降低了融资效率并限制了参与融资的企业的范围。

4. 运作流程

总的来说，一次完整的证券融资的基本流程是：发起人将证券化资产出售给一家 SPV，或者由 SPV 主动购买可证券化的资产，然后将这些资产汇成资产池（Assets Pool），再以该资产池所产生的现金流为支撑在金融市场上发行有价证券融资，最后用资产池产生的现金流来支付所发行的有价证券股息。具体来说，完成一次资产证券化交易通常需要以下几个步骤：

确定证券化资产并组建资产池

资产证券化发起人（即资产的原始权益人）在分析自身融资需求

---

① 此类账户指基础资产产生的现金总收益减去证券化应支付的利息，必要的服务费和违约等因素造成的坏账损失后的超额收益，作为以后可能的损失补偿的现金准备。

的基础上，通过发起程序确定用来进行证券化的资产。尽管证券化是以资产所产生的现金流为基础，但并不是所有能产生现金流的资产都可以证券化。容易证券化的资产特征在上一节已经说明，这里不再赘述。

设立 SPV

SPV 是专门为资产证券化设立的一个特殊实体，它是资产证券化运作的关键性主体。组建 SPV 的目的是为了最大限度地降低发行人的破产风险对证券化的影响，即实现被证券化资产与原始权益人其他资产之间的风险隔离。SPV 被称为没有破产风险的实体，对这一点可以从两个方面理解：一是指 SPV 本身的不易破产性；二是指将证券从原始权益人那里真实出售给 SPV，从而实现破产隔离。为了达到破产隔离的目的，在组建 SPV 时应该遵循以下要求：（1）债务限制；（2）设立独立董事；（3）保持分立性；（4）满足禁止性要求。

SPV 可以是由证券化发起人设立的一个附属机构，也可以是一个长期存在的专门进行资产证券化的机构。设立的形式可以是信托投资公司、担保公司或其他独立法人实体。具体如何组建 SPV 要考虑一个具体国家或地区的法律制度和现实需要。从已有的证券化实践来看，为了逃避法律制度的制约，有很多 SPV 是在有“避税天堂”之称的百慕大群岛、开曼群岛等地方注册。

资产的真实出售

证券化从原始权益人（如住房抵押贷款的发放银行）向 SPV 的转移是证券化运作流程中非常重要的一个环节。这个环节会涉及众多法律、税收和会计处理问题，其中的一个关键问题是：一般都要求这种转移在性质上是“真实出售”，其目的是为了实现证券化资产与原始权益人之间的破产隔离——原始权益人的其他债权人在破产时对已证券化资产没有追索权。

以真实出售的方式转移证券化资产要求做到以下两个方面：一方面，证券化资产必须完全转移到 SPV 中，这既保证了原始权益人的债权人对已转移的证券化资产没有追索权，也保证了SPV的债权人（投资者）对原始权益人的其他资产没有追索权；另一方面，由于资产控制权已经从原始权益人转移到了SPV，因此应将这些资产从原始权益人的资产负债表上剔除，使资产证券化成为一种表外融资方式。

信用增级

为了吸引投资者并降低融资成本，必须对资产证券化产品进行信用增级，以提高所发行证券的信用级别。信用增级可以使证券在信用质量、偿付的时间性与确定性等方面能更好地满足投资者的需要，同时满足发行人在会计、监督和融资目标方面的需求。信用增级可以分为内部信用增级和外部信用增级两类，具体手段有很多种，如内部信用增级的方式有：划分优先/次级结构、建立利差账户、开立信用证、进行超额抵押等。外部信用增级主要通过金融担保来实现。

信用评级

在资产证券化交易中，信用评级机构通常要进行两次评级：初次与发行评级。评级的目的是确定为了达到所需要的信用级别必须进行的信用增级水平。在按评级机构的要求进行信用评级之后，评级机构将进行正式的发行评级，并向投资者公布评级结果。信用评级机构通过审查各种合同和文件的合法性及有效性，给出评级结果。信用等级越高，表明证券的风险越低，则发行证券筹集资金的成本越低。

发售证券

信用评级完成并公布结果后，SPV将经过信用评级的证券交给证券承销商去承销，可以采取公开发售或私募的方式来进行。由于这些证券一般都具有高收益、低风险的特征，所以主要由机构投资者（如保险公司、投资基金和银行机构等）来购买。这也从一个角度说明，一个健全发达的资产证券化市场必须要有一个成熟的、达到相当规模的机构投资者队伍。

向发起人支付资产购买价款

SPV 从证券承销商那里获得发行证券收入，然后按事先约定的价格向发起人支付购买证券化资产的价款，此时要优先向其聘请的各专业机构支付相关费用。

管理资产池

SPV 要聘请专业的服务商来对资产池进行管理。服务商的作用主要包括：（1）收取债务人每月偿还的本息；（2）将收集的现金存入 SPV 在托管人处设立的特定账户；（3）对债务人履行债权、债务协议的情况进行监督；（4）管理相关的税务和保险事宜；（5）在债务人违约的情况下实施有关补救措施。

一般情况下，发起人会担任服务商，这种安排有很重要的实践意义。因为发起人已经比较熟悉基础资产的情况，并与每个债务人建立了联系。而且，发起人一般都有管理基础资产的专业技术和团队实力。当然，服务商也可以是独立于发起人的第三方。这时发起人必须把与基础资产相关的全部文件移交给新服务商，以便新服务商掌握资产池的全部资料。

清偿证券

按照证券发行时说明书的约定，在证券偿付日，SPV 将委托托管人按时、足额地向投资者偿付本息。利息通常是定期支付的，而本金的偿还日期及顺序就要因基础资产和所发行证券的偿还安排的不同而异了。当证券全部被偿付完毕后，如果资产池产生的现金流还有剩余，那么这些剩余的现金流将被返还给交易发起人，资产证券化交易的全部过程也随即结束。

由上可见，整个资产证券化的运作流程都是围绕着 SPV 这个核心来展开的。SPV 进行证券化运作的目的是：在风险最小化、利润最大化的约束下，使基础资产所产生的现金流与投资者的需求最恰当地匹配。

需要特别说明的是，这里只阐述了资产证券化运作的最一般或者说最规范的流程，实践中每次运作都会不同。尤其是在制度框架不同的国家或地区，这种不同会更明显。因此，在设计和运作一个具体的证券化过程时，应以现有的制度框架为基础。

（三）股票的发行与表现

国外大部分 REITs 都在主要的证券交易所上市发行股票完成融资，REITs 的上市使这种新型的房地产业务经营组织更加透明化，融资来源更加稳定和多元化，从而为其持续、稳健的发展创造更为有利的条件。

1965 年 6 月，第一只 REITs——大陆抵押投资者（Continental Mortgage Investors）在美国纽约股票交易市场挂牌上市。1991 年 Kimco 房地产公司以美林银行、迪恩・威特（Dean Witter）和史密斯・巴尼（Smith Barney）为承销商，通过 IPO 筹集了 1.28 亿美元；1 年之后，陶布曼中心公司以摩根士丹利、迪恩・威特和亚历克斯・布朗（Alex Brown）为承销商，通过 IPO 发行了 2 000 多万份股票并且首创了上型 REITs，这些都是 REITs 以 IPO 方式成功上市的典范。

根据 NAREITs，截至 2014 年 6 月底的数据，有 210 只 REITs 列明在 NAREITs 中，其中 182 只在纽约股票交易市场进行交易。此外，有大量登记在美国证券交易委员会（简写为"SEC"）却未公开交易的 REITs，以及未登记在 SEC、未在股票市场交易的私募 REITs 产品存在，这部分数量为 800 ~ 1 000。

六、REITs 上市融资

纽约证券交易所（简称"纽交所"）和纳斯达克对权益型证券的上市条件和上市费用的规定大有不同，其中纽交所的上市规定最为严格，上市费用也最昂贵；纳斯达克的上市规定最为宽松，上市费用与美国证交所相仿，主要取决于上市证券的股份数目。股票上市时，各证券交易所会对其他因素进行考量，在特定情况下还可能提出其他要求，或对现有要求进行修订。这些证券交易所的上市要求也适用于REITs，下面对它们进行简单介绍，并用表格形式分别列出其关键上市要求。

（一）REITs IPO 要求

1. 纽交所

纽交所作为目前世界上规模最大、管理最严密的有价证券交易市场，其上市要求比较高，对上市公司质量的限制十分严格。纽交所上市规则如表8.2所示。

表 8.2 纽交所上市规则[①]

项目		规则
股票分布与规模最低标准	A 体系	（1）（a）美国整股持有者（持有整个交易单位的股东，通常100股为一个交易单位）达400名或者 （b）股东总人数达2 200名 而且 （2）最近6个月的月均交易量不低于100 000股
		或者
股票分布与规模最低标准	B 体系	（1）股东总人数达500名，而且 （2）最近12个月的月平均交易量达1 000 000股 （3）公众持股量达1 100 000股流通股 （4）公众持股市值：上市公司为1亿美元，IPO、剥离公司和关联公司为6 000万美元
财务数据最低标准	盈利	（1）过去3年内税前盈利累计1 000万美元（最近1年必须为正值） （2）最近2年内每年最低盈利200万美元

① 邢建东，陶然．美国房地产投资信托制度与运用［M］．北京：中国法制出版社，2008：212. 计算表8.2中的股东人数时，除了在册股东，还要把由券商代持股票的投资者人数计算在内。纽交所会在必要时将清查券商组织代股东持有证券的情况。

（续表）

项目		规则
财务数据最低标准		或者
	现金流	全球市场资本不小于 5 亿美元且最近 12 个月的营业额不低于 1 亿美元的公司，最近 3 年的营运现金流总和（每年都为正值）达 2 500 万美元
		或者
	净值	（1）最近一个财年的营业额达 7 500 万美元 （2）全球市场资本达 7.5 亿美元
		或者
	营运历史不足 3 年的 REITs 的股东权益达 6 000 万美元	
		或者
	营运历史不足 3 年的 REITs 的资产净值达 6 000 万美元	

2. 纳斯达克

纳斯达克即全美证券商协会自动报价系统，是由全美证券商协会在 1971 年建立并监管的电子证券交易市场，在市场技术方面具有很强的实力。与纽交所和美国证交所不同的是，该市场没有公开交易大厅，不是一个有形交易市场，所有交易都通过计算机自动报价交易系统完成。如今比较重要的首发市场有 3 个：纳斯达克全球精选市场、纳斯达克全球市场和纳斯达克资本市场。表 8.3 以纳斯达克全球精选市场为例来说明其上市要求。该市场的首发上市模式共有 3 种，表 8.3 中分别说明 3 种模式的财务与性质要求和流动性要求。

表 8.3 纳斯达克全球精选市场上市要求

标准	模式 1	模式 2	模式 3	市场规则
税前所得（缴纳所得税之前的持续业务经营收入）	之前 3 个财年内共计 1 100 万美元以上；最近 2 个财年中，每年都达到 220 万美元	—	—	4426（c）（1）

（续表）

标准	模式 1	模式 2	模式 3	市场规则
现金流	—	之前 3 个财年内共计 2 750 万美元以上；而且之前 3 个财年内，任一财年都必须大于或等于 0 美元	—	4426（c）（2）
市值	—	之前 12 个月的平均市值大于或等于 5.5 亿美元	之前 12 个月的平均市值大于或等于 8.5 亿美元	4426（c）（2）（C）4426（c）（2）（A）
营业额	—	上一财年的营业额大于或等于 1.1 亿美元	上一财年的营业额大于或等于 9 000 万美元	4426（c）（2）（C）4426（c）（2）（B）
股价	5 美元	5 美元	5 美元	4426（d）
做市商	3 家	3 家	3 家	4310（c）（1）
公司治理	是	是	是	4350,4351 和 4460

注：表中的财务和性质要求适用于封闭式投资管理公司之外的所有公司。

（二）上市目的

前面已经提到，REITs 上市最直接的目的无外乎 3 个：资本筹集、债务削减和资产规划。其中资本筹集是最普遍的原因。许多未上市的私募 REITs 的股份不能提前退出，银行等金融机构又是反复无常，政策、市场风向一旦不对，就不再愿意给房地产行业贷款。在这种情况下，许多经理人将目光投向了资本市场。上市虽然不能确保能够融到资本，这是因为美国资本市场的竞争是比较激烈的，但是上市毕竟提供了企业融资的一种途径。

REITs 上市的第二个目的是债务削减。其实债务融资也是资本运作的一个重要方面，但是债务过高导致的资本结构失衡，使 REITs 的处境变得比较危险。当银行对贷款抵押物的量进行控制，则企业很快就被逼上了上市的境地。

REITs 谋求上市的第三个常见目的是资产规划。因为 REITs 必须具有流动性才能享受到免税的地位，REITs 为了规避税收，就必须上市以具备一定的流动性。与单项资产的持有相比，持有上市 REITs 的股票更有利于提高公司的流动性，更有助于避免公司被迫将房地产资产出售折现的情形。

（三）上市程序[①]

公司上市融资是资本运作的一件大事，上市融资的第一步就是组建由律师、会计师、投资银行家组成的 IPO 团队。很重要的一点是，所选择的会计师事务所应当处理过与证券交易所相关的事务且具备上市 REITs 服务经验。这对新上市公司财务报表的制作和呈报都大有帮助，同样律师事务所最好具备证券交易所事务的处理经验和上市 REITs 的服务经验。

第二步是选定一家主承销商，对证券承销事宜进行管理。在选择主承销商时，应当将投行的专业能力、承销能力和研究能力作为选择的标准，承销团队通常由 4 家承销商组成，主承销商和辅承销商之间要实现优势互补。有时候，特大规模的 IPO 需要组建由 5 家以上承销商构成的团队，以确保有足够的证券销售能力。

第三步是资产整顿。因为公众偏好集中，单纯的经营结构、私营企业需要将自己的优势展现出来，将无法纳入上市 REITs 的盈利资产范围的资产剔除。如果投资者认为 REITs 的某项资产“毫无用处”（该资产无法带来当期现金流）就会迅速地低估整个 REITs 的市场价值。

---

① 邢建东，陶然．美国房地产投资信托制度与运用［M］．北京：中国法制出版社，2008.

第四步是登记说明书。登记说明书就是呈报给证券交易所对拟销售证券进行登记的文书，其中必须包括公司历史、人员、资产和结构等内容。根据《1933年证券法》规定，除非获得登记豁免权，否则不得发行或买卖未登记证券。该文书必须真实，提供明智投资者做出决策的一切重要信息。作为登记说明书的一部分，发行人还必须开展资产、法务、环境和金融这4个方面的尽职调查。

招股说明书作为登记说明书的一部分，是将公司所发行证券介绍给公众的文书，必须讲述相关实情，必须提供投资者做合理决定所需的一切重要信息。招股说明书由发行人的法律顾问制作，投行、投行顾问以及拟发行证券的公司等应予以协助，向法律顾问提供制作招股说明书所需的相关资料。

此外发行人要与独立会计师密切合作来编制相关财务报表，而且要通过发行人的法律顾问、投行和投行顾问的审查。发行人还必须展开尽职调查，以确保影响该公司投资的全部重要事实都得以披露。

尽职调查结束后，可将登记说明书定稿并呈报给证券交易所。通常在经过30日的审查之后，证券交易所将对所呈递文书出具意见。发行人应当对证券交易所的意见予以恰当回应，继而呈递修订后的登记说明书，此后可印制并向潜在投资者发放原始招股说明书，开始市场推介活动。

第五步就是路演。管理层要一遍一遍地讲述公司的情况，与投资机构一对一面谈，在这个过程中，投资银行家和主承销商的卖方分析员都要协同发行人的管理层开展工作。在路演过程中，各家辅承销商要收取订单并将之反馈给主承销商（主承销商在此亦称“财务运作管理者”）。其中某些订单可能是“合格订单”，即买方愿意在红头书所示的拟定价格区间内认购股票的订单，而某些订单可能不符合条件。路演结束后，财务运作管理者将会把其从各种途径取得的订单汇集在一起。

第六步是承销商向发行人的管理层提交定价建议。这将是承销商按特定价格购买特定数量股份的确定承诺。承销商购买股份后，再按公开发行价格将之转售给公众投资者。承销商支付给发行人的价格，通常是公开发行价格的93%，两者之间存在7%的差距，这是对承销商的报酬，用来支付承销人员工资、偿付相关费用等。

REITs首次公开发行证券必须对一些关键因素进行考虑：发行事宜是否确定，标的物是否有办公楼、商场、工业厂房等资产类型，地理位置是否集中、优良，采用什么结构，利益冲突是否最小化等。

除了IPO程序，REITs还有一种上市方式就是合并上市。合并上市是指私人公司与已上市公司进行合并，成为新上市公司。该方式可以分为3种模式：

（1）私人公司将自身全部出售给更大、更强的上市公司，同时放弃控股权。

（2）同等并购，即私人公司与规模类似的上市公司合并，共享合并后的管理权。

（3）后门合并，即较大的私人公司与较小的上市公司合并，俗称为买壳上市。但是“买壳REITs”（shell REITs）并不多见。

从其他国家或地区如我国香港REITs的上市规制来看，虽然其在房地产投资比例、派息要求和收入来源等方面与美国REITs具有一定的相似性，但或多或少还是存在差距。

（1）我国香港REITs没有税收优惠。虽然我国香港本身是低税收的司法管辖区，但对于以内地房地产项目打包上市的REITs，由于内地对土地使用权出让等一系列的限制，这类REITs很可能使用SPV，即在香港上市的REITs以母公司的形式拥有内地房地产项目公司的股权。内地房地产项目公司适用内地税法缴纳税收，香港地区的低税收优势并不明显。

（2）上市要求和程序不尽相同。我国香港地区在上市的条件中附加一些与REITs相关的条件，强调REITs必须是REITs立法机构认可的实体。

（四）REITs 股票表现

REITs 可以通过公开募集到证券市场上市，从而吸引偏好持续稳定收益的投资者，成为在证券市场发行、交易、投资的金融产品。但是从投资特性上看，REITs 与股票还存在许多不同之处。

从相同点来看，主要包括以下几个方面：一是 REITs 要具备的要素与股票相同，需要交易市场与交易规则，需要交易物和投资者；二是 REITs 将管理运营方式相近的符合上市条件的房地产通过重组、审计、评估组成资产包，通过公开市场将基金单位出售给投资者；三是 REITs 可以通过增资扩股、发行新股来筹集资金，通过扩大规模及并购来整合行业；四是 REITs 公开发行后，股市投资者可以通过小额投资来拥有大型房地产的权益；五是 REITs 既可以设计房地产基金指数，也可以设计指数期货，创造出各种各样的衍生产品。REITs 的股票价格，通常取决于以下多种因素：（1）基金管理者的管理水平和 REITs 的结构；（2）投资回报率和预期股利收益率；（3）其他投资股票品种的收益率；（4）股利发放比率与经营性基金的比例；（5）今后盈利的成长性；（6）资产价值来自房地产经营收入或抵押品利息收入。

从不同点来看，主要包括以下 6 个方面：一是股票涉及范围大，而 REITs 仅限于房地产领域。二是股票市场上的上市公司发行股票是为了融资，而 REITs 则是将上市筹集的资金支付给业主，REITs 的强制性利润分配不会出现大股东占用资金的现象。三是上市公司的经营管理难度高于 REITs。四是上市公司股票是高风险、高回报，而 REITs 则是低风险、相对稳定和较高回报，年回报率为 6%～7%，复合收益率达 12%～15%。五是上市公司的治理结构复杂，纯粹的委托代理机制很难建立起来，透明度是上市公司难题；而 REITs 完全不涉及这些问题，反而有利于政府将非经营性不动产通过 REITs 出售给投资者，减轻政府负担。六是股市的投资者适合专业的、具有风险承担能力的、追逐投资与投机机会的投资者参与；而 REITs 更适合众多不具有专业经营的，银行存款不很多的大众投资者参与。

普通公司在可转换公司债和可转换优先股之间会优先选用可转债，因为可转债的利息可以为公司带来减税的利益。但是，REITs 很少使用可转债，却时常发行可转优先股。这主要是出于 2 个基本原因：首先，REITs 由于被免除了公司层面的所得税，可转债利息的减税作用对于 REITs 而言没有意义；其次，REITs 通常使用比较低的财务杠杆，保持较低的负债比率，需要为未来的融资保留空间。

总的来说，REITs 股票是一种特殊的股票类型，作为发行者的公司持有并管理能够创造盈利的房地产项目，它除具有信托的一般特征，即所有权和利益相分离、信托财产独立性、有限责任和信托管理的连续性，还具有许多其他特点：信托财产是房地产证券，采取股票或收益凭证的形式，可上市交易，流通性强，比其他股票的每日波动幅度小；经营期限分为定期和不定期，财产运作对大众公开，透明度高；法律对 REITs 的结构、资产运用和收入来源进行了严格要求；可以获得有利的税收待遇，避免双重纳税等。

总结 REITs 股票表现的优越性，可以表现为以下几点：

（1）高收益。REITs 在美国提供了大量的股息收益，这个收益率通常为 4%～10%，远远高于银行存款的收益，而其风险却小于一般的股票，从而成为美国国内收入和其他延期纳税投资组合中的理想投资品种。与大多数高收益投资组合不同，当 REITs 投资的房地产由于租金收入增加，创造了持续且更高的现金流，以及有额外的资产增加到投资组合中去的时候，REITs 的股票也可能升值。从美国 REITs 几十年的发展历程来看，REITs 的收益率比其他股票综合指数的回报率相对要高一些。

（2）风险相对较低。REITs 风险相对较低，主要有 3 个原因。

第一，REITs 一般由专业的房地产公司发起，能够合理选择投资项目，并对其进行专业化的科学管理，项目成熟产生稳定现金流后才能上市。同时，对比由信托投资公司发起的房地产信托产品而言，从经营管理上降低了投资风险。第二，REITs 实现投资风险分散化。REITs 所拥有的房地产投资组合，比单个房地产商或个人投资者拥有更多样化的房地产投资类型，从而分散了投资风险。第三，REITs 实行独立的监督机制。因为大多数上市 REITs 受到第三方监督的力度越来越大。由于 REITs 利润已大部分被分走，REITs 运作的透明度会比其他类型的上市公司高。

（3）流动性相对较强。公开上市的 REITs 可以在证券交易所自由交易，未上市的 REITs 的信托凭证也可以在柜台市场进行交易流通。因此，相对于传统的房地产实业投资而言，REITs 股票的流动性相对较强，REITs 的挂牌上市将成为股票交易市场流动性的催化剂。

（4）低相关度。REITs 与其他投资产品关联度小。REITs 的收益来源于其长期持有的房地产价值，与其他投资产品之间的相关度低，因此具有相对独立于其他市场的走势，有利于投资者在构建投资组合时分散投资风险。同时由于 REITs 的投资范围涵盖各类型房地产资产，既包含酒店、度假村、零售等对经济周期敏感度较高的地产，也包含了医疗、仓储和林场等抗周期性的地产，各类型项目标的低相关性，使得投资者可以以不同项目标的进行 REITs 组合配置，从而获得一个相对稳定的投资回报收益。

美国主要的证券投资机构和顾问公司都对 REITs 证券进行了专业的研究，这些机构推出的反映 REITs 市场表现的指数种类有很多，衡量 REITs 市场表现的指标主要可以分为 3 种：

（1）NAREITs 指数。NAREITs 的前身是国家房地产投资联盟。今天，美国 REITs 协会已经成为美国房地产基金和大型房地产上市公司在国际上的代名词，该协会也已经成为行业代表和在投资者面前的发言人。美国REITs协会指数制定于1971年，该指数是实时交易指数，是目前衡量REITs证券市场表现的主要基准，样本包括了所有上市的REITs，所有数据来源于纽交所、美国证交所和纳斯达克。NAREITs指数根据REITs的投资类型细分为综合指数、物业投资类指数和抵押类指数3类。

（2）标准普尔REITs指数（S&P REITs Index）。标准普尔REITs指数在1994年开始公布，由105家上市的REITs组成。它选择进入指数的企业的标准是有良好的金融基础，高度的流动性，高回报率，并在主要的证券交易所上市，市值在1亿美元以上。该指数每天公布，每季调整一次权重和样本构成。

（3）摩根士丹利REITs指数（Morgan Stanley REITs Index）。该指数是实时交易指数，由摩根士丹利集团计算，美国证券交易所发布，它选择计算指数的样本企业时主要考虑最小股价、发行量、市值、最小交易额和过去6个月的交易情况等因素，样本选择每季度调整一次。

延伸阅读

1998年REITs熊市的经验教训

1998年的REITs熊市是破坏性的，自从1947年以来，权益型REITs第一次遭受了连续两年的负回报。REITs在1998—1999年下降了35%左右。投资者受到了市场无情的教训，如果投资者能够从中吸取经验，这或许对投资者有所帮助，著名REITs专家总结了4个经验教训以供参考。

（1）1997年10月，在熊市开始前的数月里，一般REITs价格相对估计的净资产价值（简写为“NAV”）有30%的溢价。而事实上只有很少的REITs能够以非常高的速率增加利润，难以支撑高额溢价。

因此，投资者哪怕是对最好的 REITs，也不应当支付过多的溢价。

（2）新进投资者群体，无论是个体投资者或是机构投资者，疯狂购买 REITs 增发股票。但是，很多 REITs 投资者购买这些股票仅仅是因为其价格在上涨。“动量投资”在 20 世纪 90 年代后期非常流行，然而在股票价格下跌后，下跌动量也非常迅速。

尽管 REITs 股票全和房地产相关，然而它们的回报非常依赖商业地产的价值和盈利能力，它们同时也是股票，因此也受制于金融市场中投资风格的快速转变。所以，在短期或是中期，REITs 价格波动性都要超过直接持有房地产。

（3）由于股灾前的两年，权益资本很容易获得，许多 REITs 发行股份购买巨大规模的房地产资产，业务扩展到许多新的市场。但是这些资产并没有获得预期的盈利能力，或进入新市场并未带来任何有意义的东西。投资者对于 REITs 在这些新投资上面的回报前景失望，股票市场随之进入熊市。

REITs 组织必须获得超过资本的长期成本的收益回报，并且认识到资产组合的重要性。

（4）在 1995—1997 年，很多有知名度的 REITs 推行了一些激进的收购策略，经常过度使用短期债务和怪异的对冲技巧如远期股票交易。短期内这些 REITs 的高增长速率深受投资者欢迎，但最终发现其不得不以折扣价格发行新的股票以偿付到期的债务。

投资者应当明白激进的增长策略的风险，尤其是使用短期债务为长期资产融资的时候，合理的资产负债结构会降低风险。然而这一教训并没有被人们充分领悟，在 2007 年的熊市中，风险又回到市场，再次教训了很多 REITs 投资者。

第九章

REITs 风险

我国目前没有出现真正意义上的REITs，要探讨REITs的风险规避机制，就必须从REITs的发源地——美国出发，去考察美国REITs在实际运行中的风险是如何产生的，我们可以解析其风险产生的经济与法律原因、分析如何防止REITs风险的产生。《2002年萨班斯—奥克斯利法案》旨在提高公司根据证券法披露信息的准确性和可靠性，以保护投资者利益以及其他目的，该法涉及会计监察委员会、审计师、分析师、财务和研报披露、欺诈惩罚等，对于上市REITs的风险披露起到了重要的作用。

REITs的风险是什么？这是研究REITs风险规避机制首先要解决的问题。由于目前世界各国的REITs都借鉴于美国，而亚洲国家或地区REITs起步比较晚，故REITs制度中的风险尚未暴露，所以人们对其风险也少有认识。

1968—1973年，美国REITs的年发行数量（Offerings）从14只增加到65只，REITs的总资产从10.3亿美元增加到超过200亿美元。这期间，REITs的发展多通过银行融资和REITs本身的商业票据贷款去推动，而其收益又转而贷款给那些不成熟的开发商去开发一些未经严格考证的项目，恰恰是这些项目隐含了较高的风险。从1973年年底到 1974 年，随着房地产市场的恶化，REITs 中隐含的风险终于爆发了，REITs 资产从 210 亿美元减至 165 亿美元，整个贷款储备金的损失从 7.8 亿美元增加到 23 亿美元，所有 REITs 的股票总价跌落了 2/3 以上。在 1974 年，10 只最大的 REITs 中有 3 只最终申请了破产。

随着 1974—1975 年房地产市场的崩溃，REITs 行业也遭受到了严重的冲击：一方面，来自借款人处的贷款减少不能满足利息的支付，抵押房地产的担保价值缩水也导致了储备金的损失，这大大缩减了 REITs 的收益；另一方面，由于 REITs 向银行大量贷款，而利息成本又随着基本利率的上升而不断增加，这对许多 REITs 而言是无法承受的负担。“那些已运用杠杆原理到最大限度的 REITs 恰恰是这期间表现最差的信托公司，总资本中非可转换债务的比例越高，则该信托的表现就越坏。”

一、风险类型

（一）非系统性风险

1. 一般结构风险

房地产投资者经营管理不善造成的风险，管理者不能胜任经营管理工作，承包形式、承包方的选择、推销形式、促销策略、市场定位、价格定位、违章或违法开发方案制定等经营决策与管理决策上存在的风险。同时，REITs 的经营风险还体现在违反有关规定，违规经营。如将 REITs 资金运用于非不动产，与托管人的固有财产或不同委托人的信托财产进行相互交易等决策风险。

由于决策者的判断失误而给委托人造成损失存在可能性。决策者失误的原因主要有两个方面。一是决策程序不合规所造成的决策失误。在信托业务经营过程中，REITs 运用信托财产进行出租、出售、贷款、投资和同业拆放都要根据一定的决策程序进行，如果决策违背了正常的决策程序，就很有可能造成决策失误。二是决策者的决策水平较低。信托业务涉及面广，具有灵活性和多样性的特点，这就要求REITs的决策者必须具有较高的业务素质和决策水平。

（1）投资管理风险。这里说的投资主要是指股权投资，投资风险则是指由于投资收益的不确定性给投资主体带来损失的可能性。信托投资公司往往在投资中追求高回报，但如果管理上缺乏风险控制，对投资项目和合作对象的选择不当，就会使投资的实际收益低于投资成本，或者达不到预期的投资收益目标，甚至由于资金运用不当而产生风险。

（2）流动性风险。通常所说的流动性风险是指经济实体因流动性的不确定性而遭受损失的可能性。就REITs而言，流动性风险则是指REITs机构由于没有足够可运用的资金以保证业务运转，导致现金流不足从而产生损失的可能性。资金流动性差，REITs就无法及时支付资金以履行对委托人或拆借人的承诺，从而就会影响REITs机构的信誉，威胁REITs机构的生存。

（3）财务及杠杆风险。REITs有可能过度提高债务杠杆，REITs从事了产生风险的业务活动。REITs在经营中必须对资产负债比率管理指标、成本、损益等重大经营情况定期进行专门的分析报告和财务评价，发挥财务的日常监督作用。如果管理不善，对业务中存在的重大财务隐患不能及时察觉，必然会导致风险的长期积累，最终有可能引起更大的危机。

发起REITs的金融机构，特别是商业银行对REITs杠杆的推动是造成REITs风险的另一个经济原因。1974年年底，39只REITs都是由商业银行担任顾问。这些银行提供大量的信用便利给其发起REITs，顾问费较高。由于许多REITs的费用结构是基于REITs的规模，因而REITs的顾问为了增加其费用，常常通过增加REITs的外债，使REITs外债激增。杠杆造成了大量抵押型REITs的破产。

REITs还有其他方方面面的风险，例如REITs要符合一系列的压力测试，REITs 在资产证券化方面所面临的风险等，这些风险在前文已分别提到，在此就不再赘述。

2. 特殊结构风险

REITs 的组织结构具有独特性。REITs 具有独特的组织管理结构，REITs 因为这种特殊的组织结构得到了许多好处，但是不可避免地产生了许多制度约束，由此产生了因保持该种结构而产生的风险。这部分风险所占比重相对于公司、信托、合伙企业等组织结构的风险大得多。由于 REITs 采取了特殊结构，而这种特殊结构很难长期保持，所以由于特殊结构而造成的风险也时刻存在。

下型 REITs 包含 2 种商业风险：一是运作合伙不被认可的风险；二是组织形式变更的风险。

（1）运作合伙不被认可的风险。在伞形结构中，涉及国家税务局是否认可单独存在的运作合伙，否则将把所有人的出资视为直接将利益提供给上型 REITs 实体，这会让上型 REITs 面临失去其税收优势的风险。

（2）组织形式变更的风险。因为在某些运作合伙中的单位持有人有权继续将其单位转换成为上型 REITs 的股票，而上型 REITs 唯一的资产则是其在运作合伙的利益，问题是所有者是否在组建时已将组织形式进行了转换，这也会让上型 REITs 面临失去其税收优势的风险。

下型 REITs 包含了以下 3 种风险：其一，下型 REITs 中合伙利益被作为 REITs 股份对待的风险；其二，变相出售的风险；其三，合伙分配不被尊重的风险。

（1）合伙利益被作为 REITs 股份对待的风险。从出资者的角度看，下型 REITs 存在的最严重的风险是：为了节约联邦收入税收目的，出资者收到的下型 REITs 合伙利益，被作为直接投入 REITs 的所有者利益来对待，即按 REITs 股票来对待。在此情形下，收到新的 REITs 股票则会造成对出资者立即征税（如果该转让被视为向下型 REITs 合伙组织转让收益单位以交换 REITs 股票的话）。

（2）变相出售的风险。国家税务局可以依据法典和该法典的配套法规，去攻击下型 REITs。优先利润的支付与 REITs 须提供资金的义务，使得该出资安排被视为一种出资者向下型 REITs 合伙提供的物业的变相出售，这带来了出资者的收益税。

（3）合伙分配不被尊重的风险。通常下型 REITs 的合伙协议应至少在名义上满足有关合伙分配的要求。然而在确定是否符合“安全港”要求中关于合伙清算分配是否按照实际资产负债情况时，则面临对合伙分配不被认可的风险。

合股结构的 REITs 也存在风险。合股结构的 REITs 由于能够将它们运作公司的不合格的积极服务类收入转换成“良好的”收入。结果是合股结构的 REITs 看起来比被动的投资工具更像积极的房地产商业实体，而且通过逃避它们被动型的限制，合股结构的 REITs 更能与应税的商业实体直接竞争，因此将它们的股东暴露在 1960 年立法不曾预期的、不应当的商业风险之中。

延伸阅读

美国招股说明书风险披露要求

招股说明书需要准备一份精心制作的、简短而明晰地对各种主要风险进行概述的章节。通常情况下，风险因素包括联邦税务风险、投资用地产附带的特定风险以及作为投资工具的 REITs 带有的风险。

一、联邦税务风险

（1）REITs 当前可扣除的特定应支付款项在审计时被划分为资本项目，要通过折旧金或不可扣除的综合支出进行补偿。

（2）税法及其法律解释可能发生的不利修订。

（3）要具有房地产投资信托人的资格，必须符合某些不一定能够达到的标准。

（4）获取某些收入且对其进行报告时，该收入项可能尚未产生现金，在这种情况下为了遵守将 90% 的 REITs 可征税收入再进行分配的要求，可能迫使 REITs 借款。

（5）REITs 分配的款项被视为投资收入。

二、投资用地产附带的特定风险

（1）房地产所有权风险，占用率和经营开支的波动、租赁计划的变更等，而这些因素可能受到下列可变因素的不利影响：大经济环境和地区经济环境、与合伙人投资的房产同类的房产的供求情况、地区法律、联邦和地区的租赁控制政策和房地产税率等。

（2）开发和施工阶段的房地产收购风险，比如建筑商无法控制的工程延误（建筑限制、政府部门要求进行的环保状况调查、工人罢工、恶劣的天气、建材或熟手工人的短缺）、竣工之前建筑商或分包商财务状况不稳定或破产以及施工款或其他贷款的短缺等。

（3）未投保的损失，如地震或洪水造成的损失。

（4）能源短缺和物价上涨。

（5）财务风险，包括有利贷款的可能性、财务杠杆、分期付款的大额尾期付款、以客观指数为依据的可变贷款利率、总租金收入和纯收益部分需支付给贷款人。

（6）销售计划的制订根据的是对相关财务状况的预期，而财务状况取决于 REITs 无法控制的特定情况、事件。

（7）股票销售所得投入房地产建设的时间被推迟，因而造成了现金流的减小。

（8）房地产企业之间的激烈竞争。

（9）销售 REITs 物业时，REITs 可能认为有必要或者最好向卖方提供次级贷款。因此，在次级贷款被偿还或清偿完毕之前，会导致限期 REITs 的延迟变现。

（10）REITs 是否为所收购的资产支付了合理市场价格，无法保证。因为 REITs 在设立交易中获取资产时没有独立第三方评估资产价值。所以不能确保 REITs 在设立交易中支付的总对价（由现金、OP 单位、受限 REITs 普通股和债务承担构成）是否会超过所购买资产和其他资产的合理市场价值。

（11）租户拖欠租金或破产会对 REITs 的财务状况产生负面影响。

（12）主要租户停止租赁 REITs 物业会对 REITs 的财务状况产生负面影响。

（13）《美国残疾人保护法》的守法成本会对 REITs 的财务状况产生负面影响。

（14）REITs 部分财产通过合伙人及合资人持有，对此类财产缺乏有效控制会产生违反 REITs 利益的决策。

（15）房地产投资的不流动性，会对 REITs 的财务状况产生负面影响。

（16）已出租的房产，租约期满时若没有续租或另租给他人，则会对 REITs 的财务状况产生负面影响。

三、作为投资工具的 REITs 带有的风险

（1）依赖顾问的经验对 REITs 资产进行日常管理。

（2）不确定的投资（如“盲池”[①] 类 REITs）。

（3）增发股份、可转换债券或购股权证造成的潜在稀释后果。

① 盲池（Blind Pool），指尚未将净筹资额的绝大部分指定用于特定项目。

（4）反收购条款的意图在于抑制 REITs 控制权的转移。

（5）与关联公司的交易会造成利益冲突。

（6）REITs 章程对股份持有权的限制可能阻碍控制权的取得或变动。

（7）增发股份可能阻碍控制权的取得或变动。

（8）所使用的州法律对控制权的取得或变动予以限制。

3. 资产证券化风险

交易结构风险

资产证券化的运作是通过建立一个严谨、有效的交易结构来进行的，其融资的成功与否及其效率高低，与其交易结构有着密切的关系。其基本交易结构由原始权益人、SPV 和投资者三类主体构成。从理论上说，只要参与各方遵守并确立的合约，该结构将是一种完善的风险分担的融资方式。但是，由于不同国家对资产出售有着不同的法律和会计规定，这一方式将面临结构风险。具体包括：

（1）交易定性风险。指根据相关法律，有关部门可能认为发起人与 SPV 之间的交易由于不符合“真实销售”的要求，而将发起人在破产前与 SPV 所进行的交易行为确定为无效交易，使破产隔离安排失效，从而给证券化投资者带来损失。

（2）收益混合风险。指资产产生的现金流与发起人兼服务人的自有现金流相混合，导致 SPV 在发起人破产时处于一般无担保债权人的地位，从而给证券投资人带来损失。

（3）实体合并风险。指 SPV 被视为发起人的从属机构，其资产、负债与发起人视为同一个企业的资产、负债，在发起人破产时被归为发起人的资产、负债一并处理，从而给证券投资者带来损失。

信用风险

信用风险也称为违约风险。信用风险产生于资产证券化这一融资方式的信用链结构。从简单意义上讲，信用风险表现为证券化资产所产生的现金流不能支持本金和利息的及时支付而给投资者带来损失。在资产证券化的整个交易过程中，投资者最依赖的两方是资产支持证券的承销商和代表投资者管理和控制交易的托管人。在合约到期之前或在可接受的替代方接任之前，任何一方对合约规定职责的放弃都会给投资者带来风险，具体包括：

（1）承销商风险。承销是投资者对资产组合恶化采取的主要防范手段。例如，在应收款支持的融资中，承销商能直接以其支付行为影响有关潜在资产合约的执行。因为承销过程的中断不仅可能导致对投资者的延期支付，而且可能引起整个结构信用质量的下降。所以当应收款支持交易被结构化以后，承销商在招募说明书中应根据历史经验对拖欠、违约及索赔给出相应的说明。

（2）托管人风险。虽然托管人的经营状况不直接影响由应收账款组合所带来的现金流，但它却在很大程度上决定该资金受托后的安全性，以及该资金转给投资者的及时性。所以大多数交易有严格的规定，并按投资者的要求对托管人的经营状况进行控制，这些规定在一定程度上能为投资者提供实质性保护，但是他们并不能完全消除管理不当的可能性，而这正成为造成风险的潜在因素。正是在这个意义上，有关评级公司已经采取了附加措施以提醒投资者注意这种潜在风险。

（3）可回收条款风险。发行人和持有者之间合同的条款之一，发行人有权在债券到期前，提前偿还全部或部分债券。如果在未来某个时间市场利率低于发行债券的息票利率时，发行人可以收回这种债券，并以按较低利率发行的新债券来替代它。短期赎回等于是由发行人在行使一种期权，以便按更为有利的条件对债务进行再融资。从投资者的角度看，提前偿还条款有 3 个不利之处：首先，可提前偿还债券的现金流量的格局难以确定；其次，当利率下降时，发行人要提前偿还债券，投资面临再投资风险；最后，债券的资本增值潜力减少。

以住房抵押担保证券为例，它属于固定收入证券的一种，但是却包含一个提前偿还条款。住宅所有者难以预料的提前偿还风险使投资者面临再投资风险，并使其原本的资产负债管理计划落空。

实际上，抵押担保证券的现金流动时间安排上的不确定性比公司债券和市政债券要大，因为行使提前偿还一笔抵押贷款的期权不单纯依赖于现行市场利率，它还依赖于每个房产主面临的特定经济和非经济因素。例如，房产主遇到迁移或房屋转手时，可能会提前偿还贷款或者当房产主发现了对自己更有利的二次融资可能性，提前偿付也会发生。一般用存续期这一指标来衡量提前偿还。存续期是以各支付期的支付现值为权数对支付期加权平均，存续期缩短则说明发生了提前偿还。

资金池的质量与价格风险

按照古滕塔格（Guttentag）的观点："银行具有低估甚至忽略以小概率发生的重大损失事件的倾向。"忽视低概率高损失事件源于人的非理性。人们的长期预测能力非但不能随证券化进程而提高，反而有进一步退化短视的倾向，结果使金融市场存在更大的波动和不确定性。因此，在资金池的构建方面，要严格评估资金池的质量，警惕发起人将不良资产以良好资产出售，以防人们在对风险资产定价时仅依据对市场短期的看法，由此而产生低定价的可能，导致实际利润率曲线低于市场要求的利润率曲线形成缺口，而且缺口不断增大，不仅可能给投资者带来损失，最终还可能引发金融危机。

同时，资产证券化如果定价不合理，就会产生价格差。这种价格差的大小取决于市场正确识别证券化工具价格水平的能力。也就是说，市场需要时间来评价它的价值和风险。应该意识到新工具、新市场中的低定价问题是有代价的，因为新金融工具或市场通常由于存在为合理定价积累经验的成本，而比成熟市场的效率更低下，这种学习成本导致低定价交易。总之，经验不足导致新产品在初始阶段定价偏低，该阶段大量风险积累起来可能引发金融危机。

（二）系统性风险

1. 市场行情变化

房地产市场供求关系的变化会给投资者带来风险。一个城市或地区的房地产需求，除了要考虑城市居民年均收入水平及房地产价格的影响，还要考虑人口数量及结构、城市产业结构的演进、城市自然条件等因素对市场需求的影响。人口的增长是影响房地产市场的直接因素。

2. 经济周期风险

周期风险是房地产业的周期波动给投资者带来的风险。房地产业的周期可分为复苏、繁荣、危机与衰退 4 个阶段。当房地产业从繁荣阶段进入危机与衰退阶段，房地产业将出现持续时间较长的价格下降、交易量锐减、新开发建设规模收缩的情况，给房地产投资者造成极大的损失。

3. 利率政策风险

房地产业与国家经济紧密相关，因此在很大程度上受到政府的控制。政府对土地使用政策，对环境的保护政策，对租金、售价的限制政策，对材料、设备的限制政策，尤其对固定资产投资规模的宏观调控政策和金融方面的政策，都会给房地产投资者带来风险。调整利率是国家对经济进行宏观调控的主要手段之一。利率的升高会对 REITs 产生两方面的影响：一是房地产实际价值的折减；二是会加大 REITs 的债务负担。

4. 社会环境风险

REITs 需要具备适宜的社会环境和制度环境，具有较高的经济发展水平，企业的产权制度必须明晰，社会对 REITs 具有较高的认可度，社会居民具有较强的信用意识等。如果不具备这些环境条件，REITs

业务的开展就非常困难，风险监管难度随之增加。美国经济发展水平很高，财富规模较大，加之经济生活的多元化、复杂化、综合化，就造成经济内部对信托业务的需求，从而促进了 REITs 业务开展。还有，美国产权制度完善，且经过半个世纪的发展，全社会对 REITs 已经有了初步的认识，因为大众的积极参与，REITs 市场才能蓬勃发展。

二、风险控制

从根本上说，REITs 仅仅是一种投资工具，主要是为了满足中小投资者无法大量直接持有房地产，而又有对房地产进行投资的强烈需求。因此，它不可能成为对冲风险的工具。事实上，任何一种资产证券化都不可能解决资产价值降低的问题。不管怎么样，完全避免风险是不可能的。只要发生通货膨胀，就不存在无风险的情况。房地产所有权和管理，与其他类型的业务或商业行为一样，都会面临各种各样的风险。如购物中心 REITs 要面临消费者口味和生活情调变化的风险；公寓 REITs 也要面临公寓供给过多，以及房地产资产所在地区工作机会增长率下降的风险；医疗卫生 REITs 要面临政府缩减医疗卫生补贴的政策风险等。

REITs 的风险控制是一个系统工程，包括投资公司对项目的评估、管理、贷款担保或质押的全过程。信托产品的风险与信托公司的运营和抗风险能力息息相关，如果投资者能够使其拥有的商业地产投资在行业、地理区位和租户选择方面实现足够的多元化，就可以减少风险，包括减少由于租户破产带来的相应风险。多年以来，零售业经常发生这种情况，但零售业 REITs 一直经营得很好，零售 REITs 能够不断地发现好的租户，来替换不能为其创造利润的租户。然而，对于设计用途单一的房地产项目则要倍加小心，因为在这种情况下，唯一租户的离开会给房地产业主带来收益上的巨大损失。

公司在实施 REITs 业务风险控制时主要应以业务流程为主导，综合经营效益性、流动性、安全性的要求，指导企业制定规范的操作规程和经营管理的各项规章制度，完善内部控制制度，建立信托机构内部组织体制，资金交易风险的控制、财会系统的控制、衍生工具交易的控制、管理信息系统的控制等各个环节的内控机制，同时要建立健全风险监督的指标体系。重点应完善以下几个方面：风险识别、风险评估、风险控制措施的实施、风险控制制度的监控、风险控制制度。

风险识别是指对所有可能存在的、对公司资产管理运营有重大影响的潜在风险点进行考察和识别，它是有效实施风险控制的前提和基础。风险识别主要采用由下至上分析法，由资产管理各业务部门负责人对业务部门内潜在的风险点进行识别，根据需要定期出具风险自查报告，经部门风险控制小组讨论后报公司风险控制委员会讨论。

风险评估是指由公司风险决策和控制委员会、督察员、审计稽核部及风险评估小组从外部引入决策相对独立的类似独立董事的金融人才作为机构人员，在重大政策和项目出现时，有完善的风险监督机制，并根据资产管理业务中风险的可能性，以及由此对公司运营造成的潜在影响进行评估。

风险控制措施的实施是指在风险评估的基础上，由风险点所在部门采取相应的控制措施。其优势在于它们是专门为机构自身的需求而建立的，它们可以对所有主要用户进行持续、详细的跟踪。主要程序如下：（1）根据有关部门提供的风险评估报告，风险点所在部门提出相应的控制措施并报风险控制委员会或审计稽核部批准；（2）若风险控制委员会或审计稽核部认为控制措施适当则批准实施，否则提出相应的补救措施的指引；（3）由风险点所在部门根据上述报告具体实施。

在进行风险控制时，根据投资指导原则和风险限度，需要从定量和定性两方面加以界定。每个投资指导原则都会涉及风险度量和监控这两个重要问题。正确的解决方案不但应当为投资者提供估测风险的能力，而且还应提供限定风险和收益平衡的能力以及有效的措施，以促进良好的风险控制管理。

投资指导原则是管理风险评估的一个重要组成部分，因为人们购买股票和负债都伴随风险，风险控制工作应严格遵守以下原则：

（1）全面性原则。内部风险控制必须覆盖资产管理业务的所有相关部门和岗位，并渗透到决策、执行、监督、反馈等各项业务过程和业务环节。REITs 各业务部门应不断完善风险识别、风险评估和风险控制程序。

（2）全员性原则。REITs 公司员工是风险控制的基础，公司风险控制的成败得失关系到全体员工的利益。因此，应不断提高员工素质，增强员工对风险的识别和防范能力，树立全员风险意识。

（3）独立性原则。REITs 公司设立风险控制委员会、督察员和审计稽核部，部门内部设立风险控制小组，各风险控制机构和人员具有并保持高度的独立性和权威性，负责对 REITs 业务及 REITs 内部风险控制制度的执行进行监察、稽核和检查。

（4）互相制衡原则。REITs 公司在内部组织机构的设计上要形成一种相互制约的机制，建立不同岗位之间的制衡体系，强化财务审计稽核部对 REITs 业务的监察稽核功能。

（5）防火墙原则。REITs 公司业务中的投资管理业务、研究工作、投资决策和交易清算应在有限的时间、空间、制度上进行严格隔离。对因业务需要熟知内部信息和穿越防火墙的人员，应制定严格的批准程序和监督惩罚措施。

（6）适时有效原则。在确保所有风险控制措施切实有效的基础上，REITs 公司内部控制制度应具有超前性、可操作性和时效性，并且必须随着公司经营战略、经营方针、经营理念等内部环境和国家法律法规、市场变化等外部环境的改变及时进行相应的修改和完善。

（7）风险控制与业务发展同等重要原则。以往对信托业的监管，侧重于浅层次的机构审批，缺少对业务方面的充分指导与监督，使得信托业在业务规范、业务管理和业务发展方面存在一些问题。运营风险在 REITs 业务中是客观存在的，如果没有正确的风险管理措施，可能会给公司或委托人带来无法估量的损失。因此，REITs 的发展必须建立在内部控制制度完善和稳固的基础上，内部风险控制和公司业务发展应放在同等重要的位置上。

REITs 公司加强风险防范的措施如下：

（1）细分市场，进行准确定位。REITs 应着力于积累专业经验、提供专业化服务。因为风险控制是一个整体概念，包括信托公司对项目的评估、管理、担保的全过程。专业的 REITs 公司能够更加有效地规避风险。

（2）加强公司的内部控制。内部控制是一项系统工程，内部控制制度的范畴应涵盖其内部职能与一切业务活动所须执行的程序及规定，更加关键的是需要全体员工积极参与、认同监督并自觉遵守内部控制制度。

（3）不断创新。风险会随着新金融工具和市场的变化而发展。随着互联网的迅猛发展，其呈现出来的风险类型也是前所未有的。应完善 REITs 公司的网络运营新技术，增强风险管理意识。目前全球金融网络系统已增强了控制全球金融风险的能力。

（4）建立科学的投资决策和风险控制制度。了解和分析风险的来源与性质，并研究相应的对策。由专业人员对具体业务的风险做出定性和定量的分析，在重大事项的决策上，一定要按照决策程序和决策方法科学地决策。

三、终止清算机制

任何人都难以保证 REITs 不会发生任何风险，但即使 REITs 发生了最大的风险，不过就是公司破产清算，并不会像合伙企业那样牵连股东个人。与 REITs 解散相关的问题有：因不合格而终止的清算问题、破产之前的重组问题、破产时债权人的选择问题等。本节就这些具体与 REITs 解散程序相关问题，在美国的法律环境下根据资料逐一进行探讨。

1. 因不合格而终止的清算问题

对 REITs 而言重要的是能够维持其 REITs 身份。为了做到这一点，REITs 必须仔细检测它是否满足各项要求，特别是总收入测试要求、分配要求。

2. 破产之前的重组问题

REITs 通过破产法院寻求重组引起了一些争论，主要集中在立法适用的冲突和重组选择上。有关 REITs 合格的立法和规则与《破产法》之间产生了一些冲突。《破产法》规定，除非所有债权人已得到全部的利息，或债权人投票接受更低的合同条款，否则禁止公司任何对股东重新分配的行为。而在重组问题上，什么是可以为所有 REITs 的利益相关者创造双赢的潜在重组选择呢？通常过度杠杆的公司资产重组战略对 REITs 是不适用的。REITs 如果希望通过出售资产以获得清偿能力，这种方式在房地产企业会产生特别的问题，即使资本利得不被包括在 90% 的股息要求之中，这些利得必须支付给股东，否则 REITs 必须就该利得纳税。而且，在将 90% 的应税收入传递给股东之后，每年只有很少的现金流将留下来分期偿还债务。与 C 类公司在破产保护之下寻求重组所不同的是，REITs 中很少有税收损失的结转余额以掩护其将来的收入。

这些额外的限制使得债权人在提出长期的重组计划时面临尴尬的局面，即资产很少进行出售，而且几乎没有本金分期偿还的规定。而且，公共权益的注入不会导致华尔街金融机构对 REITs 股份新资本的憎恶。破产重组中来自私有基金的新权益可能会因此受到妨碍。

3. 破产时债权人的选择问题

当 REITs 破产时，其债权人常常会面临左右为难的选择。其面对的选择通常有两种：一是忍受巨大的不能分期付款的风险，直到该 REITs 的商业租金提高；二是设法立即出售资产——常常以令卖家痛苦的价格出手，因为正是该 REITs 的基础物业运营出现困难而导致了该 REITs 的破产，所以低风险承受能力的投资者会选择这种方式。债务人和债权人都应该努力地寻找合理的解决方案，该方案必须既尊重 REITs 结构固有的限制，又保留破产过程中的原则和目标。尽管这对于债务人和债权人而言，都是非常艰辛的寻找过程。

第三篇

REITs 认知升级

REITs公司并不是单纯的房地产资产池，而是具有运营性质的公司。如果你认为目前中国实施的一些房地产资产管理计划就是REITs的话，那你就大错特错了。REITs绝不只是物业的简单堆积，而是具有独立法人资格的组织。试想一下，如果REITs的管理者能够把握好房地产周期，在房价最低点买入在房价最高点卖出，回报率将大大增加。如果REITs在某个细分行业领域居于龙头地位，那么其品牌效应也会让REITs的租金收入溢价不少。

REITs说到底是一种商业模式，管理问题不容忽视。因此本篇就集中介绍REITs的管理问题。事实上，这些问题或许在其他组织中也会碰到，毕竟“太阳底下没有新鲜事”，历史总是惊人地相似，却并非完全一样。关于人的问题，关于管理的问题，我们了解多少？又有多重视？每个人都不能无视管理问题，毕竟人类社会还是以相互合作为主要的经济活动方式，这种趋势在未来只会越来越强化。

REITs资金来源的不同就会导致管理的不同。按照资金筹集的公开与否可将REITs分为公募和私募，公募基金一般也是开放式可以被赎回的，而私募基金有一定的期限，投资者是不能提前赎回资金的。公募基金的规模一般比私募基金的规模大，公募基金对于私募基金就好比公共巴士对于私人轿车。公共巴士到站乘客随上随下，司机则概不干涉，但是公共巴士有确定的路线，乘客只能接受或者下车；私人轿车的路线则灵活多变，而且乘客虽少但话语权重。如果公募基金像私募基金那样的话，公募基金经理将无从管理。

好的物业（企业）管理非常关键。今天的REITs不仅仅是房地产的组合，它们是活跃的、能动性强的完整房地产运营组织，能够通过多种方式创造价值而不仅仅是被动持有物业，其管理受到管理团队持有股份和其他利益的高度激励，管理团队的重要性不言而喻。管理团队在整个项目运行中会碰到许多问题，这些问题一不小心就会摧毁整个项目。如何统筹全局，发挥自己的专业水准，标准高效地运营协调各方的利益和冲突。优秀的公司管理是一个含糊不清但却又非常重要的概念。

许多年以前，REITs 的利益冲突就非常激烈。比如管理者将内部人的物业出售给自己所管理的 REITs；外部顾问的收入主要是基于所管理的资产规模而不是 REITs 的盈利能力，外部顾问做出一些不为了 REITs 和股东长期利益着想的决策。如今绝大多数 REITs 是内部管理的，管理团队的利益与股东的利益更加一致，合作期限也更长。而这些冲突如今更加细微了，REITs 的一个关键执行者不是全职专业人员，可能并没有全身心投入业务中。执行者可能持有 REITs 下属合伙单位而不是 REITs 的股份，因此当出售一个资产会有利于股东的时候，可能就不利于持有合伙单位的人。一些薪酬计划执行者看重短期的 FFO 增长而不是长期的价值创造，而有一些薪酬计划相对于公司的规模而言则过于慷慨，或是基于一些很容易达到的或是不合时宜的奖励标准。还有一些其他类型的利益冲突，这反映在一些给予内部管理人员阻止敌意的合并或是购买意向的文件授权或是规章制度方面。另一个影响公司管理的问题是董事会的构成。绝大多数的董事会成员是独立的，有意愿且有能力去选择管理政策。在这些独立的董事会成员投入了个人资金在 REITs 的股份上时，他们就骨肉相连了吗？所有的公众公司都必须回答这些问题，包括 REITs 在内。但经验与教训是，REITs 的董事会及管理团队必须创造最有利于所有股票持有人的利益结构。

REITs 当初被创造出来，是因为房地产投资门槛太高，只是少数人的游戏，投资大众如果想参加进来，就需要汇聚各方资金从而获得达到投资门槛要求的资金。但一旦投资者多了起来，其管理复杂程度呈几何倍数地增加。如何把大众投资者整合成精锐之师，是摆在REITs管理者面前的关键难题。由于REITs有股东分散的规定，导致了管理者在某些与投资者的博弈处于优势地位。REITs相关的法律要求，“5个或更少”的个人投资者不能够持有超过50%以上的股份。这使得REITs组织禁止任何人在未获得董事会批准之前持有超过10%股份的条款，资本市场敌意收购很少见，致使管理层就容易出现“一言堂”的情况。

REITs的管理问题还有很多，美国REITs经过半个多世纪的发展已经总结了非常多的经验，对于新兴的中国REITs市场，REITs的运营与管理的完善还有很长的一段路要走，故此西方REITs的管理理论很值得借鉴。

第十章

REITs 管理实践

一、规模效应

美国 REITs 在 1993 年、1994 年的 IPO 高峰之前，大都规模不大，专业能力不够，并且很少有 REITs 能够有能力开发新项目。但是他们能将所持有的物业管理得相当好。管理层能够适时地升级物业，以实现更大的企业价值和运营现金流。然而当这些企业上市后，这一切都变了。上市后的 REITs 规模急剧扩大、专业性显著增强、资金充裕，从而有了更多的选择。在不同的房地产周期，REITs 有时会选择开发新的房产，有时认为开发新的房产无利可图。如果现有的房租水平不足以弥补土地征用费用、房屋产权和建筑费用时，或当利息和融资成本过高时，或当人们对房屋需求不足时，REITs 是不会选择开发新房产的。

（一）赞同规模效应的意见

规模大的 REITs 确实有很多好处，陈淑贤等[①]罗列了规模比较大

① 陈淑贤，约翰·埃里克森，王诃．房地产投资信托：结构绩效、与投资机会[M]．黄英，刘洪玉，译．北京：经济科学出版社，2004.

的 REITs 的好处：

（1）由于规模经济，并购者可以较容易地提高所并购资产的获利能力。

（2）并购可以通过减少管理费用和其他费用的形式产生协同效应。

（3）大类公司较能抓住收购房产的时机和具有在最佳位置开发房产的能力，这在与出售者谈判时可获得更多价格让步。

（4）由于大型 REITs 可以将其固定成本进行分摊，与房屋供应商和租户协商的价格会因规模大而降低。

（5）规模大的 REITs 可以在债务和权益上减少资本费用，因为银行通常认为大型 REITs 的安全性比较高。

（6）大型上市房地产公司更能吸引投资者，因为他们能够提供更多的流动性支付溢价。美国 REITs 市值增长到 10 亿美元以上，其筹资成本将低于 2.2%。

如上所述，似乎 REITs 应该都往大规模的方向发展，因为规模大的 REITs 具有良好的发展前景和预期。然而，事实远未如此简单，也有投资者不断质疑规模巨大所带来的不利之处。

（二）反对规模效应的意见

从组织管理学的角度来看，REITs 组织的规模效应可以分解为结构效应和形式效应。结构效应是指因规模扩大而产生的标准化和制度化所带来的影响；而形式效应是指规模扩大后代理成本扩大、创造力下降、官僚主义的抬头。规模扩大还导致机构臃肿，讲究形式而不针对每个项目、每个人，对位置负责而不是对具体事情负责，相互之间推诿责任的事情也就时常发生。

REITs 可以通过扩大结构效应，提高自身的价值，但是不可避免地会带来形式效应的危害。不同的行业有不同的规模效应，不同的 REITs 公司都有其各自的最佳规模。REITs 确实可能会为了获得大规模效应而付出过大的代价，无论这个代价是现金还是股票。当 REITs 的成本随着规模扩大而增加时，回到原来的精干状态则难上加难，固定成本和沉没成本的扩大也非常快，REITs 的成本函数不是公司规模的线性函数，而是公司规模的平方的函数[①]。REITs 公司应该权衡成本和效应，找到最佳的规模。

反对规模扩大的最重要的原因就是上下层信息交流变得越来越困难，由此带来了效率的损失。并且管理层的精力毕竟是有限的，如果 REITs 公司的规模太大，总经理可能掌握不了所有物业类型的实际情况，包括公寓、办公楼、零售商业或者其他，届时管理层可能会面临公司失控的局面，所以规模巨大的资产需要有更强管理能力的管理层来解决问题。

大多数管理者都有增大企业规模的冲动，毕竟规模大小是决定 REITs 行政管理人员报酬的最主要的决定因素。抛开规模化的表面现象，投资者关心的是管理层的每个做法能否给他们带来价值的创造。Prentiss 地产和 Mack-Cali 实业提议合并，但因为管理层不能向投资者说明投资者是否能够从这个业务合并中获得价值创造而遭到反对。

对于那些专业化、地域化的本土 REITs 公司，成长机会和空间有限，规模增加往往十分不利于其盈利能力的提高。股东希望优秀的 REITs 管理层只是关注其已有的物业并很好地管理这些物业，而不是片面追求物业的购置与规模的扩张。不少 REITs 因为高度专注于本地具有长期增长前景的市场而创造了非常巨大的股票价值，SL Green 长期致力于曼哈顿地区就是一个优秀的例子。对于大规模、资产分散化的 REITs，要做到具有高效的竞争力是非常困难的，美国少数大型 REITs，如 Equity Residential 和西蒙地产才做到了这一点，其他很多

① Vogel, John Jr.Why the New Conventional Wisdom About REITs Is Wrong? [J] Real Estate Finance, 1997.

以失败告终。质疑 REITs 兼并收购或是大型房地产投资组合的研究人员认为：

（1）运营成本的节省是很小的，特别是当一个运营良好的 REITs 被收购时，其创造的成本效益很小。

（2）大部分 REITs 的管理费用并不臃肿，因而任何 REITs 公司总成本的节省空间也不会很大。

（3）公司文化通常很难融合，同时许多优秀并富有经验的经理会因并购而离职，进而对此类并购的长期价值产生负面影响。

（4）当为一个公司付出的溢价大大超出其成本节省时，通常会产生协同差距（Synergy Gap），从而损害收购公司股东的当期价值。

（5）所谓大规模 REITs 能够吸引投资者，为投资者提供更多流动性的情况，只是在偶尔情况下以昂贵的股票形式提供这些流动性。

（6）一次性收购或以独特的开发项目为股东创造有意义的递增价值变得更加困难，或者说很少有这种机会。管理层所声称的难得一遇的收购机会确实也没有那么多。

并购是否能为公司股东创造价值值得商榷，规模大小更多地取决于房产交易的结构及管理层在未来几年的执行力。投资者只有在企业创造了价值的情况下才能热情地投资自己的资金。当然大型 REITs 的竞争力确实比较强，但是也有一些小型 REITs 能够有效地参与竞争并为股东创造价值。规模因素是影响 REITs 竞争力的重要因素之一，但也只是因素之一而已。

每一种商业模式都有其优点和缺点，无论 REITs 的规模是大是小，是在全球还是全国布局，抑或是着重于全国性的细分市场还是专注于区域性综合市场。REITs 投资者都应当首先确定一个利基市场，确定市场空间有多大，企业能够在这个市场上占有多大的份额，并以此确定企业的规模。根据自身的市场定位，自身的品牌被客户的接受程度，市场容量有多大，确定该 REITs 是否有财务实力、基础条件和管理能力以适应该公司的商业模式和战略规划。

规模效应确实存在，但是规模太大，规模效应会消失，因为上下层之间的交流将很困难，决策者的理性决策能力有限，而且决策者的非理性式的冲动会被放大。规模太小的 REITs 没有协同效应，很多成本不能平摊。REITs 的最佳规模这一问题没有定论，没有固定的规模尺度，管理者只有在实践中根据 REITs 的目标、遇到的机会以及市场环境与容量去决定其自身最佳规模。

二、投资者作用

当前不少营运多年的私募房地产公司已经成为公开上市的 REITs。这些公司包括：在购物类广场 REITs 里的马塞里奇公司（Macerich）、西蒙地产集团及陶布曼中心；在邻里购物中心类 REITs 的金科地产集团；在公寓类 REITs 的 AvalonBay 和邮政房地产公司；在写字楼和工业地产方面的 AMB 地产、波士顿地产。机构投资者在 REITs 的发展中起着举足轻重的作用。

机构投资者的主要构成如下。（1）共同基金。至今为止是 REITs 的最大投资者，随着 REITs 市场的升温，投资 REITs 的共同基金数量增长很快。在美国，1994 年投资 REITs 的共同基金只有 11 家，总资产为 12.7 亿美元。目前专门投资 REITs 的共同基金已达 37 家，投资规模约为 119 亿美元，比 1994 年的资产总额增长了 9 倍多。（2）保险公司。在 REITs 出现之前，保险公司投资房地产主要是通过直接拥有房地产来实现的，但是 REITs 出现后，保险公司大大减少了直接拥有房地产的数量，改为投资房地产信托证券，流动性也大大增加。（3）美国养老基金是传统的房地产直接投资者，据不完全统计，目前养老基金持有 1 300 亿 ~ 1 400 亿美元的房地产资产。但现在越来越多的养老基金开始投资 REITs，目前已持有约 50 亿美元的 REITs 证券。这些资金一般是通过购买普通股，用房地产取得收益单位，通过交换股份或用房地产参与合资等方式来进行投资。(4) 房地产投资顾问公司。美国投资品种复杂、衍生工具多、技术性高，投资者一直以来都有咨询投资顾问公司的习惯。这些房地产投资顾问公司同时为客户提供房地产证券方面的投资服务，房地产投资顾问公司成为 REITs 的主要机构投资者之一。

(一) 机构投资者对 REITs 的积极作用的证据

机构投资者和养老基金正逐渐接受 REITs，REITs 行业部门的许多理想房地产类型如写字楼、购物广场、酒店和自助存储设施，都被列入他们的投资标的名单以供选择。许多养老基金在 REITs 中已有大量投资，或者与有经验的 REITs 机构组成联合投资企业。当养老基金对 REITs 较为熟悉之后，会通过直接购买 REITs 股票以增加资金投入。REITs 的管理能力、与租户广泛友好的联系、有力的财务资源、获取资本的能力、内部研究能力、以及更主要的——REITs 股票的收益率往往大于直接投资于商业地产或是此类资产的私募股权基金的回报，这些特性使得投资者正逐渐认可许多 REITs 管理团队的能力和其专业技能，机构投资者流入 REITs 的资金在持续增加。

REITs 的投资主体由个人投资者和机构投资者组成，其中发挥主导作用的是机构投资者。机构投资者的进入对 REITs 的影响很重要吗？很多研究者的答案是确实很重要。他们认为谁是股东对于公司的发展还是有巨大影响的。机构投资者的资金充裕、消息灵通而又专业可靠，REITs 能够得到机构投资者的支持，无疑能够使其更容易迈上新的台阶。而且机构投资者更加有效地监督 REITs 的发展，毕竟作为机构投资者，一定会主动地妥善保护自己的投资，也不太可能“搭便车”。

陈淑贤等人总结了机构投资者对 REITs 市场的三个作用。第一个作用，由于机构投资者不断收集市场中股票的定价信息，其可能就在扮演着价格决定者的角色。第二个作用是，一旦机构投资者持有某一公司的大量股票，他们就会更多地关注该公司及其管理队伍的业绩。因为他们有很大的知情权和选举权，要对投入巨资的公司的投融资决策进行监督。第三个作用只适用于 REITs 股票市场。该作用就是机构投资者为一些其发起的，刚刚起步尚且不知名的 REITs 公司提供信用贷款和信用支持。散户会因为机构投资者的进入而投资于该 REITs，这就是声誉效应。

在股票市场上，机构投资者的作用众所周知。机构投资者的回报比个人投资者的回报要高，而且波动性比较低。毕竟机构投资者的专业性和大额资金使得他必须选准公司并且避免反复交易而损失手续费，机构投资者有时候也会参与到市场的狂热之中，但是机构投资者是 REITs 市场渐进理性过程中不可或缺的力量。

机构投资者特别是在监督管理层的决策方面有不小的贡献。始于 1986 年的机构股东行动主义（Institutional Shareholder Activism），使得机构投资者对那些业绩不佳的 REITs 作为他们重点关注的对象，甚至考虑是否要对这些 REITs 的管理进行干预，并对所持股的企业的决策做出修改建议。机构投资者不再被动地扮演传统股东的角色，“门口的野蛮人”已经成为金融界的重要特征。

“门口的野蛮人”的效果又如何呢？据吉兰等（Gillan et al.，1998）的研究发现，机构投资者（尤其是大型公共养老基金）或 JVs 所提出的议案，比个人投资者提出的议案更能够获得更多的赞成票。有关管理层和股东之间利益相冲突的问题，在机构投资者的参与下，这些问题变得更加复杂。但是 REITs 不能没有机构投资者的参与，缺乏机构投资者参与的 REITs 的回报普遍比较低。

（二）机构投资者对 REITs 的消极作用的证据

“门口的野蛮人”虽然有利于 REITs 的业绩提升，但是在机构投资者的参与下，有关管理层和股东之间利益相冲突的问题会变得更加复杂。这也是机构投资者对 REITs 的消极作用的证据之一。

另外一个消极作用的证据是机构投资者参与 REITs 投资较少，但是能够极大影响价格波动。大型机构投资者目前仍然只是将其适度的一部分房地产投资配置于 REITs 股票。主要机构投资者 2012 年投资于房地产的资金中，只有 7.4% 的资金用于 REITs 股票，不过这已经是前一年资金总额的 2 倍，因为 2011 年只有 3.5% 的资金用于购买 REITs 股票。尽管较大的机构投资者不会用 REITs 股票代替其所有的房地产投资，但是随着时间的推移，仍有可能找到让 REITs 股票进入众多机构投资组合的方法。到时由于 REITs 的市场规模，机构投资者大量购买和出售 REITs 股票将依然极大影响其市场价格的波动。

最后一个消极作用的证据是监管层对机构投资者的限制。美国相关法律规定，REITs 的收益所有人必须达到 100 名以上。在 REITs 纳税的首个税务年以后，所有年度都不存在“股权集中持有”的情形。禁止集中持股的要求是 REITs 的基本规则。这是为了防止 REITs 过于集中持股，导致大股东侵占小股东的利益。美国州蓝天法和 NASAA 声明制定了“5 名以内”规则，即在 REITs 税务年度的下半年，由持有股份最大的 5 名股东持有的 REITs 的股票价值总和，不能超过该 REITs 的流通股总值的 50%。如果 REITs 违背了这个规则，则 REITs 就不能够享受免企业所得税的优惠。

上述消极作用的证据正在不断收集，当然积极作用的证据也在不断涌现。“在掌握规则的情况下，管理是门艺术”这句话确实有它的道理，但前提是，你已经掌握了基本的规则。

（三）给个人投资者的一些规定

当然，美国监管层不仅对机构投资者做出了限制，也对个人投资者提出了一些要求。北美证券管理者协会明确规定，如果不大可能存在稳定而活跃的二级市场，则发起人应当为购买 REITs 股票的投资者设定适当性的门槛要求。除非州证券专员提出异议，否则最低适当性要求应该是年度净收入 45 000 美元以上或者拥有资产净价值 150 000 美元以上，其中家庭的房屋、家具和汽车等不得计算在净资产内。

除了制定投资者适当性标准要求，北美证券管理者协会声明还要求发起人和代表发起人或销售股票的人员尽可能合理、努力判断每位投资者购买股票的行为是否属于适当的投资活动。北美证券管理者协会声明中关于股票认购程序的条款还规定，任何投资者都必须在认购股票的每份原始声明上分别签字。此外，REITs 发行人以及代表发行人销售 REITs 股票的人员，都必须在潜在股东收到最终版本招股说明书 5 个工作日以后，才可以将股票销售给他们。

三、业务集中和业务分散

（一）业务集中

虽然 REITs 的业务比较单一，但是个人投资者仍可购买若干对应于不同的房地产类型或不同的房地产地理位置的 REITs 来使投资组合多样化，以减少风险。借用英特泰克市场研究部门通过 85 只 REITs 样本得到的调查结果，总结了关于多样化和集中化投资策略的正面和反面的观点。从调查中发现，REITs 的地理范围、房地产所处的区位和房地产的类型确实对 REITs 的投资战略选择有影响。当接受调查的 REITs 管理者被问及有关集中化战略的优势和劣势时，大多数受访者提到业务集中所带来的以下优势：

（1）集中化战略对专业的市场有更好的理解。

（2）它减少了 REITs 需要关注的市场的数量。

（3）它令投资者和管理者都对自己的 REITs 有更深入的认识。

（4）它令投资者和管理者都不必成为所有市场领域的行家。

（5）它避免了因为关注多种房地产市场而带来的管理成本的增加。

图 10.1 显示的两种情况提供了反对多样化战略的强有力的证据。在情况 A 中，假设有 4 组投资者（A、B、C、D）。有 4 只相同的 REITs（1、2、3、4）。所有的 REITs 都采用多样化战略。每只 REITs 都有 4 亿美元的投资组合，平均投资于公寓、办公、零售和工业 4 种房地产类型。在这种假定下，每组投资者仅投资于 1 只 REITs。因为每只 REITs 都是多样化经营的，每个投资者将持有 1 个多样化的投资组合。

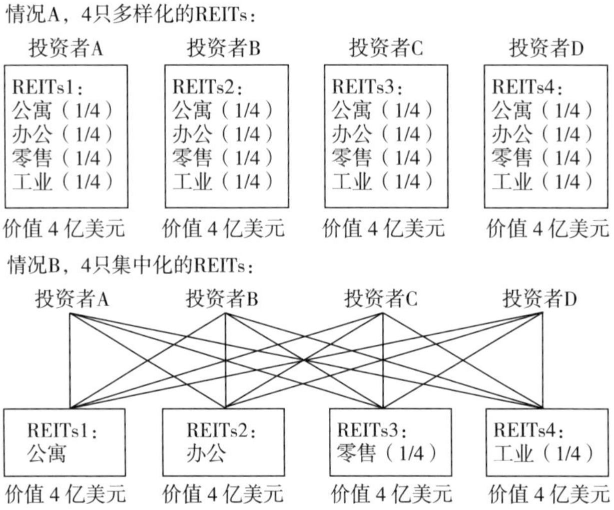

图 10.1　集中化和分散化的对比

现在看看情况 B 的假设条件。同样假设有 4 组投资者，但是采取集中化经营策略的 REITs，每只 REITs 都集中于经营 1 种房地产类型（公寓、办公、零售和工业）。读者可以想象到这些 REITs 的资产发生了重组。换句话说，某个投资者可以将 REITs1 视作拥有了所有公寓，而这些公寓先前是被所有 REITs 拥有的。也可以将 REITs2 视作拥有了所有办公楼，同样这些办公楼也曾被其他 REITs 所拥有，以此类推。

在情况 A 中，当可以投资于多样化的 REITs 时，投资者可以直接投资于任何一家多样化的 REITs 来获得减少风险所带来的利益。在情况 B 中，尽管只有 4 只经营种类单一的 REITs，但投资者仍然可以获得同样的风险减少所带来的利益。为了达到这一目标，每组投资者都要往 4 只集中化经营的 REITs 中各投入 1/4 的资金。如果投资者采用这种战略，那么在任何环境下，情况 B 获得的回报都会和情况 A 获得的一样多。这两种情况说明，REITs 没有必要采用多样化战略来减少其投资者的风险。如果与此同时企业多样化战略会让成本增高，那么这两种情况就提供了反对采取多样化战略的证据。

卡波扎（Capozza）和赛季恩（Seguin）①发现 REITs 提高其投资的房地产类型和区域分布的集中程度的结果是，相对于同时采取多样化战略的 REITs，它们的股票价值升高了。集中化战略带来的股票价值的增长，来自集中化程度加大所带来的资产流动性（变现能力）的增加，这使得筹集资金的成本更低，股票价值更高。这是因为，如果 REITs 持有多样化的投资组合，贷款人和股东要评估其资产将更加困难，而且 REITs 股票的流动性也将因此下降。

（二）业务分散

虽然专业化、业务聚焦已经成为经济领域“政治正确的口号”，然而在实际的业务运行中，大部分企业的业务都不止一种，绝大多数 REITs 的业务都不会只有一种物业类型。根据英特泰克市场研究部门通过 85 只 REITs 样本得到的调查结果，集中化战略的劣势通常包括：

（1）集中化战略不能充分减少企业风险。

---

① D R Capozza，P J Seguin. Focus，Transparency and Value : the REITs Evidence［J］. Real Estate Economics，1999.

（2）它不利于财产更好地多样化。

（3）不能为消费者提供多样化的区位选择，以满足其不同的需求。

（4）对区域市场的趋势和经济涨落的敏感性更大。

（5）存在收入大幅度涨落的可能性。

当 REITs 采用多样化战略时，在公司层面上的收入流将比采用集中化战略更加稳定。在情况 B 所阐述的 4 只 REITs 中，每只 REITs 的收入流是否稳定并不重要，重要的是收入流的波动。因为如果某家 REIT 的回报水平随着时间变化太大，将会使投资者对该 REITs 的回报产生难以预料的心理波动，从而减少投资。有鉴于此，REITs 管理者可能更愿采用多样化战略，那么其绩效就更多的是以行业平均水平作为衡量标准。

再者就是，集中化战略可能带来不稳定的收入流，进而增加 REITs 的融资成本。尤其是当 REITs 的财务杠杆比较大的时候，贷款者可能会对收入有较大波动的 REITs 要求更高的利率以对应存在的支付风险，而 REITs 也要承受较大的破产可能性。有时候即使某家 REITs 希望采用集中化战略，有限的市场空间也不会允许它这样做。特别是如果该 REITs 采取扩张性战略并且市场空间有限，那么它往往会采取多样化战略。小型 REITs 所投资的房地产在地域上更加集中。因为小型 REITs 不需要寻找很多的投资机会。

（三）结论

总的来说，REITs 的业务多样性与集中性的讨论并没有定论。多样性给投资者带来了稳定和安全的感觉，同样多样性给 REITs 管理者带来了稳定和发展潜力的希望。而专业化的发展不能说一定正确，因为专业化的市场存在的风险更大，收益也自然更大。如果读者一定要有个定论的话，我们认为应该取决于市场需求和企业的定位，这又是一个关于管理艺术的问题。

四、内外部管理顾问模式

（一）外部管理顾问模式

美国国会在创立 REITs 之时至 1986 年，也就是美国国会改变其税收条款，允许 REITs 自主管理其资产组合之前，REITs 的定位就与共同基金一样，是被动的投资工具，即 REITs 不参与公司的经营活动，而必须雇用基金公司以外的人员对公司进行日常管理，这就是 REITs 最早的管理模式——外部管理顾问模式。这种顾问的管理工作是为 REITs 制定房地产购置和融资决策。管理顾问会影响物业的购置、处置、租赁、物业管理以及借贷融资时机的选择，甚至影响合同选择或该业务获得者的决策。这种管理顾问和 REITs 股东之间所存在的代理冲突妨碍了 REITs 行业的成长。开发商和较大的物业所有者如果选择使用这种外部管理顾问模式作为持有并管理 REITs 资产的工具，就可能会因为缺乏主动管理其资产的能力而对其资本失去控制（对资源的掌控能力在很大程度上决定了博弈各方的话语权）。有鉴于此，1986 年以前，美国管理者对于将公司转变为 REITs 非常犹豫。

外部管理顾问模式存在利益如何公平分配的难题。当一个同时为几家 REITs 工作的物业管理者发现一个好的租户，租约会流向使该管理者利益最大化的 REITs，这就会牺牲其他 REITs 的利益。而且上述提及到，管理顾问能够影响谁将获得合同或业务的决策，如果管理顾问公司规模巨大，就可能会出现“店大欺客”的情况。如果 REITs 是与管理顾问有关联的一方（或股权或债务等关系）或是其附属的实体（相对控股或者绝对控股子公司），管理顾问公司就能够从 REITs 得到优惠的条件。假如这种情况发生，那么遭受损失的就会是 REITs 的股东，而后者却难以去证实。

有研究发现，所有使用外部管理顾问模式的 REITs 的绩效都不佳，也即在扣除风险补偿之后，使用外部管理顾问模式的 REITs 的表现，要比一般股票市场的平均表现差。而且，那些由比较知名的顾问公司（例如辛迪加、房地产顾问公司和保险公司）负责提供咨询的 REITs，其表现要好于由不知名顾问公司负责提供咨询的 REITs。

1986 年，美国国家税务局制定的专用条例允许 REITs 承担选择物业和管理资产的责任。1986 年《税制改革法》规定：REITs 可以直接选择、雇用和支付报酬给那些独立承包商，REITs 可以提供与物业租赁相关的客户服务，而不是由雇用的独立承包商再去雇用其他独立承包商。这种新型的 REITs 采用内部管理而不是外部管理。正是这种变化，使得管理者和所有者之间形成了同盟，也使得 REITs 结构更加接近经营性公司，REITs 的日常管理成本在很大程度上被降低了，由此而极大地增加了 REITs 被人们接受的程度。

（二）内部管理顾问模式

内部管理顾问模式的 REITs 与外部管理顾问模式的 REITs 都有其自身的代理问题，内部管理顾问模式的 REITs 问题在公司这种制度中是普遍存在的。例如在上型 REITs 组织里，由于存在投资者税款可延期支付，上型 REITs 内部可能会产生利益冲突，该冲突表现为上型 REITs 中的合伙公司 OP 单位持有人与 REITs 股东之间，就是否购买某一物业及何时购买产生不同的意见，在 OP 权益单位持有人还未转为股票可以上市流通前，投资者在这一年里是被 REITs 董事会所挟持，因为不能用脚投票，用手投票的机会就大大增加了，这种冲突有时会显现出激烈的博弈。此外，在某些上型 REITs 所采用的结构中，合伙公司里的 OP 单元股份持有人比 REITs 投资者拥有较大比例的投票权。使用这种结构时，物业处置决策可能更多地考虑单元股份持有人所拥有的物业，而非 REITs 股东所拥有的整体物业的价值最大化这个目标。

当某一上型 REITs 拥有多家合伙子公司时，在单元股份持有人之间，也会发生利益冲突（就像下型 REITs 的情况）不同子公司更多地考虑该子公司股份持有人所拥有的物业，而非整体物业的价值最大化这个目标。如果上型 REITs 母公司的权利被架空，有相当实力的子公司有可能会从原母公司分离，由此极大地损害 REITs 持股人的利益。此外，由于将原始物业卖给该REITs的卖主可以延迟缴纳物业销售税，因此处置物业的决策取决于该结构中哪个合伙人拥有更多的发言权。

因此，顾问管理层现在可能不得不为股东们提供不同的利益，要注意 REITs 的股东数量比一般企业的股东数量普遍多得多。那些能够影响内部顾问决策的股东，就会比其他股东获得该顾问更多的关照，于是股东联合顾问共同损害其他股东利益的情况便有可能发生。

另外，集团自营型 REITs 的代理问题也非常值得研究。集团自营型 REITs 的内部管理也存在种种问题。集团内部的复杂性、利益相关者众多，维系合理的管理体系也是一个巨大的挑战。图 10.2 为集团自营型 REITs 的概念示意图。

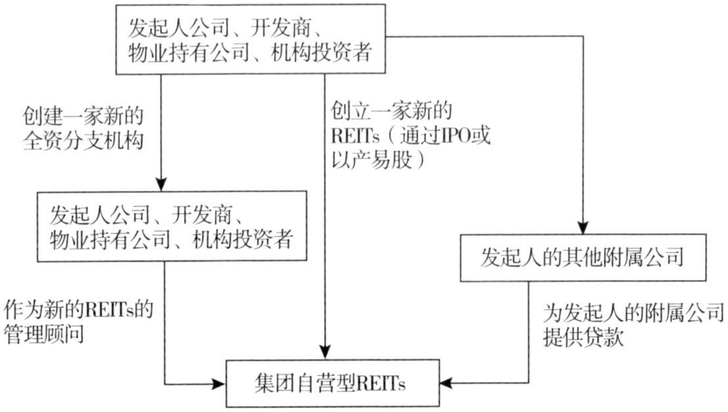

图 10.2　集团自营型 REITs 的概念示意图

集团自营型 REITs 的创立，往往是为发起人项目的融资需求服务的。因此这种由发起人与 REITs 股东之间的冲突所导致的特殊形式的代理成本，会降低该 REITs 的价值。另外还存在两个与 REITs 母公司关联交易的问题：

第一，某些 REITs 雇用房地产开发商作为顾问，而这些顾问会利用职务之便，让该 REITs 以高价去购买其开发的物业。

第二，集团自营型 REITs 还可能会以低于市场利率的融资成本，为项目发起人的其他分公司提供项目融资。而且集团自营型 REITs 比非集团自营型 REITs 承受了更大的买卖价差的损失。

结论是，集团自营型 REITs 受到更大程度的信息不对称影响以及资源管理权限不足导致的风险。因为发起人控制着集团自营型 REITs，应该比 REITs 其他股东拥有更多的信息。所以美国 REITs 法律规定上市 REITs 禁止与自身的董事会成员及其关联主体进行交易，除非此类交易完全公开并得到了大多数无利害关系的投资者的无反对意见，而且还应满足以下条件：（1）该交易对企业及其投资者而言都是公平、合理的；（2）交易条件至少与投资者所知的其他类似交易等同；（3）在股权或资产购买交易中，购买价格不得高于资产的市场估值。

但是应该注意到，尽管使用内部顾问管理模式的 REITs 也必须支付这些代理成本，但这些成本即使是使用外部顾问管理模式的 REITs 也无法避免。换句话说，采用任何形式的商业模式都必须研究这一特殊的顾问代理问题。因为外部顾问管理模式的 REITs 还存在其他的代理问题。但是公平地讲，在处理代理成本方面，内部顾问管理模式的 REITs 在历史上比外部顾问管理模式的 REITs 更具有优势。

五、行业特征

长期来看，REITs 资产组合的绩效经风险调整后的回报高于或低于股票市场的回报。这种回报绩效的不稳定与房地产市场强烈的周期性相一致。

拥有不同资产类型的 REITs，其长期绩效极为不同。根据一般资产类型所划分的 3 类 REITs 之中，权益型 REITs 风险调整后的超额回报胜过抵押型 REITs。后者较低的长期业绩，可能使它们有使用更大的财务杠杆的倾向，并且由于它们过去的失败（20 世纪 70 年代大量的抵押型 REITs 破产），使近几年的 REITs 行业不仅在数量上，而且在市价总值上，一直都被权益型 REITs 所主宰。

投资者需要了解哪些市场因素决定了 REITs 的回报率，以便充分评估什么样的 REITs 股票适于纳入投资者的资产投资组合。一般来说，学术研究认为影响 REITs 回报率最重要的因素是股票和债券市场中影响回报率的各种变量、利率变化以及非预期的通货膨胀，REITs 的回报也受到特殊房地产因素的影响。REITs 的回报根据上述这些因素的信息反馈而不断变化。

由于 REITs 高比例的派息比率，而且 REITs 通常提供类似于固定利率债券那样相对稳定的现金流，而不像股票那样能够创造想象的预期收益，投资者可能会据此预期权益型和抵押型 REITs 的回报对利率变化的敏感程度都要高于普通股票。即当利率上升时，REITs 的回报比普通股票下降更多，当利率下降时，REITs 的回报比普通股票上升得更多。因为杠杆的因素，特别是对于持有像公寓抵押贷款和抵押支持证券等债券的抵押型 REITs 来说尤其如此。权益型和抵押型 REITs 对利率变化都敏感，但是权益型 REITs 的敏感性相对较小。

然而，影响 REITs 的回报最重要的因素是什么呢？REITs 的回报和其所在房地产子市场的绩效息息相关。穆勒等（Mueller，1998）的研究发现，即使以等量资金投资于相同地理区域的不同类型房地产的 REITs 可能有所不同，但是投资于类似房地产类型的 REITs 的股票绩效是相似的。

在下面的研究中，作者吉姆（Kim）和姜（Jang）共同发现REITs作为一个盈利组织机构，与普通公司一样，是组织资源的结构之一，其极大地依赖于所属行业资源的肥沃与否。在资源依赖型的行业中，组织效率的重要性处于其次，REITs就属于资源依赖型的组织，正如老话"靠山吃山，靠水吃水"，它极度依赖于房地产行业的走势，REITs在这方面与别的组织没有什么很大的区别。

延伸阅读

酒店REITs特征的比较分析：检验风险回报和运营表现①

一、问题提出

REITs在过去10年里成为酒店行业里面非常重要的产权结构。显而易见，REITs的结构在这个行业里面变得越来越重要，与之相对的是C类公司结构的重要性正在变弱。如果投资者想持有上市酒店公司的股票，C类公司是投资者的可选项。在2000年，酒店REITs的数量还不到C类公司数量的一半，资产账面价值也只是后者的40%，市值也只是C类公司的25%。然而，截至2009年酒店REITs在数量上占75%，市值占50%，并且在账面价值上占总值的90%。显而易见，REITs已经比C类公司作为组织结构和投资工具更重要了。

二、文献回顾

由于REITs最初是被设计成大众投资者通过公开股票交易投资于房地产的投资工具，第一个问题就是投资者投资于REITs的

① Jinhoo Kim，SooCheong（Shawn）Jang. Comparative analyses of hotel REITs：examining Risk-return and performance characteristics［J］. College of Hospitality and Tourism Management，2010.

风险收益特征是否与投资于未上市房地产公司的特征相近？答案是“相近”。这个问题在实践中已经被证实，REITs和未上市的房地产公司一样，具有抗通货膨胀的能力和分散风险的作用。从理论上说这支持了弱有效市场的假设，弱有效市场是金融市场上的核心假设。而且，如果REITs股票回报有效地反映了房地产的回报，房地产的研究者将受益匪浅，因为现在还没有代表未上市房地产基本面的有效市场指数。

对REITs风险回报特征的争论可以归为两类。

第一类观点认为REITs的回报应该与未上市房地产的回报非常相似。这个观点来源于有效市场假设，该假设认为资本市场是非常有效的，市场价格总是对的，所以无论REITs与房地产公司是否上市都不影响该公司的股票价格，因为信息总是完全流通的，谁也占不了谁的便宜。如果这个假设是真的，那么股票的价值可以非常真实地反映实际的房地产价值。如果市场价值和账面价值存在差异，那么会很快引来套利行为。因此，第一种观点认为REITs的风险回报特征应该与未上市的私有房地产公司的风险回报非常相似。

第二类观点认为REITs和私有房地产公司的风险回报特征有非常巨大的差异。有3个原因导致这种差异：第一，REITs股票市场的流动性不是很充分，不是如完全有效市场那样存在。正如行为金融学所指出的那样，资产错误定价的原因是投资者的情绪和有限套利理论。第二，对于REITs来说，资产错误定价的情况或许更为严重，因为关于房地产真实价值的信息很难提供。正如其他一些投资者在文献中所指出的那样，房地产的交易非常不频繁，并且房地产只有在被交易的时候才能显示他的价值。这些交易信息的反馈无法跟上上型REITs股票的交易频率。第三，即使房地产市场和REITs市场是非常有效的，两个市场的价格还是会存在差异，这是因为REITs的价值影响因素要多得多。REITs的价值会受到税收优惠的影响，税收优惠影响规则制度和管理能力。基于这个观点，第二类的研究者认为REITs的回报不只与房地产价值的回报相关。而且，这个观点认为酒店REITs和其他金融资产的回报率的相关性非常大，比如股票和债券。

尽管这些实证研究的结果不尽相同，还是可以得出一些可以接受的前提条件。第一，在动力特性方面，REITs和非上市房地产和金融资产如股票和债务之类相似。许多研究描述REITs具有混合证券的特性，长期来看，REITs类似于房地产的特性，短期来看，REITs更像股票的特性。第二，在解释房地产和股票市场对REITs的回报率的影响的时候，研究者发现REITs的回报率会随着时间的变化而变化，变化的方向也是混合的。正如安德森（Anderson）[①] 发现REITs股票已经“更像房地产而不是普通股票”。Hsieh发现股权类REITs的风险溢价很显著地与股票市场3个风险因素相关：市场组合的风险溢价、规模和账面/市值（BE/ME）。Ling和Naranjo发现房地产上市公司包括REITs，已经收到非房地产行业股票的影响，而且自从1990年以来显著性一直在增加。

三、数据和方法

1. 样本和数据搜集

样本取自从2000年1月至2009年12月（120个月）的月度REITs和C类公司的风险回报表现数据。股票回报数据取自CRSP数据库。其中酒店REITs公司是取自REITs指数中的公司，而酒店C类公司根据SIC选取。

2. 模型和变量

有许多方法可以用于构建多个可以表现酒店REITs和C类

① R Anderson，J Clayton，G Mackinnon，et al. REITs Returns and Pricing：The Small Cap Value Stock Factor［J］. Journal of Property Research，2005.

公司的风险回报特征因素的资产定价模型。本文的研究用的是法马－弗伦奇（Fama–French）三因素模型。这 3 个因素包括市场、资产组合规模和 BE/ME 因素。经验证据表明法马－弗伦奇三因素模型可以同时解释酒店 C 类公司和酒店 REITs 的回报。例如，彼得森和谢发现股权类 REITs 的风险溢价非常显著地与市场、资产组合规模和 BE/ME 因素相关。克莱顿和麦金农（Clayton and Mackinnon）发现小盘股对 REITs 的影响在上升，大盘股对 REITs 的影响在下降。安德森指出 REITs 回报的不稳定性主要受小盘股价值回报的不稳定性影响。

基于前述的关系和证据，本文研究遵循法马－弗伦奇三因素资产定价模型，解释酒店 REITs 和 C 类公司的风险回报特征。

$$R_{it}-R_{ft}=\alpha_i+\beta_i(R_{mt}-R_{ft})+s_i(SMB_t)+h_i(HML_t)+\varepsilon_{it}$$

其中，R_{it} 表示投资期望回报；R_{ft} 表示无风险回报；R_{mt} 表示市场组合的收益；$R_{it}-R_{ft}$ 表示投资的风险溢价；$R_{mt}-R_{ft}$ 表示市场风险溢价；SMB_t 表示模拟投资组合的规模回报；HML_t 表示模拟投资组合 BE/ME 因素的回报。

在这个模型中，*SMB* 表示小减大（Small Minus Big），表示由于规模或者与规模有关的系统性因素导致的股票回报的不同。*HML* 表示高减低（High Minus Low），表示由于 BE/ME 相关因素所导致的股票回报的不同。β 表示股票对市场的敏感程度，s_i 表示对规模因素的投资敏感性，h_i 表示对 BE/ME 因素的投资敏感性，α_i 是截距或詹森指数，估计是否有超额回报。

3. 数据分析

将酒店 REITs 和 C 类公司的风险回报特征和表现进行对比。用相同的模型评估 REITs 和 C 类公司，这样可以很明显地对比出两者的风险回报特征。Wald 检验可以用来检验系数和截距是否在 REITs 和 C 类公司之间存在显著性差异。

首先，单因素CAPM模型可以用OLS方法对酒店REITs和C类公司分别进行估计。杜宾瓦森检验可以用来检验是否具有序列相关性。将REITs和C类公司的回归结果进行对比，Wald检验两类公司是否存在显著性差异。其次，两类公司都用法马－弗伦奇三因素模型进行估计。除了使用多因素资产定价模型，其他部分与单因素资本定价模型的论文一样。在检验REITs和C类公司的单因素CAPM模型和多因素CAPM模型的回归结果后，其将进行对比。分析测试法马－弗伦奇三因素模型是否显著地好于单因素模型。

四、发现

表10.1 汇总统计

资产组合	均值（每月百分比）/%	标准差
REITs	0.969 2	0.107 5
C类公司	0.838 3	0.101 0
股票市场	0.140 3	0.049 2
无风险利率	0.224 2	0.001 6
规模相关的因素	0.552 3	0.035 5
账面市场价值因素	0.631 9	0.048 0
房地产（全国）	1.824 0	0.004 9
房地产（酒店）	1.310 8	0.000 6

表10.2 用法马－弗伦奇三因素模型回归后的系数

	R_{REIT}	R_{CORP}	R_M	R_f	*SMB*	*HML*
R_{REIT}	1.00					
R_{CORP}	0.898 5	1.00				
R_M	0.650 8	0.689 3	1.00			
R_f	−0.024 5	−0.009 5	−0.074 0	1.00		
SMB	0.402 0	0.349 4	0.043 4	−0.128 8	1.00	
HML	0.548 1	0.509 0	0.162 7	0.062 8	−0.150 1	1.00

1. 汇总统计

表 10.1 是汇总统计，表 10.2 是用法马 - 弗伦奇三因素模型回归后的系数。并且，也列出了全国 REITs 委员会（简写为"NCREIF"）资产指数和酒店资产的回报情况，以做对比之用。其中可以发现一些比较特别的地方：

第一，酒店 REITs 比酒店 C 类公司提供高得多的回报，但是标准差却十分相近。这表明酒店 REITs 可以提供更高的风险调整回报。第二，相关系数矩阵表明酒店 REITs 的回报与 C 类公司的回报有很高的相关性。这表明虽然酒店 REITs 和 C 类公司由于组织结构的不同产生了许多不同，但是它们都受到相同的影响因素。第三，酒店 REITs 和 C 类公司都有超出其他利基资产组合的回报，但是标准差也比较大。单因素结果与普遍的观点相一致，酒店行业是有波动的。第四，法马 - 弗伦奇三因素资产组合各个因素互不相关。因此，法马 - 弗伦奇三因素模型应该可以提供各个因素如何影响收益，以及时间序列和横截面酒店股票的方差比较好的解释。

2. 风险回报特征

表 10.3 显示的是酒店 REITs 和 C 类公司运用法马 - 弗伦奇三因素模型的风险回报关系评估结果。CAPM 模型对酒店 REITs 和 C 类公司的风险溢价与股票市场的风险溢价进行回归。另外杜宾瓦森检验也表明模型不存在时间序列。

表 10.3 是酒店 REITs 和 C 类公司基于 CAPM 对相同的时间段的回归。在整个样本时间段，市场因素可以解释大约 39.7% 的原因，而相同的因素在 C 类公司的资产组合里面可以提高 6～7 个百分点。这不足为奇，因为 C 类公司的股票比 REITs 股票更像普通股票。对市场因素的系数进行评估，结果非常显著，对酒店 REITs 和 C 类公司都有相类似的系数，大约为 1.4。根据单因

素 CAPM 模型的框架，市场风险因素是系统性的，对酒店 REITs 和 C 类公司的影响相差无几。

表 10.3　酒店 REITs 和 C 类公司运用法马 – 弗伦奇三因素模型的风险回报关系评估结果

资产组合	α	β	s	h	拟合优度
酒店 REITs	–0.004 4	0.976 3	1.024 4	1.179	0.693 3
t 值	–0.78	7.89	6.13	9.98	
C 类公司	–0.002 3	1.106 7	0.699 0	0.964 8	0.670 8
t 值	–0.43	9.2	4.3	8.4	

Wald 检验显示 REITs 和 C 类公司收益差距的回归接近 0，表明酒店 REITs 和 C 类公司有类似的风险回报特征。总之，如果用单因素 CAPM 模型进行估值，那么酒店 REITs 和 C 类公司没有很明显的风险回报特征的差别。

对截距的回归显示对酒店类的 REITs 的两个回归的截距没有统计性的显著不同。这表明在 2000—2009 年 REITs 与市场组合的表现大体相近，并没有比大盘表现得更好或者更差。这也与酒店 C 类公司的回报表现相近。

五、结论

本阅读材料用单因素 CAPM 模型和法马 – 弗伦奇三因素模型识别酒店 REITs 和 C 类公司的风险回报特征。一般来说，没有证据表明酒店 REITs 和 C 类公司之间有显著的差别。市场资产组合对酒店 REITs 和 C 类公司的回报有显著性的正向影响。酒店 REITs 和 C 类公司的回归模型中的截距不显著而且相近似。这种相近似显示在 2000—2009 年酒店 REITs 和 C 类公司的风险调整后的表现相近似。

这个发现可以为酒店所有者和投资者在采取投资决定时提供实践信息。一旦投资者决定通过二级市场交易购买酒店类的股票，其有两个截然不同的选择：REITs和C类公司。为了实现对投资者的目标和利益的最佳模式，其应该知道酒店REITs和C类公司在许多方面的不同：当前的研究表明酒店REITs和C类公司在股票回报上被市场因素系统影响有显著的不同。酒店REITs和C类公司没有比市场总体表现得更好或者更差。知道这些不同可以帮助潜在的酒店投资者对比两类组织结构的优劣。

第十一章

分红政策和资本结构

一、分红政策

金融领域的研究和历史经验告诉公司的管理者们，保持稳定的红利支付水平比保持稳定的分红比例更加重要。波动不定的红利支付水平会对股票价格造成不利影响。“朝三暮四”和“朝四暮三”都不是好的分红策略，最好是平均分配，保持平稳不变的分红对股价最有利，因为波动性就意味着不确定性，不确定性就意味着风险。因此REITs被要求支付超过90%的收益用于分红，因为收益本身有高有低，要维持稳定的分红数额是困难的。假如公司将全部的红利分配出去了，那么来年形势不好的时候将会面临困境。同时分红策略可以传递信息：当公司的管理者提高红利时，则表示管理者对公司未来的盈利能力有信心；当减少红利支付时，管理者是在传递悲观预期。如果一家REITs的派息率固定在90%，那么这不能传递任何信息，REITs分红政策失去传递管理层信心大小的功能。

普通公司都是在保持平稳的分红金额，而REITs保持平稳的分红比例，为何REITs的分红政策如此不同呢？

（一）外部融资的依赖

REITs 最主要的成长障碍是它没有留存收益能力，因为其必须付出至少 90% 的应纳税所得用于股东分红。这么高的分红比例使得 REITs 在成长过程中，必须依赖外部融资。计提的留存收益如此之少，使 REITs 管理层面临“巧妇难为无米之炊”的难题，内部融资受到了极大的限制，所以 REITs 必须依赖外部融资。

外部融资是一把双刃剑。外部融资有两种途径，第一种是债务融资，第二种是股权融资。债务融资将增加企业的财务杠杆，财务杠杆会放大 REITs 的风险，增加破产的可能性。在 20 世纪 70 年代的美国，许多高杠杆的抵押型 REITs 因此破产。当然，在房地产行业处于繁荣的阶段，杠杆能够提高盈利能力。较高的财务杠杆是一个放大镜，放大了公司的经营效果。股权融资被称为最贵的融资手段，新股东一般都要与原股东共享所有收益分成，有时甚至会夺取控制权。外部融资面临着信息不对称的缺陷，这个缺陷导致了外部资金的风险溢价，使外部融资的成本更高，在隐形信息成本之外还要加上外部融资程序的显性成本。

内部融资的优势是其相比于外部融资更加稳定，成本更低。所以内部融资应该更受 REITs 的青睐。REITs 应该在满足法律规定的情况下，尽量保留内部留存收益。但实际情况并不是这样，REITs 实际上所分配的股息比法律要求的高得多。法律要求 REITs 将 90% 的收益用于股东分红，这种分红比例已经非常高了，但是 REITs 动辄就是 100% 的分红比例，当然，REITs 在公司层面免税，它不需要像其他公司一样努力思考如何节税。众所周知，贷款中的利息可以用于税收减免，所以众多公司出于节税的目的而发行债务，但是 REITs 不存在这个问题，因为 REITs 并不需要在公司层面上纳税，REITs 外部融资的需求不会因为税收的问题而增加，所以 REITs 高度依赖外部融资的原因不在于税收。

（二）高比例分红原因

为什么 REITs 能够不需要内部留存资金，而高度依赖外部融资呢？这就要详细地分析 REITs 分红策略背后的原因。

（1）REITs 有能力实现高比例分红。REITs 能支付比法律所规定的 90% 更高的红利的原因是，其年度现金流通常比应纳税收入高。众所周知，建筑的折旧不是实际发生的现金流，由于 REITs 的投资组合中基本是房地产，而折旧的冲减能显著地减少其应纳税收入，实际上房地产折旧是非常慢的，法律规定的折旧年限最高是 25 年，而实际使用年限最高就达到了 70 年。在这种情况下，REITs 就有充裕的现金执行不受税收政策所限的分红政策。账面现金充裕，即使将 100% 的会计收益分配出去，REITs 依然能够有足够的现金流和实际留存收益。所以这从实际运用的角度解释了为什么 REITs 有能力拥有这么高的分红比例。

（2）REITs 高比例分红能够使投资者更好地监督管理者。REITs 分红策略的解释原因有很多，许多研究学者已经从不同的角度对这个问题进行了解释。王诃等（Wang Ke et al.，1993）特别考察了 REITs 的分红数额和代理成本的关系。其结论是，如果管理者得到的报酬和公司规模相关，则其会有投资于没有或者极小盈利能力项目的动机。如果迫使管理者支付更多的红利，比如 90% 分红比例这个政策，这将会对 REITs 的股东有好处。在这种条件下，REITs 的管理者将不能不受投资者的监督而进行随意的投资。REITs 管理层为了能投资于新的项目，不得不发行新的债券和股票，对外融资需要说服投资者使其相信这种项目的盈利能力将比通过内部融资获得资金项目的盈利能力更好。也就是说当一家 REITs 发行证券时，资本市场将会对投资项目进行详细审查。换句话说，当 REITs 将其所有现金收入用于支付红利，并同时从市场中筹集现金时，尽管存在额外的证券发行成本，但同时附带资本市场提供的监督功能，事实证明这样的成本支出是值得的。

（3）高比例分红所导致的外部融资不会引起管理层的管理权易主。而且由于法律规定 REITs 股东必须要足够地分散，REITs 在外部融资的时候不用考虑控股权的问题，管理者不用考虑经营管理权被剥夺，这样导致管理层会很依赖外部融资。因此 REITs 不适合主观臆断、一言堂的管理者，成熟而专业的管理者才能够说服投资者投资其管理运营的项目。

（三）高比例分红的实践情况

从实证研究的结果上看，REITs 的类型、资产增长率会影响红利支出。权益型 REITs 支付的红利明显高于抵押型 REITs。这可能是由于权益型 REITs 支付很少的贷款利息，所以现金流比较充裕，另外从折旧抵扣中获得的现金流也多，所以有能力支付更多的红利。此外，资产增长率高的 REITs 倾向于支付更少的红利，因为其要为未来的投资保留更多的现金。

当 REITs 绩效比较差时，即资产收益率（简写为“ROA”）较低时，管理者会尽可能地支付最大的现金流。这很可能是因为，当某家 REITs 的绩效不佳时，股东更希望其管理者能够为新的项目融资，这不是打肿脸充胖子，而是尽力地和投资者达成良好的关系。毕竟 REITs 非常依赖外部融资环境，高的派息率能够减少 REITs 管理者和股东之间因为代理关系而带来的冲突。

此外 REITs 的分红公告还能够向投资者传递很独特的信息。投资者非常看重 REITs 的股利支付，因此 REITs 的股票价格会在管理者公布将增加分红后上涨，在宣布将削减分红后会明显下降。虽然管理者比股东拥有更多关于 REITs 发展前景的信息，但是由于法律规定的留存收益很少，所以管理者在与投资者博弈的环境下，管理者很容易就败下阵来，尽量把已知的信息传递出去，以取得投资者的认同和信任，以在未来的项目融资上能够与投资者有很好的默契。

削减分红对 REITs 的声誉伤害非常大，管理者应该尽量避免削减分红。如果 REITs 的管理者发现现金流的波动性比较高，则会理智地采取低的派息率。可以注意到那些财务杠杆大的 REITs，比如抵押型 REITs，其未来现金流的波动性比较高，管理者很难保持高稳定的分红。

有期限 REITs 比无期限 REITs 支付更多的红利，因为有期限 REITs 没有成长的潜能，因此没有为未来发展保留资金的需要。

二、资本结构

资本结构的决定性因素与公司价值的关系一直是一个热门话题，并且在公司金融相关的文献中依然是一个未解之题。已经有许多理论研究与实证检验试图解决这些问题，但是迄今为止没有一个完全令人信服的理论。这是因为仅有少数几个发展完善的理论经过了实证检验，但是这些理论经常得出了不同的甚至相互对立的结论。先前的研究已经解决了最佳资本结构问题。金融文献中给出了 3 个决定融资结构的理论。

（一）融资结构理论

1. MM 权衡理论①

当公司的债务比率由 0 增加到 100％时，企业的资本总成本及总价值不会发生任何变动，即企业价值与企业是否负债无关，不存在最佳资本结构问题。在考虑公司所得税的情况下，负债的利息是免税支出，可以降低综合资本成本，增加企业的价值。因此，公司只要通过财务杠杆利益的不断增加，而不断降低其资本成本，负债越多，杠杆

① 即由美国的莫迪利安尼（Modigliani）和米勒（Miller）（简写为“MM”）教授于 1958 年 6 月份发表于《美国经济评论》的“资本结构、公司财务与资本”一文中所阐述的基本思想。

作用越明显，公司价值越大。但是负债会导致公司破产，因此任何公司都有相对应的债权比例使得这个公司的价值最大化。在不断向这个最优债权比例靠拢的过程中，公司不断权衡考虑借款的优势和劣势：债务的好处主要是税收优惠和很好的财务约束，劣势是带来破产成本和代理成本，丧失金融灵活性。

根据这个理论，营利性良好的公司普遍有一个相对高的债权比，因为有更多的收入可以减少公司破产的危险。过高的杠杆会增加直接和间接的成本和破产的可能性。杠杆水平取决于公司的特性：业务部门、市场、客户和产品。最优资本结构是取得债务好处和破产成本之间的平衡的结构。税法是歧视股权的，因为对所有投资者来说，在债权上的税收优惠超过在股权收益的税收优惠。当公司税收比率提高，则会用债权来替代股权。

公司资本结构关系到破产成本和债务好处之间的平衡。根据怀特（Whiter，1983）的理论，破产成本可以定义为公司走向破产的经济成本，并且可以分为直接破产成本和间接破产成本。直接破产成本包括法律、会计和其他行政成本。间接破产成本并不容易定义，它包括因管理者的权利被约束而产生的管理能力损失的机会成本、信贷配给、不能发行新股、因顾客或潜在顾客获知公司即将倒闭而产生的销售与利润的损失、供应商对原材料的限制等。经验证据表明公司规模越大，破产成本越高。

股东和管理者之间的关系是典型的代理关系，这是因为股东获取了 100% 的剩余索取权。管理者并没有从利润增长中获取好处，但是可以利用公司的资源（特权）来代替剩余索取权。减少这种无效率行为的办法有两种：一是公司不断增加管理层的奖金或使管理层持股；二是不断有债权加入资本结构。债务的另一个好处是它可以通过现金流来限制代理成本。管理者要不断应对到期的利息支出。如果管理者有大量的现金流就可能为所欲为，比如投资不经济的项目，以及通过这种方式得到特权，并且做出不利于股东的行为。这些影响（被称为债务的“控制权假说”）迫使管理者及其团队减少和股东的代理冲突。

债务的代理成本之一就是“资产替代效应”，在1976年由詹森（Jensen）和麦克林（Meckling）提出。它的出现是因为债务合约会使股权持有者有动力投资次优项目。股权持有者会有强烈的动机投资高风险的项目，一旦项目成功，股权持有者获取剩余收益；如果失败，公司的债权责任是有限的。总之，债权人总是吃亏的一方。这样便导致了这类投资的债务减少。但是如果债权人在签订债务合约的时候，能够正确地参与股权人远期的收益分配就可以避免上述情况。这样又回到如何平衡债务的利与弊的问题中了。资产替代效应的主要应用是债券合约，应该用如下的方式来防止资产替代效应：详细说明利息覆盖比例，禁止投资特定领域。

公司在面对较少机会的情况下应该有更高的杠杆水平，缓慢发展或者有大量现金流的公司应该拥有更多的债务。公司的历史越长，贷款记录越多，那么它的声誉就越大，为了维护它的声誉，公司将会倾向于投资低风险的项目。因此，在同等条件下，存续时间较长的老公司的杠杆水平会比新公司更高。管理者也会受到声誉的约束并且其行为能够减少债务的代理成本。公司管理者如果更容易受到声誉的影响，则会有更高的杠杆水平。如果公司成为被收购的对象，那么公司的管理者会更受声誉的影响。破产对于管理者而言损失巨大（损失利益和声誉），所以其会竭尽全力地工作以降低公司破产的风险。

2. 优序融资理论

这个理论预言公司并没有一个债权比的目标，由于信息不对称的原因，公司更倾向于内部融资而不是外部融资，并且如果外部融资允许的话，公司更喜欢债务融资而不是股权融资。优序融资行为的出现是因为外部融资成本包括发行新股的费用和不对称信息所带来的成本比内部融资大。

根据优序融资理论，特殊的公司资本结构可以缓解由于信息不对称而造成的无效益的投资。优序融资理论起源于梅叶思（Mayes）。投资者很清楚管理者更了解公司，并且认为如果有好的项目他们自己为什么不投资呢？因此投资者认为外部融资，特别是股权融资是一个利空的消息。这种情况是可以避免的，其方法就是公司用自有资金投资一部分，另一部分使用外部融资。

当前的资金结构是一系列融资决定的结果，但是公司通常更喜欢内部融资，并且根据分红要求来选择投资机会。如果内部资金不能满足投资资金的要求，公司将会减少流动资金。并且当外部资金要求公司发行安全的债务保障投资者的资金安全时，公司会尽量满足。不到万不得已，公司是不会发行有风险的（利息比较高）债务的，而且股权融资将会是最后的选择。由上述理论得出一个结论：如果公司发行新股给投资者，那么公司的股价将会下跌。如果公司发行债券，那么公司的股价将会上涨。

优序融资理论表明公司并不是朝向一个最优的资本结构发展，资本结构是由一系列的融资需求与融资成本而形成。在信号传递模型中，内部人被假定为拥有内部信息，而外部投资者无法了解这些内部信息。企业愿意对项目进行投资，这本身就可以传递出这是一个好项目的信号。投资者本身的投资会因外部投资者的信心程度不同而不同，因此资本结构也是不断变化的。如果公司拥有大量固定资产，例如 REITs 这类房地产运营公司，那么贷款人会因为公司拥有大量固定资产而降低贷款利息，增加贷款额度。因此公司的固定资产越大，债务会相应地增加，因而房地产公司的财务杠杆一般都比较高。

3. 现代资本结构理论

在有效市场的假设下，同时忽略税收、破产和交易费用，“市场上任何公司的价值与资本结构无关”。虽然这个结论是在一个不现实的假设下得出来的，但是许多研究公司的金融文献中都把这个假设作为起始点。资本结构的选择还可以由许多理论来解释：产品市场的考虑、产业特殊性、股权持有人和公司控制权。

（二）REITs 的资本结构

资本结构的大部分文献资料也涉及房地产公司和 REITs 的研究，不过这些研究有时候相互矛盾，这可能是由于这些问题的复杂性导致从不同角度看会得到不同的结论，“横看成岭侧成峰，远近高低各不同”。读者或许会被本章各种相互矛盾的理论解释弄得云里雾里，不过目前的研究就是这样，其根源在于基础理论的相互矛盾性，更在于事物的复杂性。

1. MM 理论下的 REITs 资本结构

MM 理论下的 REITs 更加偏向于债务融资。REITs 主要拥有的资产是不动产，被认为是流动性差而且易于管理的资产。因此债权人有强大的监管权力来减少持股人和债权人之间的托管人问题。只有大量借款才能撬动基础资产，因此房地产行业比普通行业拥有更高的债务。资本的话语权比较大，管理层的话语权较小。或许在医药研发领域会发现管理层的话语权比较大，行业不同造成了某些资源的优势地位。

贾菲（Jaffe，1991）认为 REITs 喜欢采用财务杠杆的原因是杠杆效应。当 REITs 采用更高的财务杠杆，可以增加公司的价值，因此 REITs 负债是件好事，即使其在公司层面上不纳税。例如一家 REITs 可以获得 10% 的资产回报率，那么以 8% 的利率借款的话，REITs 借款越多，价值越高，只要利率低于 ROA。而且因为 REITs 和合伙公司都是小公司，而小公司因为成长性较高导致债务融资的发行成本比其权益融资的发行成本要低，因此 REITs 就有偏向于债务融资的动机。另外，对于 REITs 而言，因为其持有的资产是房地产，借款可能更加容易。

康纳德（Conrad）和杨（Yang）于 1996 年通过对 REITs 的研究

发起对莫迪利安尼和米勒的经典理论的挑战，指出对于免税公司的REITs，出于对外部投资者的信息不对称和杠杆效应的应用，REITs依然会选择债务进行外部融资。这是因为：（1）REITs是没有税收的公司并且破产成本也非常低，因为不动产的证券化导致经理人在公司发生财务危机的时候，可以很快地卖出资产，而且损失微小。（2）收入非常透明，不透明项目比如研发费用水平很低，不动产的平行市场[①]的存在提供了基准价格，代理成本很低。因而是其他因素导致了REITs债务水平的不同：（1）外部管理的REITs具有更高的杠杆水平，这是因为外部顾问如果管理不好通常要赔偿资产，因此REITs又有强烈的动机发行债务来提高获取资产的能力。（2）封闭式REITs的杠杆水平低于开放式REITs，并且债券到期收益更高。（3）最后，公司规模对最佳资本结构有显著影响。因为REITs的运行有一个固定成本（债务评级机构、管理时间和托管费），对于小类公司，这些成本比较小，而且大型REITs能够减少现金流投资到固定资产的不确定性风险。

2. 优序融资理论下的REITs资本结构

REITs的资产基本是房地产，其股票特征是收入型而不是成长型股票。REITs需要支付大部分的收入作为股利分红，为了维持免税的状态，REITs限制其用自有资金进行再投资的能力，因此公司的留存收益不多，公司运营也因此比较透明，与外界的信息不对称程度较低，相关信息成本较低，因此在优序融资理论下，虽然公司更加倾向内部融资，但是公司的留存收益不多，而且外部融资成本较低，因此REITs还是更多地依赖外部融资。REITs对外进行融资能够得到广大外部投资者的认可，不会认为REITs对外融资是个利空的消息。

由于REITs具有较多的房地产，具有较好的债务融资的条件，因此REITs在理论上会更加偏向于债务融资，但是由于REITs负债过高

① 平行市场指的是本行业向现在所属行业平行扩展。

会导致经营风险增大，例如 20 世纪 70 年代抵押型 REITs 的大量破产就是一个先例。另外证监会对 REITs 的债务比例也有严格的限制，规定其最高不能超过 35% 的债务比例，因此 REITs 只能选择股权融资。因此在优序融资理论下，REITs 的资本结构选择是：在用完少量的内部融资和债务融资额度后，REITs 将进行大量的股权融资。

三、实践经验

（一）规模对 REITs 融资结构的影响

理论和实证研究都认为公司的规模对资本结构有很大的影响。但是规模对于债务融资杠杆比例的影响是多方面的：一方面，大公司通常会分散风险，因此破产的概率很低。如果认为规模可以减小破产概率，那么权衡理论就认为大公司应该有更大的债务比例。另一方面，优序融资理论认为公司债务比率和公司规模是负相关关系。公司的规模可以促使经理人向市场传递信息，以减少投资者、顾问和公司内部人之间的信息不对称。这些相互矛盾的理论使许多学者认为公司规模与债务杠杆比例的关系是不明确的。

（二）盈利性对 REITs 融资结构的影响

由于信息不对称，外部融资的成本很高，有大量盈余的公司倾向于自有资金发展，而不是提高财务杠杆进行债务融资。也有学者提出，盈利性公司经理人的信誉更好，更容易获得债务融资，更多的资金可以减少破产风险，因此公司会增加债务。这种情况下，公司杠杆和盈利性应该是呈正相关关系的。

（三）REITs 的成长性对资本结构的影响

当公司有大量的投资机会时，公司的内部自有资金是不够的，需要向外部融资。公司衡量当期和未来的财务成本，更喜欢发行低成本的债务而不是发行新股或让机会流失。另外，公司有越多的投资机会就有越高的代理成本，而这种代理成本会导致投资低效。这个问题可以用发行股权融资而不是债务融资来缓解。高成长性的公司当期盈利能力有限，就限制了债务杠杆的水平。成长机会是无形资产，但不能被抵押，并且不能产生当期的税前收入，所以一般用股权进行融资。

（四）经营风险对资本结构的影响

如果收入不稳定，投资者就不容易预测未来公司运营的表现，特别是内部人有内部消息的时候，外部投资者更加不易预测，因此外部融资成本较高。如果现金流不稳定，不稳定的现金流增加了公司破产的可能性，并且会增加公司不能支付固定大额债务的可能性，因此公司倾向于内部融资。然而 REITs 的收入稳定，经营风险较低，租金通常被锁定，未来的收入很容易被预测到，现金流也很稳定，因此 REITs 的经营风险低，从而较容易得到外部融资。

通过上述对文献的分析可以得出大部分作者赞同 REITs 存在一个最佳的资本结构，但是决定杠杆水平的因素还不十分明了。表 11.1 总结了各理论下杠杆水平与各因素之间的关系。

表 11.1　各理论下杠杆水平与各因素之间的关系

项目	MM 权衡理论	优序融资理论	REITs 的研究
盈利能力	+	–	–
成长性	–	+	+ 或 –
有形性	+	+	+
运营风险	–	–	+
规模	+	–	+
地理分布	—	—	—

注："+" 表示正向关系，例如在权衡理论下，盈利能力越强，则公司的杠杆水平越高。"–" 表示反向关系。

四、一个实证研究模型

测量最佳杠杆水平的因变量并不是唯一的，研究者可以依据需要选择适合自己需要的研究对象。比如公司的价值就有账面价值、资本市场价值可以选择。资本市场价值数据不同于会计账面价值，因为公司的市场价值可以反映公司的无形资产，比如声誉、成长性、管理能力或者治理结构，而会计账面价值无法显示这些，但是能更加实际地测量出公司的净资产。

因为房地产被视为具有高度负债能力的资产，所以相对于持有无形资产的其他行业来说，持有房地产的 REITs 可以更加容易获得利率较低的债务融资。而影响投资者在投资中采用更多负债的原因，一些与税收减免有关，一些与经济状况有关，还有一些与市场的不完美有关，下面的延伸阅读材料是从国外 REITs 研究文献翻译而来，它很详细地把如何得出这些因素的研究过程描述了出来。

延伸阅读

REITs 是个特殊的行业？①

本文试图在特殊的房地产行业中分析资本结构及其决定因素。房地产投资市场正在迅速全球化，特别是在美国，REITs 迅猛发展。REITs 使广大投资者进入房地产行业，并且带来了许多好处：诸如极大地减少了交易费用、避免激进的经营策略。那么问题来了，决定不动产公司的资本结构因素与非不动产公司是

① Giacomo Morri, Christian Beretta.The Capital Structure Determinats of REITs, Is It A Peculiar Industry?［J］. Journal of European Real Estate, 2008, 1（1）.

否相似？REITs 的资本结构是否也遵循传统的杠杆理论？REITs 的资产结构非常不同于传统的工业和制造业，它们的资本结构也应该有特别的表现和决定因素。

一、研究模型与研究变量

本文采用与其他实证研究相类似的研究方法，如果采取特殊的方法或者模型就会直接导致结果无可比性。本文是建立在拉詹（Rajan）和津加莱斯（Zingales）[①] 的研究基础上，其研究最终确定了 4 个杠杆决定因素（资产固定性、投资机会成长性、公司规模和盈利性）。为了使研究更加有意义，在这些因素中，加入了会影响 REITs 公司杠杆的经营风险这个因素，并且另一个影响因素是投资项目的地理位置的分散性。文章最后部分会集中讨论 REITs 横截面的变量，研究不动产投资部门和公司特征，诸如规模、经理人采取的不同策略会不会影响投资者最终的风险回报率。

因为回归分析及其结果十分依赖数据的真实来源，大量的注意力都集中于潜在理论不冲突的显著变量上，特别是在解释经济现象中相互对立的观点。而且，每一个假设检验都会被仔细检测，这样实证研究的结果不会是伪相关性，而是可以用来检验经济现象的理论。

实证研究的第一步是研究因变量、杠杆和解释变量之间成对的相关系数。自变量定义如下：

Short-term debt：短期债务除以总资产。

Long-term debt：长期债务除以总资产。

Profitability（PROFIT）：息税前收益除以总资产。

① RG Rajan,L Zinqales. What Do We Know About Captial Structure? Some Evidence From International Data［J］. Journal of Finance,1995.

Growth Opportunities（GROWTH）：总资产的变化率。

Tangibility（TANGIB）：固定资产除以总资产。

Operating Risk（OPRISK）：息税前利润除以总资产的标准差。

Size（SIZE）：总资产的自然对数。

Geo-diversification（GEO DIV）：如果 REITs 是区域分散性投资的值为 1，如果不是则为 0。

从成对的相关系数上看，可以得出一些假设：资产的固定性与短期债务比率负相关但是与长期债务正相关。这个证据证明当资产中存在大比例的固定资产，投资者更倾向于长期借款，这样当到了清算破产的地步时，其损失就会小一些。因为 REITs 通常会被投资者持有资产很长一段时间，因此长期贷款比较匹配资产和债务的到期日。

短期债务与公司规模呈现负相关关系，而长期债务与公司规模呈现正相关关系。小型 REITs 会通过银行贷款或信用额度来延期支付短期债务。它们像大型 REITs 那样依靠资本市场进行大量的融资。通常的做法是不断地借短期债务偿付长期债务。

经营风险和短期债务的负相关关系符合代理理论，因为短期债务减少了高风险项目的机会。而且如果经营风险很高，公司就不会增加高风险的利息费用，因此会倾向于有一个低的杠杆风险。

成长性和短期及长期债务都有一个正相关关系，尽管前者没有很高的显著性。代理成本理论预示成长性和债务之间的负相关关系，并且相反的证据发现可能是因为 REITs 经营的特殊环境，比如财务报表中高比例的固定资产。

公司规模和盈利性呈负相关关系暗示 REITs 的规模对于其战略决策是一个重要的影响因素，小型 REITs 更关注于回报率而不是寻求经济规模。经验证据显示内部管理的 REITs 比外部管理的 REITs 有更高的收益率，因为内部管理人的报酬在于公司股权的回报率而不是公司管理的规模。综合这二者的发现，可以假设小型 REITs 通常是内部管理而大型 REITs 是外部管理。另一个对规模盈利性呈负相关关系的解释是“小公司效应”，即使考虑了小公司的风险比较高，但是小公司扣除风险溢价后的回报还是比较高的。即使小型 REITs 看起来收益率更高，但是其冒更多的风险，因风险波动更大，其税收比较不稳定。

即使事实上这些相关性并不显著，但是分散风险比较少的 REITs 有比较高的盈利性。成长性与规模的负相关关系符合生命周期性假设，成长速度随着组织的成熟而降低。因为成长性通常属于无形资产，其与固定资产是负相关关系。

可以预见，公司喜欢高经营风险下有更高的投资机会，但是这种经营风险可以用提高固定资产比例来降低。纯粹的房地产投资公司有比较高的固定资产并且收入由稳定的租金收入构成。另外，房地产交易公司更关注如何开发投资机会，将房地产作为当期资产并且其收入来源于销售收入。房地产交易公司的经营策略使现金流更加不稳定，并且有证据显示盈利性和成长性呈负相关关系。

二、多变量分析

用普通最小二乘法（简写为“OLS”）对模型进行回归，最小化自相关标准差。回归结果显示调整后的值为 39.1%，表示解释变量可以很好地解释因变量。F统计量是 12.89，它的 p 值很小，因此可以拒绝这 6 个变量解释无效的假设。说明这 6 个变量都对资本结构和杠杆水平有显著的影响。双变量回归和克莱恩的经验法则显示模型没有受到多重共线性的影响。怀特检验显示没有序列相关性。通过 JB 检验显示数据的正态分布检验也成立。表 11.2 显示因变量杠杆水平对 6 个解释变量的线性回归模型。

表 11.2　因变量杠杆水平对 6 个解释变量的线性回归模型

	杠杆水平（市场价值）		杠杆水平（会计价值）	
	协方差	标准差	协方差	标准差
截距	0.479 4***	0.187 1	0.082	0.268 5
盈利性（利润）	-3.004 7***	0.405 1	-1.420 1	0.651
成长性	0.150 9***	0.041 7	0.124 6	0.057 7
变现能力	0.145 2*	0.081	0.067 9	0.133 9
经营风险	-1.440 3*	0.755 3	-1.474 1	1.146 5
规模	-0.000 5	0.007 5	0.021 9	0.009 2
地理分散性	0.002 1	0.175	0.004 4	0.023 8
Adj.		0.39		0.11
F- 统计量		12.9		3.3

杠杆水平的回归模型显示，解释变量有 3 个正相关系数——资产固定性（变现能力）、成长性和地理分散性，其中盈利性、经营风险和规模与杠杆水平呈现负相关。所有的解释变量都是显著的。表 11.2 中显示，当被解释变量用会计价值来测量的话，回归可以证实先前的结论，但是显著性不高。

三、模型分析

（1）盈利性作为最显著的解释变量显示了杠杆水平的决定主要受到公司经营表现的影响。根据优序融资理论和权衡理论，公司业绩的一个非常小的变化都会导致杠杆水平的显著负向变化。REITs 更加喜欢用公司盈余的自有资金对新的投资机会融资，而不是寻求外部资金的支持。如预期所想，REITs 行业并没有提供支持权衡理论模型的经验证据，因此才会有盈利性和杠杆水平之间直接的关系。因为根据权衡理论，一方面，杠杆水平提高了破产的可能性，但是另一方面，杠杆水平的提高带来了减少可税收入中利息费用的优惠，因此会增加公司的盈利性能力，从而让公司借更多的债务。**REITs不像其他的公司，没有公司层面的税收，因此债务免税的制度没有使 REITs 借更多的钱。**

（2）回归模型也显示了杠杆水平和成长性直接的正相关关系，此时统计显著性水平在 1%，并且是用市场价值来测量；如果用账面会计价值测量，则统计显著性水平为 3.2%。这个证据和优序融资理论相一致，该理论预测投资需求超过了内部可利用的资金时，债务就会增加。**REITs 如果有更多的投资机会就会有更高的杠杆水平。**在一个更加复杂的模型中，如果现在的杠杆水平很低，则会有很高的投资需求，因为公司要平衡未来和当期的融资成本。当公司预期未来有大的投资机会，则公司当期会维持一个相对低的债务水平，而且是低风险的债务，这样可以避免未来进行高风险的证券或债务融资，为未来的债务水平留足空间。在信息不对称的情况下，如果公司当期进行高风险融资，则公司的价值会因此被低估。然而 REITs 要支付大多数的收入作为股息，不太可能有大量现金存储，因此必须通过外部融资才能实现。这是因为 REITs 必须遵守特殊的规则和要求，与权衡理论和资本结构的市场最佳时机理论的预测相反。更多的简单成长机会能够增加公司的价值，从而增加公司的借债能力，允许公司发行大量的债务。这可以解释公司杠杆和成长性之间的正相关关系。

（3）资产的固定性和 REITs 公司杠杆水平的关系。资产固定性代表部分公司可以用来抵押的资产性质，这和公司杠杆水平正相关并且限制性水平为 7.5%。这个经验证据在其他行业的研究中也有相同的结果。如果内部人有信息优势的话，股权融资的成本很高。公司利用抵押资产进行债务融资就很有优势，因为这样可以减少信息不对称。如果资本被抵押，借款人会被严格限制资金运用在指定的项目，经理人不会浪费从债权人那里得到的财富，也不会随意地投资于高风险项目。另外，股东资产的清偿价值因此变得更高，这样可以有更好的融资选择。**REITs主要投资于房地产和其他固定资产，继续外部借贷更具有便利性。**为了确保能够作为一个免税的机构，REITs公司总资产的75%必须投资于房地产资产。经理人和股权持有者之间的代理关系而引起的资产固定性与杠杆水平的呈负相关关系，但是这个假设在这个模型上是不现实的，并且不能应用在不动产公司。

（4）规模和杠杆水平有轻微的负相关关系，其负相关显著性只有10%。拉詹和津加莱斯总结了规模对债务杠杆水平的影响是无法显著的原因。如果大公司更加多元化而且不容易破产，那么规模就可以代替破产的可能性，规模将与债务杠杆水平正相关。另外，优序融资理论提供了相反的视角，因为大公司能够提供规范的金融分析资料和数据，投资者有更充分的信息，因此减少了信息不对称的问题。在REITs的案例中，小公司的息税前利息的标准差更高，大公司应该有更高的债务杠杆水平。**然而，REITs的杠杆水平很高，并且证据显示其更喜欢债务融资而不是股权融资，这暗示了在股权融资时存在严重的信息不对称问题。**从实际的操作经验上看，股权融资成功与否，投融资双方是否能够相互信任，信息不对称的情况是否达到最低，这也是融资成本高低的关键因素，而债务融资对信息要求相对股权融资低一些，信息不对称问题不会像股权融资那样严重。虽然REITs的资产在底层和平行市场上交易，很多学者同意不对称信息问题的存在。根据汉（Han Bing，2006）的研究，监管REITs的工作并不容易，因为这些监督工作要求对经济趋势有整体性、深层次的理解，了解资产现在的价值和状态，有很高的交易技巧。有时候研究者难以收集数据，因为交易通常都是私下进行的。经理人可能没有行业内通用的知识并且工作因此难以有扩展性。并且，缺少大股东给经理人的信息地位反馈给了市场的机制。这种信息不对称的效应暗示了小公司比较少利用股权融资，而是利用一般的短期银行贷款；而大公司经常发行新股，因为其规模能够提供充足信息以减少这些问题。

（5）经营风险对杠杆的影响很大，呈负相关关系（相关系数是 1.4），显著性水平在 5.9%，证明高风险的 REITs 不容易借到贷款，所以杠杆水平很低。这个发现和大部分实证研究的发现相一致。显而易见，经营风险大，收入的波动也相应增大，而债务的偿还义务是固定的，所以高风险的 REITs 不会轻易借款，以防止违约清算的风险。

（6）地理分散性的效应很微弱，统计显著性水平很低，因此地理分散性对 REITs 的资本结构的影响证据暂时未被找到。

四、研究结论与建议

本文探索了 REITs 融资中的几个决定因素，看一看这些因素与其他市场部门有什么相同点与不同点。特别的，最主要的目的是看一看房地产公司的资本结构的决定因素是否与非房地产公司的资本结构的决定因素相同。REITs 免税的优势减少了公司对债务的需求，并且要求把大部分的收入都发放出去的特性，确实令它与众不同。分析显示，虽然 REITs 没有从债务利息的税收减免中获益，但是其债务水平很高。**因此，特殊的行业特征和法律规定是决定融资结构的重要影响因素。**

REITs 经营一个特殊行业并且其融资也受到与其他非房地产公司相同因素的影响。但是这些影响因素与影响程度不一样。不像其他行业那样，权衡理论决定资本结构，但是对于 REITs 行业，优序融资理论更加适合。根据优序融资理论，盈利性强的公司的债务杠杆水平低并且喜欢用内部资金对新的投资项目进行融资。大多数 REITs 的资产都是固定资产，可以允许有更多的融资选择，并且有更大的破产清算价值，**因此 REITs 可以尝试去借更多的低成本贷款。**

第十二章

托管人问题

一、委托代理

在广义上，委托代理关系一般是指具有所有权的委托人为了实现自身利益最大化，将部分权利授予某些组织或个人代为行使，并随之形成正式或非正式的契约关系。而狭义上的委托代理关系专指企业委托代理关系，作为委托人的投资者为实现自身利益最大化而授予托管人（管理者）代为行使经营控制权而形成的契约关系。

委托代理关系的形成，主要是由于所有权与控制权的分离以及投资者对利益最大化的追求。企业委托代理关系是指经济发展到一定程度后，市场竞争激烈程度增加，管理的难度也随之上升，投资者为了最大化自身利益而不得不向专业的管理者授权而形成的一种管理制度。

企业选择了委托代理机制后，委托代理关系的 4 个特征会在企业运行中产生一系列影响委托代理成本和收益的问题，并且导致委托代理风险的产生。

（1）委托双方信息不对称。托管人比委托者更了解企业生产、收益和成本方面的信息。这种信息不对称容易在交易之前或者之后导致

“逆向选择”和“道德风险”。

（2）委托双方风险不对等。经营决策失误时，托管人可能仅仅需要承担失去工作的风险，而委托人却面临着失去巨额财产的风险。因此，托管人更容易盲目投机。

（3）委托双方激励不相容。委托人的目标是企业财富最大化，而托管人的目标是提高个人报酬、提升个人社会地位和增加闲暇时间等。

（4）委托代理契约不完备。受到个人有限理性、外在世界的复杂性、不确定性以及信息不对称性的限制，契约不能准确描述委托代理未来可能发生的各种状况，以及各种状况下委托代理双方的权利义务。因此，托管人可能利用漏洞为自己牟利。

总而言之，代理问题是指由于委托人与托管人利益不一致，在存在不确定性和信息不对称的情况下，托管人可能在委托人难以察觉或者监督时，为了自身利益而损害委托人利益的行为。为了实现自身利益最大化，委托人必须设计一个有效契约来约束代理问题，激励托管人做出有利于委托人利益的行为。

委托代理理论指出，解决代理问题，除了要建立约束机制，还必须建立激励机制，来引导托管人从自身利益出发选择与委托人利益一致的行为。因为托管人一些不利行为察觉和监督的难度很大或者防治成本很高（比如贪腐、滥用职权、过度扩张等）。

（一）REITs 可能出现的利益冲突

REITs 作为一种集合信托投资基金，通过集合零散资金与专家管理实现大众投资，令资金不足的中小投资者能够参与资金需求量巨大的房地产投资当中。REITs 具备现代公司或者信托的基本特征，组织结构也与一般意义上的公司无太大分别，因此 REITs 的公司治理与一般意义上的公司治理有很大的共性。

REITs 的特殊性在于法律法规对它的特殊规定：在法律意义上，REITs 是一个法人主体，是一系列契约的集合；同时它是一种实现所有权与管理权分离的投资载体。它的特殊之处有：①在 REITs 满足一定的设立和运作要求的前提下，可以享受免交企业所得税的优惠；②规定它的现金分红比例必须在 95% 以上；③大多数推出 REITs 产品的国家和地区都规定了 REITs 的最佳融资比例。一部分投资者旨在设立 REITs 这样的投资实体，实现资金的融通与税收的豁免。

总体而言，在 REITs 的研究中，除了常规的研究分析，一定要考虑其本身设立和运作的特殊性，结合当地宏观经济与法律背景等因素研究如何在一开始设立及设计其组织结构。具体有 3 点值得注意：

（1）它有双重代理关系。对于外部顾问式管理的 REITs，REITs 只能委托独立第三方运营其持有的资产。因此，除了一般意义上的委托代理关系，还多了一层托管人与管理层的委托代理关系，加大了信息不对称，增加了代理成本。

（2）REITs 交易比较复杂。REITs 的交易比证券投资基金更为复杂，而且房地产领域透明度远不如证券市场，REITs 所持有房产的价值确定、财务状况等很难被外部投资者充分了解，这增加了公司治理的难度；另外，REITs 所持有的资产很难快速变现。可以这么说：REITs 既类似于证券投资基金，又类似于公司。

（3）REITs 股份是充分分散的。根据规定，REITs 所有的股票都应在市场上流通，至少要有 100 名股东，股权结构应当分散化。在每一个纳税年度的后半年内，前 5 大股东总共不得持有超过 50% 的 REITs 股份，除退休基金，单个股东持股比例不得超过 9.8%。所以，在 REITs 的公司治理实践中，这样避免了一股独大现象，但同时也造成没有主人管理的“房子”的出现。

房地产投资信托基金组织作为一个多方利益的集合体，如何构建有效的组织架构，对公司的正常持续运营具有十分重要的意义。

REITs 在美国的流行，正是源于 REITs 独特的组织制衡架构和自我控制能力。根据 REITs 行业指引，REITs 招股说明书必须对管理层和投资者之间可能出现的各种利益冲突，按照交易类型和 REITs 具体业务的不同予以概括性披露，并披露 REITs 解决各种冲突的方法，潜在冲突主要表现为以下可能性：

（1）设立交易（Formation Transaction）可能出现的利益冲突：①设立 REITs 或其子公司时，交易不是公平谈判达成的结果；② REITs 发起人之前就对 REITs 的某些财产（或 REITs 将直接地或通过在其他主体中的权益间接地控制其他财产）拥有所有者权益；③ REITs 发起人将直接或间接地用 REITs 股份收取 OP 单位，作为对设立交易中利益的交换。

（2）与 REITs 运营事务相关的利益冲突。股票首次公开发售完成之后，REITs 管理层可能会继续为已不属于 REITs 的财产提供租赁管理服务。

（3）出资协议或者其他与 REITs 及 REITs 发起人签订的出资协议，存在无法有效履行的可能性。

（4）在一定时期内出售 REITs 财产或为 REITs 债务进行再融资，会对 OP 单位持有人和 REITs 股东产生不同的影响。出售 REITs 财产或者为 REITs 债务进行再融资时，OP 单位持有人可能在转换成 REITs 股票时承担更多的税务，可能导致 REITs 及其发起人之间就出售 REITs 财产的适当价格、再融资时机等问题产生分歧。

（5）REITs 某些管理者和董事继续直接或间接地拥有和服务已不属于 REITs 的财产或财产权益。

（6）REITs 发起人同时担任其他 REITs 的发起人。REITs 发起人是其他房地产合伙企业的普通合伙人或其他房地产合伙企业的普通合伙人的关联公司。

（7）发起人或其关联公司在其拥有权益的房地产或其他财产被

REITs 收购之前，为此类交易进行的资产评估是否具有公平性。

（8）发起人有权将 REITs 的资金投资到其他项目上，发起人或其关联公司在此类其他项目中拥有一定权益。

（9）发起人或其关联公司在 REITs 拟收购和开发的房地产的相邻地产上持有一定权益。

（10）发起人或其关联公司拟向 REITs 发放贷款，或者以其他方式作为 REITs 的财务经纪人行事。

（11）与发起人或其关联公司签署的报酬协议，可能导致发起人或其关联公司的利益与 REITs 的利益相冲突。

（12）发起人有权自由地与关联公司签署服务协议，因此达成的交易有可能并非公平谈判的结果。

（13）REITs 的组织章程限制了发起人或其关联公司因特定作为或不作为而应该向 REITs 所负的责任，却详细规定 REITs 要就特定作为或不作为向发起人或其关联公司提供赔偿。

（14）REITs 的法律顾问或会计师曾向发起人提供过服务。

（15）REITs 出售财产时，发起人或其关联公司与 REITs 可能就财产收购和财产管理服务以及财产买方等发生竞争。

（16）REITs 的股票承销商是发起人的关联公司。

此外，公司型 REITs 的架构列表通常要指明由发起人或其关联公司控制或管理的、可能与其合伙人交易的主体之间的关系。各相关利益之间如果有冲突的可能，则必须把解决此类冲突的方法予以披露。

（二）REITs 利益冲突的解决

北美证券管理者协会声明规定，信托声明必须特别要求 REITs 托管人向股东承担信义义务，监督 REITs 和管理顾问之间的关系，并制定由大多数独立托管人通过有关托管人、投资政策、报告和会议、顾问合同、顾问报酬、费用、借贷、估值、赔偿和再投资计划的特别规定。每位托管人必须具备3年以上的相关房地产业经验，具备成功收购和管理REITs拟投资物业的知识和能力。具备“相关房地产业经验”指的是托管人曾以自身名义或代表他人收购和管理过REITs拟投资的物业类型。例如，REITs拟收购的是办公类物业，则“相关房地产业经验”不包括买卖自助仓储类地产的经验，因为不同的物业类型复杂程度和具体问题不同。

REITs作为一种信托投资工具，除了普通意义上的投资者与董事会、董事会与管理层的委托代理关系，REITs还涉及与资产运营者的委托代理关系。结合REITs的特点，如何平衡各方利益，减少管理层“逆向选择”① 与“道德风险”② 的发生，是本节需要讨论的问题。

1. 取消对内部管理人的限制

REITs在美国刚出现的30年里，其发展比较缓慢，主要原因是REITs仅允许持有房地产，而REITs持有的资产必须委托给独立第三方运营和管理。这种模式必然会产生第三方管理人与REITs投资者利益冲突的问题，令REITs市场表现不突出。美国1986年颁布的《税收改革法案》允许REITs自己运营和管理资产，使得REITs持有人与管理人利益趋于一致，大幅减少了其中的代理成本。自20世纪90年代初期之后，这种内部自我管理的模式使REITs的市场总量从40亿美元增长到1996年的1 020亿美元。市场对REITs的充分认可证明了内部自我管理类型在改变持有人与管理人的代理关系后，代理成本降低使得REITs市场表现更为优异。在实践中，科学合理的REITs治

① 逆向选择指的是这样一种情况，市场交易的一方如果能够利用多于另一方的信息使自己受益而对方受损时，信息劣势的一方便难以顺利地做出买卖决策，于是价格便随之扭曲，并失去了平衡供求、促成交易的作用，进而导致市场效率的降低。

② 道德风险（Moral Hazard）一词是源于研究保险合同时提出的一个概念。道德风险是从事经济活动的人在最大限度地增进自身效用的同时做出不利于他人的行动。在信息不对称的情形下，市场交易一方参与人不能观察另一方的行动或当观察（监督）成本太高时，一方行为的变化导致另一方的利益受到损害。

理结构能有效降低代理成本，监督激励 REITs 管理者。其在最大化投资者利益和兼顾管理人合理利益上取得平衡等问题的研究，对未来我国 REITs 成功运作十分重要。

加农等（Cannon et al.，1995）研究发现，通过比较夏普指数与詹森指数，外部管理顾问模式的 REITs，REITs 的运营仅限于持有房地产，不能由自己运营房地产，只能委托独立的第三方运营和管理 REITs 持有的资产，也就是从企业外部聘请专业人士进行管理）的表现比企业内部管理模式的 REITs 要差，其同时发现 REITs 公司的首席执行官（简写为“CEO”）的薪酬激励方式会对 REITs 的业绩产生作用，并与公司的业绩表现正相关。有研究表明，REITs 公司与其他金融机构一样，在工资方面不是以成本为导向的，不应该尽量压缩工资，而是应该尽量提供高工资和高的报酬激励，如此公司的绩效会更好一些。

卡波扎等（2000）对美国市场公开交易的 REITs 的研究结果表明，采用内部管理结构的 REITs 的业绩普遍好于外部管理结构的 REITs。一般而言，内部管理结构的 REITs 公司中 CEO 的薪酬会与 REITs 的资产规模或者当年实现的收入挂钩。企业内部管理房地产资产公司中 CEO 则是固定的管理费用加上收益分红。

安布罗斯等（Ambrose et al.，2001）通过对 1990—1996 年在美国上市交易的 139 只 REITs 业绩及财务指标的研究证实了内部管理结构的 REITs 在市场竞争中更受欢迎。尽管差距在不断缩小，但是内部管理结构的 REITs 保持着更低的管理费用比例和更高的收益率。

2. 设立激励机制

对 REITs 治理结构的问题，基本上采用经济学的委托—代理理论来进行，根据 REITs 产品设立和运作的不同特点，学者们对不同发起方式、不同运作模式的 REITs 进行了积极的研究和探讨。

对于有效激励机制的设计，委托代理理论指出：（1）代理问题产生的根本原因是托管人不享受剩余索取权；一个有效的激励手段是在委托人与托管人之间进行剩余索取权分配，将托管人的经营业绩与利润挂钩；（2）在满足托管人参加约束与激励相容的条件下，在委托人利益最大化的激励机制中，托管人必须承担部分风险；（3）如果托管人是风险中性，可通过使托管人承受完全风险的办法达到最优激励结果。

根据相关研究，在信息不对称的情况下，小额资金投资者由于投资金额较小，没有很强的动力来监督基金管理人，对基金管理人的监督职能往往依靠大的投资者和托管人。但是如果投资者对基金托管人的报酬是固定的话，则托管人的监督职能会沦为摆设。针对这种情况，对策有两种：第一种是将对托管人报酬的支付方式从固定报酬改为与基金收益挂钩的浮动报酬支付方式，或者在发现托管人不履行职责的时候取消其托管资格或收取巨额罚金等；第二种是引入大额资金投资者，大额资金投资者更有动力来监督基金管理人，并且能够对基金管理人实施更为有效的监督。

彭纳瑟尔等（Pennather et al.，2002）运用 1993—1999 年 REITs 数据的每股收益（EPS）、投资规模的大小、投资回报、CEO 的年龄大小、FFO 的变化幅度等 5 个变量与所属的 CEO 薪酬大小的相关性研究，发现 1997 年、1998 年、1999 年 CEO 薪酬和投资规模正相关，1998 年、1999 年 CEO 薪酬和 CEO 年龄大小负相关，而 EPS 和 CEO 的激励相关性较弱。目前的研究表明，对于不同性格、不同背景的 CEO，需要采取不同的激励方法以确保 CEO 尽职尽责。适用的指标依次为投资规模、资本市场表现和总收入。

卡波扎等（2000）的研究表明，REITs 的管理模式与公司的经营业绩有很高的相关度。加农和沃格特的研究发现，比较 1987—1992 年美国不同管理模式的 REITs 业绩、薪酬结构等，内部管理结构的 REITs 远好于外部管理结构的 REITs。REITs 所有权结构对公司经营业绩并没有影响，但如果对管理层进行激励、如何设计公司的管理运作模式和公司的业绩息息相关，而公司的所有权结构通过对管理层薪酬的影响同样会对所有类型的 REITs 经营业绩产生影响。

3. 减少自由现金流

根据现代公司治理理论，减少和消除代理成本是公司治理的主要目标。代理成本源自所有权与控制权的分离，并导致经理人自身利益与公司股东利益不一致。詹森（1986）著名的自由现金流量假说（Free Cash Flow Hypothesis，简写为“FCFH”）认为，提高杠杆率、增加债务，能够使成熟企业中过多的自由现金流用于偿还债务，定期债务偿还责任约束了经理人支配自由现金流的能力。与此同时，偿还债务与破产的压力会迫使管理层提高经营效率，高负债会成为降低管理层代理成本的有效手段。

但是在实际运营中，会碰到种种问题，已经有一些研究试图解决这些问题。

总体而言，REITs 治理结构理论有了很多重要的进展，目前比较重要的结论有：（1）REITs 在公司治理中存在很严重的代理问题，在股权分散且股东没有形成一致行动的情况下，在外部管理结构的 REITs 中问题尤为严重；（2）董事会的有效运转对 REITs 的业绩有一定影响；（3）董事会的构成与 REITs 的业绩表现有一定相关性，独立董事有一个最佳比例，少于或者多于这个比例则会对 REITs 业绩有一定的负面影响；（4）CEO 薪酬设计会影响 REITs 的激励机制，从而对其经营决策行为产生影响，并且在最后会影响 REITs 的业绩表现；（5）REITs 的管理模式会对 REITs 业绩表现产生影响，大量研究表明，内部管理结构的 REITs 的业绩表现优于外部管理结构的 REITs。

（三）董事会

董事会的英语翻译为 board，board 也有板、甲板的意思，或许中国大股东或者执行董事成员被称呼“老板”便出于此处。因为董事会由股东选举，故股东为了减少代理成本，在精力允许的情况下股东一般都由自己担任董事会成员，由自己打理公司的事务，甚至直接兼任总经理职务，这在当前中国公司中是比较普遍的情况。在更为复杂的公司实体，我们才能更多地讨论代理问题。譬如股权充分分散的上市公司运营，而且 REITs 的股权恰恰是被法律要求充分分散的，这点需要中国老板们特别地注意到。

REITs 的董事会由投资者大会（股东会）构成，董事会对投资者和管理者托管人问题的解决有着很重要的作用。在对 REITs 董事会的研究中，独立董事的设立作用是一个很重要的研究领域。过去的理论和研究表明，来自公司外部的独立董事通过监督公司高管人员影响公司的经营业绩。弗莱迪等（Friday et al.，1998）研究了 REITs 公司董事会的构成与公司价值之间的相互关系，他们发现增加董事会中没有利益相关的董事的数量在一定程度上可以起到改善 REITs 经营业绩的作用，但其增加到一定的数量（50%）之后又会出现两者的负相关关系，也就是说董事会有太多的外部董事，对 REITs 的决策和监督就会产生很大的负面效果。从某种程度上讲，REITs 通过改善公司董事会的结构，可以减少代理成本，改善 REITs 公司业绩。

对美国 1994—1998 年 85 只有关公开交易 REITs 并购的研究中（Campbell.R et al.，2001），没有一例是属于“敌意并购”[①]，这说明和银行等金融机构所存在的诸多并购行为一样，REITs 资本并购市场对托管人的监督是缺乏效率的，董事会往往追求大而美的目标，希望公司的规模尽量扩大，而不会太多顾及公司是否在并购中获利。董事会

① 敌意并购亦称恶意并购，通常是指并购方不顾目标公司管理层的意愿而采取非协商购买的手段，强行并购目标公司或者突然直接向目标公司股东开出价格或收购要约。

往往都是大股东，大股东在并购中可以获得更多的利益，其利益因为并购而分散化，分散化的资产更稳定。大股东因为掌握了董事会而掌握了发言权，所以其中存在着侵占中小股东利益等问题。如何规范董事会是一个急需解决的问题，尽职尽责的外部独立董事将成为投资者利益的重要保护者。

二、越秀 REITs

（一）设立背景

香港最初的 REITs 条例只允许由香港本地物业组成的 REITs 上市。2005 年，香港证监会修改了《房地产投资信托基金守则》，规定香港可以接纳非香港物业组成的 REITs。这一变化使得原计划在新加坡发行的越秀 REITs 立即将上市地改为香港。2005 年 12 月 21 日，越秀 REITs 在香港联交所正式挂牌上市。越秀 REITs 是在香港独立上市的首只以内地物业为主而注入资产的 REITs。越秀投资注入越秀 REITs 的资产包括其在广州的 4 处物业：白马大厦单位、财富广场单位、城建大厦单位和维多利广场单位，物业总建筑面积约为 16 万平方米，物业性质为写字楼、零售商场及其他商业用途投资收益型物业。以出让这 4 处物业为代价，越秀投资取得了越秀 REITs 支付的约 33 亿港元现金，并仍然持有越秀 REITs 31.3% 的股权。在完成 REITs 发行后，越秀投资总共获得了约为 20 亿港元的账面确认收益。越秀 REITs 模式如图 12.1 所示。

"越秀投资"公司由广州越秀城建集团控股，于 1992 年 12 月在香港上市，是广州市政府在香港的窗口企业。此次上市资产的 4 家物业的所有权分别归属于柏达、金峰、福达和京澳这 4 家在英属维京群岛注册的海外离岸公司（BVI 公司），越秀通过其全资子公司 GCCD 持有这 4 家公司的所有已发行股票。

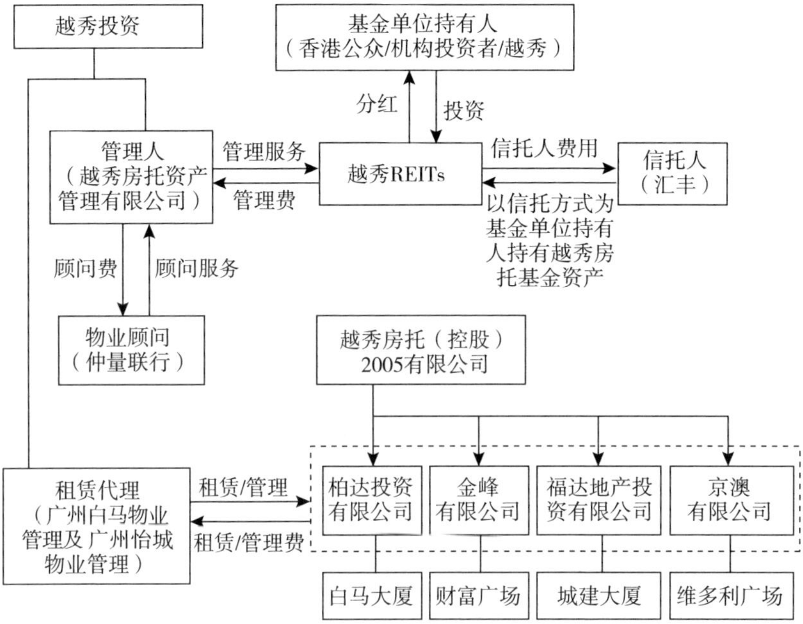

图 12.1　越秀 REITs 模式

越秀 REITs 上市方案确定后，越秀投资将该 4 家 BVI 公司的所有已发行股票打包卖给香港注册的 Holdco（现改名为 King Profit Holdings Ltd.）同时越秀投资以 Holdco 的资产设立一个信托基金，由汇丰机构信托服务（亚洲）作为信托人，由越秀房地产信托管理（越秀的关联子公司）作为管理人。最后，信托资金申请在香港证券交易所主板上市，所得款项支付给越秀投资作为 Holdco 资产的部分对价。

（二）组织管理结构

在组织形式方面，香港 REITs 采用了典型的契约型结构，香港《房地产投资信托基金守则》规定“资产必须以信托方式持有”，投资者与托管人之间由信托契约约束。越秀 REITs 采用了权益型结构，即以直接或间接拥有已经建成的商业物业或公寓为手段，以收取房屋或物业租赁收入为目的。香港 REITs 本身不直接投资拥有物业，而是通过控股公司拥有资产池，可以从越秀 REITs 的组织框架中看到这一点。在具体的组织结构中，越秀 REITs 是典型的离岸模式，由注册的 BVI 公司直接持有内地物业，由越秀 REITs 收购 BVI 公司的股权并包装上市。

越秀 REITs 选择的是内部管理的类型，主要是基于以下原因：

外部管理会产生第三方管理人和 REITs 投资者的利益冲突问题。从美国 REITs 的发展历程也可以看到外部管理在公司治理方面的弊端。在 REITs 出现后的最初 30 年里，REITs 发展比较缓慢，其中一个重要的原因便是外部管理带来的委托代理问题造成 REITs 的市场表现一般，投资者对于该产品的接受程度有限。《税收改革法案》彻底改变了上述局面。改革法案使 REITs 的管理结构发生了很大改变，即出现了内部管理，使得 REITs 持有人和管理人的利益趋于一致，大大减少了其中的代理成本。在 20 世纪 90 年代初期之后，外部管理结构的 REITs 的市场总量从 1991 年的 60 亿元增长到 1996 年的 200 亿美元，而内部管理结构的 REITs 的市场总量从 40 亿美元增长到 1996 年的 1 020 亿美元。

（三）物业管理能力

在接受仲量联行对其房地产投资信托基金上市前的物业管理调研评估过程中，怡城物业管理公司认识到粤港两地的企业在管理理念和业务规范方面存在巨大差别。越秀 REITs 上市后，托管人为了确保投资人的利益，必然会提出更为严格的业务监管流程和更高的运作效率要求，这使怡城物业管理公司及白马公司进一步提升企业经营管理水平，主动适应有关操作指引的要求，成为率先与国际接轨、领先于国内同行、更能体现先进经营水平的物业管理公司。同时，怡城物业管理公司及白马公司还将利用越秀 REITs 上市后所形成的有利平台，争取不断承接基金公司购进的新的物业项目，增加物业管理规模。

香港证监会对发行上市公司REITs的要求非常严格。因此，REITs只能聘用专业的房地产人员或机构实施具体的经营活动。基金管理人为了给投资者谋求最高的投资回报，不仅要仔细分析论证，寻求最合适的投资项目，做出科学合理的投资组合，而且在资金运用上要把资金的产出效益作为重要依据，同时实行监督和控制，真正形成对房地产企业的约束。同时，REITs将以国际性、专业化的高标准考核其聘请的物业管理公司，要求其符合国际惯例。这对于迅速提高企业的经营管理水平、竞争力和国际化程度大有帮助。

越秀REITs管理团队坚持制度创新，借助国际知名的物业管理顾问公司仲量联行的力量，将国际经验与本土实际相结合，大力改善内部监管机制及风险管理体制，初步建立了一套具有自身特色、实用高效的业务营运及管理体系，涵盖了租赁管理、物业管理、投资管理、招投标管理、资金及账户管理、关联交易监控、合规管理、营运状况检验及评估、内外双重律师介入机制等多个领域，在国内同行业中处于领先地位，确保了相关业务开展及取得良好的经营效果，为越秀REITs提供了更好的管治水平和投资回报。

为确保物业的安全性，持续提高物业的管理及服务素质，积极维护单位持有人利益，越秀REITs管理人建立了一套有效的监管制度，包括各项设备设施的维护保养制度、突发事件应急预案及各项风险管理制度等。为确保消防机电设施的性能，越秀REITs管理人专门组织物业管理仲量联行有关专业人士对物业的相关设备设施进行全面检测及评估；定期开展消防安全检查及消防走火演习，发现隐患及时消除，监督落实消防安全管理工作，真正做到防患于未然。建立资产运营评估机制，对各房地产信托物业的营运情况定期进行全面的检测及评估，同时根据评估情况组织整改和业务培训，以不断提升物业管理的水平。

（四）运营管理结果

越秀 REITs 兑现了上市承诺，超额完成了各项经营及利润指标。4 项物业上市之前的总体出租率为 91.7%，一年来出租率不断攀升，2006 年年底提高至 98.8%，2007 年物业出租率仍保持在较高的水平。越秀 REITs 的整体出租率在香港 REITs 中是最高的，2005 年平均续租率达 78%，也是最高的。2006 年全年实现经营收入 3.69 亿港元，高出招股文件预测数约 550 万港元，2007 年实现经营收入 4.02 亿港元；2006 年全年实现利润 2.44 亿港元，超出招股文件约 600 万港元，2007 年全年实现利润 3.64 亿港元；从上市至 2006 年年底，每个基金单位的分派总额约为 0.21 港元，按首次公开发售价 3.075 港元计算，回报率约为 7%，大大超出上市前预测的 6.54%，仅次于领汇，2007 年每个基金单位的分配总额约为 0.23 港元，比上年同期分派每个基金单位的 0.21 港元高出 9.5%。

越秀 REITs 的出色表现，得到了信托人、顾问公司及各大投资银行的肯定，也赢得了市场及媒体的信心。两家国际权威评级机构——"惠誉"和"穆迪"分别给予越秀房托 A 及 A2 的信贷评估评价，该等级与中国国家风险等级一致，是国内商业项目风险评估中的最高级别；另外，摩根士丹利、汇丰银行等国际知名投资银行及基金公司也多次给予越秀 REITs"买入"的评价和建议。

第十三章

REITs 价值的增长机理

如果与其他高收益投资如债券或优先股相比，REITs 的优势在于其长期资本的升值潜力和不断增大的股利。当一家 REITs 被认为没有能力增长它的 FFO、AFFO 或股利时，其股票价值类似于债券，仅仅基于基础收益的大小而定。如果 FFO、AFFO 等的预期有巨大的增值能力，则股票的价格就会被明显拉升，直至预期变成现实。那么 REITs 的 FFO 和 AFFO 在怎样的情况下才能增长呢？我们又应当重视 REITs 的哪些指标呢？

REITs 必须以每股的概念来看待 FFO 增长。如果 REITs 仅仅是通过发行大量的新股来获得 FFO 的高速增长，这并不利于股票持有人。通常，FFO 的增长依赖这两种方式：（1）通过收购、开发以及创造新的收入流来获得外部增长；（2）通过增加 REITs 现有物业的现金流来获得内部增长。具体情况如图 13.1 所示。

如果想要通过收购或新开发物业来获得 FFO 增长，则 REITs 必须拥有大量资金，但 REITs 不能够保留大部分盈利来进行再投资。那这笔资金从何而来？从 REITs 的角度而言，REITs 能够出售现有物业或者将其物业转移到新的联合风险投资企业来换得现金。除保留自由现金流的很小一部分之外，这些现金流全部用于新的投资。但另一个

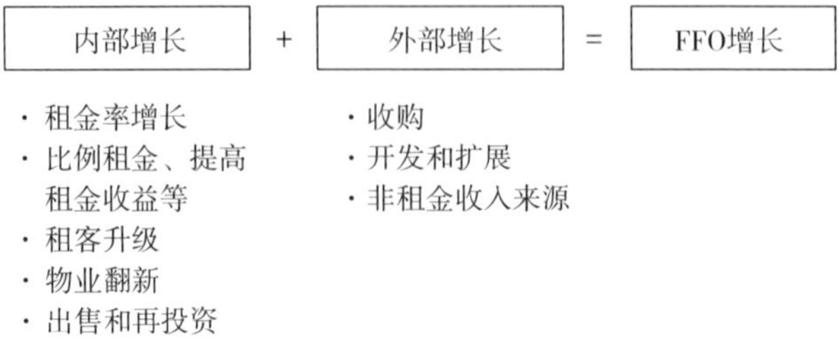

图 13.1　REITs 的 FFO 增长

问题是，进行扩张的大部分资金是来自向投资者定向增发新的股票。一方面，这些新的权益资本并不总是那么容易获得，这取决于资本市场的发达程度；另一方面，从稀释 NAV 的角度来看，这笔资本会非常昂贵（股权融资一直都是最贵的融资手段）。因此，对 REITs 来说，最好是保持内部增长，这样再投资资金就能够在不需要募集更多的权益资本或采用更多债务的情况下来获得。REITs 投资者和分析师需要了解 REITs 的增长有多少是通过内部增长获得的，有多少是通过外部增长获得的。外部增长依赖于可得的、高质量的且价格有吸引力的物业以及有足够盈利性的开发机会等，因此，管理团队对外部增长能力的可控力较低。相对于外部增长的不确定性，内部增长是通过 REITs 的现有物业“初始”产生的，管理团队能够更好地加以控制。

一、内部增长

当一个 REITs 能够通过增加租金收入（包括更高的收益率和出租率）或者控制成本及费用增长的方式，使其从运营和管理其物业中增加利润时，就说该 REITs 获得了内部增长。当然，控制公司的经营管理费用和债务利息费用也非常重要。如果这些与物业无关的费用比物业净经营收入增长更快的话，可能会放慢应有的内部增长速度。尽管在多数经济环境里，内部增长率经常会低到个位数，但它是不依赖于收购、开发或募集额外资本的增长模式，因而它更加稳定和可靠。

然而，当审视 REITs 内部增长的特定来源时，应当回顾一些分析师提到的内部增长术语，如同店销售额。这是一个从零售业借用的概念。对于零售商，同店销售额是指那些开业至少 1 年以上商店的销售额，扣除那些已经关闭的商店和新开发商店的销售额，这是因为新开商店通常都有一个暂时性的高于平均水平的销售增长。

包括 REITs 在内的所有业主使用不同的方法来获得同店基础而言的增长。这些方法包括租金收入增长、辅助性的物业收入、提升租客质量以及升级甚至扩张物业。除了更加进取、有效且有创造性地使用这些工具，人口构成及分布对于 REITs 也是非常重要的。处于优越的地理位置，即使只是一个普通的物业，其升级和维持也变得相对容易，这样 REITs 便能轻松享受高于平均水平的净资产回报率 NOI 增长。

（一）租金增长

提高租金的能力，是 REITs 内部增长的决定因素。租金率能够随着时间而增长，如果物业对于租客而言非常合意，那么持有人对已有租客或新的租客会有更大的议价能力，则更高的出租率意味着更高的租金收入。然而，提高租金率并不是百试不爽，有时，有些行业处于周期顶部，收入实际上处于下降阶段。在 20 世纪 90 年代早期、21 世纪初或是在 2008 年大衰退期间，美国持有写字楼物业的投资者都知道，当租约到期时，没有什么理由能够支持物业租金上涨，甚至是维持相同的租金水平。即使租金有轻微的上涨，但如果是以租客获得很大的租客改善补贴为签约前提的话，新的租约可能无利可图。

还有，从一些租客处获得的租金上涨，可能会被高空置率、其他条约让步以及过高的市场营销和广告成本所抵消。许多不可抗因素，如对特定物业类型的供给和需求、空间市场的总体形势、目前的宏观经济形势、物业的年份与状况以及租客的意愿等，都会影响租金的增长。

来自沃尔玛和其他企业的调整以及以阿里巴巴集团为代表的电子商务的兴起，对许多零售商店持有人是很大的挑战。而公寓行业的供给和需求在美国一直比较均衡。许多物业持有者通过使用一些聚焦于租客需求的措施——比例租金、固定租金增长、费用共担、成本补偿等来获得高于平均水平的租金收入增长。下面是对这些提高租金增长能力的具体措施的介绍：

（1）比例租金条款能够让业主在商店收入超过一定的水平时，参与收入分成。一个零售租约中的比例租金条款可能是这样设计的：如果一个商店的销售额在任意一个年度里超过 500 万美元，租户必须以额外租金的形式支付物业主超额部分的 3%。租户接受这种收入分享的意愿和程度取决于物业类型及地点、市场状况、协商杠杆、基础租金和业主维护并提升购物中心以保持对购物者持续的吸引力的状况。

（2）固定租金增长能够跨越周期性，平稳地提供租金增长。有些时候固定租金增长体现为固定的美元金额，有些时候则是基于通货膨胀指数如 CPI。签订长期租约的写字楼和工业物业的持有人经常能够构建合同以使其能够周期性地提高基础租金，因此能够获得内在的同店 NOI 增长。

（3）费用共担或成本补偿是指每个租户都负担一定比例的由业主承担的物业费用。租约中包含费用共担以及包括补偿上涨的物业维护费，有时发生的物业改进费用，保安服务、门卫服务费用甚至是广告和促销费用。成本共担条款平滑了每年运营费用的波动，提高了 NOI，因而也提高了 FFO。当然，该条款能够被使用的程度仍取决于物业的供需形势和地理位置以及业主向租户证明自己的能力。大型购物广场，如西蒙地产集团，可能基于自身的规模、市场地位及创造市场的声誉，能够获得满意的成本共担租约条款，而一些规模实力较小的购物广场持有人则无法获得。

除了强劲的经济周期和市场空间，房地产持有人还有两种能够获得更高租金率的方式：提升租户的质量；通过翻新或重新装修来提升物业。这两种方式都非常有效。

1. 租户升级

提升租户质量主要是减少零售业主的机会成本。业主能够通过将那些边缘性的租户替换为更有吸引力的租户来增加收入。那些以有吸引力的价格提供创新产品的零售商能够创造更高的客流量，这不但能够提高本店的销售额，还能够提高购物中心的销售额。

另外，成功的租户能够负担更高的租金。这种提升租户能力的方式能够将真正具有创新能力的业主和其他普通业主区别开来。例如，金科地产集团有一支在零售部门最受人尊敬的管理团队，他们努力维护一个能够提升购物中心盈利能力的强大承租客户关系，使得其能够持续地提升现有零售中心的客户基础。

2. 物业翻新

翻新是一个能够将创新性的业主和被动的持有人有效区分开来的技能。该技能可以将一个破旧的购物广场、邻里购物中心、写字楼以及公寓小区变成一个朝气蓬勃、有吸引力的物业，因而很容易吸引新的租客和顾客。成功的翻新物业能够吸引更加稳定的租户、收取更高的租金，同时对于零售类物业来说，也会吸引更多的购物者。REITs业主在这方面的投资回报率经常能够达到两位数。

3. 出售和再投资

提升租户质量和翻新已有的物业并不是REITs提升收入增长和NOI增长仅有的两种途径。出售前景黯淡的物业也是获得现金流的方法之一，出售物业导致的现金流入，使公司有新的投资机会。这些新的投资机会包括收购可能创造更高回报的物业、启动新的项目开发、或是其他资本的机会性运用，如股票回购、优先股提前赎回及提前偿付高成本的债务等。REITs 应该一次又一次地“重新洗牌”，考虑哪些物业需要保留、哪些物业需要出售，使用这些出售物业所获得的资金进行更多、更有价值的再投资，甚至是以特别股利的方式返还给股东现金。由于不需要新的资本，这种分红策略仍然被视为有效的内部增长。然而，在另一些时候，当出售物业所得资金用于股票回购、降低成本高昂的债务或是用于发放特别股利时，这种做法可能对未来物业租金流增长并没有太多的意义，但是对于 REITs 的股票持有人而言却创造了价值。

真正具有企业家精神的管理团队经常需要寻求提升投资回报的有效策略，而出售和再投资是一个值得考虑的且高度可行的方法。这种操作经常被称为“资本循环运作”，自从资本市场在 1998 年对 REITs 关闭资本市场融资渠道后，“资本循环运作”变得很流行。许多 REITs 在 2006—2007 年的股票市场高位时采用了这种策略。

二、外部增长

（一）外部并购

REITs 外部增长是指通过外部并购或新的物业开发等方式实现 REITs 增长，创造利润。以较低的价格收购具有增长潜力的物业，在许多年里已经被很多广受认可的 REITs 成功运用。每个行业的排头兵都是经过并购而来的，极少有哪家企业是靠自身的利润慢慢地成长为行业第一。并购是企业实现快速增长的最佳方式，虽然难度很大，但是不可避免。

外部并购需要募集资金，但是这并不容易。对于 REITs 而言，一个有效的收购策略如果不能够募集足够的权益资本（其原因或许是之前普通的公司业绩或资本市场处于非常紧张的状态，即熊市）或是足够的债务资本（当其资产负债表已经高度杠杆化时，即我们常见的资不抵债），要实施这个收购计划会变得非常困难。更进一步，如果出售新的权益股份将会稀释营业资金 FFO 或预计 NAV 的话，投资者是不愿意 REITs 这么做的。因此，稀释权益股份以收购物业并不受 REITs 投资者欢迎。

延伸阅读

收购的好机会

对于 REITs 而言，20 世纪 90 年代是一个收购的黄金年代。这也是为什么在这个时段，那么多的 REITs 公开上市。在 20 世纪 90 年代早期，最受欢迎的公寓类 REITs——United Dominion Realty Trust（如今的 UDR），能够以 7% 的名义成本募集权益资本，以 8% 的成本募集债务资本。UDR 在 20 世纪 80 年代房地产一片萧条的情况下，以低于重置成本的价格收购许多公寓物业，而这些物业提供了 11% 或更高的净收益率。

乍一看，能够以这么低的价格和这么高的投资回报购得物业有些奇怪。但根据供需原理，当市场上只有意向很少的购买者而有一大堆急迫的出售者时，购买价格相对该物业的预期现金流而言要低，而物业购买者的内部收益率则异常高。在物业周期的底部，很容易看到这样供需失衡的局面。这是因为在取消赎回权的威胁下，不仅仅是持有人急于降低损失，物业的再融资也经常难以获得，而且信心水平也非常低。贷款人经常急于处置那些已经取消赎回权的物业。不过，这种情况并不总是发生。在 21 世纪的初期，尽管房地产市场很疲软，但还是有众多投资者愿意购买表现欠佳的物业，物业持有人能够以很低的利率为资产进行融资，因此在 2009—2010 年的房地产空间市场和资本市场的困境时期，与许多行业观察家的预期相反：非同寻常的购买机会很难获取。

因而，REITs 收购机会的众寡取决于房地产的价格和前景、竞争对手的情况、REITs 的资本成本（权益资本和债务资本）等因素。在房地产价格高起的时候，有吸引力的投资机会变得很少，因此很可能会导致比历史正常水平还要差的回报。这种情况经常是由于潜在购买者资金充裕，对租金增长预期过高所导致的。

有吸引力的投资机会至关重要，投资者很清楚，当 REITs 为一项资产支付了买卖公平的价格时，没有任何价值会被创造出来（除非 REITs 能够比其他企业更有效地管理这一资产或是通过联合风投等杠杆策略获得非常高的回报）。因此 REITs 需要耐心地等待，直至寻找到价格有吸引力的收购机会。以低价格购买高回报的物业将为份额持有人带来显著的价值。但是，投资者应当仔细分析每一笔投资，并且判断该笔投资究竟是创造了价值还是摧毁了价值。因此一家 REITs 聪明且保守性地估计其权益资本是非常重要的。债务资本是 REITs 支付给债务投资人的利息，因此相对于权益资本要明显且直接得多。然而，债务资本应当使用长期利率，因为信贷额度下的提款或是短期债务通常是暂时的，而且也需要快速偿还。

（二）新开发

一些 REITs 能够通过开发全新的物业（公寓、购物广场、邻里购物中心、写字楼或是其他类型的物业）来获得外部增长。因为开发物业需要特殊的经验技能，因此，在 1993—1994 年的 REITs 上市浪潮之前，只有很少数的公众 REITs 有能力从头开始开发新的物业。但如今，有这种能力的 REITs 已经很常见了，在各个物业类别中都可以看到这类 REITs。

新开发物业的能力是REITs实现外部增长必不可少的能力之一。拥有开发能力还能够让一家REIT利用独特的机会，从中获得10%左右的回报。比如，温加滕房产从休斯敦的风雨商业街林荫大道直接获得一堆物业，并在该地区建造了有吸引力的新中心。马塞里奇重新开发了纽约的皇后中心，并且在该投资上获得了11%的回报。可能会有这样一个时期，这个时期里物业价格高企使得外部并购机会很少，而此时往往租客需求强劲。因此拥有开发能力往往会成为REITs的关键优势，因为这种能力可以使REITs避免收购高价的物业，可以通过自己开发物业获得外部增长、创造价值。

一个深思熟虑的开发项目不仅需要资本，而且需要相关专业知识。一般而言，REITs为新开发物业，需要提前12~24个月融资，然后将其建造成型并且通过引入租客而使其租金稳定。成功的开发在物业稳定之后会为REITs的投资者提供7%~9%的初始未用杠杆回报，具体取决于物业类别，而这个回报通常要显著高于收购物业带来的回报。通过开发物业并取得成果，REITs的净资产价值将会提升，这些开发利差经常能够达到200个基点。

这些年，美国公寓开发的回报和资本化率已经下跌，但是在许多经济周期里，AvalonBay及其一些同行仍旧能够开发出高于其他物业资本化率200基点的利差。最后甚至一些REITs（包括AMB地产、金科、普洛斯和西蒙），已经陆续在海外开发项目，经常与当地的房地产公司一起组建合伙企业或是联合企业。所谓联合企业就是REITs能够与外部开发商签订合同，获得一个新项目的联合产权。虽然这种方式的盈利性较差，因为外部开发商也需要创造自己的利润。但是外部开发商承担了建造成本超额的风险和一些租赁风险，因此REITs的风险也减轻了。如果REITs完全开发新的项目，其预期回报和风险都将更高。

物业开发当然也有不利的一面，这存在于3个主要的风险领域：

第一，在建造期成本超额。这种情形在建造商缺乏某特定物业类型的经验、在新的地点开发、严重依赖新合作伙伴时尤其明显。一般的商业地产开发成本比预计数额多出 15% ~ 20% 是很正常的，开发周期一般为 2 年，能够做到一年半就可以提前营业的公司少之又少。

第二，租赁风险。包括出租率未能达到预期水平，从新的租客中获得低于预期的租金率。这种风险尤其会出现在房地产上升周期突然结束的时候。房地产过度建设会迅速出现众多竞争者，因此租金回报率和出租率也是房地产开发的一个风险因素。租赁风险或者说招商的风险可以使用很多办法降低，但是没有办法完全消除。万达的招商经营是“订单地产”，即在还未开发商业广场的时候就开始招商，等到租户的订单达到一定量的时候才开始建设，这样能够减少招商租赁的风险，不过这也依靠开发商长期的业绩。

第三，REITs 通常很难得到永久性的债务融资，项目完工及大部分出租出去，这需要 2 ~ 3 年时间。短融长贷的模式风险比较大，一旦碰上了诸如政策限制、金融危机等外在干扰因素，公司甚至会面临破产的威胁，现金流是企业的血液，现金流的断裂是企业致命的威胁。

外部增长另一个方法是对现有物业进行扩张或是再开发。这也需要一些开发能力，但是风险却明显更小了。这里有两个原因，一是现有物业得到了大部分租客的认可，二是增加空间的成本比开发一个新项目要小得多。更进一步，尽管物业扩张的总利润比一个全新的项目可能要低，但是资本的回报率经常要更高。成功的物业扩张或再开发能够在任何类型的物业上面进行，但是优越的物业位置会提供更多的机会。

投资者通常认可 REITs 是对一个已经成功的物业进行二期或三期开发。因为这意味着现有物业表现良好、管理团队已经有远见地购买了邻近的地块，所以风险回报率相对较高。许多广受认可的 REITs，如零售类地产的联邦房产和马塞里奇，其以新开发者的身份未被普遍认可，但是其通过物业扩张和再开发创造了显著的投资者价值。商业地产风险最大的时期就是在开业的头两三年，这段时期是商业培育期，只要商业氛围能够及早培育起来，之后的二期或者三期物业开发的风险就会大大降低。

物业收购、开发、再开发以及扩张是 REITs 进行外部增长的主要手段，另外还有其他的方式。如前面提及的，一些 REITs 能够与机构性合伙人成立联合企业去杠杆化收购、持有或者开发物业。尽管联合企业使得一家 REITs 的战略和财务结构上更加复杂，并且产生了在直接持有物业情况下没有的特殊风险，但其将为 REITs 创造额外的收入现金流，而这能够增加FFO以及为份额持有人创造额外的价值。当然，如果投资者想要从中获得的收益，并且该收益能够抵补风险和增加的额外复杂性，那么联合企业将值得去做。每个联合企业战略将基于自身的特点进行实践，联合企业根据股东的资源进行整合，将资源转化成资产，进而将资产转化为资金。

REITs 也有一些其他的外部增长途径。得益于 REITs 现代化法案，REITs 能够参与房地产相关的周边业务，这些周边业务不仅能够提供显著的新增收入与净收益，而且能够为股票持有人创造价值，尤其在其将 REITs 内在的房地产方面的经营能力应用出来的时候。很多年来，金科地产集团在这些业务方面表现良好，包括重构破产租客的租约、为其他零售商提供融资以及改善物业去掉多余的空间。一些开发导向的 REITs，尤其是在工业地产部门的 REITs，比如 AMB 地产，已经基于费用收入为目的，为其他机构开发物业。商业地产具有非常强的专业性和区域性，这些知识的运用能够为商业地产带来很可观的收入。

第十四章

公开型 REITs 公司股票研究

一、美国 REITs 证券的发行

普恩（Pune）比较了 REITs 与其他行业的融资模式。他发现从债务使用频率来看，REITs 在筹集资金时，采用长期债券和可转换债券少于采用短期债券和普通股。另外，与其他行业的企业相比，REITs 较少通过发行债券来满足其资本需求，也就是说，REITs 通过普通股筹资较其他行业企业更普遍。事实上，在 1994—1998 年这一段时期里，随着新的 REITs 不断涌入市场，REITs 使用了更多的权益融资，更多的资金来源于权益市场，而非债务市场。众所周知，权益融资是所有融资手段中最贵的方法，REITs 倾向于权益融资的现象比较特别。

（一）IPO 低溢价之谜

据研究，参与美国普通股票 IPO 的投资者，在交易第一天获得的平均回报约为 18%。文献研究中已经提到，相对于 REITs 而言的 IPO，这种不稳定且幅度较大的溢价在 IPO 后 200 天左右将损失一大部分。然而 REITs 股票则没有这种明显的首发日溢价。REITs 股票在首发当天平均只有 0.21% 的溢价，因此 REITs IPO 市场的投资者在获得 REITs 新股的配售资格时就不会太兴奋。而且在 IPO 以后，这些 REITs 股票的市场表现也不一定很好。这意味着，REITs IPO 市场的投资者在考察 IPO 后一个较长的持有期时，获得的回报也是比较低的。

陈淑贤等人从 NAREITs 各式各样的出版物中收集了 1970—2000 年所有权益类 REITs 的 IPO 情况。结果发现在 1971—1988 年，REITs 的平均首发日回报是负值，同时存在很大的差异性。她发现这种差异性与规模没有关联，但是与承销模式、股票挂牌上市的交易所、承销商的信誉、投资者类型、资产的类型和公司的持续期有关。

为什么 REITs IPO 的表现如此不尽如人意？我们从以下几个方面进行分析。

1. 机构投资者的原因

一般认为，REITs IPO 股票的购买者中，个人投资者了解的信息不如机构投资者那么充足。如果个人投资者在 REITs IPO 的投资者中居于主要地位，那么 REITs IPO 的承销商就可能会采用不利于个人投资者的销售策略，以便让投资者支付他们能承受的最高价格。同样，在共同基金市场中的卖方市场会采取同样的销售策略。

研究显示，REITs IPO 市场中的机构投资者在 1990 年前后这段时间显著增加。机构投资者持股份额较高的 REITs IPO 的价格一般不会被高估，因为机构投资者不会付出多余的金钱购买股票。机构投资者倾向于投资具有如下特征的 REITs IPO：规模较大、由承销商合同包销、以及由信誉卓著的承销商承销。这些机构投资者愿意将资金更多地投入传统的 REITs（无期限的）以及有更多资产的公司。

2. 投资标的的原因

传统的 REITs 与共同基金最大的区别就在于投资标的不同：传统的 REITs 投资于物业和抵押资产，而共同基金投资于股票和债券。同传统的 REITs 相类似，共同基金 IPO 的价格既不会被高估也不会被低估。共同基金的 IPO 价格在发行交易首日与其股票价格非常接近。既然 REITs 与共同基金有着相似的组织结构，那么是否应该预期 REITs IPO 与共同基金有相似的表现呢？为了回答这个问题，需要比较两者所拥有的资产类型。

REITs 投资于非经常交易的房地产资产（物业和抵押贷款），而这些资产价值的不确定性又很大，尤其是与共同基金所投资的股票和债券相比，这种不确定性更为突出，因为共同基金投资于市场价值显而易见的股票和债券。虽然有时 REITs 在 IPO 时的预期投资也很明确，但是由于在 IPO 之时，房地产市场和资产市场还没有形成对其持有的物业和抵押贷款的价格信息，所以并不能说 REITs 的 IPO 定价行为类似于共同基金。

因为在 1990 年以后，REITs 可以被看作房地产经营性公司，所以在这段时间里，可以认为这些公司所采用的 IPO 定价策略类似于其他行业的 IPO 定价策略。若情况果真如此，那么可以看到 2000 年以后 REITs IPO 定价策略的转变，而这种情况确实在现实中观察到了，IPO 定价策略与其他行业趋同，在逐渐弱化房地产的概念。

3. 承销商的原因

承销商的信誉与 REITs IPO 的溢价成负相关。也就是说，具有良好声誉的承销商不会为其所承销的 REITs IPO 定价过高。只有那些没有良好声誉的承销商才坚持其所承销的 IPO 的溢价。不注重其声誉的承销商只要发现市场存在对 REITs 股票的需求，就会向市场推销 REITs 股票。REITs 的 IPO 市场没有必要确保投资者充分地理解每一只股票的价值，这有力地证明了市场无效理论。

大约有 14.5% 的 REITs IPO 是按照尽力推销的模式推销给投资者的，而在这种模式下，IPO 会出现最大的溢价情况，但是投资者首发日回报率却为 -10.84%。相比之下，按照公司包销合同的 IPO 的平均首发日回报率却可以达到 1.81%。所以承销模式可以很大地影响首发日回报率。

在 1993 年以前，一些 REITs IPO 不会明确地陈述它们将持有的物业。对于那些物业资产组合不透明的 REITs 来说，投资者会对其所拥有的资产组合和管理层的投资策略感到更加疑惑，他们面临更大的不确定性。总体上，没有明确说明其所持有物业资产组合的 REITs IPO，要比那些持有资产更为透明的 REITs IPO 的定价更高。REITs 价值的不确定性，可能是造成 IPO 溢价的原因。

4. 组织结构的原因

前文已经指出，REITs 的免税条件之一是公司必须将其应纳税收入的 90% 作为红利发给持股人。由于 REITs 的高额分红要求以及房地产经营的资本密集的现状，REITs 必须不断地从市场中筹资以便扩张和成长。REITs 可以采用发行其他权益证券和债券的形式来满足发展需要，但是对于资本市场而言，这种近乎坚守本分的增长方式实际上不能够给资本市场带来兴奋。

陈淑贤等人也分析比较了封闭式 REITs（有期限）和开放式 REITs（无期限）在首发日的平均回报情况。这些 REITs 首发日平均回报被用作评估投资者的不确定性的指标，以测量 REITs 的股价是否真实地反映了其当前资产的价值。有金融文献指出，由于投资者担心不能在认为应该抛售股票的时候轻松地出售共同基金所拥有的股票，因此封闭式共同基金的股票市值可能低于该基金所拥有的股票价值。因此，从流动性角度讲，投资者无力控制基金的投资决策降低了基金的价值。封闭式 REITs 的股票市值被低估，我们也看到许多基金由封闭式转为开放式以后，一般能够溢价 10% 以上。

（二）REITs 的二次权益发行

现在关注 REITs 的二次权益发行（Secondary Equity Offerings，简写为“SEO”）。因为 REITs 的每股分红支出现金过多（前文已经提到，每年盈利的 90% 要作为股利分配出去），同时还要考虑房地产业资本密集的特点，所以 REITs 必须不断在资本市场筹集资金。由于已经公开发行并且进入了资本市场，其需要定期或者不定期地重返资本市场以便筹集到额外的资本，幸运的是 REITs 市场允许 REITs 每年可融资多次。

关于 REITs SEO 的绩效研究，金融文献认为股市对应纳税的其他行业企业适时的权益融资的反应比较消极，市场给出的价格比较低。投资者认为，只有在公司的管理层认为公司的股价被高估时，其才会授权发行新的股票（理论上，当公司的股票市值低于管理层的评估价值时，管理者将不会批准额外的权益发行）。另一种可能的解释就是，销售新的证券传递了关于发行公司预期经营现金流的负面不利信息。因此，投资者将对宣布进行权益发行的公司股票的价值进行打折。信息不对称对股价的影响非常明显，如果管理层和市场之间关于当前资产价值和公司未来前景的潜在信息高度不一致时，公司就趋向于遭受更大的股价负面影响。

那么，REITs 独特的性质在二次权益发行时，是否会像其他行业那样得到股票市场的积极反应？答案是否定的。戈什等（Ghosh et al., 2010）发现，当 REITs 的 IPO 数额较大时，大型 REITs、管理层持股的 REITs 进行 SEO 时，投资者的反应更为消极。那些雇用著名承销商进行二次权益发行的 REITs 能够使这种消极反应有所减轻。

REITs 的组织结构（上型 REITs 或下型 REITs）或者 REITs 的房地产类型（公寓、大型商场、写字楼或混合型）对股价的影响在 REITs 二次权益发行时的市场反应似乎比在 IPO 时较小。如果机构所有者持有 REITs 股份的比例较高，或是由不知名的承销公司承销的话，其对二次权益发行股票价格的负面影响会更严重。

股价越高的 REITs 在发布二次权益发行公告前，投资者对其二次权益发行公告的反应越消极。因为投资者倾向于假设之所以 REITs

希望增发新股，是因为管理人员认为其 REITs 股票价格过高，并且以此来挖掘利用这一优势。而且一旦投资者察觉到 REITs 的管理层发行新股是为了从火爆的市场中获得好处时，投资者将会对正在发行的 REITs 的当前价值重新进行评估，进而极大地降低每股的价格。相反，如果投资者相信 REITs 发行新股是在为一项有收益的项目筹资，该项目能提高 REITs 的价值，也就是说发行者的目的是良好的，那么投资者的反应就会大有不同。但那只是在外部投资者与管理者信息对称的条件下才行得通，实际上，投资者很难了解，二次权益发行的目的是否是良好的，是否是出于保护投资者利益的目的。在这种情况下，雇用著名的承销商将有助于提高信息对称性，因为投资者愿意相信承销商会完成所有这些与权益发行有关的尽职调查。

事实上对 REITs 适时进行权益融资的调查研究结果证明，REITs 在权益融资时与其他行业并无多大差异。然而，尽管 REITs 的权益融资公告同其他行业一样似乎向市场传递了负面信息，但 REITs 股价的下挫程度仍低于其他行业企业。这可能是因为，为了获取资金，REITs 不得不更频繁地回到市场，价格因而变得更为敏感和连续，使其证券发行比其他行业企业的证券发行更容易预测。

二、股票绩效影响实践

（一）REITs 股票回报特征

非证券化房地产市场与 REITs 股票市场的结构特征极为不同。这些差异源于这些不同类型的资产在交易的市场中具有不同的本质。例如，REITs 股票在集合竞价市场上交易，在那里有大量的卖者和买者根据有关股票价值的信息流不停地进行证券交易。此外，REITs 股票的价值反映的不仅是被动管理下的物业回报，还包括其对物业实施管理所带来的贡献。相比较而言，房地产交易极不频繁，房地产市场不是自由竞价市场。房地产的价值可以通过基于类似房地产过去和当前周边的销售价格所进行的定期评估与地产行业特征来确定。评估师必须对时间进行调整才能消除用过去的价值来确定当前评估价值的误差。因此存在较强的把评估价值平滑化的倾向，而且房地产信息成本较高，不易随时获得。好在近年来由于网络信息化的普及发展，获得房地产信息的途径越来越便利。

REITs 股票代表了对房地产或抵押贷款的要求权，它可以被看作房地产证券化的一种形式。基于这一点，对 REITs 股票有投资意愿的投资者，应该问以下 2 个至关重要且紧密联系的问题：

（1）当前 REITs 所持有的房地产资产的回报在多大程度上能够支持 REITs 的股票价格？这个问题之所以重要，是因为如果 REITs 的回报反映其当前所持有资产的回报的能力不强，那么投资者就不能把 REITs 作为房地产元素加入其资产组合之中。

（2）关于 REITs 股票价格的问题。由于房地产市场的定价方法与股票市场可能存在不同，所以对于投资者来说，理解 REITs 股票合适的定价方法很重要。这个问题也可以变成，应该把 REITs 作为房地产资产还是作为股票来定价比较合适。这个问题影响投资者进行有效投资组合多样化的策略，所以投资者必须了解影响 REITs 股票的风险和回报特征的因素。

REITs 股票的价格变动应当与一般股票市场有关。经常可以看到这样的情况：REITs 股票的价格是连续变化的，就像所有其他股票一样。然而，房地产价格的变化是非连续的，这表明与房地产市场相比，在股票市场挂牌交易的 REITs 股票的定价与资产市场房地产的定价是不同步的，也是脱节的。REITs 股票还受到股票市场上一般价格波动的影响，这是需要投资者关注的问题。假如基础资产反馈的信息十分微弱，而大盘价格波动十分激烈，那么 REITs 同其他股票其实差异不大。如果大盘价格波动不大，那么此时在 REITs 股票市场和房地产市场上所采用的定价模型相似，它们的回报就高度相关。

（二）影响股票回报的因素

尽管难以找到证券化房地产回报和同期非证券化房地产交易之间的直接联系，但是有证据表明，后者的回报领先于前者 1~2 年。这说明房地产与 REITs 两者的回报之间有间接滞后的联系。房地产的股票价格和其评估价值之间的滞后的原因是股票市场比房地产评估价格能更快地融合有关房地产基本价值的主要信息，特殊的房地产风险因素也影响 REITs 的回报。影响房地产和 REITs 股票当前回报的一般因素至少有 3 个：

（1）由于两个市场的价值都取决于预期现金流的折现值，那么利率的变化应该对 REITs 股票、房地产价值以及其他类似股票产生影响。

（2）实际宏观经济水平。在其他条件相同的情况下，宏观经济活力以同样的方式影响着公司收益、REITs 的现金流以及房地产的现金流。换言之，在其他条件不变的情况下，当不利消息冲击一般股票市场时，也同样会冲击 REITs 股票市场（尽管其影响程度可能不同）。

（3）权益型 REITs 拥有房地产主要决定了其股票价格。尽管市场对购买和销售 REITs 的实际资产有种种限制，但其当前持有的房地产仍是影响 REITs 价值的主要因素。

（三）蓝筹股 REITs

不同于成长型、价值型以及类债券 REITs，蓝筹股 REITs 是 REITs 世界中的中坚力量。但是，没有一个客观的或被普遍接受的关于蓝筹股 REITs 的定义。蓝筹股 REITs 虽也受制于其所在部门的上行和下降周期，但是却有一个长的时间周期，能够提供 FFO、股利、资产价值持续上升的长期增长。因为其财务实力强且品牌广受尊敬，蓝筹股在多数时间里将拥有获得额外的权益资本和债务资本的渠道，这些优势能够为高于平均水平的增长提供支持。蓝筹股 REITs 很少能够提供最高的股利收益或在很多年里最好的总回报，也很难以较低的价格买到这类 REITs，但是它能够提供 7% ~ 8% 的年化总回报率，而且只有较低的风险。

1. 识别行业周期

聪明且有能力的管理是区分房地产业绩的关键之一。即使管理团队一般，如果其物业部门表现很好，REITs 也会表现得很好。这就好比涨潮的时候，所有的船只都会漂浮起来一样。在部门繁荣期，迅速上涨的租金率和出租率将会为整个部门带来强劲的内部增长。真正的考验来自市场的艰难时刻，这经常会给投资者带来幡然醒悟的痛苦及完美的购入机会，这也是蓝筹股的物业管理、绝佳的物业位置、非凡的出租技巧、强大的资本渠道能够发挥作用的时候。

当房地产空间市场疲软时，蓝筹股公司能够继续保留租客，从而减少现金流的流失。在房地产价格下降的时期，一些过度扩张的业主可能急于以非常低的价格出售物业。优秀的公司经常购入这些物业，与美国 20 世纪 70 年代很多债权类 REITs 的物业被股权类 REITs 收购的情况类似。这些物业如果得到有效的管理，能够度过房地产空间市场和资本市场的下行周期，并且为股票持有人带来卓越回报，此时优秀的管理团队的作用就得以体现了。

蓝筹股 REITs 利用它们的优势，一次次地进行不寻常但是非常具有盈利性的房地产交易。一个早期的例子是在 1995 年，沃那多房产公司（Vornado）收购亚历山大房产。亚历山大房产是一家在纽约的百货商店连锁企业，在 1992 年提交了破产申请。它拥有 7 个百货商店以及一家邻近的区域性购物广场 50% 的权益。根据格林大街咨询在 1995 年 3 月 17 日的报告，这些百货商店非常有价值，包括 1 个在曼哈顿城市中心的完整的大楼。在 1995 年 3 月，沃那多房产公司以

5 500 万美元的价格从花旗集团手中买入亚历山大房产 27% 的股权，这一价格与市场通行价格相比要低 20% 左右。沃那多房产公司将这些资产进行重新构建，然后对外出租。这不仅使得沃那多房产公司可以显著增加其运营基金，也能够增加其每股净资产。

2. 找到客户，识别优质客户

在行业低潮期里，价值创造非常困难且极具挑战，此时体现了蓝筹股 REITs 的优势。蓝筹公寓类 REITs 能够为租客提供综合的服务，包括门房服务，在小区设立教育性项目、运动类项目、丰富生活性项目、网络光纤服务等。许多蓝筹零售类 REITs，包括金科 REITs 及温加滕 REITs，已经能够建立并且维护租客需求的数据库。由于与全国性、区域性零售商建立了长期关系，无论是那些已经正常运营的物业还是新收购的物业，REITs 能够参照该数据库迅速调补闲置的空间。

蓝筹股的管理团队知道优质租客在什么地方。他们确信购买的物业的租金率是由基础的房地产价值所支撑的，这使得其能够在原有租客离去时，找到可以支付相等或是更高租金的租客。零售类物业和写字楼物业中的优秀管理包括紧密联系回访租客，以及一直寻找机会用好的租客替换差的租客。同时要尽量降低租客违约的风险，因为违约会带来现金流的减少，这不仅是因为失去租金，还因为可能需要为新租客提供昂贵的空间改进和装修。

一只管理良好的 REITs 不应当对其租客的信用表现出无限的仁慈和宽容。即使是在艰难的环境里，它也应当能够将空置的场地从一家处于财务困境的租客手中收回，并以更好的租金率重新出租。一只 REITs 吸引高质量租客的能力是非常重要的，尤其在零售部门，如购物广场和邻里购物中心。对于一家购物中心，拥有高生产力的租客意味着更高的客流量，这也就意味着商店有更高的销售额。对于拥有购物中心的业主而言，这种零售的繁荣意味着租客将会支付在租约中规定的租金，以及在销售额超过某一特定规模时向业主支付额外的收益分成。在业主更新租客时，这也是收取更高租金的机会。最根本的是，有高效益的购物中心意味着 REITs 持有人有更高的运营利润和更高的资产价值。

3. 优秀的成本控制

在商业领域不言自明的公理是，低成本能够提供竞争优势。在评估 REITs 的管理团队时，成本控制以及在低成本架构下的运营效率经常是重要的评估因素。在一个足够长的时间段里，那些能够保持低成本的 REITs 将为其股票持有人提供更大的长期回报。在当今 REITs 高度竞争的环境中尤其如此，而运营一家商业地产业务也不例外。蓝筹股 REITs 能够在非常高效地管理其物业的同时，保持其管理费用包括行政费用、法律服务费用、会计费用等处于严密控制之下。如果一只 REITs 能够使其物业的运营成本保持很低，它将处于一个优胜于其他竞争者的位置，并且能够在购入的物业上获得令人高度满意的回报。这意味着不仅仅物业管理支出需要控制，间接成本也必须保持很低。

有些时候，因为融资成本的问题并不能把握住好的收购机会。比如，被收购项目的预期回报率低于 REITs 的资本加权平均成本，或是经风险调整后的回报率低于融资成本。这种情况在美国的 1998—2000 年尤其显著，不仅仅房地产市场竞争非常激烈，并且整个行业处于周期的下行阶段，REITs 股票价格也高到使得募集新资本异常昂贵。在那个时候有人指出，“低处的果实已经被人摘走了，已经不再处于一个可以获得溢价的环境里了，未来 5 年里行业处于恢复的模式中”。

用于支持外部增长如收购或开发新项目的融资渠道在决定一只 REITs 的长期回报潜能方面至关重要。一只有良好历史业绩的蓝筹股 REITs，已经赢得其股东和债权人的尊敬，在为有高回报的项目募集新资本的方面能力更强。但是获得资本是一回事，高效地利用这些资本又是另一回事。一只蓝筹股 REITs 不会将资本运用于那些回报低于成本的投资项目，相反蓝筹股 REITs 将会通过高效的投资，在好项目的收购、新项目开发方面为其股东创造价值。经过风险调整后的投资回报和资本成本的利差，对投资者而言才是最重要的，而不是资本成本和投资回报的绝对水平。

由于蓝筹股 REITs 卓越的管理和多元的价值创造策略（还有强健的资产负债表），使其无论在经济或是房地产市场处于哪个状态，蓝筹股 REITs 经常能够比其他 REITs 找到更好的价值创造机会。其明智地配置资本并且投资，创造了持续高于资本成本的回报能力。

一只 REITs 可以有很多种形式来配置资本，包括收购单一的物业或是整个物业组合、购买拥有房地产的公司、进行新的物业开发、参与联合企业、回购股票、偿付债务或是有些时候投资一家运营公司发起新的房地产相关业务。总之，REITs 在运用资本并为其股票持有人创造价值的时候，必须不断反问自己，该笔交易是否能够为投资者创造价值。

延伸阅读

苏宁 REITs 加速资产证券化

2014 年 11 月，苏宁云商拟将 11 处物业房地产权属证券化，以开展相关创新型资产运作模式。通过资产证券化，优质物业存量资产得以盘活，公司可以回笼巨额现金并以长期租约、稳定租金保持门店长期运营。苏宁公司将继续以轻资产模式加速转型互联网。

该资产证券化的参与者如下：实际设计者是中信证券；华夏资本为专项计划的资金管理人，负责募集资金、设立、管理该专项计划；工商银行南京分行作为专项计划资金托管人，为该专项计划提供资金托管服务；该产品将在深圳交易所上市，中信证券作为登记托管机构负责受益凭证的登记、托管、转让过户和收益支付；此外还有苏宁电器支付优先收购权的权利对价。

一、交易标的

此次交易标的为11处物业房地产权属，并分别过户至11家苏宁云商的全资子公司。之后，苏宁云商将11家全资子公司的全部相关权益转让给中信金石基金拟发起设立的私募投资基金及相关方，公司将按照市场价格租用11处物业继续经营。以上物业资产状况如表14.1所示。

表14.1　11处物业资产状况（截至2014年7月31日，未经审计数据）

（单位：万元）

门店物业名称	资产原值	累计折旧	资产净值
北京刘家窑店物业	10 684.24	885.23	9 799.01
常州南大街店物业	15 072.31	3 492.59	11 579.72
武汉唐家墩店物业	16 359.92	419.34	15 940.58
重庆观音桥步行街店物业	34 507.58	10 599.58	23 908.00
重庆解放碑店物业	29 080.70	3 486.98	25 593.72
昆明小花园店物业	20 602.79	2 589.48	18 013.31
成都春熙路店物业	22 804.59	3 456.32	19 348.27
成都万年场店物业	4 446.89	1 365.94	3 080.95
成都西大街店物业	6 714.84	1 981.16	4 733.68
西安金花路店物业	12 311.87	1 169.37	11 142.50
北京通州世纪联华店物业	26 430.31	—	26 430.31
合计	199 016.04	29 445.99	169 570.05

注：截至2014年7月31日，北京通州世纪联华店会计核算计入在建工程科目，账面价值为26 430.31万元，该处物业于2014年9月30日开业运营，会计核算上已由在建工程科目转入固定资产科目。

定价情况及公平合理性分析：公司聘请北京天健兴业资产评估有限公司以2014年7月31日作为基准日，采用市场比较法对11处物业房产及对应的土地使用权于评估基准日的市场价值进行了评估，合计401 123.70万元。通过REITs盘活后，苏宁将实现超过13亿元的税后净收益。

二、轻资产模式

苏宁历史上通过自建、购置的方式沉淀超600万平方米自有物业，自有物业账面价值169亿元左右，自有物业市场价值最高可达400亿元，潜在税前增值231亿元左右。通过创新资产运营模式，盘活存量资产，公司获得充沛的现金回笼之后，再次投入优质门店，从而建立起良性资产运营方式循环。从静态来看，虽租金较原来会有一定增加，但通过有效现金管理及互联网金融，可以弥补因租金而增加的运营费用。公司将按市场价格租用11处物业继续经营连锁店，实际租金价格以公司与股权受让方或其指定方届时签订的《租赁合同》为准，且本次交易事项不会影响公司店面的日常经营业务开展。

REITs对于商业地产企业运营模式最大的启发，是其提供了一种快速退出机制。企业首先进行商业地产的开发以及前期培育，等商业地产培育成熟获得稳定的租金收入后，将成熟的存量资产打包设立REITs，并在公开市场出售部分份额回笼资金，提高IRR，缩短投资回报周期，整个过程实现由重资产向轻资产的转变。

在REITs存在的情况下，商业地产行业的运转将出现精细化合作，不同风险偏好的资金将会流向商业地产运作的不同环节，进而实现资金的风险偏好与投资收益相匹配。追求高投资回报的房企将会负责商业地产的前期开发以及培育，然后将培育成熟的商业物业出售给REITs，实现退市套现，迅速回笼资金，提高

IRR，并且缩短投资回报周期，而追求稳健收益的投资者将会通过持有REITs份额获得经营商业物业过程中持续稳定的租金分红收益。

三、REITs的突破

上述创新型资产运作模式，将作为中信证券旗下“中信启航”的一款REITs产品进行运作。中信此次瞄准苏宁云商的O2O门店，可以看作中信证券REITs模式向商业化迈出的重要一步。此次跟苏宁云商合作，以金石私募投资为平台的私募版本。这就意味着，对于投资人会有一定要求，并非面向大众的公募型产品。合作的金石私募投资基金作为中间方，将私募投资者和标的物业对接起来，完成整个地产投资基金产品闭环。

此外，为增强投资者对本次资产运作创新金融产品的投资信心，中信金石基金可能引进有实力的具备一定资信条件的大型企业，包括但不限于苏宁电器集团有限公司为该金融产品提供增信，完善金融创新产品，但其依然离真正的资产证券化有些距离，因为关键的SPV没有将风险隔离，且税收较重。

第十五章

挑战与机遇

REITs 作为房地产行业未来发展新的品类和市场，应得到地产从业人员的重视。房地产行业的发展有 3 个阶段：以房地产开发商为核心的房地产开发阶段；以房地产投资管理为核心的房地产投资阶段；以及以房地产资产证券化为核心的金融阶段。中国目前的房地产行业已经完成了上述的第一开发阶段，逐步进入以房地产投资管理为核心的房地产投资阶段，目前市场上已经有大量的房地产资产，接下来必然是以房地产资产证券化为核心的金融阶段。**事实上，每个行业究其本质都是一个金融问题，最后成熟阶段是金融阶段，即马克思所称的资本的循环与再循环。**

自银行房地产信贷紧缩以后，房地产企业开始搜寻包括 REITs 在内的非银行融资渠道。我国香港地区于 2005 年修订了《房地产投资信托基金守则》，允许 REITs 投资于海外物业，这就为内地房地产商在香港市场融资提供了良机。2014 年，“中信启航”开启了破冰之旅，并且在随后承销了苏宁 11 家门店的 REITs 上市。2015 年 6 月 17 日，经证监会批准，万科的“鹏华前海万科封闭式混合型证券投资基金”（简称“前海 REITs”）在深圳证券交易所挂牌交易，成为内地第一只真正意义上比较符合国际惯例的公募 REITs 产品。

REITs 和一个国家的法律制度、社会环境、房地产市场环境、金融市场环境等因素密切相关。发展我国 REITs 需要制定适合我国实际情况的发展策略，考虑到我国不发达的金融市场和不完善的信用体系，所以应稳步推进 REITs 制度的建立，防止黑天鹅类似事件的发生，对我国资产证券化的进程造成影响。

一、挑战

REITs 作为有效的投资产品可以活跃和刺激金融市场，作为企业融资方式之一又可以极大推动房地产业的发展，这对于中国房地产业乃至整个国民经济都具有非常积极而又重大的意义。房地产金融行业的金融风险和金融利益目前都高度集中于银行信贷，广大的投资者无法直接参与房地产金融领域。REITs 是我国房地产业发展的新兴投资模式和金融产品，特别是商业地产因为退出的问题而需 REITs 缩短投资回报周期。

我国目前已经具备了 REITs 的发展环境，虽然 REITs 乃至整个产业投资基金在我国都还是一个新生事物，普通民众对 REITs 也还非常陌生，但是，中央政府层面已于 2020 年 4 月 30 日针对 REITs 制定且公布了开放与支持的文件，所以在我国发展 REITs 已经没有了政策层面的障碍问题。正如 5 年前在本书第一版前言所讲的：REITs 来了，你听到了吗？现在的问题是：REITs 来了，你准备好了吗？

（一）法律法规

从法律组织来看，投资信托基金主要可以分为契约型、公司型和合伙企业型。契约型企业依据信托法规定建立、运作；公司型企业依公司法成立；而合伙企业是依据合伙企业法而设立。而 REITs 综合上述 3 种类型的特点，目前尚无法规明确 REITs 的组织结构。

我国契约型 REITs 涉及的法律法规有《中华人民共和国信托法》和《信托投资公司管理办法》。银监会发布的《信托投资公司房地产信托业务管理暂行办法》界定了房地产信托业务，规定了经营规则、监督管理、风险控制条款。但是目前出台的法律法规没有针对 REITs 的专项法规，已开展的 REITs 业务只是参照信托产品的法规进行运作，还无法建立真正意义上的 REITs 组织模式，这不利于 REITs 长期在我国的实施和发展。

公司型 REITs 涉及的法律主要是《公司法》，其中规定了股份有限公司的设立和组织机构、股份发行和转让等条款。由于 REITs 有明确的分红要求、资产投资限制、股东人数及股东分散要求等，单纯的公司法不能满足 REITs 的立法需要。我国是另外为 REITs 立法还是将 REITs 并入公司法中呢？我们觉得在未来 5 年内会以立法的形式为 REITs 设置规则。最符合我国政府的习惯就是目前中央以行政规定的方式进行试行，特别是在个别地方比如北京、上海、广州、深圳，以及粤港澳大湾区、长三角经济带等经济发达地区进行试验，成熟有效后在全国其他地方进行推广，并以政策的方式进行明确，最后如果发展迅猛且市场巨大，自然会以法律法规形式进行制定。如果没有达到上述的步骤，或者在某一步骤上有些不尽如人意，则可以考虑适当延缓立法。

国际上各国 REITs 的发展也不是一蹴而就，发展有快有慢，步调不一。美国 19 世纪就出现了类似 REITs 形式的投资模式，但是直到 1960 年才颁布《REITs 法案》，允许设立 REITs；1986 年，美国出台《税收改革法案》，放宽了 REITs 对房地产进行管理的限制；1999 年，美国《REITs 现代法案》获得通过并于 2001 年生效，其将应分配利润比例从 95% 调整为 90%。发行的股票可以由机构投资者和社会公众认购，可以从金融市场融资，诸如银行借入、发行债券或商业票据等。

综上所述，对 REITs 的两种组织形式——公司型 REITs 和契约型 REITs 而言，我国目前的法律法规仍有空白，公司型 REITs 因受公司法的限制，尤其是税收的限制，在短期内无法开展；契约型 REITs 虽能以信托计划的形式开展，但与真正的 REITs 出入巨大。为了我国 REITs 的规范和长远发展，可以借鉴美国和亚洲其他国家和地区的经验，尽早制定 REITs 管理办法，为 REITs 的建立提供有针对性的法律依据。

（二）市场风险

发达的证券市场能够为 REITs 提供活跃的交易平台。REITs 的一个特色就是可以即时变现，流通性强，而这个特点非常依赖于证券交易市场是否活跃。从资金供给角度，REITs 的资金来源主要有两个方面：一是从资本市场融资，即发行股票，由机构投资者和个人投资者认购；二是从信贷市场融资，如银行信贷、发行债券或商业票据等。REITs 把几乎全部的收益都用于分红了，如果遇到优质项目需要融资时，REITs 需要一次次地从股市进行融资，因此股市的成熟与否对于 REITs 非常重要。目前我国 REITs 市场处于起步阶段，远不够成熟，其主要存在以下几方面问题：

（1）中国目前对房地产信托投资公司实施私募监管，在项目融资发行市场实行私募发售，还没有非常完善的公募融资的 REITs 产品。《信托投资公司资金信托管理暂行办法》对私募资金信托计划实行 200 份的限制，普通投资者资金一般为三五十万元，但因为房地产融资额大，小的项目也需要几亿元的资金。有了 200 份的限制，单笔金额便很大，这给融资造成困难。所以，目前我国内地私募资金信托仍只占房地产贷款余额的 7% 左右。

（2）发行方式不完善。一方面，私募信托计划没有统一的信托产品招募说明书，各家机构和投资公司使用的说明书在内容和形式上都不统一；另一方面，在具体的发售中，风险与收益也不对称。根据信托关系的准则及信托法或者公司法的规定，托管人违背信托合同约定管理、运用和处分信托资金导致信托资金受到损失的，其损失部分由托管人负责赔偿。但是在实际操作中，风险与责任的判断是有难度的，现在的托管人很难有实力对损失进行赔偿。

（3）房地产金融市场不够发达。长期以来，我国房地产开发商的融资渠道单一，主要依靠银行贷款。房地产商一直受到房贷紧缩的困扰，积极寻求新的融资渠道。因此，无论就房地产金融市场主体——资金供给方和资金需求方，还是就房地产金融市场本身来说，我国的房地产金融市场并未发展到适合 REITs 迅速发展的成熟阶段。由于我国的信用体制还不够完善，社会信息化水平对人们信用的监控还不到位，并且人们的法律意识还远远未达到发达经济体所要求的水平，人们一旦产生法律纠纷，首先想到的是权力和人情背景，而不是诉诸法律，由此产生的道德风险在我国随处可见，这对于投资行业的危害尤其严重。

（4）道德风险和逆向选择问题。REITs 在我国还没有形成完善的运作模式，投资者对托管人的有效约束和激励机制尚未成型，资金集合投资形式容易发生托管人的道德风险。在这种情况下，由于存在信息不对称，基金管理人在经营管理过程中往往会利用各种机会牺牲投资者的利益为自己谋取好处。我国的证券投资基金在发展过程中就发生了相当多的这种问题。基金管理人侵占基金资产，将基金资产盈利转移到基金管理公司等事件时有发生；另有一些基金管理人，不顾投资者的利益和风险，无端做出大笔交易，目的在于个人获得营业部的交易佣金返回。

（5）严重缺乏 REITs 专业人才。从 REITs 运作的本质上讲，其更偏重于金融，而非单纯的房地产专业技术公司。REITs 注重的是房地产资本的运作，而非项目的具体实施与开发。REITs 应该以达到甚至超过房地产行业的平均利润的目标回报投资者。否则，便难以获得投资者的信任和信赖，达到成功募集的目标。

这便需要大量既懂房地产专业知识，又掌握投资银行业务、财务管理和相关法律法规的复合型人才去制定有关投资选择，这些人员必须对房地产项目有比较全面的风险把握能力。优秀的投资经理人才对于 REITs 的发展又起着关键的作用，例如，美国产业投资基金在 20 世纪 70 年代以前没有得到充分的发展，和其没能很好地吸收和利用优秀的人才有直接的关系。当时产业投资基金受到组织形式的限制而规模较小，而且主要是由基金发起人在经营运作，没有吸收专业的管理人才，所以产业投资基金的运作非常不理想，特别是一些抵押型投资基金因为杠杆过大而破产。

由于 REITs 在我国的发展还处于起步阶段，专业房地产投资经理在我国非常缺乏，精通 REITs 的复合型人才更是少之又少，房地产开发专业人士居多，其在金融和资本运作能力上比较欠缺，这非常不利于 REITs 的快速规范发展。

（三）税收与低回报

由于我国房地产发展较快，被列为重点征税行业，相关税负非常重。然而我国只是住宅资产升值较快，房地产的租金收益却很低。因此我国 REITs 的收益率普遍较低，难以吸引投资者持有 REITs 股份，特别是没有很公平合理的税收待遇，更别奢谈什么税收优惠了。

在美国，REITs 得以发展的根本原因在于 REITs 能够享受税收优惠。在早期，虽然美国的 REITs 同样享受税收优惠，但是由于当时的税法条款有利于避税，各种各样的组织形式都有各自的办法合理避税，所以早期 REITs 的竞争优势不大。而在 20 世纪 80 年代末期，REITs 得以长足发展的根本原因是随着税法条款的逐步严格，REITs 税收优惠的优势逐渐显示出来。

由此可见，REITs 非常依赖于税收优惠政策。但是目前我国法律尚未对信托收益的纳税做出明确规定，缺少对 REITs 的税收激励政策，这都不利于 REITs 全面快速地在我国发展。

延伸阅读

税收制度是国内 REITs 推出亟待解决的关键问题[①]

早在 2008 年 12 月初，国务院工作会议中的金融“国九条”就已经明确肯定发展国内 REITs，但截至目前我国的 REITs 市场仍未真正建立并发展起来，影响因素有很多，税收政策和税负问题一直是其中的关键因素之一。税收政策直接影响 REITs 运行过程中的投资与经营成本，从而可能增加或减少投资者的投资回报，进而影响 REITs 市场的发展和繁荣。本阅读材料梳理并总结了国内 REITs 出台可能面临的税负困境及海外 REITs 在税收制度方面的通常做法。

一、REITs 运营环节的税负

若 REITs 作为独立的纳税主体，那么在 REITs 持有商业物业经营过程中存在的税收大致有：所得税（税率是 25%）、营业税及附加（租金 ×5%）、房产税（租金的 12%）等税负。综合来说，在考虑到当前我国商业地产运营过程中租金普遍不高的情况下，REITs 的运营税负也相对较高。

REITs 运营环节涉及的主要税负情况如下：

① 邹菁．税收制度是国内 REITs 推出亟待解决的关键问题．[2014-12-01]．http://blog.sina.com.cn/s/blog_6848907b0102v6q6.html.

（1）企业所得税。根据2008年生效的《中华人民共和国企业所得税法》及其实施条例，企业须按企业利润总额的25%缴纳企业所得税。

（2）营业税、城市维护建设税、教育费附加。营业税是指对在我国境内提供应税劳务、转让无形资产或销售不动产取得的营业收入征收的一种税，REITs在境内的SPV通过租赁等方式产生的租金收入，需要按照租金收入的5%缴纳营业税。同时，又根据《中华人民共和国城市维护建设税暂行条例》以及《征收教育费附加的暂行规定》，城市维护建设税、教育费附加需按照营业税的基准进行缴纳。其中，城市维护建设税纳税人所在地为城市的，税率按营业税基准的7%缴付，教育费附加按照营业税基准的3%缴付。

（3）房产税。房产税是指以房屋为征税对象，按房屋的计税余值或租金收入为计税依据，向产权所有人征收的一种财产税。根据《中华人民共和国房产税暂行条例》（国发［1986］90号）的规定，企业所持物业需视物业所在地按照不同税率缴纳房产税。从价计征的，其计税依据为房产原值减去10%～30%后的余值，年税率为1.2%；从租计征的（即房产出租的），以房产租金收入为计税依据，年税率为12%。

二、REITs流转环节的税负

一般来说，REITs收购相关房地产项目主要有两种方式：一是购买物业产权，二是收购项目公司股权。以上不同方式所涉及的税收种类也各不相同。采取直接购买物业产权的方式，交易双方涉及的税费较高，买方通常需要支付相应的契税和印花税等，卖方则要支付企业所得税、营业税及附加、土地增值税和印花税等。采取收购商业地产的项目公司，即股权收购方式，买卖双方交易成本较低，主要涉及企业所得税和印花税等，但这种交易方式也存在一定问题，风险也比较大，如：在REITs收购项目公司股权后，该项目公司即成为一家独立核算的企业，REITs的投资者所能得到的投资收益最多不超过项目公司向REITs分配的利润，并且该利润是提取房屋折旧和各种法定公积金后的剩余部分。因此，租金收入的很大部分将沉淀在项目公司内，而不能分到投资者的手中，远降低了REITs的投资收益率。

REITs流转环节（买入或卖出）涉及的主要税负情况如下：

（1）企业所得税。REITs在交易物业的过程中所产生的收益，需要按照出售利得的25%缴纳企业所得税。

（2）土地增值税。土地增值税是指转让国有土地使用权、地上建筑物及其附着物并取得收入的单位和个人，以转让所取得的收入包括货币收入、实物收入和其他收入减除法定扣除项目金额后的增值额为计税依据向国家缴纳的一种税赋。中国房地产的境内及境外投资者均需缴纳土地增值税，根据《中华人民共和国土地增值税暂行条例》（国务院令第138号）及其实施细则，转让土地使用权、该土地上的楼宇或其他设施后，纳税人需就扣除必要的价款与费用后的资本收益缴税。税率为累进计算，范围为土地增值额的30%~60%。

（3）印花税。房地产的印花税一般指因房地产买卖，房地产产权变动、转移等而对书立的或领受的房地产凭证的单位和个人征收的一种税赋。根据《中华人民共和国印花税暂行条例》的规定（国务院令第11号），产权及所有权转让的相关文件，印花税税率按房产转移文件所载金额的0.05%征收。

（4）契税。契税是指对在我国境内转移土地、房屋权属时向承受土地使用权、房屋所有权的单位征收的一种税。征收范围包括国有土地使用权出让、土地使用权转让（包括出售、赠予和交换）、房屋买卖、房屋赠予和房屋交换。契税实行幅度比例税率，税率幅度为3%～5%，契税的计税依据按照土地、房屋交易的不同情况确定，一般取3%。

三、REITs税负问题需要在REITs推出时予以解决

按照国际上通用的方式，REITs的最大优势就在于税收制度。目前国内推出REITs制度面临双重征税的困境，较为典型的即为REITs存续期间的收益产生的企业所得税纳税义务与向投资者分红时产生的个人所得税纳税义务相重复。因此，在REITs推出时应同时匹配相应的税收优惠制度，否则REITs在我国难以具备发展的土壤。

四、附表

表15.1和表15.2是REITs持有环节、交易环节，国内与主要REITs国家之间税收及其优惠的比较，以及不同税负条件下商业物业回报率的估算。

表15.1 持有环节REITs的税收及其优惠

国家/地区	税种/税率/优惠	房地产税	所得税	营业税	城市建设税
中国内地	计税基础	物业价值/租金收入	利润所得	租金收入	物业价值
	税率	0.84%/12%	25%	5%	0.5%
	REITs优惠	暂无	暂无	暂无	暂无
中国香港	计税基础	—	利润所得	—	—
	税率	—	16.65%	—	—
	REITs优惠	—	SPV征税，来自SPV分红免税，境外取得的收入免税	—	—
新加坡	计税基础	租金收入	利润所得	—	—
	税率	10%	18%	—	—
	REITs优惠	无	分红免税、出售利得免税	—	—

（续表）

国家 / 地区	税种 / 税率 / 优惠	房地产税	所得税	营业税	城市建设税
美国	计税基础	物业价值	利润所得	—	—
	税率	1% ~ 3%	15% ~ 35%	—	—
	REITs 优惠	无	分红免税	—	—

表 15.2　交易环节 REITs 的税收及其优惠

国家 / 地区	税种 / 税率	印花税	所得税	其他税种
中国内地	计税基础	交易价格	出售利得	契税、营业税、土地增值税
	税率	0.05%	25%	交易价格的 3%、交易价格的 5%、土地增值额的 30% ~ 60%
	REITs 优惠	暂无	暂无	暂无
中国香港	计税基础	交易价格	出售利得	—
	税率	资产收购 3.75%，股权收购 0.2%	17.5%	—
	REITs 优惠	无	免税	—
新加坡	计税基础	交易价格	出售利得	—
	税率	3%	18%	—
	REITs 优惠	免税	免税	—
美国	计税基础	—	出售利得	转让税
	税率	—	15% ~ 35%	交易价格 0.5% ~ 1%
	REITs 优惠	—	分红免税	无

二、机遇

国际上通行的 REITs 专门投资于具有相对稳定的现金流的物业，REITs 作为一种已证券化的产品，其投资目标要求主要是规定 REITs 必须以产生收入的房地产为投资目标；收入分配的要求是保证公司收入的绝大部分（90% 以上）用于分红；同时产品能够在交易时流通，及时变现。所以投资者对投资目标、收入分配和产品流通三方面的要求对形成 REITs 产品特性有决定性作用。与我国目前房地产信托产品具有一定的区别，我国的房地产项目此前主要以项目开发为主，目前还未成熟到能够单纯依靠租金收入发行 REITs 产品。

在我国，鉴于 REITs 产生所需要的背景，相对落后的中国房地产投资信托市场要培育成熟的、标准化的 REITs 产品，仍需要走很长的路。REITs 要真正在中国扎根并发挥有效的作用，必须与中国的宏观与微观环境相结合。这些环境对其发展构成了很大的障碍和阻力，同时也提供了许多重大发展机遇。

（一）宏观经济环境

房地产是国民经济支柱产业。作为居民生活和社会生产的必需品，其投资总额巨大，房地产业一直在我国国民经济中占有很重要的地位。事实上，房地产业在大部分国家也是经济支柱产业。在我国进入现代市场经济发展阶段之后，既有生产生活消费特征又有投资特征的房地产业才作为一个独立的产业出现，在带动国民经济发展的各个因素中已经占有越来越重要的位置，在国民经济的财富积累中也占有越来越大的比例。

中国现行的发展模式是先进行城市化，再进行产业化。目前城市化的进程已经走过了 20 多年，各地方基础设施已经逐渐完善，亟待产业化与规模化的发展以及科技含量的快速提升。国民经济收入逐步提高，房地产行业逐步进入运营的模式，这为 REITs 的发展提供了很好的经济基础。

经过近 30 年的发展，房地产业在我国国民经济中的支柱地位越来越突出。房地产从业人员近 1 亿人，成为我国从业人数最多的行业之一。房地产涉及数十个产业，就业人数每年增长 4.5%，有 3 000 多万人直接从事与房地产业有关的工作，其中仅物业管理行业目前就有600万人。但实际上，房地产行业并不局限在这个范围，我国房地产本身业务跟地方政府的土地经营有密切的关系，从分配到开发再到招拍挂，这是一个完整的上下游供应链，涉及大量的人群。房地产行业即使不是被时代列为支柱行业，也会因自身的发展需求而不断壮大。

另外，随着中国加入WTO，各个行业都逐步对外完全开放，而作为两个开放程度较低的经济领域：金融业和房地产业也在加快向国外开放。这虽然会给我国的金融业和房地产业带来一定的竞争压力，但从长远来看，外资机构进入我国市场，带来先进的技术和经营管理经验，有利于促进我国房地产金融市场完善，同时为资金需求较大的房地产开发和消费带来充裕的资金支持。

在国际上，REITs在发展过程中已经逐渐形成了相对完善的运作模式、管理经验和成熟的投资理念。而因为房地产行业具有资金需求巨大，专业要求较高，尤其是地域性强的特点，所以随着我国金融和房地产市场的逐步开放，外资可以首先通过投资REITs形式进入我国房地产行业。这不但可以直接壮大我国的REITs，而且随着外资REITs逐步进入我国市场，我国REITs管理人就会获得与国外管理机构直接对话和交流的学习机会，使得自身水平迅速提高，逐步走向成熟。外资进入中国房地产行业显然不会像汽车市场那样，不需要那么多专利技术的保护，无须再用市场换取专利技术。房地产的开放和REITs的引入，借鉴外国REITs的运作模式和管理经验将使我国在发展REITs时少走很多弯路，自然利大于弊。

（二）微观市场环境

为了我国房地产市场的健康发展，也为了给REITs一个良好的市场发展环境，我国房地产市场逐步进行了精细化、规范化、制度化、规模化发展。政府居于土地供应链源头，政府不断增加土地出让市场的透明度，形成公开、公平、公正的按规律办事的土地出让与转让市场。应对房地产交易市场进行规范，加强对中介机构的管理，简化交易手续，降低交易费用，严格审核借贷规范，促进房地产三级市场的畅通与兴旺。

另外，房地产市场逐渐形成良好的竞争格局。我国具有房地产开发资质的企业有 3 万多家，各企业的资本实力和经营管理水平参差不齐，经过这几年大浪淘沙式的整合，基本结束了竞争次序混乱的局面，相应地出现运作规范、实力雄厚的房地产公司，提高了我国房地产企业的素质。同时，房地产物业的结构也进行不断优化和完善，出现比较适合经济发展形势的高、中、低档分布的公寓物业，商业、写字楼、酒店等物业也趋于合理。而且由于竞争的加剧，产业地产逐渐成为开发商的发展方向，人才公寓的形式导致开发商无法快速出售所开发的物业，只能等待产业的逐步稳定，房地产的周转速度不断放缓，产品运营的功底不断增加，结合产业地产的发展，REITs 的市场空间已经逐步出现，再经过政府的推动与引导，接下来必然会是我国 REITs 蓬勃发展的 10 年黄金期。

从发达国家房地产业的发展来看，一个成熟的房地产市场应该包括 3 个小循环，3 个小循环在一起又组成了 1 个大循环。这 3 个小循环分别是：以房地产开发商为核心的房地产开发循环；以房地产投资管理公司或 REITs 为核心的房地产投资循环；以住房抵押债券为核心的资产证券化循环。这就是发达国家房地产业发展的模式，也是发展中国家房地产业发展模式的方向。

通常一个国家的房地产发展进入了第一个循环，房地产业作为国民经济支柱产业的地位便会逐渐形成，而要使得房地产业向更高一级深化，更好地发挥支柱产业的作用，便需要进入第二和第三个循环，处理好房地产业与国民经济其他产业、房地产业与资本效率之间的关系，使得房地产既能作为商品起着与生产、生活经济要素的作用，又能不断地作为资本配置的良好媒介，从而更能促使国民经济稳定发展的良性大循环。

我国的房地产业经过20多年的发展，虽然由于国民经济的发展和居民生活水平的提高，每年都有数量可观的新增房地产物业，但是也因此积累了基数巨大的存量房地产，并逐渐形成房地产开发与房地产经营管理并举的局面，因此可以说我国的房地产业正在由第一循环向第二循环转变。房地产投融资从主要依靠银行贷款方式进行，渐渐地发展到具有股权性质的投资和银行贷款方式并存。随着房地产投资的加快以及各方投资主体的加入，会逐渐形成房地产的投资管理市场和证券化市场，而REITs作为在房地产领域投资理财的专业工具，它的投资管理功能在第二循环就可以得到最大的发挥，相信那个时候的REITs会在我国的房地产业发展中发挥更加重要的作用，REITs既是我国房地产未来的发展方向，也是国家基础建设与城市发展的必然选择。

延伸阅读

碧桂园和中国平安保险（集团）合作浅析

2015年4月1日，碧桂园获得中国平安保险（集团）（简称“平安保险”）62.95亿港元入股9.9%，每股作价2.816港元，共发行22亿新股。平安保险自此成为碧桂园第二大股东。双方合作的动机浅析如下：

（1）碧桂园希望获得平安保险的营销资源和融资保障。平安保险的保险类客户，以及大数据对于碧桂园挖掘客户提供的支持非常大。在营销之外，碧桂园还将获得足够的融资空间。平安保险入股能将碧桂园的净借贷比例降低14个百分点。截至2014年年底，碧桂园可动用的现金还有272亿元，这个数字足以覆盖他们1.8倍的短期债务，令碧桂园暂无融资之虞。此次配股后，碧桂园的公司债、短期融资等会得到平安保险的支持，在投资理财、基金、资产管理等方面，双方可能成立公司一起运营。

（2）平安保险低价买入碧桂园，押注H股股市回升，借入股碧桂园激活并夯实其金融交易场景。平安保险入股碧桂园和其股票大势转好相关，这或与香港地区释放政策利好有关。

平安保险入股碧桂园还为了进一步拓展金融交易场景，通过入股房企进入场景，这是它的逻辑。通过众筹平台优先或争取首家销售碧桂园集团的住宅，对接碧桂园2 000多个项目、1 000多个城市、400多万家业主的社区资源，把金融门店开到碧桂园的社区里。在碧桂园社区服务APP中，将来通过平安保险支付物业管理费、水电费、煤气费和其他收费服务的功能也会嵌入进来。这些合作都将进一步激活并夯实平安保险的金融交易场景。

平安保险入股碧桂园后，进一步打通了其他产业链。

（三）政策法律环境

REITs的发展离不开国家在政策上的大力支持，这也是美国房地产证券市场快速发展的重要原因，对于投融资途径的开拓，政府在制度和机制上给予足够的保障。要使房地产业可持续发展，不但要鼓励各种经济类型和各方经济资源参与房地产投融资，而且要以保护投资者为中心，以适应社会化大生产的需要。在完善间接融资模式的同时，更要大力发展直接融资模式。

这就需要政府大力推行并积极介入房地产证券化和金融化，为商业租金、抵押贷款的证券化提供立法保护。在利用上市、发行债券等常用资本市场工具的同时，积极创造条件推动房地产信托等各种房地产金融领域的创新，为私募基金正名，向社会大众筹集房地产发展资金。这也是使 REITs 品种多样化和大众投资者参与房地产业的机会。

培育房地产的长期资金市场，从而推动房地产金融的全面发展。深化金融体制的改革，扩大房地产业的融资渠道，目前政府手中掌握着各种政策红利尚未释放。我国经济发展如同被压缩的弹簧逐步放开，经济红利逐步释放、经济自由度逐步增长。政府如同一只巨大有利的手，掌握弹簧放开的进度。房地产当前过热的情况已经十分明显，房屋需求旺盛，如何掌握好房地产金融市场的发展，是对我国政府掌控经济能力的考验。

为了培育房地产业向更高级阶段发展，不断有人向政府建议应该减免 REITs 的税收、减免房地产抵押债券税收，这样才可以有效地促进房地产金融业的发展。根据国外 REITs 的经验，REITs 已经将绝大部分红利分配给了投资者，因此在税收上应该给予 REITs 企业层面的免税或更优惠的待遇，只对投资者的资本利得和收入征税。然而在我国信用体制尚不够完善、税收体制未能完全以家庭收入减去家庭支出为单位等不合理的情况下，这种征税的方法依然比较困难，特别是对个人征税比较容易造成偷税漏税，因此我国实施企业代缴个人所得税，政府的征税极度依赖企业层面，因此 REITs 免税模式在短期内还不是特别符合我国国情。

三、迎接挑战与机遇

（一）组织模式

目前中国类 REITs 主要以基金产品的形式出现，产业基金管理形式的 REITs 由基金管理公司（核心托管人）、基金份额持有人、托管机构（多为银行等金融机构）组成。此种模式与信托模式类似，目前主要以私募基金和封闭式产品为主。未来 REITs 大概率会以这种形式发展，逐步发展为公募性质的REITs。这种方式能够很好地契合REITs的性质和形式：在性质上，REITs本质是信托基金，是信托结构；在形式上，REITs的股东充分分散，基金的运作不受到大股东的影响，基金在产品层面免征个人所得税，基金的投资领域严格受限，这个可以在基金章程和募资说明书上面详细约定，只是目前基金不能直接持有物业，只能间接持有相关股权。另外基金的大比例分红规定也可以由基金章程自行约定，这样可以减少许多不必要的阻碍，比如以公司形式的REITs在资本市场上市一说就经历了艰难险阻。因此借鉴公募基金进行REITs上市融资具有最优化路径的效果。目前基金业发展成熟，基金行业由于投资标的日益稀少，优质投资对象难以寻找，资产荒是基金业的共同话题。目前不断出现的上市公司被炒作情况其实是基金业资产荒的表现。因此尽快放开私募REITs，然后借道私募REITs进行公募融资是未来金融的发展方向。

当然，对基金管理公司来说，回避关联交易、如何选择良好的经营项目和管理团队，从而形成自己的品牌，取得较高于行业平均利润的基金业绩，是公司成立和发展的关键，虽然这些都是老生常谈了，但REITs依然需要处理这些问题。

（二）资金来源

依据上文的逻辑，由于公司形式的REITs不适合当前我国的形势，REITs大概率是以基金的形式进行发展，那么资金来源就不言而喻了。公募资金来源除了广大个人投资者、机构投资者，还包括养老基金、退休基金、大公司和银行控股公司、保险公司等机构的资金。特别是对于上市公司，最近上市公司公告频频购买基金理财产品。目前私募基金的投资者主要是一些专业投资机构的资金，个人投资者目前还不能涉及其中。随着个人理财的专业化，中小投资者在REITs中的比例会越来越高。

（三）投资模式

顺着这个思路，如果REITs目前采取私募投资基金的方式开展，然后以公募基金的形式进行融资退出，那么私募REITs的投资模式大概率为房地产经营性投资，国内称这种模式为“公募+ABS”模式。这种投资模式类似于国外的下型REITs组织模式，运营合伙组织可直接投资并拥有房地产，以经营持有的房地产为主要业务。公募基金虽然不参与运营合伙组织，但是可以收购持有这些运营合伙组织的股份。这里所说的运营合伙组织不一定是合伙企业，也可能是公司形式。

通常REITs主要持有的房地产物业为购物中心、办公楼、仓库、校舍和公寓等经营收益型房地产，在持有期间获得稳定、持续的租金收入，以及最后变卖所持物业时的房地产增值收益，但是更好的退出方式是公募基金收购这些私募基金的股份，使得这些投资者得以退出，而又无须通过交易物业交付大额税费。这种方式使得私募REITs在公司层面缴税，而在公募层面基金对个人免税，这种形式与国外REITs在个人层面缴税，而在公司层面免税相反，但在免税上具有异曲同工之妙。因为由于社会风俗及国家性质不同，我国更加关注贫富差距的分化，而西方强调资本使用效率和形式上的公平。不过整体上税收额度达到了投资者可接受的程度，这不影响REITs的推广和房地产业向基金化的发展路线。

直接收购房地产物业进行经营管理需要私募REITs管理层有良好的物业管理和经营能力。主导自持经营类房地产基金的开发商比开发类基金需要更强的经营能力，也需要较长的业绩积累期。私募基金的自持物业必须要具有稳定收益，此类物业主要集中在核心大城市的写字楼、酒店、购物中心等物业，但以目前国内房地产行情，上述成熟物业的市场价格都处于高位。不过租金能够达到一定的要求，目前广州写字楼的租金回报率可以达到 5% ~ 6%，周边工业物业的回报率可以达到 15% 左右，而住宅的租金回报率最低，只有 1% ~ 2%。私募基金运营这些物业确实需要非常专业的知识，当然开发这些物业的风险更大，收益也相对更高。

房地产企业要想不被行业淘汰，只能向精细化管理和规模经济要效益。而房地产企业要快速扩大规模和提供管理能力，企业自身经营积累的盈利收益肯定不能满足需求，通过基金信托或者公司等创新融资方式和社会金融资本相结合是一个不错的选择。传统获取开发产品资产升值的利差收益方式不能适应房地产“白银时代”。只有借助金融模式，通过项目管理运营的方式才能适应未来的发展。

REITs 的明显优势在于创造了新的投资品类和模式，这种模式满足融资工具之间资源优化互补与房地产开发模式匹配结合的要求，满足投资人利益最大化的追求。地产基金通常以“股 + 债”的混合方式进行夹层融资[①]，或者在基金层面设计优先级、劣后级，还可以设计夹层基金。房地产基金应在产品创新设计上做更多分析研究，结合中国本土的法律法规，在风险可控的基础上，加强房地产金融创新化。

总结上述几点，主导房地产基金的房地产企业能够建立起以投资人利益为第一的观念，运用专业能力实现好的投资收益，资金自然会按市场规律追捧好的房地产基金，房地产基金也将会越做越强。

---

① 夹层融资是一种无担保的长期债务，这种债务附带有投资者对融资者的权益认购权。夹层融资只是从属债务（Subordinate Debt）的一种。如果使用了尽可能多的股权和优先级债务（Senior Debt）来融资，但还是有很大资金缺口，夹层融资就在这个时候提供利率比优先债权高但同时承担较高风险的债务资金。由于夹层融资常常帮助企业改善资产结构和迅速增加营业额，所以在发行这种次级债权形式的同时，常常会提供企业上市或被收购时的股权认购权。夹层融资的利率水平一般在 10%~15%，夹层利率越低，权益认购权就越多。

延伸阅读

地产私募基金的操作案例分析

私募基金产生于金融业最为发达的美国。一些由业内顶尖高手组成的投资团队最擅长捕捉各类市场机会。私募基金投资的物业成熟后以 REITs 的形式退出。美国的每类 REITs 根据各自的专长不同，都专注于选择自身的投资领域。有的以地理区域为专长，如地区、州、都市的地产，有的专长于各种行业房地产，如零售业、工业、办公楼、公寓、医院等房地产。

总结下来，房地产私募基金通常的完整操作模式是：锁定细分市场→研发创新产品→打造样板→迅速复制→上市退出。通过顶尖高手们的经验和脑力劳动，注入大量资金，推动某个市场迅速升级，创造新的供给和需求。赛富不动产基金投资打造的新派公寓，是一个产业模式的完整操作。从行业分析到运营管理，拥有一个完整的操作逻辑。

一、行业细分，寻找机会

国外的大都市，比如纽约、东京、巴黎等，之所以充满着活力，一个很重要的因素是里面住着各层次的年轻白领，让古老的城市不断散发着青春的活力，而我国城市布局是城市中心居住老年人，郊区居住年轻人。城市中心环境不利于老年人的身体健康，而郊区不便的交通使年轻人疲惫不堪。年轻人必须活跃于城市的中心区域。

如今的北上广深等一线城市，城市成熟区域的项目地价已经过高，拆迁极难，但仍存在大量低效率的公寓。现有的公寓租赁市场，多为小业主的散租市场，而整体公寓多为高端产品，动辄月租上万元，一般白领难以负担。越来越多的旧楼需要改造，这成为地产“白银时代”一线城市的机会所在。

二、市场定位，锁定目标

在目标客群的定位上，新派公寓锁定月收入为 1 万～2 万元的白领用户，以符合白领用户个性化需求的新居住消费模式，使租户用不超过 30% 的收入租住在离办公和娱乐场所距离不超过 30 分钟的地方。

白领喜欢舒服的生活氛围，住户的经济水平和人群特征相似，产生了“同质化居住”现象，从而使得住户有归属感。随后通过精准营销和细分商业配套，拉长利润链条，这是新派公寓盈利模式的关键。

新派公寓的商业服务应该是一种综合的功能型服务，而不仅仅是常规的物业管理，需要精准满足白领生活要求配置，如零售、干洗、生鲜配送、网吧、健身，美容、书吧等，集客服、会客、聚会、娱乐、健身、休憩等为一体，成为白领工作后的休憩之所。

三、商业模式，创造价值

新派公寓旗舰店位于北京百子湾，整栋公寓拥有 101 个房间，以低于市场价近 50% 的价格整体购得，花费共计 1.3 亿元，均价为 2.2 万元 / 平方米。而周边的其他物业则达到 4 万～5 万元 / 平方米。成本低使其能够以每间 6 500～9 000 元 / 月的定价进行出租，这一价位在该区域已经足够有吸引力。

新派公寓不单是做产品，它是链条的整合，它最大的生命力就是对要素的整合，以白领需求为核心创造全新的产品。

四、打造品牌，金融扩张

社区化运营是公寓品牌运作的根本。在官方网站开启在线订房的“我要租新派”及个人中心“新派生活”的板块，提出并实践了一种全新的，不同于酒店、普通公寓物业、服务式公寓的

“有限服务 4S（Smile，Sincere，Social，Share）公寓管理模式”。

由于我国的 REITs 模式还不够成熟，新派公寓便在国内运用了私募公寓 REITs 模式。首先基金透过资本运作收购或整租、改造目标物业。赛富不动产基金通过 32 个有限合伙人买入整个物业，最终使用分股的形式将权益返还给投资人，新派公寓在其中仅投入了 1% 份额，然后新派公寓管理公司被指派负责物业的出租经营与管理。几年之后，如果市场环境不好或没有卖掉，新派公寓将按照 4 万元 / 平方米的价格进行对赌回购。

五、深耕细作，工匠精神

公司请来具有丽兹卡尔顿酒店金钥匙资质的骨干作为店长，公寓同时配备 3~5 人的最小成本化运营团队。商业配套是一种综合的功能型服务，不仅仅是常规的物业管理，一切以满足白领的生活要求有机植入。对于新派公寓这样的轻资产产品，迅速实现规模化复制带来的边际成本递减才更有意义。2015 年新派公寓计划开店 5 家左右，与此同时更多的收购计划还在进行中。

致 谢

《REITs：颠覆传统地产的金融模式》这部书稿源于我们所从事的房地产金融投资行业，以及本人的博士论文金融领域相关研究方向。

自 2016 年第一次出版，过了将近 5 年。在这段时间里，我们既看到了国家对于 REITs 有关政策和方向的变革，也看到了“中信启航”和万科鹏华前海 REITs 产品的私募发行，看到了互联网金融和房地产投资相关的基金公司如雨后春笋般地快速成长，2020 年 4 月 30 日中国证监会和国家发展和改革委员会联合发布《关于推进基础设施领域不动产投资信托基金（REITs）试点相关工作的通知》，REITs 公募基金也已经正式推出。像欧美国家一样，房地产金融行业步入初期发展阶段，相关理论研究及法律法规总是滞后于产业投资基金的发展。

中国启蒙思想家顾炎武说过，“古人之所未及就，后世之所不可无”。我们没有那么宏大的气魄，也没有那么深广的学识，但我们明白改革要勇立潮头、与时俱进。有鉴于此，我们决定将自己的学习和管理心得及总结的世界各国的 REITs 实践经验整理分享出来，也算是为中国 REITs 的落地和发展尽一份微薄之力。

对于西方发达国家的一些经验，我们在计划引进的同时，不仅要博学，更需审问和慎思，再结合我们社会主义特色的创新和发展模式，最终达到明辨和笃行的经济效果。

多年来，我边工作、边学习、边思考，为了研究 REITs 和撰写这本书稿，放弃了很多应该陪伴家人和亲友的时光，在此感谢家人的包容与支持，同时也向亲友们表达我心中深深的歉意。

在撰写过程中，我得到了很多专家教授和业界前辈的指导，以及朋友们的帮助，他们不仅有渊博的理论知识和多年的行业实践经验，并且睿智而又谦虚诚恳。在他们的帮助和指导下，本书各方面得到了相应地提高。

我得到了在我国有“房地产教父”“中国 REITs 之父”之称的孟晓苏教授的口传心授。在他的引领下，我们对政府地方债进行了认真的分析和思考。然而，正如东坡先生《次荆公韵四绝》诗云：“劝我试求三亩宅，从公已觉十年迟。”限于时间与篇幅，以及个人专业能力，本书虽然进行了篇章介绍，但依然未能展开详述，希望继续用功做更深入的研究，推出关于地方债与公租房有关专著，以期不辜负老师的殷切教诲。

“绿野堂开占物华，路人指道令公家”。贾康教授学术与实务兼备，智慧与眼界同高，能够站在国家宏观经济层面对 REITs 政策及税收等方面远溯博索、研究有素，他的指导和启发，亦使我受益匪浅。

这本书得以按计划完稿，要特别感谢我的合著者修逸群先生，是他这几年来勤恳踏实，夜以继日地工作，与我共同实现了这个看似难以完成的目标。

另外，书稿的整体框架是在中山大学方建国教授、李孔岳教授，广东外语外贸大学梁立俊教授等的指导、建议下确立的，在此非常感谢他们热心且专业的帮助。

还要衷心感谢法国图卢兹商学院的郑立华教授、迪古（Digout）教授、高龙（Colomb）教授、暨南大学的王霄教授、王玮教授的宝贵意见和专业学术指导，使本书内容更加丰盈。

同时，还要感谢孟晓苏教授、贾康教授、宋广菊董事长和梁上燕博士在百忙之中阅览书稿，并拨冗为本书第一版撰写序言。

也特别感谢中山大学副校长李善民教授在管理工作与教学工作的

百忙之中审阅修订文稿，并抽出宝贵时间为本书第二版撰写序言。

也非常感谢聂梅生会长、刘晓光会长、何小锋教授、胡军教授、宋献中教授、李新春教授、刘峰教授、谭劲松教授、徐勇教授、顾乃康教授、周永章教授、陈珠明教授、刘洪玉教授、周立教授、黎文靖教授、惠青山教授、刘高勇教授、刘建军行长、岳勇坚博士、王步芳博士、邵念荣博士、胡挺博士、吕新艳老师、何冰心老师、刘慧老师、张凯老师、陈肩研究员、唐伟新先生、倪晓武先生、严向军先生、邵军先生、张春耀律师、黎国飞律师等为本书的编写和出版提供各种指导或帮助。

感谢中山大学何锐平、谢秋河、关山、王大欣、许文杰、周汉智、卢恺、于冀江、陈光明、李建明、黄维纲、赵刚、李强、董斌、邵念荣、冼锋、梅青君等各位优秀同学的关心和支持。

感谢北京大学段涛、符冠华、庄跃凯、王宝、贾君新、霍斌、黄元忠、贺波、任晓剑、关鸿亮、陈利、陈国勋、魏军委、俞雷、王尚峰、罗劲、吴兴华、姚振山等杰出同学的推荐和鼓励。

感谢保利投资控股有限公司董事总经理丁小斌先生和副总经理孙天一先生多年来在工作上给予的支持与帮助。

感谢老朋友摩根士丹利公司国际投资顾问陈乐天先生在本版修订期间提供的专业指导和热情帮助。

此外，在本书第一版编写的过程中，中国人民大学研究生罗永峰同学、香港中文大学研究生郭玉同学、美国密歇根大学高仪同学等对部分章节进行了编辑整理，广东外语外贸大学国际商务研究生周琦、谢力健、朱丽娜、杨子健、张芳芳、马骏、张帆、张正元、胡星宇、吴芳琳等同学的热心帮助校对。

在本书第二版修订期间，我们的作者之一，从美国布朗大学研究生毕业归来的高仪也反复查阅了美国有关书籍和相关数据资料，付出了很大努力；另外，埃森哲（Accenture Strategy）公司战略部钟棪先生、北京大学研究生赵子昂同学、新加坡国立大学研究生都宁同学等均为本书的校对付出了时间和精力。

因为在本书编写过程中给予各种帮助的老师、朋友、同学还有很多，未能详尽列出，均在此一并致谢。

古人云："亏功一篑，未成丘山。凿井九阶，不次水泽。行百里者半九十，小狐汔济濡其尾。"非常感谢中信出版集团的各位领导和老师对本书稿的认可和支持！特别是许志老师等不仅为本书提出了专业指导和修改意见，还提供了统筹编辑及校对等工作。如果没有各位老师的辛勤努力，以及对我们的催促与鞭策，可能这些文稿依然躺在我们的电脑里面，不知哪天才能见到读者朋友。

"细看造物初无物，春到江南花自开"。更要感谢此前进行 REITs 研究的所有前辈学者、金融研究专家及管理运营 REITs 的企业家，他们在几十年的研究期间和经营过程中留下的许多宝贵资料和数据，给我们带来启迪和示范。然而，对于本书中所引用的文章段落，我们免不了囫囵吞枣，本人在此亦表示深深的谢意。考虑到金融从业者和房地产从业者的不同专业基础背景，本书力争做到深入浅出。虽然有各位专家在前面研究指引，但笔者的水平有限，难免仍会有许多错误和不足，敬请各位专家和读者批评指正。

"路漫漫其修远兮，吾将上下而求索"。最后要说的是，我们也非常愿意与行业前辈专家及同道朋友一起不断总结完善。

高旭华

2016 年 05 月初稿于广州天河

2020 年 12 月修订于广州五山

后记：REITs 不只是金融

很高兴本书能够再版，在第一版中我们提到，好的产品是不断迭代的，难以一次就呈现完美的状态。其实事情也没有绝对的对错，好的产品有时候也应该有工匠精神，反复打磨做好品质管理。现在很高兴有机会能够弥补本书第一版的不足。

本书再版的契机是在新冠肺炎疫情的影响下，我国大力投资基础设施以期望带动经济走出低迷困境，为此国家于 2020 年 4 月 30 日正式推出了公募基金基础设施 REITs，实现了公募 REITs 由私募转公募的突破。REITs 在国外是一种成熟的金融工具，它能够帮助我们盘活当前庞大的基础设施存量资产，吸纳社会资金参与其中。REITs 中等风险、中等收益的特征，丰富了我国的投资品种，也为我国的金融市场提供了更多的选择。

那么 REITs 对基础设施的作用仅限于此吗？当然不是。根据管理大师伊查克·爱迪思（Ichak Adizes）的企业生命周期理论观点，企业对社会发挥贡献有 4 个维度（PAEI），分别是：目标执行（Purposeful）、行政作用（Administrative）、创业精神（Entrepreneurial）、整合功能（Integrative）。金融属性属于 REITs 的整合功能方面，因为它匹配了投资者和融资者的投融资需求，把各种要素都整合进 REITs 领域。然而，REITs 远远不只是金融工具那么简单。

借鉴国外 REITs 成熟的模式，REITs 的影响是多方面的。目标执行要求企业关注顾客需求，立足于为客户提供（Provide）所需需求，产出（Produce）既定结果，按预期履行（Perform）目标职能。如果公司履行了目标执行功能，它将是有效益的，因为它满足了赖以存在的需求。作为房地产服务商，运营的资产一般是成熟物业，消费属性比较强而投资属性较弱，在竞争激烈的房地产服务行业，REITs 需要客户源源不断地消费，形成品牌忠诚度，在源源不断地消费中，REITs 实现了自身的目标执行功能。

但是企业仅有效益而没有效率是不行的，一个有效的组织还必须能够发挥其专业性。REITs 对组织结构、基础资产分布、收入分红有严格的要求，相对于有限责任公司而言，REITs 强制分红了大部分现金，使得它实现自身的"通道作用"。REITs 自身难以留存很多的资金，需要不断地到资本市场进行融资，接受投资人一遍又一遍地审核，所以它更加透明，更加富有效率。REITs 的行政作用功能使得它在诸多 PPP 模式中脱颖而出，并更加规范地促进基础设施的投资和运营。

REITs 还具有创业精神，REITs 要不断地去寻找优质资产进行投资。根据熊彼特的观点，创业精神是社会经济不断发展，拥有活力的关键因素，如果企业缺乏创业精神，那么将逐渐失去活力而最终死去，这是它相对于公共部门而言具有的特别优势。REITs 的本质是投资信托，在资产市场的环境下，它会不断地去发现更有价值的基础资产、更有效的运营模式，更好的营销对象，把资源投入更有成效的领域，从而为未来社会创造更大的价值。

REITs 应该发挥 PAEI 这 4 个功能，如果缺少任何一部分，REITs 的发展将是不完善的。如果 REITs 不再以服务顾客为基础，那么 REITs 将失去存在的意义，其他功能也会自然而然消失。有些 REITs 为了融资而融资，过分发挥了整合功能（I）而没有实际业绩支撑，最终沦为庞氏骗局，在股市兴风作浪，诉讼缠身；有些 REITs 过分强调组织结构的严格限制（A），进而导致机构官僚主义和本位主义，忽视顾客的需求变化，最终因组织僵化跟不上时代而惨遭淘汰；有些

REITs 可能过分强调创新创业（E），将有限的资源不断地投入新的项目和新的领域，最后因为缺乏现金流而倒闭；当然也有些 REITs 只顾当前业绩（P），为了销售而销售，低头拉车而不抬头看路，最终红利耗尽而走投无路。优秀的企业能够同时发挥 4 个方面的功能，但这是比较困难的，因为这 4 个功能彼此制约，相互影响。企业只能在服务顾客的同时，尽力平衡自身的各方面能力，综合发展，所以说真正的 REITs 不只是金融工具。

正如管理大师德鲁克所言，企业的目的是创造顾客，企业的价值在外部，在于为顾客提供价值，其自身内部都是成本和消耗。管理者要时时思考如何为社会创造价值，为顾客服务是 REITs 的立身根本。在中国特色社会主义的市场经济背景下，REITs 作为营利性机构如何在与国营企业和非营利机构竞争中获胜，关键还在于 REITs 从业人员如何从社会高度看待这个问题。

作为本书的作者之一，客观地看待这本书，我认为其对读者并不算很友好，因为它按自己的逻辑思维来组织而不是按读者感兴趣的顺序来组织编写。但是，终于还是付梓成书，个中辛苦一言难尽，还望各位读者多多包涵。另外，感谢各位家人、老师同事、朋友同学的关心和支持，特别感谢本书合著者高旭华博士与高仪女士付出的巨大心血，本书才有机会出版面世，未来让我们共同努力推进 REITs 事业的进一步发展。

修逸群

2020 年 11 月 30 日星期一

中国证监会 国家发展改革委关于推进基础设施领域不动产投资信托基金（REITs）试点相关工作的通知

证监发〔2020〕40号

中国证监会各派出机构，上海证券交易所、深圳证券交易所，中国证券业协会，中国证券投资基金业协会，各省、自治区、直辖市、计划单列市发展改革委，新疆生产建设兵团发展改革委：

为贯彻落实党中央、国务院关于防风险、去杠杆、稳投资、补短板的决策部署，积极支持国家重大战略实施，深化金融供给侧结构性改革，强化资本市场服务实体经济能力，进一步创新投融资机制，有效盘活存量资产，促进基础设施高质量发展，现就推进基础设施领域不动产投资信托基金（以下简称基础设施REITs）试点工作通知如下：

一、充分认识推进基础设施REITs试点的重要意义

基础设施REITs是国际通行的配置资产，具有流动性较高、收益相对稳定、安全性较强等特点，能有效盘活存量资产，填补当前金融产品空白，拓宽社会资本投资渠道，提升直接融资比重，增强资本市场服务实体经济质效。短期看有利于广泛筹集项目资本金，降低债务风险，是稳投资、补短板的有效政策工具；长期看有利于完善储蓄转化投资机制，降低实体经济杠杆，推动基础设施投融资市场化、规范

化健康发展。

各相关单位应充分认识推进基础设施 REITs 试点的重要意义，加强合作，推动基础设施 REITs 在证券交易所公开发行交易，盘活存量资产、形成投资良性循环，吸引更专业的市场机构参与运营管理，提高投资建设和运营管理效率，提升投资收益水平。

二、推进基础设施 REITs 试点的基本原则

（一）符合国家政策，聚焦优质资产。推动国家重大战略实施，服务实体经济，支持重点领域符合国家政策导向、社会效益良好、投资收益率稳定且运营管理水平较好的项目开展基础设施 REITs 试点。

（二）遵循市场原则，坚持权益导向。结合投融资双方需求，按照市场化原则推进基础设施 REITs，依托基础设施项目持续、稳定的收益，通过 REITs 实现权益份额公开上市交易。

（三）创新规范并举，提升运营能力。加强对基础设施资产持续运营能力、管理水平的考核、监督，充分发挥管理人的专业管理职能，确保基础设施项目持续健康运营，努力提升运营效率和服务质量，推动基础设施投融资机制和运营管理模式创新。

（四）规则先行，稳妥开展试点。借鉴成熟国际经验，在现行法律法规框架下，在重点领域以个案方式先行开展基础设施 REITs 试点，稳妥起步，及时总结试点经验，优化工作流程，适时稳步推广。

（五）强化机构主体责任，推动归位尽责。明确管理人、托管人及相关中介机构的职责边界，加强监督管理，严格落实诚实守信、勤勉尽责义务，推动相关参与主体归位尽责。

（六）完善相关政策，有效防控风险。健全法律制度保障与相关配套政策，把握好基础资产质量，夯实业务基础，有效防范市场风险。借鉴境外成熟市场标准，系统构建基础设施 REITs 审核、监督、管理制度，推动制度化、规范化发展。

三、基础设施 REITs 试点项目要求

（一）聚焦重点区域。优先支持京津冀、长江经济带、雄安新区、粤港澳大湾区、海南、长江三角洲等重点区域，支持国家级新区、有条件的国家级经济技术开发区开展试点。

（二）聚焦重点行业。优先支持基础设施补短板行业，包括仓储物流、收费公路等交通设施，水电气热等市政工程，城镇污水垃圾处理、固废危废处理等污染治理项目。鼓励信息网络等新型基础设施，以及国家战略性新兴产业集群、高科技产业园区、特色产业园区等开展试点。

（三）聚焦优质项目。基础设施 REITs 试点项目应符合以下条件：

1. 项目权属清晰，已按规定履行项目投资管理，以及规划、环评和用地等相关手续，已通过竣工验收。PPP 项目应依法依规履行政府和社会资本管理相关规定，收入来源以使用者付费为主，未出现重大问题和合同纠纷。

2. 具有成熟的经营模式及市场化运营能力，已产生持续、稳定的收益及现金流，投资回报良好，并具有持续经营能力、较好的增长潜力。

3. 发起人（原始权益人）及基础设施运营企业信用稳健、内部控制制度健全，具有持续经营能力，最近 3 年无重大违法违规行为。基础设施运营企业还应当具有丰富的运营管理能力。

（四）加强融资用途管理。发起人（原始权益人）通过转让基础设施取得资金的用途应符合国家产业政策，鼓励将回收资金用于新的基础设施和公用事业建设，重点支持补短板项目，形成投资良性循环。

四、基础设施 REITs 试点工作安排

（一）试点初期，由符合条件的取得公募基金管理资格的证券公司或基金管理公司，依法依规设立公开募集基础设施证券投资基金，经中国证监会注册后，公开发售基金份额募集资金，通过购买同一实

际控制人所属的管理人设立发行的基础设施资产支持证券，完成对标的基础设施的收购，开展基础设施 REITs 业务。公开募集基础设施证券投资基金符合《证券法》《证券投资基金法》规定的，可以申请在证券交易所上市交易。

（二）各省级发展改革委主要从项目是否符合国家重大战略、宏观调控政策、产业政策、固定资产投资管理法规制度，以及鼓励回收资金用于基础设施补短板领域等方面出具专项意见。各省级发展改革委要加强指导，推动盘活存量资产，促进回收资金用于基础设施补短板项目建设，形成投资良性循环。在省级发展改革委出具专项意见基础上，国家发展改革委将符合条件的项目推荐至中国证监会，由中国证监会、沪深证券交易所依法依规，并遵循市场化原则，独立履行注册、审查程序，自主决策。中国证监会各派出机构、沪深证券交易所与省级发展改革委加强协作，做好项目遴选与推荐工作。

（三）中国证监会制定公开募集基础设施证券投资基金相关规则，对基金管理人等参与主体履职要求、产品注册、份额发售、投资运作、信息披露等进行规范。沪深证券交易所比照公开发行证券相关要求建立基础设施资产支持证券发行审查制度。中国证监会各派出机构、沪深证券交易所、中国证券业协会、中国证券投资基金业协会等有关单位要抓紧建立基础设施资产支持证券受理、审核、备案、信息披露和持续监管的工作机制，做好投资者教育和市场培育，参照公开发行证券相关要求强化对基础设施资产支持证券发行等环节相关参与主体的监督管理，压实中介机构责任，落实各项监管要求。

中国证监会指导各派出机构、沪深证券交易所、中国证券业协会与中国证券投资基金业协会制定完善试点项目遴选相关配套措施，加强基础设施 REITs 的业务过程监管，并结合实践情况，适时完善法律制度保障。

（四）中国证监会、国家发展改革委密切沟通协作、加强信息共享，协调解决基础设施 REITs 试点过程中存在的问题与困难，并依据职责分工，不断优化流程、提高效率，推动基础设施 REITs 试点工作顺利开展，并支持探索开展基础设施 REITs 试点的其他可行模式。

有关单位应按照本《通知》要求，做好项目储备等前期工作，待相关配套规则明确后，按规定报送相关材料。

中国证监会 国家发展改革委员会

2020 年 4 月 24 日

公开募集基础设施证券投资基金指引（试行）

中国证券监督管理委员会公告
〔2020〕54号

现公布《公开募集基础设施证券投资基金指引（试行）》，自公布之日起施行。

中国证监会

2020年8月6日

第一条 为了规范公开募集基础设施证券投资基金（以下简称基础设施基金）设立、运作等相关活动，保护投资者合法权益，根据《证券法》《证券投资基金法》及其他有关法律法规，制定本指引。

第二条 本指引所称基础设施基金，是指同时符合下列特征的基金产品：

（一）80%以上基金资产投资于基础设施资产支持证券，并持有其全部份额；基金通过基础设施资产支持证券持有基础设施项目公司全部股权；

（二）基金通过资产支持证券和项目公司等载体（以下统称特殊目的载体）取得基础设施项目完全所有权或经营权利；

（三）基金管理人主动运营管理基础设施项目，以获取基础设施项目租金、收费等稳定现金流为主要目的；

（四）采取封闭式运作，收益分配比例不低于合并后基金年度可供分配金额的90%。

第三条 基金管理人、基金托管人从事基础设施基金活动应当恪尽职守，履行诚实信用、谨慎勤勉的义务，遵守持有人利益优先的基本原则，有效防范利益冲突，实现专业化管理和托管。

为基础设施基金提供服务的专业机构应当严格遵守法律法规，恪守职业道德、执业准则和行为规范，诚实守信、勤勉尽责、专业审慎，出具的专业意见不得存在虚假记载、误导性陈述或重大遗漏。

第四条 因基础设施基金的管理、运用或者其他情形而取得的财产和收益，归入基础设施基金财产。基础设施基金财产的债务由基础设施基金财产承担。基础设施基金财产独立于原始权益人、基金管理人、基金托管人及其他参与机构的固有财产。原始权益人、基金管理人、基金托管人及其他参与机构因依法解散、被依法撤销或者被依法宣告破产等原因进行清算的，基础设施基金财产不属于其清算财产。基础设施基金财产的债权，不得与原始权益人、基金管理人、基金托管人及其他参与机构的固有财产产生的债务相抵消。不同基础设施基金财产的债权债务，不得相互抵消。

第五条 申请募集基础设施基金，拟任基金管理人应当符合《证券投资基金法》《公开募集证券投资基金运作管理办法》规定的相关条件，并满足下列要求：

（一）公司成立满 3 年，资产管理经验丰富，公司治理健全，内控制度完善；

（二）设置独立的基础设施基金投资管理部门，配备不少于 3 名具有 5 年以上基础设施项目运营或基础设施项目投资管理经验的主要负责人员，其中至少 2 名具备 5 年以上基础设施项目运营经验；

（三）财务状况良好，能满足公司持续运营、业务发展和风险防范的需要；

（四）具有良好的社会声誉，在金融监管、工商、税务等方面不存在重大不良记录；

（五）具备健全有效的基础设施基金投资管理、项目运营、内部控制与风险管理制度和流程；

（六）中国证监会规定的其他要求。

拟任基金管理人或其同一控制下的关联方应当具有不动产研究经验，配备充足的专业研究人员；具有同类产品或业务投资管理或运营专业经验，且同类产品或业务不存在重大未决风险事项。

第六条 申请募集基础设施基金，拟任基金托管人应当符合《证券投资基金法》《公开募集证券投资基金运作管理办法》规定的相关条件，并满足下列要求：

（一）财务状况良好，风险控制指标符合监管部门相关规定；

（二）具有良好的社会声誉，在金融监管、工商、税务等方面不存在重大不良记录；

（三）具有基础设施领域资产管理产品托管经验；

（四）为开展基础设施基金托管业务配备充足的专业人员；

（五）中国证监会规定的其他要求。

基础设施基金托管人与基础设施资产支持证券托管人应当为同一人。

第七条 申请注册基础设施基金前，基金管理人应当对拟持有的基础设施项目进行全面的尽职调查，聘请符合规定的专业机构提供评估、法律、审计等专业服务，与基础设施资产支持证券管理人协商确定基础设施资产支持证券设立、发行等相关事宜，确保基金注册、份额发售、投资运作与资产支持证券设立、发行之间有效衔接。

第八条 基础设施基金拟持有的基础设施项目应当符合下列要求：

（一）原始权益人享有完全所有权或经营权利，不存在重大经济或法律纠纷，且不存在他项权利设定，基础设施基金成立后能够解除他项权利的除外；

（二）主要原始权益人企业信用稳健、内部控制健全，最近 3 年无重大违法违规行为；

（三）原则上运营 3 年以上，已产生持续、稳定的现金流，投资回报良好，并具有持续经营能力、较好增长潜力；

（四）现金流来源合理分散，且主要由市场化运营产生，不依赖第三方补贴等非经常性收入；

（五）中国证监会规定的其他要求。

第九条 基金管理人应当制定完善的尽职调查内部管理制度，建立健全业务流程，对基础设施项目出具的尽职调查报告应当包括下列内容：

（一）基础设施项目原始权益人及其控股股东、实际控制人，项目管理机构等主要参与机构情况；

（二）基础设施项目财务情况；

（三）基础设施项目对外借款情况，及基础设施基金成立后保留对外借款相关情况（如适用）；

（四）基础设施项目现金流的稳定性和历史记录，及未来现金流的合理测算和分析；

（五）已签署正在履行期内及拟签署的全部重要协议；

（六）安全生产及环境保护情况，及是否符合城市规划要求；

（七）基础设施项目法律权属，及是否存在抵押、查封、扣押、冻结等他项权利限制和应付未付义务；

（八）是否已购买基础设施项目保险，及承保范围和保险金额；

（九）同业竞争、关联关系及关联交易等潜在利益冲突情况；

（十）基础设施基金是否可合法取得基础设施项目的所有权或经营权利；

（十一）可能影响基础设施项目运营的其他重要事项。

第十条 基金管理人可以与资产支持证券管理人联合开展尽职调

查，必要时还可以聘请财务顾问开展尽职调查，但基金管理人与资产支持证券管理人依法应当承担的责任不因聘请财务顾问而免除。基金管理人或其关联方与原始权益人存在关联关系，或享有基础设施项目权益时，应当聘请第三方财务顾问独立开展尽职调查，并出具财务顾问报告。

财务顾问应当由取得保荐业务资格的证券公司担任。基金管理人、财务顾问应按照法律法规及中国证监会有关规定对基础设施项目进行尽职调查，充分了解基础设施项目的经营状况及其面临的风险和问题。

第十一条 申请注册基础设施基金前，基金管理人应当聘请独立的评估机构对拟持有的基础设施项目进行评估，并出具评估报告。

评估机构应当按照《证券投资基金法》第九十七条规定经中国证监会备案，并符合国家主管部门相关要求，具备良好资质和稳健的内部控制机制，合规运作、诚信经营、声誉良好，不得存在可能影响其独立性的行为。评估机构为同一只基础设施基金提供评估服务不得连续超过 3 年。评估机构在评估过程中应当客观、独立、公正，遵守一致性、一贯性及公开、透明、可校验原则，不得随意调整评估方法和评估结果。

第十二条 评估报告包括下列内容：

（一）评估基础及所用假设的全部重要信息；

（二）所采用的评估方法及评估方法的选择依据和合理性说明；

（三）基础设施项目详细信息，包括基础设施项目地址、权属性质、现有用途、经营现状等，每期运营收入、应缴税收、各项支出等收益情况及其他相关事项；

（四）基础设施项目的市场情况，包括供求情况、市场趋势等；

（五）影响评估结果的重要参数，包括土地使用权或经营权利剩余期限、运营收入、运营成本、运营净收益、资本性支出、未来现金流变动预期、折现率等；

（六）评估机构独立性及评估报告公允性的相关说明；

（七）调整所采用评估方法或重要参数情况及理由（如有）；

（八）可能影响基础设施项目评估的其他事项。

基础设施基金份额首次发售，评估基准日距离基金份额发售公告日不得超过6个月；基金运作过程中发生购入或出售基础设施项目等情形时，评估基准日距离签署购入或出售协议等情形发生日不得超过6个月。

第十三条 申请注册基础设施基金前，基金管理人应当聘请符合条件的律师事务所就基础设施项目合法合规性、基础设施项目转让行为合法性、主要参与机构资质等出具法律意见书，聘请符合条件的会计师事务所对基础设施项目财务情况进行审计并出具报告。

第十四条 申请注册基础设施基金，基金管理人应当向中国证监会提交下列材料：

（一）《证券投资基金法》《公开募集证券投资基金运作管理办法》要求的公开募集证券投资基金注册申请文件；

（二）基金管理人及资产支持证券管理人相关说明材料，包括但不限于：投资管理、项目运营、内部控制与风险管理制度和流程，部门设置与人员配备，同类产品与业务管理情况等；

（三）拟投资基础设施资产支持证券相关说明材料，包括但不限于：资产支持专项计划说明书、法律意见书、拟提交中国证券投资基金业协会备案材料等；

（四）拟投资基础设施资产支持证券认购协议；

（五）基金管理人与主要参与机构签订的协议文件；

（六）中国证监会规定提交的其他材料。

基础设施基金拟在证券交易所上市的，基金管理人应当同步向证券交易所提交相关上市申请。证券交易所同意基础设施资产支持证券挂牌和基础设施基金上市的，应当将无异议函在产品注册前报送中国证监会。

第十五条 基础设施基金经中国证监会注册后，基金管理人应当在基金份额公开发售3日前，依法披露基金合同、托管协议、招募说明书、基金份额发售公告、基金产品资料概要等法律文件。

基金招募说明书除按照法律法规要求披露相关信息外，还应当披露下列信息：

（一）基础设施基金整体架构及拟持有特殊目的载体情况；

（二）基金份额发售安排；

（三）预期上市时间表；

（四）基础设施基金募集及存续期相关费用，并说明费用收取的合理性；

（五）募集资金用途；

（六）基础设施资产支持证券基本情况；

（七）基础设施项目基本情况，包括项目所在地区宏观经济概况、基础设施项目所属行业和市场概况、项目概况、运营数据、合规情况、风险情况等；

（八）基础设施项目财务状况及经营业绩分析；

（九）基础设施项目现金流测算分析；

（十）基础设施项目运营未来展望；

（十一）为管理基础设施基金配备的主要负责人员情况；

（十二）基础设施项目运营管理安排，聘请外部管理机构的，应当披露外部管理机构基本信息、人员配备、项目资金收支及风险管控安排等；

（十三）借款安排，基础设施基金成立后保留基础设施项目已存在对外借款的，应当充分说明理由，详细说明保留借款的金额、比例、偿付安排、符合法定条件的说明及对基础设施项目收益的影响，并充分揭示相关风险；

（十四）关联关系、关联交易等潜在利益冲突及防控措施，包括基金管理人与原始权益人关联关系情况，基金管理人运用基金财产买卖基础设施资产支持证券涉及的关联交易及其他关联交易概况，基金管理人就关联交易采取的内控措施等；

（十五）基础设施项目原始权益人基本情况，及原始权益人或其同一控制下的关联方拟认购基础设施基金份额情况；

（十六）基础设施基金募集失败的情形和处理安排；

（十七）基础设施基金拟持有的基础设施项目权属到期、处置等相关安排；

（十八）主要原始权益人及其控股股东、实际控制人对相关事项的承诺；

（十九）基础设施项目最近 3 年及一期的财务报告及审计报告，最近一期财务报告截止日距离招募说明书披露日不超过 6 个月。如无法提供上述材料，则应当充分说明理由，并提供基础设施项目财务状况和运营情况；

（二十）经会计师事务所审阅的基金可供分配金额测算报告，测算期限不超过 2 年且不晚于第二年年度最后一日；

（二十一）基础设施项目尽职调查报告、财务顾问报告（如有）；

（二十二）基础设施项目评估报告；

（二十三）主要参与机构基本情况，包括名称、注册地址与办公地址、成立日期、通讯方式、法定代表人、主要业务负责人等；

（二十四）可能影响投资者决策的其他重要信息。

第十六条　基础设施基金份额认购价格应当通过向网下投资者询价的方式确定。基金管理人或其聘请的财务顾问受委托办理基础设施基金份额发售的路演推介、询价、定价、配售等相关业务活动。

第十七条　网下投资者为证券公司、基金管理公司、信托公司、财务公司、保险公司、合格境外机构投资者、商业银行及其理财子公司、符合规定的私募基金管理人以及其他中国证监会认可的专业机构投资者。全国社会保障基金、基本养老保险基金、年金基金等可根据有关规定参与基础设施基金网下询价。

第十八条 基础设施项目原始权益人或其同一控制下的关联方参与基础设施基金份额战略配售的比例合计不得低于本次基金份额发售数量的20%，其中基金份额发售总量的20%持有期自上市之日起不少于60个月，超过20%部分持有期自上市之日起不少于36个月，基金份额持有期间不允许质押。原始权益人或其同一控制下的关联方拟卖出战略配售取得的基础设施基金份额的，应当按照相关规定履行信息披露义务。

基础设施项目原始权益人或其同一控制下的关联方以外的专业机构投资者可以参与基础设施基金份额战略配售，战略配售比例由基金管理人合理确定，持有基础设施基金份额期限自上市之日起不少于12个月。

基金管理人应当与战略投资者事先签署配售协议，且应当在基金合同、招募说明书等法律文件中披露战略投资者选择标准、向战略投资者配售的基金份额总量、占本次基金份额发售比例及持有期限等。

第十九条 扣除向战略投资者配售部分后，基础设施基金份额向网下投资者发售比例不得低于本次公开发售数量的70%。

对网下投资者进行分类配售的，同类投资者获得的配售比例应当相同。

第二十条 网下询价结束后，基金管理人应当及时向公众投资者公告基金份额认购价格。公众投资者通过基金销售机构以询价确定的认购价格参与基础设施基金份额认购。

第二十一条 基金管理人应当严格落实投资者适当性管理制度，会同基金销售机构认真做好产品风险评价、投资者风险承受能力与投资目标识别、适当性匹配等投资者适当性管理工作，将适当的产品销售给适合的投资者。

第二十二条 基金管理人应当制作基础设施基金产品资料概要，简明清晰说明基金产品结构及风险收益特征，在基金合同、招募说明书及产品资料概要显著位置，充分揭示基础设施基金投资运作、交易等环节的主要风险。

第二十三条 基金管理人及基金销售机构应当加强投资者教育，引导投资者充分认识基础设施基金风险特征，要求普通投资者在首次购买环节以纸质或电子形式确认其了解基础设施基金产品特征及主要风险。

第二十四条 基金募集期限届满，出现下列情形之一的，基础设施基金募集失败：

（一）基金份额总额未达到准予注册规模的 80%；

（二）募集资金规模不足 2 亿元，或投资人少于 1000 人；

（三）原始权益人或其同一控制下的关联方未按规定参与战略配售；

（四）扣除战略配售部分后，向网下投资者发售比例低于本次公开发售数量的 70%；

（五）导致基金募集失败的其他情形。

基金募集失败的，基金管理人应当在募集期限届满后 30 日内返还投资人已交纳的款项，并加计银行同期存款利息。

第二十五条 基础设施基金成立后，基金管理人应当将 80% 以上基金资产投资于与其存在实际控制关系或受同一控制人控制的管理人设立发行的基础设施资产支持证券全部份额，并通过特殊目的载体获得基础设施项目全部所有权或经营权利，拥有特殊目的载体及基础设施项目完全的控制权和处置权。前述行为应当按照相关法律法规关于重大关联交易要求履行适当程序、依法披露。

基础设施基金投资基础设施资产支持证券的比例不受《公开募集证券投资基金运作管理办法》第三十二条第（一）项、第（二）项限制。

第二十六条 基础设施基金除投资基础设施资产支持证券外，其余基金资产应当依法投资于利率债，AAA 级信用债，或货币市场工具。

第二十七条 基础设施基金应当采取封闭式运作，符合法定条件并经证券交易所依法审核同意后，可上市交易。

第二十八条 基础设施基金成立前，基础设施项目已存在对外借款的，应当在基础设施基金成立后以募集资金予以偿还，满足本条第二款规定且不存在他项权利设定的对外借款除外。

基础设施基金直接或间接对外借入款项，应当遵循基金份额持有人利益优先原则，不得依赖外部增信，借款用途限于基础设施项目日常运营、维修改造、项目收购等，且基金总资产不得超过基金净资产的 140%。其中，用于基础设施项目收购的借款应当符合下列条件：

（一）借款金额不得超过基金净资产的 20%；

（二）基础设施基金运作稳健，未发生重大法律、财务、经营等风险；

（三）基础设施基金已持基础设施和拟收购基础设施相关资产变现能力较强且可以分拆转让以满足偿还借款要求，偿付安排不影响基金持续稳定运作；

（四）基础设施基金可支配现金流足以支付已借款和拟借款本息支出，并能保障基金分红稳定性；

（五）基础设施基金具有完善的融资安排及风险应对预案；

（六）中国证监会规定的其他要求。

基础设施基金总资产被动超过基金净资产 140% 的，基础设施基金不得新增借款，基金管理人应当及时向中国证监会报告相关情况及拟采取的措施等。

第二十九条 基金管理人运用基金财产收购基础设施项目后从事其他重大关联交易的，除应当按照相关法律法规要求防范利益冲突、健全内部制度、履行适当程序外，还应当按照《证券投资基金法》《公开募集证券投资基金运作管理办法》和本指引要求召开基金份额持有人大会。

基金管理人董事会应至少每半年对关联交易事项进行审查。

第三十条 基础设施基金应当将 90% 以上合并后基金年度可供分配金额以现金形式分配给投资者。基础设施基金的收益分配在符合分配条件的情况下每年不得少于 1 次。

可供分配金额是在净利润基础上进行合理调整后的金额，相关计算调整项目至少包括基础设施项目资产的公允价值变动损益、折旧与摊销，同时应当综合考虑项目公司持续发展、偿债能力和经营现金流等因素，具体由中国证券投资基金业协会另行规定。

基础设施基金进行分配的，应当至少在权益登记日前 2 个交易日公告权益登记日、收益分配基准日、现金红利发放日、可供分配金额（含净利润、调整项目及调整原因）、按照基金合同约定应分配金额等事项。

第三十一条 基础设施基金募集期间产生的评估费、财务顾问费（如有）、会计师费、律师费等各项费用不得从基金财产中列支。如基础设施基金募集失败，上述相关费用不得从投资者认购款项中支付。

基础设施基金存续期间发生的与基金有关的下列费用可以从基金财产中列支：

（一）基金管理费、托管费；

（二）为基金提供专业服务的会计师事务所、律师事务所等收取的服务费用；

（三）由基金财产承担的其他费用。

第三十二条 除《证券投资基金法》规定的情形外，发生下列情形的，应当经参加大会的基金份额持有人所持表决权的二分之一以上表决通过：

（一）金额超过基金净资产 20% 且低于基金净资产 50% 的基础设施项目购入或出售；

（二）金额低于基金净资产 50% 的基础设施基金扩募；

（三）基础设施基金成立后发生的金额超过基金净资产 5% 且低于基金净资产 20% 的关联交易；

（四）除基金合同约定解聘外部管理机构的法定情形外，基金管理人解聘外部管理机构的。

除《证券投资基金法》规定的情形外，发生下列情形的，应当经参加大会的基金份额持有人所持表决权的三分之二以上表决通过：

（一）对基础设施基金的投资目标、投资策略等作出重大调整；

（二）金额占基金净资产 50% 及以上的基础设施项目购入或出售；

（三）金额占基金净资产 50% 及以上的扩募；

（四）基础设施基金成立后发生的金额占基金净资产 20% 及以上的关联交易。

基金份额持有人与表决事项存在关联关系的，应当回避表决，其所持份额不计入有表决权的基金份额总数。证券交易所应当为基金份额持有人大会提供网络投票系统。

基础设施基金就扩募、项目购入或出售等重大事项召开基金份额持有人大会的，相关信息披露义务人应当依法公告持有人大会事项，披露相关重大事项的详细方案及法律意见书等文件，方案内容包括但不限于：交易概况、交易标的及交易对手方的基本情况、交易标的定价方式、交易主要风险、交易各方声明与承诺等。

第三十三条 基础设施基金存续期间拟购入基础设施项目的，应当按照《公开募集证券投资基金运作管理办法》第四十条相关规定履行变更注册等程序。需提交基金份额持有人大会投票表决的，应当事先履行变更注册程序。

基础设施基金存续期间拟购入基础设施项目的标准和要求、战略配售安排、尽职调查要求、信息披露等应当与基础设施基金首次发售要求一致，中国证监会认定的情形除外。

第三十四条 基础设施基金存续期间，基金管理人应当聘请评估机构对基础设施项目资产每年进行 1 次评估。出现下列情形之一的，基金管理人应当及时聘请评估机构对基础设施项目资产进行评估：

（一）基础设施项目购入或出售；

（二）基础设施基金扩募；

（三）提前终止基金合同拟进行资产处置；

（四）基础设施项目现金流发生重大变化且对持有人利益有实质性影响；

（五）对基金份额持有人利益有重大影响的其他情形。

第三十五条 除《公开募集证券投资基金信息披露管理办法》规定的情形外，发生下列情形之一的，基金管理人应当依法编 制并发布临时公告：

（一）基础设施基金发生重大关联交易；

（二）基础设施项目公司对外借入款项或者基金总资产被动超过基金净资产 140%；

（三）金额占基金净资产 10% 及以上的交易；

（四）金额占基金净资产 10% 及以上的损失；

（五）基础设施项目购入或出售；

（六）基础设施基金扩募；

（七）基础设施项目运营情况、现金流或产生现金流能力发生重大变化；

（八）基金管理人、基础设施资产支持证券管理人发生重大变化或管理基础设施基金的主要负责人员发生变动；

（九）更换评估机构、律师事务所、会计师事务所等专业机构；

（十）原始权益人或其同一控制下的关联方卖出战略配售取得的基金份额；

（十一）可能对基础设施基金份额持有人利益或基金资产净值产生重大影响的其他事项。

第三十六条 基金管理人应当按照法律法规及中国证监会相关规定，编制并披露基础设施基金定期报告，内容包括：

（一）基础设施基金产品概况及主要财务指标。季度报告主要财务指标包括基金本期收入、本期净利润、本期经营活动产生的现金流量、本期可供分配金额和单位可供分配金额及计算过程、本期及过往实际分配金额（如有）和单位实际分配金额（如有）等；中期报告和年度报告主要财务指标除前述指标外还应当包括期末基金总资产、期末基金净资产、期末基金份额净值、基金总资产占基金净资产比例等，年度报告需说明实际可供分配金额与测算可供分配金额差异情况（如有）；

（二）基础设施项目明细及相关运营情况；

（三）基础设施基金财务报告及基础设施项目财务状况、业绩表现、未来展望情况；

（四）基础设施项目现金流归集、管理、使用及变化情况，如单一客户占比较高的，应当说明该收入的公允性和稳定性；

（五）基础设施项目公司对外借入款项及使用情况，包括不符合本指引借款要求的情况说明；

（六）基础设施基金与资产支持证券管理人和托管人、外部管理机构等履职情况；

（七）基础设施基金与资产支持证券管理人、托管人及参与机构费用收取情况；

（八）报告期内购入或出售基础设施项目情况；

（九）关联关系、报告期内发生的关联交易及相关利益冲突防范措施；

（十）报告期内基础设施基金份额持有人结构变化情况，并说明关联方持有基础设施基金份额及变化情况；

（十一）可能影响投资者决策的其他重要信息。

基础设施基金季度报告披露内容可不包括前款第（三）（六）（九）（十）项，基础设施基金年度报告应当载有年度审计报告和评估报告。基础设施基金应当充分披露与产品特征相关的重要信息。确不适用的常规基金信息披露事项，基础设施基金可不予披露，包括但不限于：每周基金资产净值和基金份额净值，半年度和年度最后一个交易日基金份额净值和基金份额累计净值，定期报告基金净值增长率及相关比较信息。

基金信息披露文件涉及评估报告相关事项的，应在显著位置特别声明相关评估结果不代表基础设施项目资产的真实市场价值，也不代表基础设施项目资产能够按照评估结果进行转让。

第三十七条 基金管理人应当按照法律法规、企业会计准则及中国证监会相关规定进行资产负债确认计量，编制基础设施基金中期与年度合并及单独财务报表，财务报表至少包括资产负债表、利润表、现金流量表、所有者权益变动表及报表附注。

基金托管人复核基金信息披露文件时，应当加强对基金管理人资产确认计量过程的复核。会计师事务所在年度审计中应当评价基金管理人和评估机构采用的评估方法和参数的合理性。

第三十八条 基础设施基金运作过程中，基金管理人应当按照法律法规规定和基金合同约定主动履行基础设施项目运营管理职责，包括：

（一）及时办理基础设施项目、印章证照、账册合同、账户管理权限交割等；

（二）建立账户和现金流管理机制，有效管理基础设施项目租赁、运营等产生的现金流，防止现金流流失、挪用等；

（三）建立印章管理、使用机制，妥善管理基础设施项目各种印章；

（四）为基础设施项目购买足够的财产保险和公众责任保险；

（五）制定及落实基础设施项目运营策略；

（六）签署并执行基础设施项目运营的相关协议；

（七）收取基础设施项目租赁、运营等产生的收益，追收欠缴款项等；

（八）执行日常运营服务，如安保、消防、通讯及紧急事故管理等；

（九）实施基础设施项目维修、改造等；

（十）基础设施项目档案归集管理等；

（十一）按照本指引要求聘请评估机构、审计机构进行评估与审计；

（十二）依法披露基础设施项目运营情况；

（十三）提供公共产品和服务的基础设施资产的运营管理，应符合国家有关监管要求，严格履行运营管理义务，保障公共利益；

（十四）建立相关机制防范外部管理机构的履约风险、基础设施项目经营风险、关联交易及利益冲突风险、利益输送和内部人控制风险等基础设施项目运营过程中的风险；

（十五）按照基金合同约定和持有人利益优先的原则，专业审慎处置资产；

（十六）中国证监会规定的其他职责。

第三十九条　基金管理人可以设立专门的子公司承担基础设施项目运营管理职责，也可以委托外部管理机构负责第三十八条第（四）至（九）项运营管理职责，其依法应当承担的责任不因委托而免除。

基金管理人委托外部管理机构运营管理基础设施项目的，应当自行派员负责基础设施项目公司财务管理。基金管理人与外部管理机构应当签订基础设施项目运营管理服务协议，明确双方的权利义务、费用收取、外部管理机构考核安排、外部管理机构解聘情形和程序、协议终止情形和程序等事项。

第四十条 外部管理机构应当按照《证券投资基金法》第九十七条规定经中国证监会备案，并持续符合下列要求：

（一）具有符合国家规定的不动产运营管理资质（如有）；

（二）具备丰富的基础设施项目运营管理经验，配备充足的具有基础设施项目运营经验的专业人员，其中具有 5 年以上基础设施项目运营经验的专业人员不少于 2 名；

（三）公司治理与财务状况良好；

（四）中国证监会规定的其他要求。

外部管理机构受委托从事基础设施项目运营管理的，不得泄露因职务便利获取的未公开信息，不得利用该信息从事或者明示、暗示他人从事相关交易活动。外部管理机构同时向其他机构提供基础设施项目运营管理服务的，应当采取充分、适当的措施避免可能出现的利益冲突。外部管理机构不得将受委托运营管理基础设施的主要职责转委托给其他机构。

外部管理机构应当配合基金管理人等机构履行信息披露义务，确保提供的文件资料真实、准确、完整。

第四十一条 基金管理人应当对接受委托的外部管理机构进行充分的尽职调查，确保其在专业资质（如有）、人员配备、公司治理等方面符合法律法规要求，具备充分的履职能力。

基金管理人应当持续加强对外部管理机构履职情况的监督，至少每年对其履职情况进行评估，确保其勤勉尽责履行运营管理职责。基金管理人应当定期检查外部管理机构就其获委托从事基础设施项目运营管理活动而保存的记录、合同等文件，检查频率不少于每半年1次。

委托事项终止后，基金管理人应当妥善保管基础设施项目运营维护相关档案。

第四十二条 外部管理机构应当勤勉尽责、专业审慎运营管理基础设施项目，发生下列情形之一的，基金管理人应当解聘外部管理机构：

（一）外部管理机构因故意或重大过失给基础设施基金造成重大损失；

（二）外部管理机构依法解散、被依法撤销、被依法宣告破产或者出现重大违法违规行为；

（三）外部管理机构专业资质、人员配备等发生重大不利变化已无法继续履职。

基金管理人应当在基金合同等法律文件中明确约定上述解聘外部管理机构的法定情形。除上述法定情形外，基金管理人解聘、更换外部管理机构的，应当提交基金份额持有人大会投票表决。与外部管理机构存在关联关系的基金份额持有人就解聘、更换外部管理机构事项无需回避表决，中国证监会认可的特殊情形除外。

第四十三条 基础设施基金原始权益人不得侵占、损害基础设施基金所持有的基础设施项目，并应当履行下列义务：

（一）配合基金管理人、基金托管人以及其他为基础设施基金提供服务的专业机构履行职责；

（二）确保基础设施项目真实、合法，确保向基金管理人等机构提供的文件资料真实、准确、完整，不存在虚假记载、误导性陈述或者重大遗漏；

（三）依据法律法规、基金合同及相关协议约定及时移交基础设施项目及相关印章证照、账册合同、账户管理权限等；

（四）法律法规及相关协议约定的其他义务。

主要原始权益人及其控股股东、实际控制人应当承诺，提供的文件资料存在隐瞒重要事实或者编造重大虚假内容等重大违法违规行为的，应当购回全部基金份额或基础设施项目权益。

第四十四条 基金托管人应当依照法律法规规定、基金合同和托管协议约定履行下列职责：

（一）安全保管基础设施基金财产、权属证书及相关文件；

（二）监督基础设施基金资金账户、基础设施项目运营收支账户等重要资金账户及资金流向，确保符合法律法规规定和基金合同约定，保证基金资产在监督账户内封闭运行；

（三）监督、复核基金管理人按照法律法规规定和基金合同约定进行投资运作、收益分配、信息披露等；

（四）监督基金管理人为基础设施项目购买足够的保险；

（五）监督基础设施项目公司借入款项安排，确保符合法律法规规定及约定用途；

（六）法律法规及中国证监会规定的其他职责。

第四十五条 基金管理人应当在基金合同中明确约定基金合同终止的情形。触发基金合同终止情形的，基金管理人应当按照法律法规规定和基金合同约定组织清算组对基金财产进行清算。

基金清算涉及基础设施项目处置的，基金管理人应当遵循基金份额持有人利益优先的原则，按照法律法规规定进行资产处置，并尽快完成剩余财产的分配。资产处置期间，清算组应当按照法律法规规定和基金合同约定履行信息披露义务。

第四十六条 证券交易所应当比照公开发行证券要求建立基础设施资产支持证券挂牌及基金上市审查制度，制定基础设施基金份额发售、上市、交易、收购、信息披露、退市等具体业务规则，强化对相关参与主体的自律管理。中国证券业协会按照自律规则对网下投资者进行注册，并实施自律管理；中国证券投资基金业协会对基础设施基金人员管理、项目尽职调查、信息披露等行为进行自律管理。

第四十七条 中国证监会及其派出机构对基金管理人、基金托管人、基础设施资产支持证券管理人、相关专业机构等从事基础设施基金运作活动进行定期或不定期检查，相关主体应当予以配合。

第四十八条 基金管理人、基金托管人、基础设施资产支持证券管理人及其从业人员等违反法律、行政法规及中国证监会规定的，中国证监会及相关派出机构可依法对其采取行政监管措施；依法应予行政处罚的，依照有关规定进行行政处罚；涉嫌犯罪的，依法移送司法机关，追究刑事责任。

第四十九条 律师事务所、会计师事务所、评估机构、财务顾问、外部管理机构等专业机构及其从业人员违反本指引，并构成违反《证券法》《证券投资基金法》《证券公司监督管理条例》《律师事务所从事证券法律业务管理办法》《证券发行上市保荐业务管理办法》等规定的违法情形的，中国证监会及相关派出机构可依法采取责令改正、监管谈话、出具警示函、限制业务活动等行政监管措施，并按照相关法律法规的规定进行处罚。

第五十条 本指引相关用语的含义如下：

（一）基础设施基金是指基金通过特殊目的载体持有基础设施项目的整体架构。

（二）基础设施资产支持证券是指依据《证券公司及基金管理公司子公司资产证券化业务管理规定》等有关规定，以基础设施项目产生的现金流为偿付来源，以基础设施资产支持专项计划为载体，向投资者发行的代表基础设施财产或财产权益份额的有价证券。基础设施包括仓储物流，收费公路、机场港口等交通设施，水电气热等市政设施，污染治理、信息网络、产业园区等其他基础设施，不含住宅和商业地产。

（三）原始权益人是指基础设施基金持有的基础设施项目的原所有人。

（四）参与机构是指为基础设施基金提供专业服务的评估机构、会计师事务所、律师事务所、外部管理机构等专业机构。

（五）基金总资产与基金净资产均指合并报表层面的基金总资产与基金净资产。

（六）本指引第三十二条所述相关金额是指连续 12 个月内累计发生金额。

第五十一条　本指引自公布之日起施行。

关于制定《公开募集基础设施证券投资基金指引（试行）》的立法说明

一、立法考虑

公募 REITs（Real Estate Investment Trusts，即不动产投资信托基金）自 20 世纪 60 年代在美国推出以来，已有 40 多个国家（地区）发行了该类产品，其投资领域由最初的房地产拓宽到酒店商场、工业地产、基础设施等，已成为专门投资不动产的成熟金融产品。

为填补当前我国公募 REITs 产品空白，盘活基础设施存量资产，拓宽社会资本投资渠道，提高直接融资比重，增强资本市场服务实体经济质效，并为后续推动我国 REITs 立法积累实践经验，我会制定了《公开募集基础设施证券投资基金指引（试行）》（以下简称《指引》），在《证券投资基金法》框架下，聚焦基础设施领域开展公募 REITs 试点。

二、起草过程

《公开募集基础设施证券投资基金指引（试行）》（征求意见稿）于 2020 年 4 月 30 日至 5 月 30 日向社会公开征求意见。总体看，社会各界反应积极正面，普遍认为推动基础设施 REITs 试点对于深化金融供给侧结构性改革、提升资本市场服务实体经济能力、丰富资本市场投融资工具等具有重要意义，总体认可《指引》确定的各项试点安排，同时也提出了具体修改意见。我会已进行认真梳理研究，充分吸收采纳，主要包括：减少重复尽职调查，完善基金份额发售、基金借款和扩募安排，加强投资者适当性管理，强化信息披露要求等。

未予吸收采纳的意见主要为：降低基础设施项目准入条件、放松基金管理人资质和职责要求等。上述意见与《中国证监会　国家发展改革委关于推进基础设施领域不动产投资信托基金（REITs）试点相关工作的通知》（证监发〔2020〕40号）确定的"聚焦优质资产、坚持权益导向、强化机构主体责任、有效防控风险"的试点基本原则不相符，未予采纳。

三、《指引》主要内容

《指引》共51条，主要对产品定义、参与主体资质与职责、产品注册、基金份额发售、投资运作、项目管理、信息披露、监督管理等进行规范。具体为：

（一）明确产品定义及运作模式

公开募集基础设施证券投资基金（以下简称基础设施基金）采用"公募基金 + 基础设施资产支持证券"的产品结构，基金管理人与基础设施资产支持证券管理人存在实际控制关系或受同一控制人控制。此外，基础设施基金需同时符合下列特征：（1）80%以上基金资产投资于基础设施资产支持证券，并持有其全部份额；基金通过基础设施资产支持证券持有基础设施项目公司全部股权；（2）基金通过资产支持证券和项目公司等特殊目的载体取得基础设施项目完全所有权或经营权利；（3）基金管理人主动运营管理基础设施项目，以获取基础设施项目租金、收费等稳定现金流为主要目的；（4）采取封闭式运作，收益分配比例不低于合并后基金年度可供分配金额的90%。

（二）强化基金管理人与托管人专业胜任要求

基础设施基金强调专业化管理和托管，《指引》要求基金管理人除应当具备常规公募基金投资管理能力外，还应当配备不少于3名具有5年以上基础设施项目投资管理或运营经验的主要负责人员；具备健全有效的基础设施基金投资管理、项目运营、内部控制与风险管理制度和流程；基金管理人或其同一控制下的关联方应当具有不动产研究经验，配备充足的专业研究人员，具有同类产品或业务投资管理或运营专业经验，且同类产品或业务不存在重大未决风险事项。同时，要求基金托管人应当具有基础设施领域资产管理产品托管经验，并为开展基础设施基金托管业务配备充足的专业人员。

（三）发挥专业机构作用，准入环节严控项目质量

为严控基础设施项目质量，《指引》要求基础设施项目需满足权属清晰，现金流持续、稳定，投资回报良好，现金流由市场化运营产生，不依赖第三方非经常性收入等条件。同时，基金管理人应严把项目准入关，对基础设施项目权属、现金流、运营等相关情况进行全面的尽职调查，可以与资产支持证券管理人联合开展尽职调查，必要时还可以聘请取得保荐业务资格的证券公司担任财务顾问对项目进行尽调。如基金管理人或其关联方与原始权益人存在关联关系，或享有基础设施项目权益时，基金管理人应当聘请第三方财务顾问独立开展尽职调查。

此外，基金管理人还应当聘请评估机构对基础设施项目进行评估，聘请律师事务所对基础设施项目转让行为合规性等出具专业法律意见，聘请会计师事务所对基础设施项目财务情况进行审计。

（四）明确定价方式和发售安排

借鉴境外市场公募REITs询价发行成熟做法，基础设施基金经中国证监会注册后，采取网下询价的方式确定基金份额认购价格，基金管理人或其聘请的财务顾问受委托办理路演推介、询价、定价、配售等相关业务活动。

战略配售方面，要求原始权益人或其同一控制下的关联方必须参与战略配售，比例合计不少于基金份额发售总量的20%，其中基金份额发售总量的20%持有期不少于60个月，超过20%部分持有期不少于36个月；其他专业机构投资者可以参与战略配售，配售比例

由基金管理人合理确定，持有期限不少于12个月。网下询价对象方面，限于证券公司、基金管理公司、保险公司、财务公司、商业银行及其理财子公司等专业机构投资者。发售比例分配方面，扣除向战略投资者配售部分后，向网下投资者发售比例不低于本次公开发售数量的70%。基金销售方面，公众投资者按照询价确定的价格，通过销售机构参与基金份额认购。销售过程中，基金管理人应当充分进行信息披露和风险揭示，并会同销售机构落实好投资者适当性管理工作。募集失败处理方面，募集期限届满，出现基金不满足成立条件、上市条件、网下最低发售比例、原始权益人或其同一控制下的关联方未按规定参与战略配售等情形时，基金募集失败，产生的财务顾问费（如有）、资产评估费等各种费用不得从投资者认购款项中支付。

（五）规范基金投资运作，加强项目运营管理，压实管理人受托责任

一是规范基金投资运作。

运作方式方面，要求基础设施基金采取封闭式运作，符合条件的可上市交易。投资限制方面，为防止层层代理导致责任主体缺失，要求基金应当将80%以上资产投资于资产支持证券，且基金管理人与资产支持证券管理人存在实际控制关系或受同一控制人控制，实现权责对等、风险可控；其余基金资产应当依法投资于利率债，AAA级信用债，或货币市场工具。

借款安排方面，允许基础设施项目带债发行，也允许基金存续期间项目公司对外借款用于基础设施项目日常运营、维修改造、项目收购等，但基金总资产不得超过基金净资产的140%。其中在满足相关风控要求前提下可将不超过基金净资产20%的借款用于项目收购。关联交易方面，严格管理利益冲突，实施分层表决机制，要求金额超过基金净资产5%但低于20%的关联交易应经持有人大会1/2表决通过，超过20%的须经持有人大会2/3表决通过，关联方应当回避表决，并依法进行信息披露。

基金扩募方面，明确基金扩募要求和程序，拟购入基础设施项目标准和要求、战略配售安排、尽职调查要求、信息披露等应当与基础设施基金首次发售要求一致。

收益分配方面，要求每年不得少于1次，分配比例不得低于合并后基金年度可供分配金额的90%。此外，《指引》还对基金费用收取、基金份额持有人大会、基础设施项目评估等进行了相应规范。

二是加强基础设施项目运营管理。

要求基金管理人负责基础设施项目日常运营管理，具体职责包括但不限于：及时办理基础设施项目交割，有效归集和管理项目现金流，购买项目保险，办理租赁管理、协议签署、追收欠款、安保消防等。《指引》允许基金管理人设立专门子公司承担基础设施项目运营管理职责，也可以委托符合条件的外部管理机构负责部分运营管理职责，但应当自行派员负责基础设施项目公司财务管理，并持续加强对外部管理机构履职情况的监督、评估，约定外部管理机构的考核安排、解聘情形和程序。

（六）坚持“以信息披露为中心”，确保基金运作公开透明。

《指引》除要求基础设施基金进行常规基金信息披露外，还要求重点披露基础设施项目及原始权益人等信息，包括：

一是份额发售环节，基金招募说明书应重点披露基础设施基金整体架构及持有特殊目的载体情况，项目基本信息、财务状况、经营业绩分析、现金流测算分析、运营未来展望，原始权益人情况等，并载明基础设施项目最近3年及一期的财务报告及审计报告（如无法提供应说明理由并提供基础设施项目财务状况和运营情况）、基金可供分配金额测算报告、尽职调查报告、评估报告等。

二是基金运作环节加强重大事项临时披露，发生金额超过基金净资产10%以上的交易或损失、对外借入款项、项目现金流或产生现金流能力发生重大变化、项目购入或者出售等重大事项时，应当及时进行临时信息披露。

三是年度报告等基金定期报告披露基础设施项目运营情况、财务情况、现金流情况等，对外借入款项及使用情况，相关主体履职及费用收取情况，报告期内项目购入或者出售情况等。

（七）明确监督管理和法律责任

《指引》明确证监会及相关派出机构对基础设施基金的基金管理人、资产支持证券管理人、托管人，及律师事务所、会计师事务、评估机构、外部管理机构等专业机构及其从业人员进行监督管理，对违法违规行为依法进行处罚。同时要求证券交易所、中国证券业协会、中国证券投资基金业协会对基础设施基金相关活动实施自律管理。

参考文献

1. 彼得·M. 法斯，迈克尔·E. 沙夫，唐纳德·B. 泽夫. 美国房地产投资信托基金指南［M］. 邢建东，陶然，译. 北京：法律出版社，2010.
2. 柴效武，孟晓苏. 反向抵押贷款运作［M］. 杭州：浙江大学出版社，2008.
3. 柴效武，孟晓苏. 反向抵押贷款制度［M］. 杭州：浙江大学出版社，2008.
4. 陈淑贤，约翰·埃里克森，王诃. 房地产投资信托：结构绩效与投资机会［M］. 刘洪玉，黄英，译. 北京：经济科学出版社，2004.
5. 陈淑珍，孙敬涛. 房地产投资信托基金投资领域分析［J］. 科技信息，2012（32）.
6. 冯智强. 我国商业地产的融资模式研究［D］. 成都：西南财经大学，2013.
7. 郭恩才. 私募股权基金［M］. 北京：中国金融出版社，2008.
8. 何小锋，韩广智. 资本市场理论与运作［M］. 北京：中国发展出版社，2006.
9. 何小锋，韩广智. 资本市场运作案例［M］. 北京：中国发展出版社，2006.
10. 何小锋. 资产证券化：中国的模式［M］. 北京：北京大学出版社，2002.

11. 黄卉．合作博弈框架下的信托利益分配机制研究［D］．北京：北京邮电大学，2012.
12. 拉尔夫·L. 布洛克．房地产投资信托基金［M］．宋光辉，田京华，曲子辉，译．第 4 版．北京：机械工业出版社，2014.
13. 李安民．房地产投资基金——融资与投资的新选择［M］．北京：中国经济出版社，2004.
14. 李娟．房地产信托投资基金的发展研究［D］．兰州：兰州大学，2014.
15. 李晓峰．中国私募股权投资案例教程［M］．北京：清华大学出版社，2011.
16. 李智．房地产投资信托基金（REITs）法律制度研究［M］．2005.
17. 厉以宁，孟晓苏，李源潮，等．走向繁荣的战略选择［M］. 北京：经济日报出版社，2013.
18. 刘大志．房地产企业融资：业务匹配、金融支持与政策调整［M］．广州：中山大学出版社，2012.
19. 刘金川．房地产信托中道德风险的经济学研究——基于投资者视野［D］．重庆：重庆大学，2007.
20. 刘开瑞，钱兰．集中化策略下房地产投资信托基金绩效评估与启示——以新加坡上市 REITs 为例［J］．云南财经大学学报，2012（1）.
21. 刘向东．我国房地产投资信托基金设立与运行模式研究［D］．北京：清华大学，2012.
22. 陆却非．房地产投资信托基金系统性风险研究［D］．合肥：中国科学技术大学，2011.
23. 孟晓苏，柴效武．反向抵押贷款［M］．北京：人民出版社，2009.
24. 明源地产研究院．房地产企业战略突围的 N 种模式［M］．北京：中信出版社，2015.

25. 明源地产研究院．房地产项目运营最佳实践［M］．北京：中国建筑工业出版社，2011.
26. 彭敏瑜．REITs 市场的风险及其传染研究［D］．天津：南开大学，2014.
27. 斯蒂芬·P. 罗宾斯．组织行为学［M］．北京：机械工业出版社，2013.
28. 斯蒂芬妮·克鲁森-凯莉，R. 布拉德·托马斯．REITs 分析与投资指南［M］．罗桂连，尹昱，译．北京：机械工业出版社，2018.
29. 苏建，黄志刚．房地产投资信托基金税制研究［M］．北京：中国经济出版社，2014.
30. 孙明阳．房地产投资信托基金中的委托—代理问题研究［D］．开封：河南大学，2012.
31. 孙永祥．公司治理结构：理论与实证研究［M］．上海：上海三联书店，2002.
32. 王健林．万达哲学［M］．北京：中信出版社，2015.
33. 王凯．房地产投资信托基金（REITs）组织模式与治理结构研究［D］．成都：西南财经大学，2006.
34. 王祺．房地产投资信托基金治理模式对收益的影响分析［J］．哈尔滨师范大学社会科学学报，2013（1）.
35. 王仁涛．中国房地产金融制度创新研究：基于 REITs 理论的探讨［M］．上海：复旦大学出版社，2009.
36. 王巍．房地产信托投融资实务及典型案例［M］．北京：经济管理出版社，2013.
37. 王小雪．中国不动产投资信托基金运行机制研究［D］．天津：天津财经大学，2009.
38. 吴春玥．房地产投资基金投资项目财务监管问题探讨［J］．价值工程，2011（10）.

39. 向永泉．房地产投资信托基金（REITs）：理论分析与中国实践［D］. 厦门：厦门大学，2006.
40. 项泾渭．国际知名房地产投资信托基金（REITs）绩效评价与启示［J］. 金融科技，2014（17）.
41. 邢建东，陶然．美国房地产投资信托制度与运用［M］. 北京：中国法制出版社，2008.
42. 薛潇．我国房地产投资信托基金投资者利益保护——以契约型房地产投资信托基金为研究对象［D］. 厦门：厦门大学，2009.
43. 杨阳．房地产投资信托基金运行模式研究［D］. 北京：北方工业大学，2014.
44. 张建中，冯天才，曾福林，等. 房地产开发与经营[M]. 北京：北京大学出版社，2008.
45. 张兴．房地产投资信托基金运营［M］. 北京：机械工业出版社，2009.
46. 周志军．中国商业地产 100 个操作细节与轻资产模式解读［M］. 北京：中国建筑工业出版社，2014.
47. 朱清．房地产投资信托基金与房地产直接投资的比较研究［J］. 经济研究，2012（17）.
48. Ambrose, Linneman. REIT Organizational Structure and Operating Characteristics, 2001.
49. Pennathur, Shelor. The Determinants of REIT CEO Compensation, 2002.
50. Campbell. R, G. Chinmoy，C.F. Sirmans. The Information Content of Method of Payment in Mergers: Evidence from Real Estate Investment Trusts（REITs）, 2001.
51. Cannon, Vogt. REITs and Their Management: An Analysis of Organizational Structure, Performance, and Management Compensation, 1995.
52. C Ghosh, R Nag, CF Sirmans. The Pricing of Seasoned Equity Offerings:

Evidence from REITs, 2010.

53. Chee Seng Cheong, Anna Olshansky, Ralf Zurbruegg. The Influence of Real Estate Risk on Market Volatility. Journal of Property Investment and Finance, 2011(29).

54. Chien Yun Chang, Jian Hsin Chou, Hung Gay Fung. Time Dependent Behavior of the Asian and the US REITs Around the Subprime Crisis. Department of Finance Management, 1963(104).

55. Daniel Obereiner, Bjorn Martin Kurzrock. Inflation–hedging Properties of Indirect Real Estate Investments in Germany. Journal of Property Investment, 2012(30).

56. Dennis R.Capozza, Paul J.Seguin. Debt, Agency, and Management Contracts in REITs: The External Advisor Puzzle, 2000.

57. H S Friday, Sirmans. Board of Director Monitoring and Firm Value in Reits, 1998.

58. Giacomo Morri. The Capital Structure Determinants of REITs. Is It a Peculiar Industry? Accounting, Control, Corporate and Real Estate Finance Department, 2013(1).

59. Gillan, Starks. A Survey of Shareholder Activism: Motivation and Empirical Evidence. SSRN Electronic Journal, 1998.

60. Jaakko Niskanen. European Real Estate Equities: Ownership Structure and Value of the Firm. Real Estate Research Group. Department of Surveying, 2011(4).

61. Jaffe. Taxes and the Capital Structure of Partnerships, REITs, and Related Entities. Journal of Finance, 1991.

62. Jensen, Meckling. Partial Residual Claimsas the Agents, 1976.

63. Jinhoo Kim. Comparative Analyses of Hotel REITs: Examining Risk–return and Performance Characteristics. College of Hospitality and Tourism

Management, 2012(24).

64. J M Guttentag. The Mortgage Encyclopedia: an Authoritative Guide to Mortgage Programs, Practices, Prices, and Pitfalls, 2004.

65. John Corgel, Scott Gibson. Real Estate Private Equity: the Case of US unlisted REITs. Journal of Property Investment and Finance, 1999(26).

66. Khaled Abdou, Sudip Ghosh.What Motivates REITs to Pay Cash Versus Other Forms of Payment in Mergers and Acquisitions? Journal of Property Investment and Finance, 2011(29).

67. Ranajit Kumar Bairagi, Willian Dimovski. The Direct Costs of Raising External Equity Capital for US REITs IPOs. Journal of Property Investment and Finance, 2012（30）.

68. Walt A Nelson. The Strong Building: a Case Study in Direct Investment. Managerial Finance, 1975（32）.

69. Xuhua Gao. The REITs (Real Estate Investment Trusts)–based Financing Instrument and Its Financing Effect on Public Rental Housing Projects——an Empirical Research in China, 2017.

70. H Bing. Insider Ownership and Firm Value: Evidence from Real Estate Investment Trusas. The Journal of Real Estate Finance and Economics, 2006.

71. G R Mueller, S P Laposa. The Investment Case for Senior Living and Long Term Care Properties in an Institutional Real Estate Portfolio, 1998.

72. K Wang, J Erickson, G W Gau. Divided Policies and Divided Announcement Effects for Real Estate Inuestment Trusts, 1993.

73. M J White. Bankruptcy Costs and the New Bankruptoy Code, 1983.

74. B A Marts, F A Elayan. Captial Structure and the Cost of Capital for Untaxed Firms: the Case of the Free Cash Flow, 1986.

75. M C Jensen.Aqency Costs of the Free Cash Flow, 1986.